应用心理学书系

林崇德　主编

应用心理学书系

荣获

第五届国家图书奖

第二届全国教育图书一等奖

全国普通高等学校优秀教材一等奖

咨询心理学

张日昇　著

中国教育出版传媒集团

人民教育出版社

·北京·

图书在版编目（CIP）数据

咨询心理学 / 张日昇著 . —3 版 . —北京：人民教育出版社，2022. 10（2023.2重印）
（应用心理学书系 / 林崇德主编）
ISBN 978-7-107-37064-9

Ⅰ . ①咨…　Ⅱ . ①张…　Ⅲ . ①咨询心理学—高等学校—教材　Ⅳ . ① C932

中国版本图书馆 CIP 数据核字（2022）第 187795 号

应用心理学书系　咨询心理学

出版发行　人民教育出版社
　　　　　（北京市海淀区中关村南大街 17 号院 1 号楼　邮编 100081）
网　　址　http：//www.pep.com.cn
经　　销　全国新华书店
印　　刷　北京天宇星印刷厂
版　　次　2022 年 10 月第 3 版
印　　次　2023 年 2 月第 2 次印刷
开　　本　787 毫米 ×1 092 毫米　1/16
印　　张　35
字　　数　480 千字
印　　数　3 001 ~ 8 000 册
定　　价　66.00 元

"应用心理学书系"总序

学以致用是现代科学孜孜以求的基本目标。

目前人类处于世纪的转折点上，置身在这光怪陆离、瞬息万变而又注重实效的信息化社会，学以致用这一论题更是受到全社会的瞩目。心理学近百年历史的经验教训，使心理学界同仁深切地意识到：中国心理学发展的生长点在于应用，而应用心理学繁荣的立足点则在于面向社会，面向生活，面向大众！

历史证明，联系实际，应用于现实社会生活实践是心理学发展的直接途径。这不仅是由心理学的历史任务、发展阶段所规定的，也是由其学科性质、研究对象及其特征所规定的。从1879年冯特在德国莱比锡大学建立世界上第一个心理学实验室至今，世人逐渐从"玄学"神秘的怪圈中走了出来，认识和接纳了心理学这门学科，这个过程实际上也是心理学应用于实际生活、服务于社会的过程。目前，心理学正以令人难以置信的速度渗透到社会生活的各个角落，实践对此的需求和应用方兴未艾，心理学这一昔日的"丑小鸭"现在已出落得亭亭玉立，成为光彩照人的"白天鹅"了，人人欲一睹"芳容"为快！无论在政治、经济、思想、文化、教育等各个领域还是在学校、企业、医院、行政等各个部门，无论是物质文明建设还是精神文明建设，都有其用武之地。这从心理学分支学科迭出、名目繁多中可略见一斑。无疑，在心理学应用于社会生活实践的过程中，我们必须把握其科学性、知识性和客观性，同时亦须规范和建立相应的学科，使之根植于中国社会的土壤中，走心理学中国化的道路。正是基于上述理念，我邀请了应用心理学有关分支学科中的学术带头人，共同承担"应用心理学书系"的创作大任。我衷心地感谢这些有关分支学科的学术带头人给予我的支持，尤其是像朱祖祥、冯忠良等教授那样我的师辈专家亲自出山相助，更使我感激涕零。我们相互信任，精诚合作，经过几年时间的酝酿、讨论、撰著，"应用心理学书系"终于脱胎降生了。

本套书系是针对目前国内外应用心理学领域发展较快、较成熟的几个学科，特邀国内学者合力完成的。书系共分12册，分别是：《教育心理学》《咨询心理学》《临床心理学》《工程心理学》《管理心理学》《环境心理学》《人际关系心理学》《学校心理学》《司法心理学》《广告与消费心理学》《人事组织心理学》《心理测量学》。作为一套开放性书系，今后我们仍将择优编撰成书，增补我们书系的内容，以满足社会各界需要。在本套书系编撰过程中，我们力图体现如下特点。

一是学术性。各部专著都是对国内相应领域的总结、回顾和展望，是具有权威性的专著型教材。各册著者都是国内相应领域的学术带头人，具有深厚的理论功底和修养，大多具有丰富的授课经验，执教多年。他们综合国内外最新资料，反映新成果，阐述新见解，力求准确反映当代应用心理学的现状及发展趋势，充分体现应用心理学的新概念、新理论、新思想、新经验、新方法。此外，他们还力求反映国内相应领域的研究状况，使专著型教材不仅观点新颖，富有新意，而且突出中国特点。这对于应用心理学的理论建设和学科建设，对于培养各行各业"通用型"和"专家型"相结合的T型人才，对于我国心理学事业的发展，具有重要的作用。

二是实用性。这是本套书系的灵魂和精髓。实用性包括几层含义。

本套书系选题切合实际，这对于促进教学与实际相连，无疑起到了推进作用。本套书系的编写和出版也很好地解决了缺乏统一教材的问题，这对于完善培养机制、开拓思路是大有裨益的。本套书系可以帮助实际工作者学习新思路、新方法，探索高效率、高效益的培养途径。本套书系涉及的面非常广，适应多种职业的人员，对于普及心理学知识、科学地看待心理学、运用心理学知识和理论，都具有重要意义。这无疑也会促进心理学自身的发展。同时，本套书系的著者在编写过程中始终坚持"洋为中用"的态度，坚持心理学的中国化，针对中国的现实开展研究和应用。只有走中国化的道路，应用心理学才会发展，中国的应用心理学才能建立起来，才能真正为社会各界服务。

三是综合性。本套书系试图站在当代应用心理学的前沿，对各学科进行阐释，因而各部专著都是对相应领域的全面介绍，力求点面结合，有重点又兼顾整体，这对于把握各领域的总体发展脉络、反映各领域的具体发展态势都有积极的影响。这12册专著型教材基本体现了我国应用心理学的最新成果，也是向我国心理学界的一次综合"汇报"，更是心理学工作者向社会交出的一份"答卷"。

在本套书系编撰过程中，我和各册著者殚精竭虑，共同商定选题，确定提纲体例，相互交换意见。可以说，本套书系是集体劳动的结果。虽然我们尽了最大的努力，力求反映我国应用心理学的概貌，但是难免挂一漏万。对此，我们绝不会用"在所难免"四个字将其草草放过。这些缺点和问题既有客观的原因，如时间仓促等，也有我们主观的原因，特别是我的原因。请广大学者、专家和读者宽容，并于此恳切地希望大家不吝评判和指正。同时，在书系各册成书过程中，书系的责任编辑魏运华博士付出了辛勤的劳动，他以其认真负责的态度，为各册书稿锦上添花。值此书系付梓之时，我谨于此向各册著者和出版社编审、排校人员致以深深的谢意，感谢人民教育出版社领导的首肯和大力支持，感谢心理学界恩师挚友们的鼎力相助，特别感谢著者和读者的垂青扶携，才使我勉为其难，忝为主编，气喘吁吁然而幸运地走完了这段旅程。对此，我无以为报，只有向诸位道一声：谢谢！

搁笔在即，"路漫漫其修远兮，吾将上下而求索"，是我现在心态的真实写照！

1999年

第三版序

20世纪90年代，出于心理学教学与科研的需要，我受命担任"应用心理学书系"主编。"应用心理学书系"于1999年至2000年出版，共12册，由我国当时心理学界一批学术造诣颇深的前辈和年轻有为的中青年骨干一起撰写，其中有张日昇教授所著《咨询心理学》，于1999年出版。

"应用心理学书系"出版后，受到学术界、出版界和教育界同仁的高度重视。2001年，先后获第二届全国教育图书一等奖、第五届国家图书奖；2002年，获全国普通高等学校优秀教材一等奖。许多高校把"应用心理学书系"中相应主题的教材列为心理学和教育学专业本科生或研究生的教材，不少中小学把其中几部与心理健康相关的教材定为心理健康教育的指导读本。对于作者和出版者来说，这是莫大的鼓励。

"应用心理学书系"投入使用七八年后，其中几部深受高校欢迎的教材开始了修订，张日昇教授的《咨询心理学》（第二版）于2009年出版。后来，应人民教育出版社的要求，他又进行了第三版的修订，为此我喜悦万分。专著型教材能够随着社会的发展而持续完善，也就保持了鲜活的生命力。

张日昇教授的《咨询心理学》（第三版）真正体现了应用心理学的特征，坚持学以致用的理念，具备学术性、实用性和综合性这三个方面的特点。

第一，张日昇教授对临床与咨询心理学的理论研究扎实、可靠，这些年持续为本科生、研究生教授相关课程，这保证了该书的学术性。

第二，咨询心理学是目前应用心理学的热点和焦点之一，张日昇教授提出的"信、敬、静、和"的创新理念，在心理咨询和箱庭疗法的教学和实践当中有很好的应用。该书强调教学与实践的紧密联系，对于一线心理咨询工作者而言是实用的工具书，对于从事相关教学工作的教师和致力于心理咨询工作的学习者，亦是具有应用价值的教材。

第三，该书对咨询心理学进行了全面介绍，既把握其总体发展脉络，也对重要的理论与技法进行了具体的展开，同时，广泛吸纳各种观点，呈现给读者的是一种综合性的视角。

在张日昇教授《咨询心理学》（第三版）出版之际，我自然要回顾一下我们至今三十多年的师生情谊。日昇于1983年大学毕业后，自愿申请赴西藏工作并被分配在西藏师范学院（1985年更名为西藏大学）教心理学，这期间他读了我的《中学生心理学》而开始与我有了书信往来。1984年在西安的一次会上，我们第一次见面就结为师徒。1987年他留学日本，在我的督导下从事青年心理学的中日比较研究。1991年他成为我正式的学生，是我独立招收的最早一批的博士研究生之一，1994年获得教育学（心理学）博士学位。从1996年开始，我支持他研究临床与咨询心理学特别是箱庭疗法及其临床应用，1998年他将箱庭疗法介绍到中国并于2006年出版了《箱庭疗法》一书，2016年他出版《箱庭疗法的心理临床》一书。现在，《咨询心理学》（第三版）即将出版，我想，这比他以往的著作更会受到广大读者的欢迎。

日昇多年深耕于自己所热爱之专业领域且成果显著，作为老师，我为他感到骄傲。

是为序。

林崇德

2022年2月25日于北京师范大学

2

第二版自序：

从人文关怀到无为而化

　　《咨询心理学》作为林崇德教授主编的"应用心理学书系"之一，自1999年出版以来，得到了心理学界各位同仁、同学的首肯和厚爱，作为著者的我在此深表谢意！

　　出版满五年之际，林老师就督促我进行修订。但限于多方面的原因，我一拖再拖，深感惭愧。经过近两年时间的酝酿、修改，现在终于能将《咨询心理学》（第二版）呈现给各位同仁和广大读者，心中满怀喜悦和欣慰！

　　近几年来，我一如既往地奔波于中日两国之间，从事发展心理学、咨询心理学的教学与研究工作，特别致力于箱庭疗法的推广应用。在拙著《箱庭疗法》（人民教育出版社2006年版）的"后记"里，我将"心·无意识·箱庭"作为我生涯的主题，概括了箱庭疗法的精髓，点明了箱庭疗法可以成为心理咨询的一个良好平台。

　　经过多年心理咨询，尤其是箱庭疗法的教学、研究和临床实践，我愈发觉得心理咨询师或箱庭治疗者的人性观、世界观是否自在要胜过其技术的娴熟，心理咨询师或箱庭治疗者由内而外所具有的人文关怀以及明心见性、世事洞明的人生境界才是其最大的资源。因此，长期以来我始终强调，在咨询过程中，最具有咨询与治疗功能的不是咨询技术，而是爱心和态度，以及咨访双方发展的相互信任、无条件接纳的咨询关系。我认为，心理咨询是一种技术或方法，更是一门人生哲学。心理咨询与治疗的精髓是"人文关怀，明心见性；以心传心，无为而化"。

　　"人文关怀"，简单地说就是要用一颗有"爱"的心去关怀来访者、信赖来访者、共感来访者和理解来访者。来访者来到心理咨询室，就是期待获得来自咨询者的关怀、信赖、共感和理解。咨询者应该充分理解人文关怀的理念，要把心理咨询的重点放在对来访者的人文关怀上，而不是性急地为来访者想办法、出主意。特别是不要轻易对来访者说"不要痛苦，不要悲伤"或"振作起来，面对现实，一切都会过去"等话，这类话对心理咨询没有效果，反而有可能导致更严重问题的发生。心理咨询的关键是咨询者陪伴来访者，让来访者有机会宣泄心中的痛苦和悲伤，在此基础上帮助来访者面对问题、直面现实并通过自我治愈力来摆脱困境和苦难。可以这么说，人文关怀是心理咨询与治疗的基础。

"明心见性"，是指咨询者要有一颗明了、明确、明白的心，并认识到自己的本性和来访者的本心所具有的向上的力量、自愈的可能。我们每个人都有巨大的自我治愈力和发展的潜能，这些力量和潜能可以促使我们去达到自我理解并调整自我概念、人生态度和自我发展的方向。而这一切的实现，是在心理咨询室这样一个独特的"自由与受保护"的空间里，咨询者给予来访者的人文关怀使来访者感受到自己内心情感的律动，与咨询者云淡风轻般的交流使来访者触及自己的本性，最终达到问题解决。

"以心传心"，可以理解为心理咨询的要义，是指咨询者将对共感理解的态度、人文关怀的理念传递给来访者并让来访者体会到。心理咨询与治疗固然强调效果，但是我认为心理咨询是"过程论"而不是"结果论"，也就是说过程更为重要。我倡导的是抱着"只管耕耘，不问收获"的态度去开展心理咨询工作。为此，咨询者要在咨询过程中全身心地去倾听来访者的心灵独白，把对来访者的共感理解化为一种温暖关注的眼神、一个细微的肢体动作、一句发自内心的"哦，是吗"，使来访者接纳问题。以心传心，就是咨询者与来访者之间合乎人之本性的心灵沟通历程。

"无为而化"，是心理咨询的终极目标，也是人文关怀、明心见性、以心传心的必然归结。在我讲授有关心理咨询的课程和进行心理咨询个案报告的时候，经常有人问："咨询者该说些什么？咨询者该做些什么？""你做了什么？"我的回答是："最好什么也不说，什么也不做！"也就是"不作为"。于是就会有人问："那心理咨询有什么用？"庄子曰："知无用而始可与言用矣。"在红尘俗世，人们总习惯以"有用""无用"来判断和衡量事物的价值。许多来访者总是在自己或他人"有用"的要求下累积了许多的怨怼、挫折与压力，当来访者来到心理咨询室的时候，总希望我们这些咨询者能提供一些帮助。面对千奇百怪的困难和问题，我们到底能提供给他们多少"有用"的东西？我们能用共感理解的态度来陪伴来访者，耐心倾听来访者的心声，不给来访者压力，不给来访者过多的指示和指导，给来访者以关心与温暖的氛围和言语的支持。这样看似"不作为"的心理咨询往往能释放来访者的心理压力，使来访者恢复自信，能够面对自己的问题，并学会处理它、接纳它和放下它。这正是在心理咨询的过程中我们努力做到"不说什么，不做什么"，而我们的来访者却发生了变化的原因，也就是我所倡导的无为而化。

修订接近尾声之际，总有种欲罢不能的感觉。我想，不完美是必然的，期待各位老师、同学以及广大读者不吝指正。在这里，我要表达的是装在心里满满的感激。

在修订过程中，林老师给了我很多的心理支持和动力。2007年是我离开西藏二十年，在8月的那次"初心不忘"之旅中，我最难忘怀的是在西藏大学的四年，当时我决定投奔老师门下并规划出我的生涯主题。我与老师的情感让我铭记"感谢过去，服务现在，责任未来"并以此自勉。在此，首先向我的老师表示最衷心的感谢！

在书稿的撰写和修订过程中，始终得到了天津师范大学沈德立教授、华东师范大学杨治良教授等前辈的关怀和指导。北京师范大学陈英和教授、河北大学刘彤教授、天津师范大学白学军教授、天津工程师范学院徐大真教授、曲阜师范大学杜振吉教授、西藏大学罗桑平措教授、北京工业大学崔方老师、北京大学医学部殷宏川老师等曾对本书稿或书稿的部分内容提出过宝贵意见。

我在日本的教学和研究一直得到了早稻田大学文学学术院织田正美教授、木村裕教授，湘南工科大学生熊让二教授的协助，他们为我在日本提供了很好的教学和研究条件。

我的博士研究生徐洁、张雯参与了修订的全程工作。杜玉春、孙菲菲、吴倩、林雅芳、刘蒙等同学也参与了部分书稿的资料整理和修订。河北大学1991年毕业的研究生于泳红（中央财经大学讲师）、陈香（河北北方学院副教授）参与了部分书稿的校对工作。

本书的撰写参阅了大量国内外的有关文献资料。日本精神技术研究所内田纯平会长授权本书引用《心理咨询的实际——铃木的烦恼》（剧画），为我们更好地理解心理咨询工作提供了形象化的范例。

人民教育出版社魏运华博士对本书的出版给予了很大的鼓励和支持。

谨在此一并致以最诚挚的谢意!

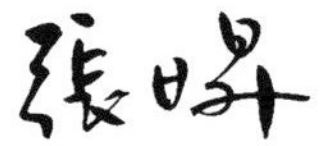

2007年2月　初稿于北京

2009年4月　定稿于北京

第一版自序

承蒙吾师林崇德教授的厚爱和信赖，邀请我来承担本书的撰写工作，并给予诸多方针性的指导。

近些年来，我一直奔波于中日两国，从事发展心理学和咨询心理学的教学与研究工作，承担着多项研究课题，也有近40篇研究报告、论文在两国心理学会及专业刊物上发表，我的第一本专著《青年心理学——中日青年心理的比较研究》（北京师范大学出版社1993年版）荣获首届国家教委人文社会科学研究优秀成果二等奖。

现在，我除在北京师范大学发展心理研究所任职外，还在河北大学教育系教育心理研究所兼所长和教授，并在日本早稻田大学做访问学者，在日本湘南工科大学担任讲师，继续我东奔西走的研究生活。

在咨询心理学的讲授、研究和临床实践过程中，我深深感到，我国的心理咨询与治疗工作仅刚刚起步，近些年虽然有了长足的发展，但存在的问题很多，需要我们去进行系统研究和探索，特别需要我们认真、谦虚地学习西方咨询心理学理论与技法的长处。只有这样，才能使我国的心理咨询工作更规范、更实用、更有利于加深对人的可能性的理解。

作为一本教材，本书若能为咨询心理学的教学、研究和临床应用，为心理咨询人员的培养，为从事心理咨询与治疗工作或立志于心理咨询与治疗工作的同仁提供些许帮助，当为著者莫大之欣慰。

本书的撰写参阅了大量国内外的有关文献资料。日本精神技术研究所内田纯平会长授权本书引用《心理咨询的实际——铃木的烦恼》（剧画），为我们更好地理解心理咨询工作提供了形象化的范例。谨此深表感谢。

本书稿的完成是和导师林崇德教授的鼓励、关怀和指导分不开的，老师在百忙中仔细地审阅了全稿，提出了许多宝贵的修改意见。在此，向我的老师致以最衷心的感谢。

在书稿的撰写过程中，始终得到了天津师范大学沈德立教授、北京师范大学张厚粲教授、华东师范大学杨治良教授、西南师范大学黄希庭教授、吉林大学车文博教授、中国科学院心理研究所林仲贤教授等心理学前辈的关怀和指导。北京师范大学陈英和教授，河北大学贺国庆教授、姜焕柱副教授、刘彤讲师，北京工业大学崔方咨询员，曲阜师范大学杜振吉教授，北京医科大学殷宏川讲师等曾对本书稿或书稿的部分内容提出过宝贵的意见。

我在日本的教学和研究一直得到了早稻田大学文学部木村裕教授的协助，并且他为我在早稻田大学提供了很好的研究条件。日本心理学会田中敏隆前理事长、东洋理事长，早稻田大学织田正美教授、山崎瑞枝讲师，中央心理研究所中村延江所长，神户大学樱井春辅教授，京都大学冈田康伸教授、樱井素子咨询员，湘南工科大学上原慎吾专任讲师、生熊让二助教授、上野芳久助教授，姬路学院女子短期大学埋桥玲子助教授，奈良女子大学山本登志哉博士，西南学院大学米谷光弘教授等也为我的教学和研究工作提供了实质性帮助。

我的研究生片成男（现日本神户大学博士课程在学）、耿柳娜、于泳红、陈香、段斐等参与了部分书稿的誊抄或校对工作。

谨在此一并致以最诚挚的谢忱。

最后，人民教育出版社诸惠芳编审对书稿提出了具体而实际的指导意见。本书系的责任编辑魏运华博士为本书的出版花费了许多心血，提供了许多专业性和技术性的帮助。在此深表谢意。

张晔

1998年2月　初稿于北京

1999年4月　校稿于东京

目　录

━━━━━◦ 第二编　心理咨询的展开 ◦━━━━━

第一编

咨询心理学的原理

第一章
咨询心理学概论

咨询心理学（counseling psychology）是研究心理咨询的理论观点、过程及技法的学问。

作为一门学科，咨询心理学以各种心理学理论为依据，有系统的理论体系与技法。心理咨询（psychological counseling）与心理治疗（psychotherapy）的研究和实践活动相结合，在各类学校和社会的心理咨询机构及精神医学领域得到广泛的应用。

咨询心理学作为一门独立学科的历史并不长。咨询心理学起源于美国，现已成为仅次于临床心理学的心理学第二大分支学科。

心理咨询在我国虽然起步较晚，但发展迅速。有越来越多的人在学习咨询心理学并积极开展与心理咨询专业相关的理论研究与应用实践。

第一节　心理咨询的含义

学习和研究咨询心理学，首先需要了解心理咨询的含义。

一、心理咨询的词义

心理咨询的英文是 psychological counseling，也可以直接写作 counseling，其词干 counsel 源于拉丁语 consilium（会议、考虑、忠告、谈话、智慧）和古法语 conseiller（拉丁语 consiliäri，商谈）。

从事心理咨询工作的人叫作咨询者（counselor），"counselor"一词最初有律师的含义。来寻求心理咨询的人叫作来访者（client）。

20世纪初，由于美国职业指导（vocational guidance）运动的普及，心理咨询、教育指导开始被美国教育界所接受，进而在全世界迅速发展。

第一次将心理咨询规定为现在含义的是威廉森（Williamson，1939）。他在《怎样对学生咨询》（*How to Counsel Students*）一书中，将心理咨询列为教育指导计划的一个阶段。其后，心理咨询除用于人事工作（personnel work）之外，还在学校的学习和生活指导、心理治疗及教育谈话等心理援助活动中逐步得到普及。

现代意义上的心理咨询在中国起步较晚。20世纪80年代以前，我国的心理咨询领域几乎是一个空白，"counseling"这个词也鲜为人知。20世纪80年代后期，一些医疗机构开始设立心理门诊，社会心理咨询服务机构也开始出现，教育系统逐渐重视心理健康教育，"心理咨询"一词逐渐出现在大众的生活中。特别是在2000年之后，劳动和社会保障部（2008年，人事部、劳动和社会保障部的职责整合划入人力资源和社会保障部）颁布《心理咨询师国家职业标准（试行）》，央视《心理访谈》节目播出，这在一定程度上促进了大众对心理咨询的认识和了解。近二十年来，社会对于心理咨询专业服务的需求逐渐增加，心理咨询从业人数和心理咨询服务机构数量随之增多，"心理咨询""心理辅导"等相关名词也逐渐广为人知。

研究者、咨询专家对心理咨询的作用、性质、内容及方法论等有着不同的认识和看法，对心理咨询的理解，也就自然存在着不同的观点。

另外，在语义上与心理咨询非常接近的，还有心理治疗、心理临床（psychological clinic）、心理辅导（psychological guidance）等术语。

二、心理咨询的定义

什么是心理咨询呢？有广义和狭义两种解释。广义的心理咨询往往包括心理咨询和心理治疗，有时心理评估与诊断、心理测验也被列入心理咨询的范围。狭义的心理咨询则不包括心理治疗、心理评估与诊断、心理测验，而只局限于咨询者通过面谈、书信、电话和网络等手段向来访者提供心理援助这一具体的过程，亦即平常所说的心理咨询。

美国心理咨询学会（American Counseling Association，简称ACA）在1997年将心理咨询定义为：心理咨询同病理学一样，是运用心理健康、心理学和人类发现的原理，通过认知、情绪、行为或系统的干预和策略，促进人的身心健康、个人成长和职业发展。

罗杰斯（Rogers，1942）将心理咨询狭义地解释为：通过与个体持续、直接地接触，向其提供心理援助并促使其态度和行为变化的过程。然而，罗杰斯的著作《心理咨询与心理治疗》（1942）出版之后，人们常将心理咨询和心理治疗看成是相同的概念，心理咨询和心理治疗后来也就经常被人们混同使用。

威廉森（Williamson，1949）等则将心理咨询广义地解释为：A、B两个人在面对面的情况下，受过心理咨询专门训练的A向在心理适应方面出现问题并企求解决问题的B提供援助的过程。这里的A就是咨询者，B就是来访者。

日本心理学家仓石精一（1966）将心理咨询定义为：在心理适应方面存在问题并需要帮助的个人与受过专门训练并具备咨询资格的专家面谈，咨询专家主要通过语言手段施以心理影响，以帮助来访者解决问题的过程。

《中国大百科全书》（第二版）对心理咨询是这样定义的：心理咨询师协助求助者解决各类心理问题的过程。

朱智贤主编的《心理学大词典》对心理咨询的定义是：对心理失常的人，通过心理商谈的程序和方法，使其对自己与环境有一个正确的认识，以改变其态度与行为，并对社会生活有良好的适应。心理咨询的工作范围是轻度的、属于机能性的心理失常。

林崇德（2002）指出：从心理学的角度来说，心理咨询是指一种"商谈"。既然是商谈，就自然涉及关系和语言，商谈的目的是达到理解和沟通。

尽管不同的学者对心理咨询的作用、性质、内容等的认识不同，但对心理咨询的看法还是存在一些共同点：（1）重视心理咨询过程中咨询者与来访者之间的关系；（2）认为咨询者必须是经过严格专业训练的心理学者；（3）认为来访者不是有精神病、明显人格障碍、脑器质性病变或智力低下的患者，而是在心理适应和发展上需要帮助的正常人。这里特别要强调的是，一般所讲的心理咨询，是指咨询者通过与来访者面对面地商谈，向来访者施以心理援助。因此，这种商谈只要是心理谈话，就应该而且必须基于一定的心理学理论或知识去进行。脱离心理学理论的商谈，自然就不能说是心理咨询。

笔者认为，心理咨询是咨询者向来访者提供心理援助的过程，在这一过程中要强调以下几点。

第一，心理咨询过程中有一个"场"和两个"人"。所谓"场"，是指心理咨询室空间设置的"物理场"和给人以安全、信赖、保护感的"心理场"。两个"人"，是指自知有心理问题并寻求心理咨询的来访者和为其提供心理援助的咨询者。

第二，对心理咨询效果至关重要的不是咨询技术，而是咨询者与来访者之间良好的咨询关系。良好的咨询关系本身具有治疗的功能。

第三，来访者是在心理适应或心理发展上需要帮助的人，他们能认识到自己的问题，而且有解决这些问题的意愿和能力。

第四，咨询者必须是经过严格的咨询心理学理论学习和技法训练的心理学工作者。

第五，心理咨询是一种商谈过程，通过言语和非言语的手段达到心灵的沟通。

第六，咨询关系是一种相互促进、相互成长的关系，是特殊的人际关系。咨询者与来访者互相尊重、互相交流，从而让来访者在与人相处和交流的过程中寻求并体验心理的最佳状态，体会生命的意义。

总之，心理咨询是在良好的咨询关系的基础上，咨询者运用心理学的理论与技法，对在心理方面出现问题并企求解决问题的来访者提供心理援助的过程。

三、心理咨询与其相关概念

如前所述，与心理咨询在语义上非常接近或相关的用语，还有心理治疗、心理临床、心理辅导等。

（一）心理咨询与心理治疗

陈仲庚（1992）认为：心理治疗是治疗者与来访者之间的一种合作努力的行为，双方是一种伙伴关系；治疗是关于人格和行为的改变过程。

钱铭怡（1997）把心理治疗定义为：心理治疗是在良好的治疗关系的基础上，由经过专业训练的治疗者运用心理治疗的有关理论和技术，对来访者进行帮助的过程，以消除或缓解来访者的问题或障碍，促进其人格向健康、协调的方向发展。

那么，心理咨询与心理治疗是一种什么样的关系呢？

关于心理咨询与心理治疗之间的关系，陈仲庚（1992）认为两者没有本质区别，无论是在关系的性质上、在改变和学习过程上，还是在指导的理论上都有相似之处。

第一，两者所采用的理论与方法常常是一致的。例如，咨询心理学家和心理治疗家都可以对来访者采用来访者中心疗法（client-centered therapy，也译作当事人中心疗法）的理论与技术或理性情绪疗法（rational emotive therapy）的理论与技术。

第二，两者针对的问题常常是相似的。例如，心理咨询人员与心理治疗工作者可能都会面对来访者的婚姻问题。

第三，在强调帮助来访者成长和改变方面，两者是相似的。心理咨询与心理治疗都是通过帮助者和求助者之间的互动，达到使求助者改变和成长的目的。

第四，两者都注重建立帮助者与求助者之间良好的人际关系，认为这是帮助求助者改变和成长的必要条件。

如果说心理咨询和心理治疗有区别的话，也是人为的、非本质的。可以列举下述几点不同之处。

第一，任务不同。心理咨询的任务主要在于促进成长，强调发展模式，帮助来访者发挥最大的潜力，为正常发展消除障碍。因此，心理咨询的重点在预防，在"危机"之前给予干预。而心理治疗多在弥补病人过去已形成的损害，解决和改善心理障碍问题。

第二，对象和情境不同。心理咨询遵循教育的模式，来访者多为正常人，涉及日常生活问题，在学校、企业等团体中开展工作。而心理治疗的对象是心理异常的病人，是在临床和医疗情境中开展工作，而不是一般意义的心理保健。

第三，称谓不同。在心理咨询过程中，帮助者称为咨询者，求助者称为来访者或咨客；在心理治疗过程中，帮助者称为治疗者，求助者称为病人或患者（patient），也有称为来访者的情况。

第四，解决问题的性质和内容不同。心理咨询具有现实指向的性质，涉及的是意识问题，如有关职业选择、培养教育、生活和工作指导、学习辅导等，因此多采用认知的途径并与个体的现实世界发生联系。而心理治疗涉及内在的人格问题，更多的是与无意识打交道。

心理咨询和心理治疗最主要的不同之处是，心理治疗的主要对象是有心理障碍的病人，一般在医疗机构进行，而心理咨询的对象则是正常的来访者，主要在学校以及社会咨询机构进行。

日本心理学家伊东博、杉溪一言（1957）将心理咨询与心理治疗的关系归纳为以下五种类型（如图1-1所示）。图中，C为心理咨询，P为心理治疗。

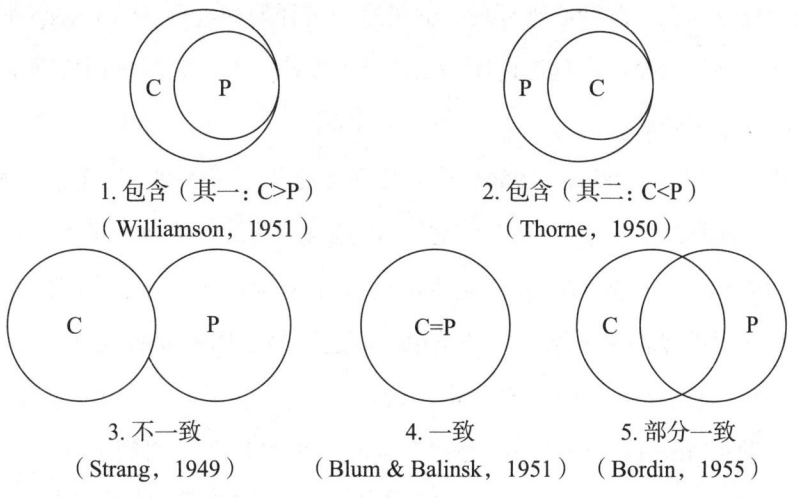

图 1-1　心理咨询与心理治疗的关系

类型 1：包含关系（其一：C > P）。心理咨询包含心理治疗，美国心理学会（American Psychological Association，简称 APA）持这种观点。美国心理学会于 1951 年规定，所有的心理治疗都包含于作为心理学机能的心理咨询这一名称之内。威廉森也持有同样观点。

类型 2：包含关系（其二：C < P）。心理咨询包含于心理治疗之中，是心理治疗的　部分。主张人格心理咨询的索恩（Thorne，1950）、提倡心理疗法的斯奈德（Snyder，1947）等持这种观点。根据索恩的解释，心理咨询是对患有轻度人格障碍的来访者进行较为表面的治疗，而心理治疗则是将人格结构从深层进行重建，所需时间也就较长。

类型 3：不一致的关系。明确将心理咨询和心理治疗进行区分，斯特朗（R. Strang）、沃特金斯（J. G. Watkins）、莫勒（O. H. Mowrer）等持这种观点。

斯特朗（Strang，1949）认为心理咨询是认知过程，心理治疗则比心理咨询所涉及的领域要广得多。（1）对心理咨询的定义：心理咨询是一种面对面的交往关系。为了更加接纳自我或者为了解决自身所存在的问题而需要别人提供援助的人，在接纳的气氛中容易获得洞察自我的机会。咨询者通过向来访者提供信息、改变心理环境，促进这一过程顺利进行。（2）对心理治疗的定义：心理治疗比心理咨询所涉及的领域要广一些，它是使用心理学的方法去治疗心理障碍。

沃特金斯（Watkins，1954）认为心理治疗和心理咨询在三个方面不同，强调两者在程度上的差异。（1）对象：心理咨询所涉及的属于正常的心理问题，而心理治疗则要解决有一定强度的神经症等问题。（2）治疗目的：心理治疗的目的是促进人格结构的重组，而这不是心理咨询所能解决的问题。（3）技术：心理治疗要比心理咨询复杂得多。

莫勒（Mowrer，1951）将心理咨询和心理治疗给予明确区分。心理咨询是对有常态的焦虑（normal anxiety）并充分意识到自己内在矛盾的个人提供心理援助的过程，而心理治疗则不同，它是治疗神经症焦虑（neurotic anxiety）的过程。所谓常态的焦虑，是指不损伤人格整合性的焦虑，而所谓神经症焦虑，则是指或大或小会损伤人格整合性的焦虑。

类型4：一致的关系（C＝P）。心理咨询也就是心理治疗，布卢姆和巴林斯克（Blum & Balinsk，1951）持这种观点。

类型5：部分一致的关系。认为心理咨询和心理治疗有一致的部分，也有不一致的部分，伊东博、杉溪一言和博尔丁（Bordin，1955）持这种观点。博尔丁认为，与心理治疗相比，心理咨询在情绪上的表现程度要浅得多，比较强调认知的理性要素。

通过对以上心理咨询和心理治疗之间的关系进行综合考察可见，部分一致关系的观点比较妥当，也是比较符合实际的。心理咨询需要借助心理治疗的方法，特别是较严重的心理障碍、焦虑不安、抑郁、强迫症等需要心理治疗中的诸如精神分析、自由联想、催眠疗法、箱庭疗法、音乐疗法等治疗方法的配合和使用。在医疗情境中进行心理治疗之后，又往往需要继续进行心理咨询。

因此，心理咨询和心理治疗虽有一定的区别，但很难截然区分开来。心理咨询和心理治疗都承认心理咨询是由受过专门训练的咨询专家或咨询者和接受心理援助的来访者或求询者构成的一种特殊人际关系，都强调在良好的人际关系氛围中，运用心理学方法解决心理或精神方面的问题。人的精神状态很难有绝对的正常和异常之分，在可能的前提下要避免进行简单的二元判断。

我们认为现代心理治疗应当包括对相对正常群体的心理咨询、对相对异常群体的心理治疗以及对所谓异常群体（重症精神疾病）恢复期的心理治疗。近年来，心理咨询和心理治疗的边界逐渐模糊，在实际工作中，有时候很难分清是在对来访者进行心理咨询还是在进行心理治疗。特别是在国内，在说法上，许多人对心理咨询和心理治疗不做严格的区分，有的来访者去接受心理咨询的时候甚至简单地说"去看心理医生"，这也反映了人们对心理咨询或者心理治疗的接纳程度。

2012年，国家正式颁布《中华人民共和国精神卫生法》，从法律的层面对心理咨询和心理治疗做了一定的界定与区分。按照该法律规定，心理治疗必须由有心理治疗资质的人员在相应医疗机构内开展，可以对有精神障碍的患者进行治疗，但是没有诊断、指导用药的权利；相对比来看，心理咨询在医疗机构外进行，咨询者同样没有诊断、指导用药的权利，并且不能对患有精神障碍的患者进行治疗。

（二）心理咨询与心理临床、心理辅导

心理临床，是指使用临床心理学的理论与技法对心理适应有问题的人（来访者）进行评估诊断、咨询治疗的活动。我们认为，心理临床可以包括心理咨询和心理治疗，是临床心理学的咨询实践与临床应用。

心理辅导，主要是指在学校开展的包括心理健康教育等提高学生心理素质在内的一系列活动，也包括一对一的心理辅导活动，而一对一的心理辅导活动也就是心理咨询。但是，学校经常开展的心理辅导活动有时会有一些例外。学校心理辅导主要是咨询辅导或辅导型的心理咨询，是以学生或家长、监护人为对象所进行的一种教育指导。其内容包括诸如学习指导、生活指导、就业指导等。班主任、辅导员等在咨询辅导的时候会带有明显的教育色彩，这在学校心理辅导中是允许的，但在一般的心理咨询中则要予以避免。

无论是心理治疗还是心理临床或者一对一的心理辅导，都建立在特殊的人际关系基础之上，其前提条件是来访者因自身存在的心理不适或心理障碍而烦恼不安，或因自身存在的心理问题给他人增添了麻烦、引起他人的不满和困惑，为此主动寻求并获得受过心理学专业训练的咨询者的心理援助。咨询者主要通过谈话的形式帮助来访者解决所存在的心理问题。

咨询者在进行心理咨询、心理治疗的时候，有时要给来访者一定的指导、启发和劝告。不过，咨询者和来访者一般并不存在教与学的师生关系，来访者不是为了学习某种知识，也不是为了求得某种教导而来的。所以说，心理咨询、心理治疗并不等于心理辅导，也不是真正的或纯粹的教育活动。

第二节　心理咨询的对象

国际心理科学联合会编辑的《心理学百科全书》对心理咨询对象的界定是：心理咨询对象（不是患者）被认为是在应付日常生活中的压力和任务方面需要帮助的正常人。咨询心理学家的任务就是教会他们模仿某些策略和新的行为，从而能够最大限度地发挥其已经存在的能力，或者形成更为适当的应变能力。

也就是说，来访者能认识到自身存在的心理不适或心理障碍，认识到这些问题的存在导致自身的烦恼和困惑，也知道这些问题如果得不到解决将影响自己的生活和发展，为此需要获得心理咨询专家（咨询者或咨询师）的帮助。从一定意义上讲，心理咨询是帮助来访者提高生活质量、开发潜能的重要方式，人人都可以寻求心理咨询。

前来心理咨询室寻求心理帮助的人，自然也就是心理咨询的对象，我们称之为来访者。

一、关于来访者

所谓来访者，是对自己存在着的问题或症状最清楚而且在尝试解决的人，所以从某种意义上说，来访者才是自己心理问题的"专家"。

来访者在心理咨询的时候经常会提出很多问题，看起来是在寻求咨询者的解答，实际上任何问题的提出都有其原因和理由；咨询者注重对问题背后动机、理由和原因的考察，在此基础上应答来访者而非回答来访者的问题。从这一角度来看，在心理咨询的过程中，认识到来访者才是心理咨询的"主人公"非常重要。

具体而言，我们对来访者应该拥有以下的认识和理解。

（一）承认心理问题的存在

来访者首先要认识并承认自己所存在的心理问题、烦恼或者心理障碍，这是进行心理咨询的基本前提，包括对问题的本质特征、问题存在的根源、问题的含义等的认识和理解。

（二）探索心理问题解决的可能性

仅仅停留在认识并承认自己所存在的心理问题还不够，来访者还需要在咨询者的援助下探索问题解决的可能性。这显然与来访者的咨询动机有密切的关系。能够认识、承认自己所存在的心理问题并主动前来寻求心理咨询的来访者，因为相信心理咨询可以帮助自己解决问题，所以会积极面对问题并探索问题解决的可能性，这样一来，问题就有可能解决。认识不到且不承认自己所存在的心理问题而被强迫来进行心理咨询的来访者，因为对心理咨询持不信任的态度，所以也就很难主动去探索问题解决的可能性。

（三）有解决心理问题的意愿和意志

承认自己存在心理问题并主动前来接受心理咨询还不够，来访者还需要有解决问题的意志并积极配合咨询者的心理援助，问题解决才成为可能。来访者如果没有解决问题的意愿、毅力和勇气，心理咨询就很难有效地开展。

（四）来访者是主人公

尽管来访者本人有时候可能会"不识庐山真面目，只缘身在此山中"，对自己的问题无法清楚地认识，但相比于咨询者，来访者对自己是最了解的。在心理咨询中，必须坚持"来访者是主人公"的观点，让来访者自己去选择解决问题的方式、方法或做出相关的决断。

在此基础上，笔者认为，咨询者的工作就是努力去信任来访者，加强对来访者的共感理解，激发来访者改变的意愿和行动。也就是说，真正有经验的咨询者会相信来访者具备改变的可能性，通常不会给来访者出主意、想办法，因为他们更相信来访者的自我治愈力，来访者的问题最终只能通过来访者自己去解决。

二、心理咨询的对象限定

在心理咨询中，受过专门训练的咨询者与接受心理援助的来访者之间会形成一种特殊的人际关系。这一特殊人际关系的建立和保持，需要对心理咨询的对象给予明确的限定，这对于心理咨询活动的开展、咨询心理学的发展都是极为重要的。

（一）在法制方面的对象限定

作为心理咨询对象的来访者本身都是活生生的人。在心理咨询的过程中，带着各种心理问题的来访者有发生诸如自杀、暴力行为、精神病征候或反应的可能性。和这样的群体接触、打交道的咨询者，自然必须具备某种资格和技能，因此，以法律为依据的诸如开业等制度及国家认定的资格审定和考核制度，也就变得日益迫切和必要。

在法制方面的对象限定，可以明确咨访双方的责任和义务，以保证心理咨询工作的顺利进行。

在我国，从事心理咨询活动的咨询人员在专业职能、技术培训以及资格认定等方面已经开始受到重视。2007年2月5日，《中国心理学会临床与咨询心理学工作伦理守则》（第一版）经过三年的酝酿修改后正式公布，中国心理学会临床与咨询心理师注册系统同时开始运行。2018年,《中国心理学会临床与咨询心理学工作伦理守则》(第二版)和《中国心理学会临床与咨询心理学专业机构和专业人员注册标准》(第二版)发布。

《中华人民共和国精神卫生法》对心理咨询人员、心理治疗人员以及精神科医生的工作范围进行了界定。如第二十三条规定"心理咨询人员不得从事心理治疗或者精神障碍的诊断、治疗。心理咨询人员发现接受咨询的人员可能患有精神障碍的,应当建议其到符合本法规定的医疗机构就诊",第五十一条规定"心理治疗活动应当在医疗机构内开展。专门从事心理治疗的人员不得从事精神障碍的诊断,不得为精神障碍患者开具处方或者提供外科治疗。心理治疗的技术规范由国务院卫生行政部门制定"。

《中华人民共和国精神卫生法》的颁布改变了多年来心理健康服务行业无法可依的状况。总体来说,我国心理咨询行业的立法工作仍处于起步阶段,还没有成熟的法律保障系统,执行上也依然在很大程度上依靠从业者的自觉和行业内的监督。

（二）在含义方面的对象限定

广义的心理咨询和狭义的心理咨询在对象限定方面存在不同。我们认为,心理咨询和心理治疗有相同的地方,也有不同的地方。如果将心理咨询区别于心理治疗,有些对象,如精神病患者、人格异常者等,就应该被排除在心理咨询的对象之外。

作为专门的工作,心理咨询由专业的心理咨询师担当,心理治疗由精神科医生或临床心理学家担当,因此有必要将两者明确区分。由于心理咨询的含义本身的模糊性,将对象限定明确化是一件很难的事情,这就要求咨询者具备灵活变通和敏锐判断的能力。

（三）在理论方面的对象限定

心理咨询在理论上的不同,决定了其在技术、方法和过程上存在着很大的差异。不同的咨询理论和方法对心理咨询对象的限定是不同的。

例如，来访者中心疗法，其最终目的是促使来访者恢复或成为"充分发挥机能的人"，其对象既包括在情绪方面出现问题的一般人，也包括精神病患者。而行为主义的心理咨询，其目标主要是促使问题症状的消失、行为的修正，其对象是那些因错误学习而引起不适应行为的人。箱庭疗法可以成为心理咨询的一个良好平台，来访者将自我的心理冲突或矛盾通过箱庭制作有意无意地进行释放和整理，使无意识意识化，整合自我，从而获得心理问题的解决。其对象也限定为正常人，有时也包括处于康复期的精神病患者。

因此，由于理论和观点的不同，我们很难对咨询对象给予明确的限定。这就要求咨询人员不局限于某一固定立场和观点，尽可能采取折中的心理咨询理论去开展心理咨询工作。

（四）在咨询关系方面的对象限定

心理咨询是在咨询者和来访者双方构成一种特殊的人际关系的基础上进行的。它是咨询者坐等来访者上门求询的活动。这要求自己感到有心理不适或问题行为的来访者能够敞开心扉，向咨询者尽情倾诉自己的烦恼并主动寻求心理援助，只有这样才容易从心理咨询中获益并解决问题。咨询者必须具有充分理解来访者、尊重来访者并能够向来访者提供解决心理问题的人格特质、专业资质和丰富的临床经验。

可以说，咨询者和来访者之间是一种共同成长的关系，从某种意义上讲，也是一种相互协作的关系。但是，这一关系不得超越咨询活动的范围，咨询者在约定的咨询时间以外，不得与来访者见面或建立咨询活动以外的关系。

咨询关系的对象限定正说明了心理咨询过程中咨访双方所建立的人际关系的特殊性，即限定于心理咨询范围之内的人际关系，而且这种关系一般随心理咨询活动的结束而结束。

（五）在正常和异常方面的对象限定

人的心理状态是一个连续体，实际上，有时人的心理正常与异常之间并不存在绝对的界限。在日常生活中，我们总会看到有的人与众不同或有些反常表现。对于这种与众不同或反常表现，我们需要一种判断标准来衡量。这就是统计的标准和价值的标准。

（1）统计的标准。在统计学上，我们把大多数作为正常，把少数作为异常。例如，如果智商的平均值为100，那么有两个人，智商分别为150和50，都与平均值相差甚远，从统计的标准来判断，两人的智商皆属于异常。也就是说，从统计学的观点来考虑，智力一般的人属于正常，智力极优秀者和智力落后者都属于异常。如果人的平均寿命为80岁，那么，过于长寿也属于异常。

（2）价值的标准。比照某个价值参照系，如果是人们所喜欢的或对自己有意义的、有价值的，就属于正常，相反就属于异常。比如，尽管智商为150，与平均值相差甚远，但是因为智商高是有意义的、有价值的而且是人们所向往的，所以我们往往不将其归属于异常，而认定为有超常的智力。同样的道理，因为人人都喜欢、都希望长寿，长寿属于人们所向往的，所以特别长寿者，无论人数多么少，也不归属于异常。

像智力、长寿等可以数量化，也有可以为人们所接受的共同的标准，就容易依据统计的标准和价值的标准来判断正常和异常。但是，对某些与众不同的心理或行为表现，容易直觉上做出异常的判断，如果心理咨询以此为依据，将是极其危险的。特别是，由于现在是高度多样化的社会，很难设定普遍的评价标准。还有，近年来的一种倾向是，典型的精神症状往往具有一定的隐藏性，造成难以区分正常者和异常者的现象增加。

在统计学上，频度越低，或者越是没有价值，也就越是偏离正常而接近异常。由于正常和异常的区分并非绝对，因此判断一个人是正常还是异常，必须极为慎重。轻易给一个人贴上"异常者"的标签，无论是从这个人的社会生活方面还是从治疗或教育的效果方面，都可能犯错误。因此，许多临床专家（特别是心理学家）避开正常和异常的评价方式，转而从适应或不适应的观点出发去看待精神障碍。

作为一名咨询人员，只有充分领会上述的对象限定，才能处理好咨访关系这一特殊的人际关系，以更好地开展心理咨询工作。我们为来访者进行心理咨询的时候，不可忘记的是我们是以来访者的主观体验为基础，依据咨询心理学的知识去进行可能的心理援助。

第三节　心理咨询的类型

在心理咨询的实践过程中，为了适应不同的咨询对象及议题，发展出很多不同的咨询形式。下面将分别以心理咨询的对象以及心理咨询的媒介为依据，介绍和对比不同的心理咨询形式。

一、依据心理咨询的对象划分

依据心理咨询对象的特点，心理咨询划分为个体心理咨询、团体心理咨询、婚姻与家庭心理咨询。

（一）个体心理咨询

个体心理咨询是一对一的心理咨询，即一名咨询者对一名来访者进行的心理咨询。这是一种最为传统与典型的心理咨询形式。

本书中提到的心理咨询，如果没有特别的说明，一般是指个体心理咨询。

在心理咨询的实践发展中，为了适应不同的情况，更好地促进来访者的问题解决和自我成长，研究者或心理临床实践者发展出了除个体心理咨询以外的其他形式的心理咨询。

（二）团体心理咨询

团体心理咨询是在团体情境中提供心理帮助与指导的一种心理咨询形式，它是通过团体内人际交互作用，促使个体在交往中认识自我、探索自我、接纳自我，调整和改善与他人的关系，学习新的态度与行为方式，以发展良好的生活适应的助人过程（樊富珉，2005）。

团体心理咨询一般由一名咨询者带领多名来访者共同进行。根据来访者问题的相似性，咨询者可以将来访者分成若干小组，通过共同商讨、训练、引导，解决来访者共有的发展课题或心理问题。团体心理咨询发展的历史可以追溯到莫雷诺（J. L. Moreno）的心理剧、勒温（K. Lewin）的T团体、拜昂（W. R. Bion）的小组式精神分析等多种早期的尝试，这些尝试主要集中在20世纪40年代末到50年代早期，并逐渐形成了团体心理咨询这种稳定的形式。

亚隆（Yalom，2010）对团体心理咨询当中起疗愈作用的因素进行了研究，并最终总结出11个主要的疗效因子（therapeutic factor）：

（1）希望重塑：提高团体成员对于解决问题的信心与希望感。

（2）普同性：获得"和他人一样"的体验，感到自己不再孤单。

（3）传递信息：在团体交流当中获得信息。

（4）利他主义：体验自己对他人的重要性。

（5）原生家庭的矫正性重现：可能会在人际互动中重现早期家庭冲突并有新的转化性体验。

（6）提高社交技巧：发展社交技能。

（7）行为模仿：带领者以及其他团员的积极行为发挥着榜样作用。

（8）人际学习：在关系互动当中获取经验，增强洞察力。

（9）团体凝聚力：感到团员之间的联结感、归属感。

（10）宣泄：表达情感、处理情感。

（11）存在意识因子：体验与领悟自己是完全独立于他人的生命体，接受生命的自由与责任。

团体心理咨询在20世纪90年代传入中国，目前已得到广泛的推广和应用。

（三）婚姻与家庭心理咨询

在这种类型的心理咨询当中，来访者往往是一对情侣、夫妻或者是整个家庭。之所以会发展出这样的心理咨询形式，是因为有时问题的根源是在关系层面（如不良的交往模式或家庭结构等）而非个体层面，通过对情侣、夫妻或是家庭整个关系系统进行工作，会比只针对个体工作更有效。

婚姻及家庭心理咨询的起源可以追溯到20世纪50年代前后，这一时期一些研究者开始将注意力从个体转向关系和家庭系统，如阿克曼（N. Ackerman）致力于将精神分析与家庭工作的形式相结合。这一时期的研究工作多处于独立探索阶段，研究者之间很少有接触与交流。20世纪60—80年代是婚姻与家庭心理咨询发展的黄金时期，这一时期发展出了婚姻与家庭心理咨询的多个流派。在后来的发展中，婚姻与家庭心理咨询的各个流派有了更多的交流与整合。

总的来说，在婚姻与家庭心理咨询的理念中，个体的功能不良是个体在有问题的家庭系统当中的正常反应，通过干预家庭系统，使整个家庭系统向更加健康、积极的方向转变，可以改变家庭系统中每个成员的状态。

上述三种类型的心理咨询既有相同点，也有相异点。成为一名咨询者，首先需要具备心理咨询的基本功，认真学习并掌握心理咨询的理论和技法。其次，对于不同类型的心理咨询，需要经过该类型的专业训练和实践，不能认为自己胜任某一种类型的心理咨询，就可以胜任其他类型的心理咨询。另外，特别要强调的是，不管是咨询新手还是经验丰富的咨询者，盲目自信是大忌，一定要养成终身学习的态度。

二、依据心理咨询的媒介划分

心理咨询可通过多种方式实现。在互联网兴起前，传统的心理咨询形式包括面对面心理咨询、电话心理咨询、书信心理咨询等。随着互联网的发展，20世纪90年代后，网络成为心理咨询的重要媒介之一。不少咨询者以互联网为工具，为求助者提供服务。

（一）面对面心理咨询

面对面心理咨询是传统的也是最常用的心理咨询方式。面对面的方式，很好地诠释了心理咨询中"时""空"的概念。咨询者在限定的时间和空间里，与来访者建立关系，陪伴来访者度过困难的时光。

在面对面心理咨询中，咨询者容易获得有关来访者的言语和非言语的信息。例如，来访者在说一件很开心的事情，但是身体变得紧绷和僵硬，这有可能是来访者情绪压抑或者另有隐情的表现。

本书所涉及的心理咨询，如果没有特别的说明，一般是指面对面心理咨询。

（二）网络心理咨询

网络心理咨询，又称"互联网＋"心理咨询，是近年来蓬勃发展的一种心理咨询形式，发挥着越来越重要的作用。

贾晓明等（2013）认为：广义的网络心理咨询是治疗师与异地的求助者运用电脑在网络上沟通时所进行的心理治疗和信息提供等服务；狭义的网络心理咨询是咨询者与求助者之间运用视频、音频、文字等形式，以特定专业咨询关系为基础的网络心理服务。在本书中，笔者提到的网络心理咨询是狭义的。

网络心理咨询在形式上可分为即时的和非即时的两种。即时的网络心理咨询包括视频咨询、语音咨询、文字咨询等，人多借助于QQ（一种流行的中文网络即时通信软件）、微信、Skype等聊天软件实现。而非即时的网络心理咨询则以电子邮件为主要媒介。

网络心理咨询有很大的便利性，极大地降低了时间、空间的成本，使得身在异地、资源缺乏的来访者也能通过网络获得心理咨询服务。此外，网络心理咨询的成本较低，为没有咨询室的咨询者省去了租用有偿咨询室的费用，来访者也免去了路程的奔波，可以在自己舒适和安全的环境中接受咨询。当然，网络的方式特别适用于有人际交流困扰，无法接受面对面心理咨询的来访者。

毋庸置疑，网络心理咨询也有很多弊端。网络心理咨询对咨询者与来访者的网络环境、使用技术等有一定要求，网络不稳定会造成咨询的干扰或中断。同时，在互联网环境下，来访者的信息安全难以保证，特别是在信息传输的过程中容易发生问题。此外，在网络心理咨询中，言语或非言语信息的局限性在一定程度上会影响咨询者与来访者的情感联结，使得咨询关系的建立难度增大。另外，网络心理咨询的远距离性还导致处理危机的难度增大，特别是难以应对那些有严重自杀、自伤或他杀、他伤风险的来访者。

面对面心理咨询和网络心理咨询均为目前十分常见的心理咨询方式。在选择咨询方式时，咨询者应该考虑来访者的福祉，向来访者介绍不同咨询方式的利弊，在与来访者进行充分的探讨后，开始正式的心理咨询。

第四节　咨询心理学的发展

作为一门应用学科，咨询心理学是如何发展起来的呢？

从广义上讲，心理咨询是向存在心理困扰的特定个体施以影响的活动。从人类社会诞生以来，这种活动就一直持续进行着。例如，原始社会的人们相信神灵，巫师利用巫术直接或间接地影响或控制他人的行为，帮助人们实现最原始最本能的求生克死的愿望。宗教从产生的那天起，就与企求心理慰藉并从人生中的苦难、不幸中获得解脱的愿望密切相关。无论是原始的还是宗教的活动，它们与心理咨询的理念、方法论以及助人等方面在某种程度上有相似之处，但并不是一种系统的心理咨询思想。

现代的心理咨询，是以一定的心理学理论为基础，依据一定的心理咨询程序而确立的。

一、心理咨询的兴起及其在美国的发展

心理咨询起源并发展于美国。现代心理咨询的历史是以20世纪初美国职业指导运动的兴起为起源的。下面简单概述美国心理咨询的起源和发展。

（一）职业指导运动

美国的心理咨询，一般以帕森斯（F. Parsons）所进行的工作为发端且最具影响。他于1908年在美国马萨诸塞州首府波士顿创立了一家具有公共服务和培训性质的职业局。第二年，职业局为波士顿各中小学派驻或任命了咨询服务人员，而且这一趋势开始扩大到全国各地。职业指导是在大工业的发展、生产的社会化和专门化程度的提高以及对劳动者文化水平和心理素质的要求不断提高的情况下，为了改善劳动者对职业的适应情况，而由博爱主义者所倡导并兴起的一种运动。因此，它深受社会进步势力和人文主义思潮的影响，也表明了对长期以来把人单纯作为机器附属品的雇佣做法的不满。

关于职业选择与指导，帕森斯认为，必须与青年的兴趣、能力、个性特点和客观要求相结合。只有正确认识个人素质、专长和潜在资质，同时对个人的局限和自身条件有客观评估，才能实现人与职业的合理搭配，并做出恰当的职业选择。由此，帕森斯强调，职业指导包括职业的方向定位、个人的分析及咨询服务三个方面的内容。由于当时在测试、咨询的理论和技术上的欠缺与不足，这三个方面的内容也仅局限于职业的方向定位，即职业分析。尽管如此，帕森斯的功绩在于他在青少年中实施心理咨询活动，将心理咨询理解为一种学习过程，发表了心理咨询人员的培养计划，沟通了学校教育、咨询服务和社会发展的关系，为心理咨询的社会性服务功能打下了基础，奠定了现代心理咨询的理论基石。

（二）心理测验技术的发展与对个体差异的研究

在帕森斯成立职业局并开展职业指导工作的同一年代，比奈（A. Binet）于1904年受法国公共教育部委托，进行智力落后儿童鉴别测定法的研究。1905年，他与西蒙（T. Simon）合作，发表了一个由30个问题构成的量表，并提出了智力测验的标准。1908年，又发表了修订后的量表（所谓1908年量表）。该量表最重要的特点是，测验项目是按照正常儿童的不同年龄分组的。这样，这一量表就从简单地确定智力落后儿童的工具转变为一个测量儿童智力的工具。比奈和西蒙还提出了心理年龄的概念。

由于心理测量技术的开发，对个人差异的研究也得以迅速开展。在美国，对个人差异的研究也部分地与职业指导运动交融在一起，人们开始渴望以职业咨询为基础的心理检查能够产生并得到推广。

20世纪30年代，经济的衰退和不景气导致大批人失去工作，作为职业安置活动的职业指导开始发挥其教育指导的作用，心理咨询开始发生历史性的变化。明尼苏达职业安定所为了使失业者重返工作岗位，进行了一系列的诸如心理测验、职业信息、再教育等方面的实验研究，这就直接促进了对能力、适应性及兴趣的个人差异与职业相结合的研究的开展。

（三）对心理治疗关注度的提高

20世纪40年代，经济、文化的急剧变化，特别是社会生活的变革，给人们带来许多心理适应上的问题，尤其是在情绪和人际关系方面，不少人开始意识到对精神压抑和焦虑进行心理治疗的重要性，人们开始渴望在适应社会、调整情绪、改善人际关系方面得到咨询心理学家的帮助。

这样，过去那种只限定于把个人的能力、适应性、兴趣作为职业条件的咨询活动，开始超越职业选择和指导的范围限制，同时向更广阔的方向发展并逐渐深入人们的日常生活之中。这一时期，人们对心理咨询与治疗的关心程度提高，被称为"心理治疗的年代"。

罗杰斯是这一时期的代表人物，其著作《心理咨询与心理治疗》（1942）的出版及"非指导的方法"的提出，为心理咨询的发展做出了巨大的贡献。

（四）咨询心理学的独立

20世纪40年代后，心理咨询在美国迅速发展。1953年，美国心理学会咨询心理学分会成立，被列为第17分会。这样，咨询心理学作为应用心理学的一个分支而获得独立。

1953年，美国心理学会咨询心理学分会规定了正式的心理咨询人员培养标准，并成为现在的教育训练委员会研究生院博士课程培养计划的认定标准。同时，这一分会还向美国心理专业职业考试委员会派出常任代表，积极地参与心理咨询指导员的特别执照的颁发。同年，美国心理学会伦理基准委员会公布了美国心理学会伦理纲领。次年，由20余名心理学家发起创办了《咨询心理学杂志》，该刊物成为心理咨询的专业杂志。1955年，美国心理学会开始正式颁发心理咨询人员执照。

1956年，美国心理学会咨询心理学分会的"定义委员会"发表了一份名为《作为一个专业分支的咨询心理学》的报告书。报告书指出，咨询心理学可以从三个方面做出贡献，并且这三者不可偏废：（1）通过促使人们关注动机、情绪的调节，从而促进个体内在精神世界的发展；（2）通过发展人的必要的能力、动机，促进人与环境的和谐；（3）正确地利用个别差异，充分考虑所有成员的发展，提高社会对心理咨询的理解。另外，该委员会强调，心理咨询人员不单纯为了帮助那些连基本的、最低的适应状态都不能达到的心理不适应者，还应该为促进每个人最大程度地自我实现做出贡献。

今天，在美国，心理咨询工作者的培养主要是由研究生院博士课程计划来完成，咨询心理学已成为仅次于临床心理学的心理学第二大分支学科。精神分析、行为主义和人本主义心理学等派别的基本理论与心理治疗的实践活动相结合，形成了心理治疗的"三大势力"，在精神医学和心理咨询活动中得到广泛应用。此外，近20年来，多元文化的观点在美国日渐成熟，有学者认为，多元文化已成为美国心理治疗领域的"第四势力"。

目前，美国的心理咨询工作者分布于各种教育机构、医疗机构、市场研发或咨询公司和宗教组织等，心理咨询的特点是专业教育与资格的标准化，服务呈现多样化、职业化，更加强调对人的成长与发展的关心。

二、心理咨询在日本的发展

日本的心理咨询是在第二次世界大战后，受美国的影响而迅速发展起来的。

（一）日本中等教育心理咨询的发展

第二次世界大战后，根据美国教育考察团的建议（1946），日本开始了新教育运动。作为新教育的一环，强调应该将学生指导（生活指导、教育指导）作为重要问题来对待。20世纪40年代末，学生指导运动得到了迅速发展，日本文部省（2001年，文部省和科学技术厅合并成文部科学省）为了适应这一需要，于1949年出版了《中学、高中的学生指导》，有关学生指导的书籍也相继翻译、出版。

在学校教育中，心理咨询发挥着核心作用，并引起广泛关注。在这种对心理咨询的关注程度日益高涨的情况下，日本应用心理学会于1953年向国会提出了将学校心理咨询人员予以制度化的建议，由此，心理咨询开始引起日本政府的关注。

伴随着20世纪60年代以后经济的快速增长和科学技术的迅速发展，教科书内容的过多和难度的过大，导致很多学生产生学习不适应、学习困难等问题。同时，学校教育过分重视以教书为中心的学习，在学生情绪、行为及人际关系方面存在忽视的倾向。这样，促进学生人格的健全发展就显得日益迫切。学校教育就像一架飞机，而学科教育和咨询指导如同飞机的双翼，缺一不可。如何避免教育荒废、挽救教育并摆脱教育危机，促进学生人格的全方位发展，这是日本教育面临的一个十分严峻的问题。

在日本，无论是国家还是地方，近些年来都倾注全力培养咨询人员。现在，日本的都、道、府、县各中学都设立了教育咨询室，咨询人员有专职的，也有兼职的。

日本文部省于1970年开始举办中学心理咨询人员培训讲习会，一直持续至今。各都、道、府、县都派遣几名学生指导主事或教师参加。另外，各地方政府每年也会举办同样的讲习会。

20世纪90年代以后，中学生欺侮问题和自杀问题成为两个很严重的社会问题而受到广泛关注。日本文部省为此专门成立了咨询和对策委员会，研究中学生欺侮问题和自杀的现状、原因及对策，并向文部大臣提交了报告书。报告书中强调在学校教育中应加强心理咨询和指导。

1995年，日本学校临床心理士的派遣制度开始实施。在实施的第一年，派遣临床心理士的学校共有154所，而截至2005年，日本对近1万所公立中学都派遣了临床心理士。

在实际工作过程中，日本的学校心理咨询工作逐渐发展出学校心理学模式和社区心理学模式。学校心理学模式是指针对学生的学习、心理、发展过程中的问题给予积极的援助支持，促进学生健康成长，这种心理服务由学校教师、临床心理士、家长联合进行。而社区心理学模式的特征则是将需要援助的人置于社区资源之中，将个人的心理健康服务纳入社区的心理健康保健之中，更多地注重心理问题的预防工作，而不仅仅是咨询工作。

（二）日本高等教育心理咨询的发展

由中等教育发展起来的心理咨询和指导活动逐渐渗透到高等教育中。从1952年到1953年，相继在京都大学、九州大学、东京大学举行了为期三个月的学生福利保健指导研究集会，邀请美国著名咨询心理学家到日本并进行丰富多彩的咨询指导交流活动，提高了人们对在大学教育中进行心理咨询指导的重要性的认识。参加者主要以大学的心理学、教育心理学、教育学课程的教师及与学生福利工作有关的学校职员为主。

以此为契机，1953年，日本第一个学生心理咨询室在东京大学成立。其后，京都大学、山口大学、东北大学、名古屋大学等国立大学，以及早稻田大学、庆应大学、学习院大学等私立大学也先后设立了学生心理咨询室。

随着大学心理咨询活动的广泛开展，1972年，日本成立了以推进学生咨询活动研究制度为主的全国学生咨询研修会并发行了专门的刊物。每年召开的咨询研究会成为培养咨询人员的重要途径。

现在，日本所有的大学都设有学生心理咨询室或保健管理中心，开展多种多样的咨询活动。如早稻田大学综合健康教育中心学生相谈（咨询）室有19位咨询者（其中2位常勤），还在各校区设立分室，以满足广大学生的需要。

（三）日本医疗机构的心理咨询

医疗机构的心理咨询，主要以精神科、神经科、小儿科、心疗内科等为主，而老人医院、国立疗养所、精神卫生咨询中心、保健所等医疗机构，也在广泛地开展着心理咨询活动。

医疗机构的心理咨询，是在患者（及其家人）这一特殊的求询者与医生或医院组织的治疗小组之间进行的。来精神科寻求治疗或住院的患者，比较多的是为重度精神障碍所困扰的重病患者，治疗者必须对患者进行难度较大的精神治疗。

来医疗机构求医的患者可能会对医疗机构产生一种依赖。因为治疗自己的是医生，患者容易放弃自己的努力而将一切期望寄托在医生身上。这样，一旦医生要求患者配合或让其去解决自己的心理问题时，患者可能就会对治疗或对医生产生失望情绪或不信任感。

铲干八郎、名岛润慈（1983）认为，精神科的心理临床活动主要存在以下五点问题。

第一，心理咨询人员的训练不足。有相当一部分工作人员缺少心理咨询的基本训练和专业知识。

第二，训练体系不健全。与神经症相比，精神分裂症、抑郁症等领域在临床心理学中尚属于未开拓的领域。在这一尚未开拓的领域中如何对咨询人员进行必要的训练和培训，须予以认真对待。

第三，咨询和治疗的方法论问题。咨询和治疗的对象大多为精神分裂症或重度精神病患者。对于精神分裂症的成因论、类型论及症状分类等尚缺乏统一的、清楚的认识。治疗论也是多种多样，现实治疗中也在尝试着多种的治疗方法和手段。

第四，接受咨询和治疗人员的问题。患者为了接受治疗，必须与医生、护士、医院其他工作人员及其他患者接触，这样就使自己置身于一种由各种各样的人所构成的人际关系之中。在进行心理治疗（心理咨询）时，这样的人际关系多少会对治疗产生或积极或消极的影响。

第五，治疗者（咨询专家）自身的问题。治疗者（咨询专家）必须承受极大的精神负担，付出巨大的劳动。

当然，在医疗机构进行心理治疗或咨询活动的问题不限于以上所列五点。对于这些问题，如果不能从正面去对待，就有可能加重患者的病情。有时，看上去似乎是站在患者的立场上为患者考虑，而实际上却导致反精神医学、反临床心理学观点的情况发生，因此应特别引起注意。

近些年来，日本的厚生劳动省（负责医疗卫生和社会保障的主要部门）和地方自治体积极地推进咨询人员的研修制度，从社会福利、临床心理学、精神医学、精神卫生学及实习等领域加强对咨询人员的培训。

（四）日本心理咨询的趋势

在日本兴起、发展起来的心理咨询，是以美国的心理咨询与治疗为基础的，许多美国的咨询心理学书籍在日本翻译出版，人们正是从这些翻译的书籍里学到了心理咨询的最新知识并掌握心理咨询的方法的。

其后，日本建立了相对专业的临床心理士指定大学院培养制度和体系，由日本临床心理士资格认定协会进行临床心理士的考试与资格认证。这对临床心理士专业地位的提高及心理临床工作者的组织和培养产生了积极的推动作用。

2015年9月，日本厚生劳动省通过了关于公认心理师资格认证的法案，2017年9月正式施行。这是厚生劳动省正式认定的心理咨询专业资格。

三、心理咨询在中国的发展

由于各种各样的历史原因，心理咨询在我国的发展如同心理学的发展一样，是不平凡的。

（一）心理咨询的发展概况

1. 发展现状

20世纪初，我国已有一批心理学者、教育学者开始从事与心理咨询相关的心理测验的编制、修订工作和心理测查工作。1921年成立了中国心理学会。在与临床心理学有关的方面，我国曾经有过对心理分析的理论的研究，对释梦、自由联想等技术的介绍，开展了以行为治疗的原理分析心理障碍的工作。美国学者莱曼（R. Lyman）于1933年在北京协和医院神经精神科开展了包括心理分析在内的培训。与此同时，中国心理学家丁瓒在重庆的中央实验院主持创立了心理门诊，并在北京开设过心理卫生咨询门诊。在上海也有人设立了儿童心理诊察所，对儿童心理方面的问题进行诊治。20世纪30年代，中国已出现了介绍心理咨询与治疗的文章。但这些工作并没有发展成为现代意义上的心理咨询活动。

1949年以后，一些心理学家在心理咨询与治疗方面进行了若干尝试，遗憾的是没有来得及发展就由于历史原因而夭折。20世纪80年代以前，我国的心理咨询领域可以说几乎是空白，不仅没有科学的心理咨询服务，心理治疗也只是在极少数医院的精神科进行，而且"心理咨询"这个字眼本身也鲜为人知。

中国心理学会从20世纪70年代末开始恢复正常的学术活动。1979年成立了中国心理学会医学心理专业委员会。这一专业委员会成立以后，每年组织召开医学心理学学术会议，对心理咨询与治疗进行研讨和经验交流，这对全国心理咨询与治疗的推广产生了积极的促进作用。

20世纪70年代末80年代初是翻译国外著名心理治疗理论家的名著的高峰期，弗洛伊德（S. Freud）、荣格（C. G. Jung）、弗洛姆（E. Fromm）、霍妮（K. D. Horney）等人的论著被翻译出版。80年代初，有关心理咨询与治疗的文章开始在我国的学术刊物上发表。在这一时期，全国一些地区和城市开始举办不同规模的心理咨询与治疗的讲习班，邀请一些西方心理咨询与治疗的专家前来讲学，内容多为心理咨询与治疗的基础理论和基本技巧。尽管讲习班一般时间较短，但一系列尝试性的启蒙教育为以后的进一步学习和训练打下了基础。

20世纪80年代初，最早设立心理咨询机构的是精神病院和综合医院的精神科，心理咨询与治疗的实践也首先在这些精神病院和综合医院精神科开展。到这些心理咨询机构求助的人主要是神经症病人。由于人们忌讳精神病，那些遇到生活上的问题或心理上的问题的人都不愿意到精神病院和综合医院精神科的心理咨询机构求助。这期间，大多数咨询者采用的是支持性疗法和行为矫正方法。虽然从整体上看，心理咨询与治疗的工作仅局限在一些大城市，且水平也有限，但仍在心理学界、精神病学界产生了较大的影响，也为此项工作在以后的发展奠定了基础。

20世纪80年代末，我国的心理咨询与治疗工作有了长足的发展，大的综合医院普遍设立了心理咨询门诊，城市重点大专院校大多开展了心理咨询，人们对心理咨询的理解和认可也开始有了较大的转变。

在学习和实践西方心理咨询与治疗方法的同时，我国的专业工作者开始发展与中国文化相适应的心理咨询与治疗方法。20世纪50年代末60年代初对神经衰弱的快速综合治疗的开展，是中国临床心理学者按照自己的模式进行心理治疗的最初尝试。从20世纪80年代开始，这种尝试则更为引人注目。比较突出的例子有：钟友彬的认识领悟疗法，已通过较多的文章介绍并为倡导者以外的专业人员所采用；张亚林、杨德森所倡导的道家认知疗法，基于道家哲学的处世养生之道，并参考现代心理咨询与治疗方法而创立。20世纪80年代后，心理学者们承袭前人的成果，从新的角度探究中国传统文化与心理咨询的结合。如有学者尝试探讨儒家文化与心理咨询的融合方向。也有学者将中国文化中的人生观、辩证思想等内容与心理咨询结合，提倡在咨询过程中，运用更加符合中国人特点的方式看待来访者、帮助来访者。

进入21世纪后，我国的心理咨询行业得到进一步发展。国家对于国民心理健康水平以及心理治疗、心理咨询工作越来越重视。《中华人民共和国国民经济和社会发展第十一个五年规划纲要》首次将加强心理健康教育纳入提高人民健康水平的范畴。随着国家的重视，我国从事心理咨询的机构越来越多样化，服务内容更加丰富，质量也逐渐提高。医院系统和教育系统中，越来越多的人意识到心理咨询的作用。社区心理健康服务工作逐渐铺开，很多社区增加了心理咨询服务。此外，社会心理咨询机构的数量也越来越多。在国家和众多心理学者的推动下，我国人民对心理咨询的接受度有所增加，越来越多的人意识到心理健康的重要性。

除了国家政策的推动外，我国近20年经历的几次重大自然灾害，也推动了我国心理咨询行业，尤其是灾后心理援助的发展。我国的灾后心理援助工作最早开始于1994年的克拉玛依大火，北京大学的专家进入灾区进行心理援助。2003年"非典"（传染性非典型肺炎）期间，北京师范大学、中国科学院心理研究所等专业机构都开设了心理援助热线，为大众提供心理支持。2008年汶川大地震后，我国政府、相关专业机构迅速开展心理援助工作，心理援助工作逐渐在我国的灾后救助方案中占据一席之地。2008—2011年，国家开展一系列的灾后心理援助工作，建立起灾区心理服务网络，包括"三合一"的心理服务模式、"三位一体"的应急救治模式等。此外，灾后各级行政部门与专业机构、组织合作，继续在灾区开展心理健康知识宣传、重点群体心理疏导以及心理服务的专业培训等工作。2020年新冠肺炎疫情期间，各大高校、专业机构以及社会群体积极开展心理援助工作。以北京师范大学为例，北京师范大学建立了完善的心理援助工作体系，由心理支持热线组、网络心理辅导组、科普宣传组和专业督导组四个部分组成，面向国内外受疫情影响的华人群体提供心理支持和心理健康知识。这些工作均起到了增强人们心理健康意识的作用。

21世纪，我国心理咨询快速发展的同时，各种心理咨询技术与方法也呈现出百花齐放的态势。精神分析治疗、认知行为疗法、人本主义治疗、团体心理治疗等心理咨询方法在我国广泛传播。此外，一些具有现代特色、文化特色的治疗方式也被广泛运用。如具有后现代主义治疗特点的焦点解决短期治疗，关注问题的解决而非问题的原因。再如与存在主义哲学结合的存在—人本主义疗法，其咨询理念中有许多关于人生意义等方面的哲学思辨。

1998年，笔者在《心理科学》上发表了《箱庭疗法》一文，将发源于欧洲并在包括欧美及日本在内的众多国家产生重要影响的箱庭疗法介绍到中国。之后的20年，这一产生于西方，其治愈原理却渊源于东方的心理咨询与治疗方法在我国得到迅速发展：一方面，医院和其他专业治疗机构将箱庭疗法用于抑郁症、自闭症、焦虑症、缄默症、儿童多动症等心理疾病的临床治疗；另一方面，越来越多的大、中、小学以及幼儿园建立了箱庭治疗（游戏）室，将箱庭游戏应用在学校心理咨询的实践中，帮助各个年龄阶段的孩子解决心理困惑，获得更好的成长。

2. 发展特点

与西方国家的成熟发展模式相比，我国目前心理咨询与治疗行业还处于发展阶段。相对于20世纪90年代以前，心理咨询与治疗的专业工作在20世纪90年代后经历了蓬勃发展，呈现出以下显著特点。

（1）社会需求和认同度有所提高。近午来，中国社会的发展、政府的支持、媒体的关注等增强和提高了社会大众对心理咨询的社会需求和认同度。

随着经济的发展，中国社会经历了许多重大的转型期，伴随而来出现了许多社会问题，由这些社会问题而引发的一些心理问题需要人们去适应和调整。同时，随着文化的进步与发展，人们对精神生活的需求逐步提高。中国社会的大环境促使人们对于心理咨询与治疗服务的需求增加，对心理咨询与治疗避而不谈或害怕的现象大大减少，主动寻求心理咨询服务的人也在不断增多。

更为重要的是，相关的政府部门也开始出台政策鼓励心理咨询与治疗工作的开展。2002年7月，心理咨询人员国家职业资格项目正式启动。国家倡导并鼓励三级甲等医院设立心理科，中小学也都要求开设心理咨询室，配备心理咨询人员。心理咨询人员在大众眼里变成了拥有广阔前景的职业，按有关规定，大专院校各个系、各中小学、企事业单位的人事部门等各个场所都应配备2~3名心理咨询人员。目前，相当一部分公安系统、司法系统、体育机构和部队配备了心理咨询人员。

2016年，国家卫生计生委（即国家卫生和计划生育委员会，2018年撤销）、中宣部、民政部等22个部门发布《关于加强心理健康服务的指导意见》，提出：大力发展各类心理健康服务；加强重点人群心理健康服务；建立健全心理服务体系，包括建立健全各部门各行业心理健康服务网络、搭建基层心理健康服务平台、鼓励培育社会化的心理健康服务机构、加强医疗机构心理健康服务能力；加强心理健康人才队伍建设。《关于加强心理健康服务的指导意见》的发布，对于推动社会上心理咨询与治疗工作的发展具有重要意义。2018年，国家卫健委（即国家卫生健康委员会）等10个部门联合发布《全国社会心理服务体系建设试点工作方案》，进一步加强了我国心理健康服务体系的建设。

与此同时，媒体对心理咨询与治疗行业的发展也给予了广泛关注，如2005年中央电视台的《焦点访谈》就心理咨询人员的问题做了专题讨论。近年来，随着网络自媒体的发展，一些心理学工作者开始自发地在一些新媒体平台进行心理学科普工作。心理咨询、心理健康教育内容开始被更多人了解。

（2）心理咨询行业发展的多样化。国内心理咨询行业出现了多样化的发展态势，主要表现在服务机构、工作人员、服务方式方面。

目前，国内的心理咨询机构主要包括：卫生系统的心理咨询机构，主要是精神病院和综合医院所开设的心理咨询门诊；学校的心理咨询机构，主要是各高校、中小学的心理咨询或心理辅导室；社会的心理咨询机构，主要面向社会大众提供心理咨询服务。另外，还有心理热线咨询和现今日益活跃的网络心理咨询。就医疗卫生系统而言，上海市精神卫生中心、北京大学第六医院、首都医科大学附属北京安定医院等均为高水平的精神卫生机构，具备提供专业的精神科治疗以及心理治疗或服务的能力。就非医疗卫生系统而言，近年来，大部分高校能够为学生提供完善的心理咨询服务，并形成危机预警及干预机制，保障学生身心健康与安全。社会上，心理热线的数量日益增加，大部分心理热线集中在北京、上海等大城市。此外，心理咨询机构也日益增加。截至2020年，在工商部门可查询到带有"心理咨询"字样的公司数量超过一万家。

目前，从事心理咨询与治疗工作的人员主要包括有医学背景的医务人员、有心理学或教育学等背景的学校人员、心理学的爱好者。医疗人员多为精神科医生、神经科医生及其他科医生，他们或兼职做心理咨询工作，或做心理咨询的专职工作。

随着国内心理咨询事业的发展，心理咨询与治疗的服务方式也出现了新的变化。目前国内兴起了许多心理咨询网站。这些心理咨询网站以网络为媒介，发布心理科普文章，提供心理咨询服务，开展心理学培训及心理测评等业务。这一方面宣传了自己的机构，另一方面提高了大众对心理学以及心理咨询的认识，增强了人们对心理健康问题的关注。

（3）各种专业培训日益增多。各种各样的心理咨询与治疗的培训日益增多，可谓百花齐放。尤其是近几年，培训的专业化程度大大提高，这为国内心理咨询人员的专业化提供了良好的条件。

近年来，我国开设系统的心理咨询与治疗课程的大学有所增加，北京师范大学、北京大学、华东师范大学等高等院校均开设临床与咨询方向的研究生课程，培养专业的心理咨询人才。社会上专业的心理咨询培训也为心理咨询人员的专业化提供了一些资源和可能的途径。系统的培训项目包括中德高级心理治疗师连续培训项目、国际心身医学连续培训家庭治疗项目（武汉）、国际创伤心理治疗项目（北京）、南京首届精神分析培训项目，以及笔者所主持的箱庭疗法培训项目等。目前，与国际合作的培训项目和国家级的培训项目对心理咨询人员和心理治疗人员的专业学习有重要的作用，国内较好的培训项目（包括连续培训项目）多以传授理论、提供临床观察及个案督导为主。

除了这些系统的培训项目之外，经常会有一些大学、专业机构邀请国外或国内的心理咨询与治疗专家就某一种咨询或治疗方法的理论和实践举办为期数天的工作坊。近几年来，一些经过培训的优秀国内专业人士也开始担任主讲人，举办相关的心理咨询与治疗的理论和实践培训，其中也包括一些咨询者个人成长的督导培训。

（4）心理咨询人员资格认证时代的开始与结束。中国的心理咨询工作者队伍的专业化和职业化一直以来都是业内人士讨论的话题，却迟迟没有能够系统开展起来。

2001年4月，劳动和社会保障部推出《心理咨询师国家职业标准（试行）》和《心理咨询师国家职业资格培训教程》，中国的心理咨询与治疗工作的资格认证问题开始受到重视。从心理咨询与治疗行业的长远发展来看，资格认证的提出是一种初步的尝试，有助于加快心理咨询与治疗职业化的规范进程。心理咨询师的资格认证也吸引了大量的人学习心理咨询。然而，随着越来越多的人进入心理咨询行业，有部分人员仅通过短时间学习即考取心理咨询师资格证，之后既不持续进行专业学习，也不接受专业督导，在心理咨询中滋生出大量问题。也就是说仅凭考取资格证书，远远无法满足心理咨询工作的专业需求。

2017年9月，经国务院同意，人力资源和社会保障部公布的140项国家职业资格目录中去除了"心理咨询师"，国家将不再进行任何心理咨询师的资格认证，已经取得的心理咨询师资格证书可视为能力水平的证明。2018年，《中国心理学会临床与咨询心理学专业机构和专业人员注册标准》（第二版）发布，对申请人员的专业背景、专业课程的学习、心理咨询实践情况、心理咨询督导情况等做了严格的要求。

目前，心理咨询行业暂时没有明确的准入标准，也缺乏有效力、被广泛认可的从业资质认证，进入心理咨询行业的方式有向学历教育发展的趋势。同时，个人能力、所接受的心理学训练、咨询与督导实践的经历也是考量咨询者专业性的重要指标。

（5）学术研究、出版活跃，国内外交流频繁。20世纪90年代至今，中国心理咨询与治疗领域的学术研究、对外交流工作有了实质性的进展。

以"心理咨询"为关键词在中国学术期刊网上进行查询，发表在各类期刊上的文章1990—1999年共有1 032篇，2000—2009年共有4 726篇，2010—2019年共有4 974篇。从这几个简单的数字中我们可以发现，学术界对心理咨询的关注与讨论呈现逐年增加的趋势。如果加上心理治疗的相关研究，论文发表数量将会更为庞大。

有关心理咨询与治疗的专业组织也在发展壮大。20世纪90年代，中国心理卫生协会设立了心理咨询与治疗委员会。中国心理学会临床与咨询心理学专业委员会成立于1999年，工作目标是团结全国从事临床与咨询心理学工作的专业人员，促进临床与咨询心理学事业在我国健康发展。这些专业组织成立以后，组织了多次国内外学术交流，开展了多项工作。

不仅如此，有关心理咨询与治疗的专业期刊也有所增加，如《中国心理卫生杂志》《中国临床心理学杂志》《中国健康心理学杂志》等。值得一提的是，《心理科学》《心理与行为研究》也经常发表心理咨询与治疗的论文甚至个案研究。从这些文章的内容来看，深度有所增加，如最早的心理咨询与治疗的文章大多介绍国外的理论，而现在的文章有不少是关于实证研究的，还有结合中国文化对西方咨询理论进行讨论的。为促进和推动我国心理治疗与心理咨询事业的健康发展，《中国心理卫生杂志》于2001年推出了心理治疗与心理咨询相关问题的讨论专栏，目的在于讨论和澄清有关心理治疗与心理咨询专业工作中的一些基本问题、重点问题和疑难问题，以达到学术的普及、提高与百家争鸣。除此之外，还有一些通俗刊物也开设了心理咨询专栏，如《大众心理学》等。

1990年至今为有关西方心理咨询与治疗理论译著的又一出版高峰期，如《弗洛伊德文集》（8卷本，车文博主编），中国轻工业出版社出版的《精神分析案例解析》《认知疗法：基础与应用》《认知疗法：进阶与挑战》《罗杰斯心理治疗——经典个案及专家点评》《给心理治疗师的礼物——给新一代治疗师及其病人的公开信》《给儿童和家庭的箱庭疗法》。

除了翻译国外的心理咨询与治疗的著作外，一些心理咨询与治疗专家也开始撰写著作。其中比较有影响的有：钟友彬著的《认识领悟疗法》，徐俊冕、季建林著的《认知心理治疗》，林孟平著的《小组辅导与心理治疗》，樊富珉编著的《团体心理辅导》，刘翔平主编的《积极心理学》，等等。这些著作体现了心理咨询与治疗工作者在专业领域的不懈努力和积极成果，从一个侧面反映了心理咨询与治疗事业的发展趋向。也有一些著作对临床心理的理论和知识进行了系统的总结，如李新天主编的《医学心理学》、车文博主编的《心理咨询大百科全书》、陆林主编的《沈渔邨精神病学》等。

此外，一些针对不同人群、不同主题的心理咨询与治疗书籍日渐增加，如黄希庭主编的《大学生心理健康教育》，贾晓明等著的《网络心理咨询理论与实务》，伍新春、乔志宏主编的《心理健康教育》，等等。

拙著《箱庭疗法》于2006年由人民教育出版社出版，《箱庭疗法的心理临床》于2016年由北京师范大学出版社出版。

中国心理咨询与治疗工作者与国外的交流也日益频繁。最具影响力的就是2004年国际心理学大会在北京召开，这对中国心理学的发展来说是一个里程碑。在这次大会上，来自世界各地的心理咨询与治疗的专家、学者在一起交流了最新成果。

中国心理卫生协会、中国心理学会和北京大学心理学系于2008年10月12—15日在北京共同主办第五届世界心理治疗大会，会议主题是"东方和西方：全球化面临的挑战"。也有一些学术会议聚焦于某个心理咨询流派。如2019时，中国心理学会主办、北京师范大学心理学部承办第六届全国人本心理咨询与治疗学术大会，会议主题是"人本主义心理咨询与治疗再出发——科学与人文的融合、研究与实践的对话"。

除了参加国际会议之外，一些在大学工作的心理咨询与治疗专家长期与国外的同行保持密切的联系，通过合作研究、互访交流紧跟国际最新的发展动向。

（二）高校心理咨询的发展

我国的心理咨询与治疗首先在医疗机构进行。20世纪80年代中期以后，心理咨询出现在我国一些大城市的高等院校，受到了广大青年学生和教职工的欢迎。学校心理咨询，特别是中学和高校的心理咨询是我国心理咨询的重要组成部分。我们的教育目标是为社会培养德、智、体、美、劳全面发展，掌握专门知识和技能的合格人才。心理健康作为合格人才必不可缺的条件越来越受到重视。特别是心理学家和社会工作者对我国大中学校的学生心理卫生状况进行的调查发现，各级学校的在校生，尤其是中学生和大学生中存在着各种心理上的问题和轻重不等的心理不适应现象。许多大学的校内调查也清楚地说明，大学生中相当比例的学生具有不同程度的心理问题、心理障碍。

面对这一现状，一些高校开始提供心理咨询服务。最早在高等学校建立心理咨询专业机构的是北京师范大学。目前，教育部要求各大学都要设立心理健康、心理咨询的专门部门。

可以说，中国的大学生心理咨询走过了几个阶段，从最初的探索期进入了现在的稳步发展期，这其中离不开政府有关部门的重视和推动。1990年，中国心理卫生协会大学生心理咨询专业委员会成立，先后举办过八届专业研讨会。在第八届研讨会上，有500多人参加会议并进行了交流。许多省、自治区、直辖市也成立了类似的专业委员会。20世纪90年代中期，中国教育学会设立学校心理辅导专业委员会。1995年，国家教委颁布《中国普通高等学校德育大纲（试行）》，明确提出要开展心理健康教育与指导，把它作为高校德育工作的新内容、新途径与新方法。2001—2003年，《教育部关于加强普通高等学校大学生心理健康教育工作的意见》《普通高等学校大学生心理健康教育工作实施纲要（试行）》《教育部办公厅关于进一步加强高校学生管理工作和心理健康教育工作的通知》相继出台，对高校开展心理健康教育工作起到了促进作用。

2005年9月28日，教育部普通高等学校学生心理健康教育专家指导委员会成立。这是在教育部领导下，对高等学校学生心理健康教育工作进行研究、咨询、评价和指导的专家组织。主要任务是：进行高校学生心理健康教育重要决策的前期研究；研究指导高等学校学生心理健康教育工作和学科建设，组织开展经验总结和交流，推动相关科学研究；对全国高校学生心理健康状况进行跟踪、监测，定期形成评估分析报告；组织进行高校学生心理健康教育方面科学研究与教学实践成果的审选和鉴定；研究和参与高校学生心理健康教育方面的教材建设和审议工作；研究和参与高校学生心理健康教育师资认证工作，协助有关部门做好师资培训工作。

2005年，《教育部、卫生部、共青团中央关于进一步加强和改进大学生心理健康教育的意见》发布，此后高校心理健康教育教师专业队伍建设得到了更多的重视与发展，高校心理工作者的专业化水平逐渐提高，高校危机应对体系也得到了完善。2011年，教育部办公厅印发《普通高等学校学生心理健康教育工作基本建设标准（试行）》，对高校心理健康教育的软硬件条件进行了规定。各高校纷纷响应，进行达标建设，高校心理健康教育条件大大改善。

2013年，国家颁布《中华人民共和国精神卫生法》，明确了在学生心理健康方面高校、家长与医院的各方责任，增强了从业人员与公众的法制观念，促进了高校、医院与家长之间的合作，从整体上促进了高校心理健康教育工作的法制化、规范化和专业化发展。

2018年，为加强教育教学、实践活动、咨询服务、预防干预"四位一体"的心理健康教育工作格局建设，中共教育部党组印发《高等学校学生心理健康教育指导纲要》，要求进一步强化高校心理咨询服务，优化心理咨询服务平台，加强硬件设施建设，完善体制机制建设，为学生提供全面、即时、有效的心理咨询服务。

在相关政策和相关部门的支持下，大学生心理咨询得到了前所未有的重视。不少学校的心理咨询中心无论从硬件设施上还是内部工作模式上，都进入一种成熟发展的良性循环，特别是那些较早建立的大学心理咨询中心，有的大学还将日常的咨询实践与研究结合起来成立心理咨询研究中心。与这些大学的心理咨询中心相比，全国其他大学的心理咨询中心的发展还普遍具有不平衡、不规范的现象。例如，不少大学的心理咨询中心并非独立的部门，而是挂靠在行政部门下；相当比例大学的心理咨询专职教师较少，专职教师的数量与学生日益增加的心理咨询需求形成了很大的反差。为了应对这种情况，不少大学的心理咨询中心采用招聘兼职咨询人员的方式来开展工作。

大学心理咨询工作的基本任务是：通过多种形式的咨询服务活动，优化大学生的心理素质，提高大学生的心理健康水平，预防与矫治各类心理障碍，促进大学生身心全面发展，为社会提供高质量的合格人才。目前，我国大学的心理咨询中心工作逐步扩展为从心理问题的筛查到干预、控制、预防一体化的流程。

我国高校心理咨询机构的名称有所不同，以"学生心理咨询中心""咨询服务中心""心理咨询室"居多。高校心理咨询承担的任务日益丰富，包括学生心理素质培养、心理健康教育、心理困扰辅导、心理障碍咨询和心理危机援助。高校心理咨询活动主要以个别心理咨询为主，另外还有团体心理咨询，有相当一部分心理咨询中心还设立了箱庭治疗（游戏）室、心理减压室等。此外，有的学校还开展就业心理指导，开展学生心理健康调查分析，为学生建立心理档案，开设心理学选修课，举办心理学讲座、报告会等。

目前，大学生求助的心理问题大体上有：学习负担过重而引起的紧张焦虑，环境的变化引起的心理不适应，复杂的人际关系引起的恐惧忧虑，理想和现实的矛盾引起的抑郁状态，性和恋爱产生的心理问题，等等。

除面向校内师生开展心理咨询与辅导工作之外，高校也可以依托自身资源，面向社会输出心理咨询专业技术和人员，作为高校社会服务工作的一部分。2020年初，在抗击新冠肺炎疫情最关键的时刻，北京师范大学林崇德教授呼吁心理学专业工作者发挥专业能力："抗疫情，我们一起上心理战场。"北京师范大学心理学部联合心理健康服务中心开设公益心理服务热线，提供公益心理咨询服务，随后全国各地也有多所高校开设热线或咨询服务，高校心理学工作者为疫情中的心理健康工作做出了极大贡献。

（三）中小学心理健康教育与心理咨询的发展

中小学生正处在身心发展的重要时期，随着生理的发育、心理的发展，特别是面对社会竞争的压力，他们在学习、生活、人际交往、升学就业和自我意识等方面会遇到各种各样的心理困惑或问题。因此，在中小学开展心理健康教育，是学生健康成长的需要，是推进素质教育的必然要求。

为进一步加强中小学心理健康教育，教育部于2002年8月发布了《中小学心理健康教育指导纲要》，成为我国在中小学开展心理健康教育工作的行动指南。时任教育部中小学心理健康教育专家指导委员会主任委员的林崇德教授认为，《中小学心理健康教育指导纲要》对我国中小学心理健康教育的指导思想和基本原则、目标与任务、主要内容、途经和方法、组织实施五个方面提出了要求，目的在于提高中小学心理健康教育的质量，并把目标牢牢地定位在提高全体学生的心理素质与全员参与上。[①]

2012年，教育部对《中小学心理健康教育指导纲要》进行了修订。《中

---

① 2007年12月林崇德在教育部中小学心理健康教育专家指导委员会工作会议上的讲话。

小学心理健康教育指导纲要》对开展心理健康教育的途径和方法进行了具体阐述：学校应将心理健康教育始终贯穿于教育教学全过程；开展心理健康专题教育；建立心理辅导室；密切联系家长共同实施心理健康教育；充分利用校外教育资源开展心理健康教育。

2015年，教育部印发《中小学心理辅导室建设指南》，进一步明确心理辅导室的功能定位为开展团体心理辅导、进行个别心理辅导、监测心理健康状况以及营造心理健康环境。对心理辅导室的管理规范，如开放时间、人员配备、经费投入等也做了详细的规定。《中小学心理辅导室建设指南》的印发，进一步将心理辅导室的建设规范化，为提高全体学生的心理素质、培养健康的心理品质提供了坚实的基础。

2019年，国家卫生健康委、中宣部等12个部门联合发布《健康中国——儿童青少年心理健康行动方案（2019—2022年）》（以下简称《方案》）。《方案》明确了心理健康工作的阶段性具体目标，如：50%的家长学校或家庭教育指导服务站点开展心理健康教育；60%的二级以上精神专科医院设立儿童青少年心理门诊，30%的儿童专科医院、妇幼保健院、二级以上综合医院开设精神（心理）门诊；各地市设立或接入心理援助热线；儿童青少年心理健康核心知识知晓率达到80%。此外，《方案》中提出的心理健康工作的具体内容包括心理辅导相关的内容，如：对贫困、留守、流动、单亲、残疾、遭遇校园欺凌、丧亲等处境不利学生给予重点关爱，必要时开展心理干预；对疑似有心理行为问题或精神障碍的学生，教育部门要指导家长陪同学生到医疗机构寻求专业帮助；对患有精神障碍的学生，教育部门应当协助家庭和相关部门做好心理服务，建立健全病情稳定患者复学机制。国家政策的颁布，反映出国家对中小学生心理健康的关注，以及我国中小学心理健康教育的发展。

除教育部等国家部门外，我国不少省、自治区、直辖市也推行了学校的心理咨询认证体系。例如，上海市开展了学校心理咨询专业技术水平认证，浙江省制定了中小学心理健康教育教师ABC认证体系，其中对中小学心理健康教育教师的心理辅导工作做了明确的规定。

总之，我国中小学心理健康教育与心理咨询工作体系正处于不断发展和完善的过程中，国家对心理健康教育的重视程度逐渐提高。

（四）心理咨询在未来发展中应注意的问题

如前所述，我国的心理咨询与治疗是在20世纪80年代初发展起来的。作为一个新生事物，受到了社会大众的广泛关注和学者的热心研究，但至今尚存在着各种各样的问题，需要我们去不断克服，以促进心理咨询事业在中国规范而健康地发展。

1. 注意获得社会对心理咨询活动的理解与支持

社会各界，特别是教育界对心理咨询活动的理解与支持是很重要的。尽管与前些年相比，社会对心理咨询的认同度有所增加，但是在社会大众心目中还存在对心理咨询的一些误解。还有相当一部分人认为去心理咨询室的人都是精神有问题的人。这对心理咨询工作的开展是不利的。因此，认真做好对心理咨询的宣传工作，是取得社会对心理咨询活动的理解与支持、普及心理咨询活动的重要途径之一。

2. 注意加强心理咨询人员的培养和资格认证工作

美国有心理学系的大学有三千多所，中国有心理学系的大学只有三四十所。而且，学历教育体系中，心理咨询专业极为稀少。在设有心理咨询专业的个别大学里，培养的模式还非常不成熟。如大学的心理学系本科生、研究生的培养缺少标准化的流程，特别是在心理咨询与治疗实践方面训练较少，也缺乏规范性和系统性，这种不健全的培养机制已经阻碍了心理咨询职业化的进程。

因此，大学的心理学系、研究所在未来的心理咨询专业学生的培养方案制订上，需要更进一步规范，也可以参考国外的培养方式并结合具体情况进行设定。

在美国和日本，对于开展心理咨询工作的人员有严格的专业要求。如美国要求心理咨询专业人员必须具有临床心理学、哲学或教育学的博士学位。在日本，日本心理学会于1990年开始实施"认定心理士"的资格认定，日本健康心理学会于1997年开始进行"健康心理士"的资格认定，日本学生相谈学会于2002年开始了"大学咨询者"的资格认定。日本心理学界已进入了多样化资格认定的时代。2015年9月，日本厚生劳动省通过了关于公认心理师资格认证的法案，并于2017年9月正式施行。

相比之下，我国在心理咨询人员的培养方面存在着严重不足。心理咨询业很时兴，咨询人员的素质却亟待提高，其中有的咨询人员在既未系统地学习咨询心理学的专业知识，也未接受过系统心理咨询职业训练的情况下就上岗，使得很多心理咨询既不科学，也不规范，因而很难解决来访者的心理问题，甚至做出有损来访者福祉的事情。心理咨询国家职业资格认证的取消，使得目前心理咨询行业没有明确统一的认证体系，更缺乏对培训机构的资质认定和对培训工作的有效监管。咨询人员的准入条件过低，导致获得资格证书的人员素质良莠不齐，资格认证没有时间限制，缺乏更新机制等。在咨询人员的培训环节中，高层次的师资培训也非常缺乏。同时，国内的资格认证体系缺乏督导体制，从事心理咨询工作的人员需要督导也刚刚被认识到。

因此，规范、系统地培养高水平的心理咨询人员，规范并系统地进行心理咨询人员的资格认定和督导已经提上议事日程。2018年，《中国心理学会临床与咨询心理学工作伦理守则》（第二版）开始实施后，中国心理学会临床与咨询心理师注册系统开始努力招募具备心理咨询专业技能的人员。各高校在临床与咨询方向学生的培养模式上，也朝着专业化和实践化的方向推进。尽管这项工作还没有相应的法律保障系统，执行上大多是依靠咨询者的自觉性和行业内的监督，但不可否认的是，我国未来的心理咨询行业必将走上更加规范和严谨的道路，只有这样才可能不断提高心理咨询工作的规范化、权威性和有效性，促进心理咨询工作的顺利开展和在我国的健康发展。

3. 注意对人的心理问题的不断探索和全面理解

目前，以心理健康、心理卫生为内容的调查、量表测试依然泛滥。某些调查结果动辄以一些所谓值得信赖的量化指标耸人听闻，譬如中小学生心理障碍患病率超过30%，大约有30%的大学生心理有问题，大学生的心理疾病率达20%，高校教工心理问题检出率为20%，甚至有媒体报道有70%的人心理不健康。面对这些可能夸大心理健康问题的数据，林崇德教授的观点给我们留下深刻的印象："这些数据够吓人的，也是媒体给人的一种错觉。"确实，这些测查的操作程序以及结果的可靠性、真实性和科学性是值得商榷的。

人的心理问题是一个非常复杂的问题，心理健康与心理疾病、心理的正常与心理的异常是相对的概念。就像焦虑或自卑，它既可以抑制人的心理成长和自我实现，也可以促进人的心理成长和自我实现，不能把人有焦虑或自卑就划为有心理疾病。作为一名心理学工作者，特别是心理咨询工作者，在对人的心理问题的解释上，应该采取严谨、慎重和科学的态度，要相信人的可能性并在不断探索的基础上给予人的心理以较为全面的理解。在处理来访者的问题的时候，重视来访者的文化背景，采用灵活多元的、适合来访者问题的方法来提供心理援助极为重要。

4. 加强与国内外心理咨询方面的学术研究和交流

心理咨询在西方已有几十年的历史，西方心理咨询的理论与技术以及培养心理咨询人员的做法有很多值得我们学习的地方。20世纪90年代以后，国内的心理咨询与治疗工作者与国外的交流日益增多，采用的方法包括"请进来"和"走出去"，但相比之下，我们的心理咨询事业还处在发展阶段，我们还应该与国外更多地进行学术交流，学习对我们有益的东西，提高我们心理咨询的理论与实践水平。同时，也应通过心理咨询与治疗专业组织的牵头，加强国内同行在心理咨询与治疗方面的协作和交流，如扩充专业刊物发表心理咨询与治疗的个案研究，举办学术研讨会和各种形式的心理咨询讲习班，等等。

心理咨询与治疗的实践在国内已经进行了多年，积累了一些经验，但有关心理咨询与治疗的相关研究还是比较少的。仅有的一些研究基本上是倾向于量化研究，尤其更多的是试图说明治疗效果的研究。有关心理咨询与治疗的过程和机制方面的研究还很少，学界也缺少对心理咨询与治疗个案研究范式的认可。尽管西方国家的心理咨询与治疗工作中也存在着实践和研究脱节的现象，但与欧美国家相比，我国的心理咨询与治疗起步较晚，心理咨询与治疗的实践和研究脱节的情况更为严重，更需要我们对心理咨询与治疗中的问题进行研究，从而使中国的心理咨询与治疗向更科学、更符合中国文化和实情的方向发展。

5. 注意探索适合我国国情的心理咨询方法

现代意义的心理咨询与治疗起源于西方，我们现在所学习和使用的咨询理论和咨询技法大部分来自西方。生活在不同的社会和不同的文化中的人具有不同的特点，一个有效的心理咨询方法应该充分考虑到这些不同点。这就要求我们在学习西方的心理咨询理论和技法的同时，应注意创造适合我们自身文化特点的心理咨询理论和技法。中西方文化的交融与冲突对中国人的心理影响，以及中国的传统文化与现代化之间的冲突对中国人心理的影响，这些都需要我们去研究和总结。

此外，在中国悠久的文化思想中包含着丰富的心理学思想，其中也包括有关心理健康和心理治疗方面的思想和方法。目前已经有一些心理咨询与治疗的研究者开始了这方面的工作，如探索中国传统文化思想中所蕴含的心理咨询思想，这对于我们提出中国特色的心理咨询与治疗的理论和方法有很大的参考价值。

思考题

1. 试论心理咨询与心理治疗的关系。

2. 怎样理解"来访者是主人公"的观点？

3. 咨询心理学作为一门应用学科是如何发展起来的？

4. 心理咨询在中国的发展情况如何？你认为存在哪些问题，需要如何改善？

第二章
心理咨询的理论与方法

咨询心理学作为研究心理咨询与治疗的理论观点、过程及技法的学科，存在着各种理论流派。各种流派以各自的理论为基础，创立了各具特色的心理咨询与治疗方法。

由弗洛伊德始创的精神分析是第一个真正意义上的心理咨询与治疗的理论流派。精神分析强调无意识的力量，形成了独特的人格与治疗理论体系，确立了科学的心理咨询与治疗技法，成为现代心理咨询与治疗的源流。

20世纪40年代，罗杰斯从自己的临床实践及理论学习中，提出了来访者中心疗法，把心理咨询与治疗的关注点由注重治疗技法转到注重治疗关系上来，强调信任及来访者自身积极的建设性力量的发挥。此疗法迅速在全世界范围内得到认可并成为现代心理咨询与治疗的主流方法。其后，相继诞生了大量心理咨询与治疗的方法，如认知行为疗法、理性情绪疗法（后来更名为理性情绪行为疗法）、沟通分析、箱庭疗法等，整个心理咨询与治疗领域呈现出异彩纷呈、百花齐放的景象。

下面选取其中的几种主要方法，分别从理论与实践应用等方面加以介绍。

第一节　精神分析疗法

精神分析疗法（psychoanalysis; analytical counseling）是弗洛伊德始创的心理咨询与治疗方法，其理论体系所涉及的范围极广，内容也极其复杂多义。

依照弗洛伊德的观点，无意识是深层的心理活动，人的行为是由一些无意识动机以及生物本能驱力决定的，被压抑到无意识中的心理冲突是导致各种心理问题的根本原因。因此，精神分析疗法的目标就是通过解释、讨论和分析来访者的无意识内容以及早期经验，让来访者体验与自我有关的情感与记忆，促进来访者了解自我并达到顿悟，使深藏于无意识里的内容浮现至意识层面，从而解决困扰来访者的心理问题，以修正和重建来访者的人格结构。

在弗洛伊德提出精神分析之后，一些人在坚持其基本概念的基础上，提出了自己的治疗方法和理论观点，如：阿德勒（A. Adler）的自我心理学强调个体的整体性以及个体自觉意志和行为的重要性；荣格的分析心理学强调文化、人性和自性（self），并给人类带来智慧和希望，给心理咨询与治疗提供了实际操作性技法（如梦的解释、积极想象、词语联想、箱庭疗法）；等等。虽然这些理论观点相较于弗洛伊德的精神分析理论有不同程度的偏离，但都属于精神分析取向，是精神分析流派的扩展。

一、精神分析疗法的理论观点

（一）人性观

弗洛伊德的人性观是决定论的，他认为，人基本上是由力比多（libido）和早期经验（early experience）决定的。人的行为由一些生物本能驱力以及生命早期压抑到无意识中的动机、冲突所决定。弗洛伊德最初用力比多来指人的性本能，并认为它是人生存的基础。

弗洛伊德还从生物观点出发，认为在人的心理成分中，存在着死的本能，其反面是生的本能。死的本能不是表现为求死的欲望，而是杀生的欲望，是具有攻击性或破坏性的力量，表现为伤害自己或他人的意愿。生的目的就是趋乐避苦，生的本能变弱，死的欲望就会抬头。

后来的精神分析，尤其是客体关系理论与自我心理学都舍弃了弗洛伊德性本能的决定论观点，转而强调关系决定了个体人格的形成，开始强调人是生物因素、心理因素和社会因素综合作用的产物。

（二）强调无意识的作用

弗洛伊德将人的心理分为能意识到的部分和意识不到的部分，而后者，即无意识更为重要。无意识是深层的心理活动，它发源于人的本能需要，以本能冲动和欲望的形式表现出来，具有强大的心理能量。压抑到无意识中的心理冲突是人类同时作为生物性动物和社会个体的产物。每个出生的婴儿都必须社会化，并被文化同化，要吸收并整合社会中的理想与价值、规范与禁忌。在社会化过程中，挫折、焦虑、紧张、愤怒、失望、不安、冲突等消极反应和心理冲突是不可避免的，这些心理冲突是产生心理疾病和精神障碍的根本原因，如何通过治疗分析使无意识中的"症结"意识化，是解决问题的关键。

人们的生活中有一半以上的时间可能是在无意识状态之中度过的。我们的孩提时代有许多活动是在无意识状态下完成的，我们在睡眠状态下也可以说是无意识的，日常生活中到底多大程度上属于意识状态也是很难说清楚的，或者说这一意识到底清晰到什么程度也是不确定的。但是不清楚或者说意识不到并不意味着不重要，而且弗洛伊德认为，研究无意识最为重要，因为它能说明人的行为的动因。

精神分析疗法探讨无意识的方法有两种。一是自由联想，即让被分析者躺在躺椅上，将自己此时此刻的所思所欲毫无保留地表达出来。一般来说，运用自由联想法的精神分析需要一个小时，其中三分之二的时间用来进行自由联想。二是梦的解析。弗洛伊德认为梦是有意义的，无意识中的本能冲动、需要和欲望等的表现构成了梦，梦是愿望的达成。同时，梦是在经过伪装以后才得以呈现的，需要给予"解析"的并不是梦的显在内容，而是隐藏于内在的意图、需要和欲望。这就像神经症症状的背后具有心理的含义一样。

除此之外，弗洛伊德也非常关注人说错的、说漏的话，或做错的、做重复的事，因为这些都可能是无意识的反映。让被分析者去理解无意识的愿望、欲求，可以帮助他们洞察自我。

（三）人格结构理论

弗洛伊德将人格分为三个部分，即本我（id）、自我（ego）和超我（superego）。

本我也称伊底，包括人类本能的内在驱力和被压抑的习惯倾向，是最原始的、本能的且在人格中最难接近的部分。其中，弗洛伊德最看重的是性的驱力，即力比多，认为这是人的行为的最大动因。本我受快乐原则支配，目的在于争取最大的快乐和最小的痛苦。

自我是人的意识部分，它遵循现实原则，是本我和外部世界之间的中介。自我联系现实，觉知和操纵现实，因此能够参考现实来调节本我的需求。自我的作用是保护心理免于内在的危险，免于充满冲突的冲动突破无意识，进入意识层面，进而造成威胁。这时，自我常常采用一些防御机制来保护自己。

超我包括两个部分，一个是良心，一个是自我理想。前者是超我的惩罚性的、消极性的和批评性的部分，它告诉个体不能违背良心。后者是由积极的雄心、理想所构成的，是抽象的东西，它希望和促使个体为之奋斗。

弗洛伊德认为，超我代表着道德标准和人类生活的高级方向，超我和自我都是人格的控制系统。自我控制的是本我盲目的激情，以保护机体免受损害；超我则有是非标准，它不仅力图使本我的需求延迟得到满足，还可能会使本我完全不能获得满足。

弗洛伊德认为，人类是一个能量系统，而心理能量是有限的，因此关键是看其在本我、自我和超我之间如何进行分配。心理能量在三者之间维持一种平衡，人才能健康发展。一个系统占用太多能量，另外两个系统就得不到可用的能量，人可能就会因此出现心理及行为问题。因此，精神分析疗法的目的之一就是要协调心理能量在三者之间的分配，重新建构来访者的人格。

（四）心理发展理论

1. 重视早期经验

弗洛伊德的精神分析疗法非常重视早期经验，认为个体的人格很大程度上受其早期经验的影响，一切神经症都是由被压抑在无意识中的那些童年的创伤经历和痛苦体验所造成的。弗洛伊德认为神经症形成的根源，是那些未能得到解决而被压抑到无意识中的欲望，早期所形成的症结在人生的其他时期往往会以神经症或精神疾患的形式反映出来。因此，弗洛伊德十分重视对早期经验的分析，这些早期经验包括早期的各种体验、亲子关系和家庭环境状况、所生活的地区的情况及幼儿园时所受到的对待等。

2. 性心理发展阶段理论

弗洛伊德认为力比多是一种身心概念，表示性本能的身和心两个方面，是人得以生存的根源。弗洛伊德强调力比多对人的决定作用，以力比多的发展为参照，将个体的发展划分为五个阶段。

第一阶段：口唇期。婴儿吃奶的吮吸动作本身会产生快感，婴儿由口唇知道了性的快乐。

第二阶段：肛门期。相当于幼儿期，这一时期，性的兴趣集中到肛门区域，儿童由排便知道了性的快乐。这　时期父母往往开始按常规训练儿童的排便习惯。如果这一时期产生固着现象，就会造成其后形成肛门性格（在行为上表现为冷酷、顽固、刚愎、吝啬等）。

第三阶段：性器期。性的兴趣开始从肛门转至性器上来，男女都开始对男性的阴茎感兴趣，特别是女孩因自己没有阴茎而羡慕男孩并产生恋父情结。男孩则出现恋母情结。

第四阶段：潜伏期。在这一时期，性的发展呈现停滞或退化的潜伏现象。

第五阶段：生殖器期。在青春期后，性的快乐开始集中到生殖器上。

以上五个阶段如果能圆满进行，人就会健全地发展。如果在某一阶段出现问题，就会造成身心障碍或心理发展停滞不前。出现问题的阶段越早，所造成的身心障碍越严重。

（五）焦虑与防御机制

弗洛伊德认为，焦虑是各种问题的核心。焦虑是促使我们做出某些事的紧张状态，焦虑的产生是本我、自我、超我彼此争夺有限的心理能量而相互冲突的结果。当自我不能控制焦虑时，个体就会使用防御机制。

弗洛伊德提出了三种焦虑：现实性焦虑、神经质焦虑和道德焦虑。现实性焦虑是人的一种正常反应，是个体对外界危险的恐惧，其水平与真实威胁的程度相一致。神经质焦虑是个体对于本我可能占优势从而支配自己的行为的恐惧。道德焦虑是对良知的畏惧而引起的紧张状态，是指当个体的所作所为与其道德观念发生矛盾时，个体所体验到的羞耻感和罪恶感。

防御机制可以帮助个体应对压力，防止自我被压垮。它不是病态的，具有适应性的价值。防御机制有多种形式，常见的有压抑、否认、反向形成、投射、置换、升华、退行等。

压抑（repression）是个体最常用的应对焦虑的防御机制，它是指把危险或痛苦的想法或感觉从意识中排除出去。但是这些想法或感觉仍然存在，会影响个体以后的行为。否认（denial）是指有意识或无意识地拒绝承认使人感到焦虑或痛苦的现实，如拒绝承认亲人亡故、对面临的危险"视而不见"等。反向形成（reaction formation）是指个体积极地表达与内心冲动相反的行为。投射（projection）是将自己无法接受的欲望和冲动归于他人的一种防御机制。置换（displacement）是指因某客体所引起的冲动不能直接发泄到此客体上，转而把这种冲动转移到其他客体上的行为。升华（sublimation）是指将社会不认可的冲动转化或提炼为社会认可的具有建设性的形式，如将攻击性的冲动转化为体育竞技行为。退行（regression）是指个体在面对严重的压力或挑战时，以不成熟的、幼稚的或不合适的行为来应对当前问题。

除此之外，合理化、内射、认同和补偿等都是防御机制的形式，个体通过它们来应对自己的焦虑。但是个体不会采用所有的防御机制，只会有选择地采用其中的几种，这几种防御机制在个体的自我中固定下来，成为个体常用的防御机制。防御机制的使用会占用心理能量，不适当地使用防御机制将造成心理能量的不必要消耗。

二、精神分析疗法的过程与技法

（一）精神分析疗法的过程

精神分析疗法非常强调治疗的连续性，一个治疗过程可能要持续好几年。精神分析疗法有标准型和简易型之分（两者的比较见表2-1）。

标准型精神分析疗法，是指让来访者躺在躺椅上进行自由联想，让来访者回顾过去，将长期以来对双亲的情感、被压抑的爱与憎等直接表现出来，咨询者通过对其背后所压抑的内在驱力的解释，促进来访者自我的洞察及自我的再建构。来访者如果能洞察到理想现实与客观现实之间的差异，从幼儿那种天真的、幼稚的需要或幼儿的规范（超我）这一束缚中解脱出来，就可以获得自律的自我机能。一般情况下，标准型精神分析疗法需要持续1~2年，通常一周2~3次，每次50分钟。

简易型精神分析疗法现在被广泛应用于心理咨询之中。这种方法不使用躺椅，咨询者和来访者面对面坐着或侧面呈90度而坐，咨询者与来访者自由地谈话，引导来访者进行自我洞察。由于来访者自我洞察程度不同，因此简易型精神分析疗法持续的时间也会有所不同，一般3~6个月，每周1~2次，每次50分钟。

总而言之，精神分析疗法的关键，是让来访者自己察知问题行为、情感背后所隐藏着的需要、欲求、矛盾和情绪等，其目标是使无意识的内容意识化，并且使自我的力量得以增强，从而使人的行为更多地依据现实原则，达到人格的重新建构。

表2-1　标准型精神分析疗法和简易型精神分析疗法的比较

项目		标准型	简易型
对象		成人的神经症，某种心身症等属于正常—神经症水准的障碍 比较接近正常的自我状态，较高的知识水平，20~40岁，紧急症状除外	正常—神经症水准的障碍，以及精神病、行为障碍、人格障碍等精神病水准的障碍 适应范围扩大
方法	技法	自由联想，一周2~3次，每次50分钟	如同自由联想一样的会话，一周1~2次，每次50分钟
	内容	将头脑中浮现的一切都说出来	主要谈最近的生活状况、人际关系等
	态度	始终采取中立的态度	支持的态度、灵活的积极态度
	目标	幼儿期防御、不安的消除（特别以对转移、抵抗的分析为中心） 自幼儿期逐渐形成之人格的再构筑	病性防御的消除，对现实的适应
	并用	无	可适当加上说服、再教育等技法，也可与药物、环境调整、催眠、作业疗法等并用
经过		①基本规则的说明 ②治疗进程中出现退行 ③移情的发现——阳性、阴性 ④移情性神经症的形成 ⑤彻底操作——反复强迫 ⑥洞察的展开——自我的再整合 ⑦移情的修正——自我自律性	①治疗或咨询关系——信赖关系的形成 ②不适应的原因、机制的发现——自我防御的解释 ③自我洞察的展开 ④帮助其获得对现实的适应并走向独立
特征		限定对象 时间长（1年以上） 咨询者需要接受教育分析的训练	难以发现潜伏性抵抗 容易局限于知识性洞察 容易忽视转移 容易产生依存性倾向 难以保持治疗者或咨询者的一贯性
		自幼儿期逐渐形成之人格的再构筑	生活态度的改善、社会适应能力的促进，实用性

（采自前田重治，1994）

（二）精神分析疗法的技法

1. 自由联想

自由联想的目的是使来访者的无意识内容意识化。如图2-1所示，咨询者让来访者躺在躺椅上，自由地说出自己心里的所思所欲，包括任何想法、影像或是感觉，并且以一种不扭曲、不检查、不压抑的方式来表达这些内容，不对任何特别想法做重要或不重要的判断。咨询者坐在躺椅后面，不批判、不论断，用一种好奇的态度倾听。如果来访者偏离上述联想的原则，咨询者将对来访者进行调查分析，并在合适的时候给予解释。咨询者的主要任务是通过来访者联想的内容、联想中的阻碍和中断等去识别其无意识中被压抑的内容。咨询者对来访者给予解释，引导其发展出对无意识的洞察力。

图2-1　弗洛伊德的自由联想

（采自手岛茂树，1988）

2. 梦的解析

弗洛伊德认为，个体的很多愿望、动机和情绪都会在梦中得到表达，因此，梦是通往无意识的捷径或桥梁。不过，由于其中有很多内容是不能被接受的，因此它们不能直接表达，而是通过伪装的形式出现。因此，对梦进行解释也是精神分析疗法一项非常重要的技法。

弗洛伊德将梦中所隐藏的内容称为潜在内容或潜在思考。所谓潜在内容，即无意识内容的形成物，主要成分就是人的各种愿望和冲动。关于这一点，不仅梦的研究，其他的临床经验，特别像神经症的症状形成，都可以给予解释。梦是心理表现的一种，也是心理冲突、矛盾的中心。自幼儿期开始积累的未解决的问题，未能得到满足的某些愿望、冲动和需要等是很难简单地在意识领域表现出来的。要使其意识化，需要进行各种各样的歪曲（verstellung）作业方能实现。弗洛伊德所谓的梦的形成作业即歪曲作业。这一歪曲作业往往随着无意识的幼儿期的愿望及个人自我的强度、超我的程度的不同而发生变化。就是说，梦是想要得到表现和满足的愿望与不让其表现、不让其满足的力量之间的矛盾、冲突与妥协的产物。

梦的歪曲作业这一心理运作机制有两个，即检阅（traumzensur）和二次加工（sekundär bearbeitung）。弗洛伊德提出的梦的歪曲有四种。（1）凝缩或压缩（verdichtung）。（2）移置或编成（akzenterschiebung od, ungruppierung）。（3）戏剧化或视觉化（dramatisierung od, umsetzung in visuelle bilder）。（4）象征化（sqmbolizierung）。梦的形成作业机制如图2-2所示。

由于梦是无意识世界的歪曲反映，不是以本来面目出现的，所以来访者要将自己的梦详细报告出来，供分析者分析，为心理治疗提供有价值的线索和依据。

平时，我们往往无视梦的存在。但是，只要入睡，哪怕是短暂的一刻，梦就会自然产生，梦也是测查觉醒时心理状态的重要的、不可缺少的资料。如此说来，如果对梦毫不关心，也就表明对自己的心理缺乏了解、缺乏关心。

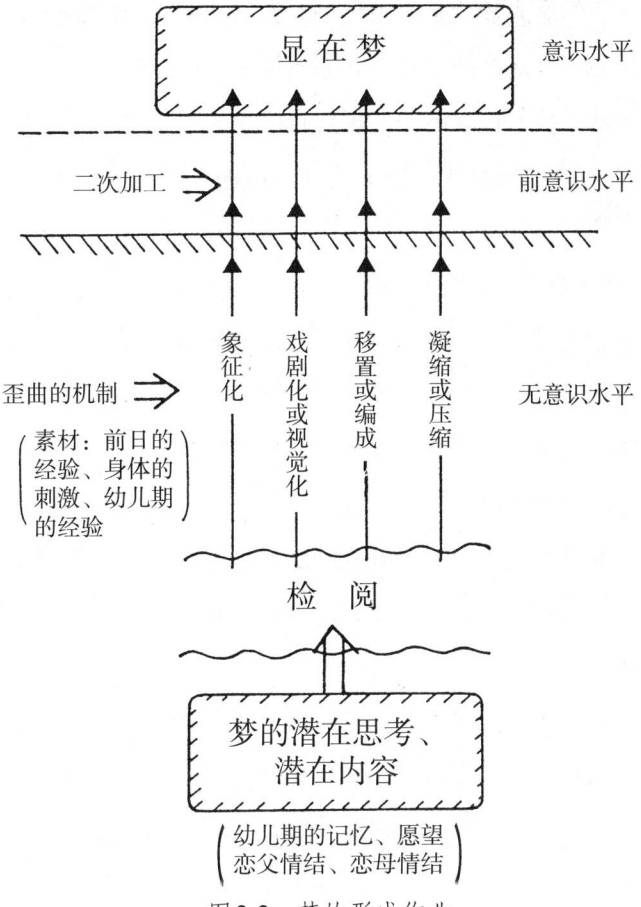

图 2-2　梦的形成作业

（采自铲干八郎，1994；张日昇整理，1999）

　　扇子本身并没有正面和反面，我们总是将有画的或写有字的一面看作正面。和扇子一样，我们也很难区分意识世界中的现实和梦幻。现实的意识世界和梦中的现实世界是相互沟通的，从现实的意识世界进入梦中的现实世界，就像翻一把扇子的正面和反面一样。同样，从梦中的现实世界很容易立即进入现实的意识世界。我们会在梦中体验现实生活中所体验不到的意识活动。我们也会因梦中的强烈恐怖而惊醒并立刻回到现实的意识世界，有的时候，我们会因为恐怖而逃避，但又像被钉住一样而使恐怖倍增。

可以说，我们进入梦境是一种强制，无法选择。如同我们作为一个人出生于这个世界是不可选择的一样，我们不能选择某一时代、某一文化、某一土地或国家。甚至我们连自己的父母、自己的兄弟姊妹、亲戚邻居都不能选择。我们每个人都是强制地被生下并接受所面临的现实，梦的世界也是如此，既是强制的，也是不可选择的。

无论是现实的意识世界还是梦中的现实世界，都是我们自己的世界，也就是指个人的心理世界。如果能够珍视自己的梦的世界，那么，我们就会共享两个世界，我们的人生将会具有双倍的意义。

梦是现实，还是现实是梦，看起来很容易区别，但实际上很难。这不免使笔者想起《庄子·齐物论》的一段：

昔者庄周梦为胡蝶，栩栩然胡蝶也，自喻适志与！不知周也。俄然觉，则蘧蘧然周也。不知周之梦为胡蝶与，胡蝶之梦为周与？周与胡蝶，则必有分矣。此之谓物化。

庄周也不清楚是自己在梦中变成蝴蝶，还是蝴蝶在梦中成为庄周，显然这两者是有区别的。我们总容易将梦中的世界认为是非现实的、伪的世界，将觉醒的（自认为）世界看作现实的、真的世界。其实当我们生活在这两个世界并来看它们的时候，自然会领悟到这两个世界都是属于自己的世界。

笔者认为，梦就像一封尚未开封的、用别的语言写的信。要想知道其中的内容，就必须打开这封信，而且要学习这封信所用的语言。也就是说，要想了解梦的内容，就必须学习梦的解析。由于梦的解析超出了本书的范围，在此不再展开。但是，在心理咨询过程中，来访者经常会谈论自己做的梦，请求咨询者帮助分析一下。有的时候，请来访者谈一下所做的梦，可以成为心理咨询过程中一个很重要的话题。由此可见，作为咨询者应该学习梦的理论及梦的解析。

咨询者通过对来访者所描述的梦的内容进行解释，揭示其背后的含义。咨询者也可以让来访者对梦的内容的某些方面进行自由联想，由此揭示其潜在的内容。对梦的解释可以使来访者洞察那些压抑到无意识中的内容，并将其与他们目前的问题联系起来。

3. 对阻抗的分析与解释

作为精神分析的一个基本概念，阻抗（resistance）是指幼儿期所体验的、所压抑的情感，在咨询与治疗过程中遭受抵抗而无法意识化，其意义在于增强个体的自我防御。在传统的精神分析理论中，阻抗被理解为所有心理防御的总和。阻抗可以是一种观念、态度、感觉或动作，包括有意识的和无意识的，阻抗使得来访者维持现状，拒绝改变。比如在自由联想、梦的联想中，阻抗可能表现为来访者不愿意提及某些想法、感觉或者体验。

弗洛伊德认为，阻抗是人们的一种无意识的心理动力，它被用来防御意识到被压抑的冲动与感情时可能产生的难以忍受的焦虑和痛苦。有意识的阻抗可能是来访者怕咨询者对自己产生坏印象，或担心说错话，或对咨询者尚不信任的反映。无意识的阻抗是一种对焦虑的防御，但这样的话，来访者和咨询者就不能建立起一种共同努力的合作关系，因为阻抗使某些无意识的材料无法进入意识之中，而这个问题需要来访者去面对才能解决。咨询者要对来访者进行解释，让来访者明白阻抗的原因。一般由咨询者指出并解释最明显的阻抗，以此来减少来访者对这些解释的抗拒，并增加他们开始消除阻抗的可能性。

其实阻抗是日常生活中常见的防御机制，它可以抵抗焦虑，而不是阻碍人们接受改变从而体验更好的新生活。尤其重要的是，咨询者必须尊重来访者的阻抗，并且帮助他们采用心理治疗的方式来消除这种防御。如果处理恰当，阻抗可能成为了解来访者最有价值的工具之一。

4. 对移情的分析与解释

移情（transference）和阻抗一样，是精神分析的一个重要术语。它是指在以催眠疗法和自由联想法为主体的精神分析过程中，来访者对咨询者产生的一种强烈的情感。形成这一情感的基础，是来访者把自己幼儿期与双亲或其他重要他人之间存在的未能处理妥当的问题转移到咨询者身上。弗洛伊德将人的这种回归倾向与人的自我防御和恋母情结联系起来，认为移情是来访者未能充分解决的恋母情结在精神分析场合下的重现。在咨询过程中，来访者通常会把咨询者看作生活中的重要他人。对于移情，精神分析往往有正面的评价，移情使来访者有机会重新体验他本来没有机会体验的情感。通过与咨询者的关系，来访者可以表达他原本被深埋在无意识中的感受、信仰和欲望；通过适当地表达这些早期情感，来访者可以改变一些固有的行为方式。然而，移情也要有一个度，不适度的移情会扰乱甚至破坏心理咨询所建立的特殊的人际关系。

对移情的解释和处理是精神分析的重要技法，恰当的解释和处理可以促使来访者深入地了解过去经验对其当前心理功能的影响，从而化解那些使来访者行为固着、情感停滞的内在冲突。

三、精神分析的发展

继弗洛伊德以后，很多学者在继承其基本观点的基础上，修正并发展了精神分析的理论及治疗原理和技法，从而形成新弗洛伊德主义。阿德勒、荣格、霍妮、沙利文（H. S. Sullivan）、埃里克森（E. H. Erikson）、弗洛姆等人是新弗洛伊德主义的代表人物。

总体来说，新弗洛伊德主义有以下几个方面的改变。

（一）强调自我的功能

新弗洛伊德主义更强调自我的功能，包括自我防御、自我发展、意识思考过程和个人控制。安娜·弗洛伊德对各种防御机制进行了更全面的总结与论述，并强调其功能。而客体关系理论家认为：心理冲突位于自我的内部，是从自我分离出来的一部分与自我的其他部分之间发生了战争，而不是位于自我和本我、超我之间；对人格的形成与维护起重要作用的是自我，而不是本我。

（二）强调社会因素对人格的影响

新弗洛伊德主义认为社会因素（文化、家庭和同伴）对人格的形成具有重要影响。霍妮、埃里克森等人强调文化因素对个体人格所造成的影响。克莱因（M. Klein）等客体关系理论家关注外部客体（父母和孩子世界中的其他重要的人）对于建立内部心理的影响，认为人格的组织和建立是客体关系内化的结果。个体将其环境中的规则和特征转化为内部的规则和特征。而沙利文认为，弗洛伊德的理论和治疗没有考虑到人的社会关系的重要性，没有考虑到病人具有被他人接受、被尊重和被爱的需要。他坚持认为，心理障碍不仅涉及创伤性的内部心理过程，而且涉及人际纠葛。一个很小的孩子就需要安全感，需要得到他人的关心和爱护。焦虑障碍和其他心理疾病是由个体在与父母或其他重要的人的关系中所具有的不安全感导致的。按照沙利文的观点，一个人自我体系的建立是为了把焦虑降低到可忍受的水平。这种自我体系起源于儿童期的人际关系经验。基于这种人际关系的观点而发展的治疗包括来访者对咨询者的态度所产生的感受，治疗会谈同时也是一种社会交往，任何一方的情感和态度都会受到另一方的影响，在治疗中咨询者会激发来访者说出对咨询者的态度和看法。沙利文认为在治疗中最为重要的是治疗情境，咨询者应该学会以仁爱的态度对待来访者。

（三）强调性本能或力比多并不代表一切

新弗洛伊德主义较少强调性冲动或力比多的重要性。阿德勒放弃了快乐原则。他认为，人人都会体验到自卑感，所有生命都被寻求办法克服自卑感所控制。通过补偿获得胜任感，更多的情况是过度补偿而追求卓越。荣格不认可力比多的重要性，并提出两种同样强大的无意识本能：个体的创造需要与和谐一致的整体需要。霍妮等人则更强调个体目前的人格结构而不是婴儿的性欲。客体关系理论家完全摒弃了性本能是基本的人类动机的观点，认为人际关系对人格发展起决定作用。

（四）强调人格发展持续一生

新弗洛伊德主义认为人格发展不仅限于儿童期，而是持续一生。埃里克森的人格发展的八个阶段和八种危机就是这一观点的典型代表。荣格率先对个体全程发展进行研究，他把人的一生分为前半生和后半生两个阶段，在这两个阶段，人格沿着不同的路线发展。他还重视"中年危机"，并对老年心理进行了研究。

（五）对精神分析理论的补充

新弗洛伊德主义出现了许多补充弗洛伊德精神分析理论的观点。荣格极大地扩展了无意识的概念。在荣格看来，无意识并不限于个体独特的生活经验，而是包括整个民族共同具有的基本心理事实，即集体无意识。他视健康的、整合的人格为对立力量的平衡，这种在动态平衡中补偿内部力量的人格观点被称为分析心理学。

弗洛伊德曾把3—5岁的恋母情结阶段称为变革期，即儿童从处于两人关系中转变到处于三人关系中。客体关系理论家所确定的发展危机时期都比弗洛伊德要早，并更详细论述了婴儿时期的发展阶段与特点。他们认为人格结构的缺陷来自母子关系的早期缺陷，所以如果咨询者能给来访者提供亲切和谐的关系用来整合被分离的人格部分，则心理治疗性重建将发生。为了使来访者"那时那地"的人格缺陷得以治愈，咨询者将利用"此时此地"和来访者的关系开展工作。

（六）对精神分析治疗模式的应用

精神分析学说于19世纪末20世纪初由弗洛伊德创立，至今已有120余年，在其基础上，演变出了不同的咨询理论与实践方法。

在与来访者的工作中，阿德勒学派强调心理与行为的社会目的论和自我成长模式，认为心理咨询与治疗工作的实质是教给人们应对生活任务挑战的最佳方法，协助改变对自我的错误看法，为沮丧的人提供激励。阿德勒式团体游戏治疗的过程一般包含开始、评估、工作以及结束四个阶段。

客体关系理论的创立者克莱因提出，在出生后的第一年，儿童与人类客体（如母亲）关系的质量确立了一种持续一生的关系模式。客体关系治疗强调"治疗师—来访者"关系。它充分运用形成于治疗室内的"治疗师—来访者"关系来帮助来访者重新获得健康的客体关系，促进来访者自我感的积极改变。目前，客体关系治疗在欧美国家已经被广泛应用于医院精神科、心理科以及心理咨询的临床工作中。

经典精神分析治疗的过程漫长。为了符合现代人的生活节奏，满足社会心理卫生的需求，短程心理动力学治疗应运而生。短程心理动力学治疗是有时间限制的、基于心理动力学理论的强化性治疗。其理论基础是客体关系理论和人际关系心理学。短程心理动力学治疗的次数一般是10~20次，强调咨询者及时和主动的干预。咨询者需要确立具体明确的治疗目标，与来访者共同商定治疗时限等。

第二节　来访者中心疗法

来访者中心疗法是由罗杰斯于20世纪40年代首创的一种心理咨询与治疗的方法，其基本理念是，重视来访者情绪的作用，认为来访者内心所具有的对成长、适应的愿望或冲动，是问题解决的根本所在。

来访者中心疗法强调咨询者与来访者之间的共感理解，认为建立信任的咨询关系对于咨询非常重要。在咨询过程中，咨询者的任务是帮助来访者将与生俱来却被隐藏的自我整合的潜在能力解放或挖掘出来。这样，心理咨询的重点开始由咨询者的咨询技法（technique）转变为咨询者的咨询态度（attitude）。

一、罗杰斯及其理论形成的背景

罗杰斯生于美国的伊利诺伊州。他先在大学学习农业，再学历史，1924年毕业于威斯康星大学；同年进纽约联合神学院，两年后转入哥伦比亚大学学习教育心理学、临床心理学。1928年受聘于纽约州罗彻斯特市防止虐待儿童协会，在儿童咨询研究机构进行儿童心理咨询实践活动。他从26岁到38岁这12年的时间里一直在该机构工作。在这里，他继续博士论文的撰写工作，1931年获得了哥伦比亚大学博士学位，编制了儿童人格测定量表。1939年，他的第一部著作《问题儿童的临床治疗》出版了，对传统的指导性的心理咨询或指示疗法提出疑问。

在具体的实践过程中，罗杰斯开始认识到：传统的精神分析疗法虽然具有绝对的地位，但也有行不通的地方；书本知识和具体应用是有差别的，学校的权威专家也未必就一定能制订出对病人最佳的治疗方案；寻求心理援助、问题解决的来访者往往更了解自己的挫折经历及问题症结。

这些初期的认识为罗杰斯接受新的理论和学术思潮奠定了基础。

罗杰斯自己也曾明确指出，对来访者中心疗法的形成产生深远影响的，无疑是时代和文化构成，也就是说来访者中心疗法是文化的产物。

除罗杰斯个人生活史因素（如具有传统基督教精神的家庭状况、对农业的关心和兴趣、对生产的爱好、宗教活动、学生时代良好的人际关系等）之外，影响罗杰斯理论形成的直接因素，大体可以归纳为以下几个方面。

第一，弗洛伊德的精神分析理论。传统的精神分析理论重视对人的无意识的研究，特别是弗洛伊德揭示了人们对现代文化的无意识的渴望、追求及人的复杂的情绪特质，对罗杰斯的理论产生了深远的影响。

第二，新弗洛伊德学派的理论观点。霍妮、沙利文、亚利山大（F. Alexander）、弗伦奇（T. M. French）等系统地修正了弗洛伊德的思想，认为现代人的一切心理障碍都是人的本能需要和社会要求不相适应以致失调的结果。认为只要有了良好的社会环境、教育措施和预防治疗，这些心理障碍就可以防止和消除。这些观点对罗杰斯产生了很大的影响。

第三，兰克（O. Rank）的意志疗法。兰克认为，人都有分离焦虑，最初的分离焦虑体验就是出生创伤（birth trauma）。个体在出生的时候，离开母体时经过的一段生命挣扎历程所体验的出生创伤，可能是个体以后在心理上产生神经质焦虑的重要原因。因此，治疗的目的主要是鼓励个体肯定自我，培养其自主的意志。兰克的观点对罗杰斯有很大的影响。

第四，美国的科学心理学。罗杰斯理论的形成，直接受在美国发展起来的科学心理学的影响。

第五，格式塔心理学。格式塔心理学强调人的心理现象是在意识经验中所显现的结构性或整体性，主张从整体的动力结构观来研究心理现象。这为罗杰斯的人格理论的形成奠定了基础。

第六，以美国文化、人本主义为中心的教育哲学、社会哲学和政治哲学。

通过丰富的心理临床实践，罗杰斯感到，人有理解自己、不断趋向成熟、产生积极的建设性变化的巨大潜在能力，心理治疗的目的在于启发和鼓励这种潜在能力的发挥，而不是包办代替地进行解释和指导。1940年，罗杰斯被聘为俄亥俄州立大学心理学专职教授。1942年，他的著作《心理咨询与心理疗法》（*Counseling and Psychotherapy*）出版了，对心理咨询与治疗问题进行了系统而详尽的论述，主张在心理咨询与治疗中采用非指示的疗法，后改称患者中心疗法或来访者中心疗法。

二、来访者中心疗法的理论

（一）人性观

罗杰斯认为，任何人都有着积极的、奋发向上的、自我肯定的、无限成长的潜力。他坚信人是理性的，能够自立，对自己负责，有正面的人生取向，值得信赖。人有能力自我引导。人类，也包括其他有机体，都具有求生、发展和增强自身的天赋需要。

人类个体对自己的体验或者经验，有一种天生的、内在的机制或者手段，罗杰斯把这种手段称为机体评估过程（organismic valuing process），它使个体能调节自己的经验，朝向"机能完善的人"的方向发展。罗杰斯把自我实现的倾向概括为以下三点。

（1）自我实现的倾向是人类的一种自我完善的动机或需要。人类有机体不仅靠它维持生存，而且靠它促进成长，充分发展自己的潜能。

（2）个人可以按照自我实现的倾向适当地自由选择，因此，即使自我概念与现实经验不一致而导致适应困难，个人也能自我调整并恢复一致或协调状态。

（3）人类除了天生的自我实现倾向之外，还有两种习得的需要：关怀需要和自尊需要。来访者中心疗法就是以无条件的关怀和无条件满足来访者的自尊需要为基础的。

自尊需要发展得较迟，它实际上是那些为他人所赞许的行为和价值观的内化。罗杰斯认为，人人都有关怀需要，但是通常这些关怀是有条件的。而来访者中心疗法就是以无条件的关怀为基础，以最大限度地满足来访者的自尊需要为出发点。来访者可以在无拘无束、被接纳的气氛中，在咨询者的援助下达到自由选择、自我实现。

（二）心理咨询与治疗的原理——人格改变的理论

罗杰斯对心理咨询与治疗的原理做了大量论述，这些论述包括治疗所需要的条件及咨询者的态度、来访者的人格及其构成、人的本性，以及当治疗满足特定条件后，来访者的人格会发生怎样的改变等。在这里，我们就来访者中心疗法的核心内容——人格改变的理论做一概括的说明。

1. 治疗条件和治疗结果

咨询者怎样做才能使治疗有效呢？出现何种治疗结果才算是有效的治疗？罗杰斯简略地论述了治疗时所必需的治疗条件和由此可能导致的治疗结果。

（1）治疗条件。只要存在以下要素，个体原本所具有的要求自我实现和成长的力量就可以得到解放。

①咨询者依据自身的力量去从事治疗行为，也能够承担责任。

②咨询者依据来访者所持有的对成熟、适应社会、独立、创造性等的愿望去行事。

③咨询者能够给来访者提供自由表现态度、情感的氛围，并且保证来访者可以自由地表现或不表现自己的情感。

④咨询者给来访者的限制（limitation）不是对来访者态度的限制，而是对其行为的简单制约（而且这一限制主要适用于儿童）。

⑤咨询者在与来访者面谈的过程中，能够较深刻地理解来访者所表现出来的情绪、态度和反应，而且能够运用相应的技法将接纳的、理解的态度充分地反馈给来访者。

⑥咨询者最大限度地克制违背以上原理的某些表现或行为（这里是指克制使用诸如提问、诊断、批评、解释、忠告、暗示、说服、再保证等）。

（2）治疗结果。只要能满足以上条件，大体就可以预测到以下治疗结果。

①来访者能够将压抑较深的、表示某种动机的态度和情感表现出来。

②来访者比以前更能够意识到自己的行为和态度，也能够意识到之前自己所排斥的那部分自我。

③来访者能够明确意识到并理解表示动机的态度，能够接纳自我，能把对自身或自身行为的意识和理解用语言表达出来。

④来访者能够自己选择新的、满意的适应目标。

⑤为了新的、满意的目标，来访者能够选择与以往不同的行为方式。这些新的行为方式能够促进来访者的心理成长，使来访者走向成熟。

从上述治疗结果可以概括出来访者中心疗法的最终目标，即帮助来访者成为"机能完善的人"。

2. 治疗关系

来访者中心疗法非常注重治疗关系对治疗的作用。罗杰斯在1957年发表了《治疗过程中人格改变的必要条件》一文，列举出要使治疗有效，治疗关系应该具备六个条件。

（1）两个人之间保持心理上的接触。

（2）第一角色——称之为来访者——处于不一致或不协调（incongruence）的状态和易受伤害或焦虑不安的状态。

（3）第二角色——称之为咨询者——在这一关系中，处于一致的或协调的（congruent）、整合（integrated）的状态。

（4）咨询者无条件地积极关注或肯定来访者。

（5）咨询者共感理解来访者，而且把这种共感理解努力传达给来访者。

（6）来访者至少能够最低限度地体验到来自咨询者的共感理解、无条件的积极关注或肯定。

3. 人格理论

罗杰斯通过大量的实践与研究，提出了自己的人格理论，之后这一人格理论开始成为来访者中心疗法的基本理论依据。罗杰斯在《来访者中心疗法》（1951）和《治疗、人格及人际关系的理论》（1959）中对这一人格理论进行了论述。

（1）关于人格与行为的基本假设。罗杰斯认为，个体感知外界客观事物并获得经验，在此基础上对客观事物赋予相应的意义。这些主观的感知、经验和意识的总体就构成了个体的现象场。因为每个人都以独特的方式感知世界，所以每个人的现象场是不同的。

个体又是完整的有机体存在。从这一假说出发，罗杰斯提出了关于个体人格与行动的19个命题，来说明人格的形成与发展的实质、过程，以及人格与行为的关系。以下列举其中的5个命题，以了解罗杰斯对人格与行为的基本见解。

第Ⅰ命题：无论是哪个人，在他的心中都存在着一个不断变化的经验世界。

第Ⅱ命题：有机体对其自身经验和知觉到的领域做反应。这一知觉域对个人来说就是"现实"。

第Ⅲ命题：有机体作为一个自组织的整体，对这一现象域做反应。

第Ⅳ命题：有机体有一个基本的倾向——实现、维持、强化经验组织。

第Ⅴ命题：行为，基本上是为了满足在知觉域经验过的有机体的需要。

（2）人格结构。罗杰斯人格理论的核心，是他对经验（experience）和自我概念（self-concept）的论述。

自我概念是个体与环境互动的结果，尤其是受他人评价的影响所产生的结果，是个体对自我的稳定的、组织化的知觉。它与个体经验越一致，个人就越可能拥有适应性人格，即人格由经验和自我概念共同构成，二者之间的一致性程度决定了人格的适应性水平。

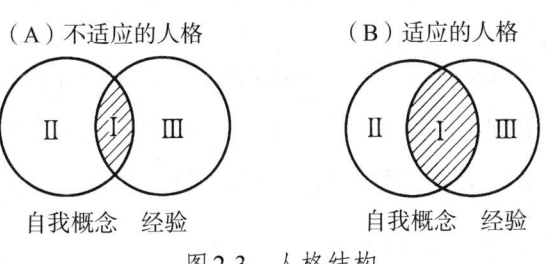

图 2-3　人格结构

如图 2-3 所示，人格结构中自我概念和经验的关系，可以形成以下三个领域。

领域Ⅰ——一致的部分（图中的斜线部分）。越是适应的人格或越能充分发挥机能的人，这部分越大。这部分表示自我概念和经验呈现协调一致的状态。这部分越大，说明这个人越是整合的、真实而适应的人。

领域Ⅱ——歪曲的部分，指在自我概念中和经验不一致的部分。

领域Ⅲ——排斥的部分，指在经验中和自我概念不一致的部分。

总之，人格是由自我概念和经验构成的，当意识中的自我概念与实际的经验产生分歧时，个体就会经历或体验到人格的不协调或不一致的状态。

之所以会产生人格的不协调或不一致的状态，其根本原因就在于价值判断的作用。

首先，因为价值判断会使人有选择地对待自己的经验，只接受与特定价值观一致的经验进入意识之中，那些不符合价值观的经验或者被拒之门外，或者以歪曲的形式出现。

其次，由于价值判断的存在，个人又必须对存在于现象场中的经验加以筛选，除去与价值观相矛盾的、符号化了的经验。

最后，选择性知觉可能拒绝或歪曲某些对成长有指导作用的经验，从而导致自我概念和经验之间的不一致。

在罗杰斯的学说中，任何特定的经验不外乎三种命运：准确地符号化于意识之中；被歪曲或改造，使之不再对自我概念构成威胁；被拒绝于意识之外。

如果后两种情况出现，就必然导致人格的不一致或不协调。我们每个人都会经历某种程度的不一致或不协调，而过分的不一致或不协调会导致心理的不适应、心理适应困难，严重的还会造成精神障碍。

4. 人格改变的理论

罗杰斯认为，如果治疗者能最大限度地满足治疗关系的各种先决条件，来访者的人格就会发生改变。

罗杰斯将治疗过程中所产生的人格改变现象理解为一个连续体（continuum）并试图予以概念化。这一改变并不是说人从这一连续体的某种固定状态转移到另一种固定状态。人的这一改变是由固定性向变化性、由刻板结构向流动性、由静止向过程的连续的改变。

罗杰斯把人格的改变分为七个方面，每个方面都处于一个可以改变的连续体上。他认为，根据来访者所表现出的内容，就可以断定其现在处于这一连续体的哪个位置。

罗杰斯又用过程尺度给予这一假说的过程更加详细的论述。这一尺度分为七个主要阶段（如图2-4所示），其内容见表2-2。

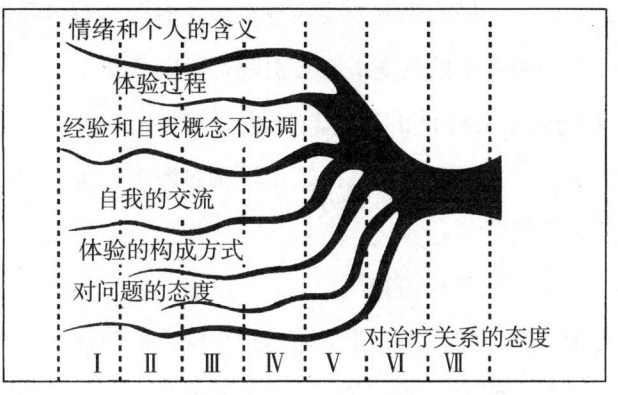

图2-4　来访者咨询过程连续线

表2-2　人格改变过程

连续体	阶段*		
	低（Ⅰ、Ⅱ）	中（Ⅲ、Ⅳ、Ⅴ）	高（Ⅵ、Ⅶ）
情绪和个人的含义	认识不到，没有流露	增加有关对自己的感觉，增加流露	在自然中生活，流露充分
体验过程	远离体验过程，没意识到	远离感减少，意识性增加	在体验过程中生活作为重要的参照
经验和自我概念不协调	认识不到	意识程度增加，直接体验过程增加	只表现为一时的
自我的交流	欠缺	自我的交流增加	充分交流着
体验的构成方式	构成概念僵固，看作固定事实	僵固程度减少	一时的构成概念，以可变性看待体验
对问题的态度	欠缺对问题的认识，不企求变化	责任感增强，害怕变化	不把问题作为外部对象，主动解决问题
对治疗关系的态度	认为亲密的关系危险而回避	危险的感觉减少	基于直接的体验过程，形成开放的、自由的关系

* 为了简便，将七个阶段分为低、中、高三个阶段列出。——笔者注

（采自Walker, Rablen, & Rogers, 1960）

罗杰斯认为，人格的改变主要表现在自我概念和对自我的经验方式这两方面的改变上，而人格的改变最终会引起行为的变化。

三、来访者中心疗法的过程与技法

来访者中心疗法强调咨询实践，也强调对咨询的各个方面进行研究，建构相应的理论与规范。

（一）来访者中心疗法的过程

来访者中心疗法的目标是让个体达到深层次的独立和整合，重视来访者整个人而不是其目前的问题，支持来访者的成长，以使他们能更好地解决当前甚至是将来要面临的问题。

为达到这一目标，来访者中心疗法对咨询的场面构成、限定等有一些要求。

1. 咨询的场面构成

来访者中心疗法特别强调由咨询者和来访者所形成的人际关系的独特性。咨询者和来访者既非亲属关系，也非朋友关系、师生关系，而是一种特殊的人际关系。为了理解和设定这一特殊的人际关系，咨询者在和来访者第一次面谈时可能会多花费些时间和精力。为了更有效地利用这一场面，咨询者对此应给予足够的重视。

咨询的场面构成要在咨询开始或初期进行。也就是说在咨询开始或初期，咨询者向来访者说明心理咨询的大体情况，一般能做什么，值得期待什么，来访者该怎么做，咨询人员起什么作用等。适当的咨询场面构成，对于咨询活动的顺利开展有极其重要的意义。

一般意义上的咨询场面构成包括以下内容。

（1）咨询场所的设定。

（2）咨询日期的确定（商定彼此都合适的时间，以使双方都能做好准备）。

（3）提供有关咨询费用的信息（咨询费用与咨询效果有极为密切的

关系）。

（4）咨询时间的限定（咨询时间必须有一定限制；如果没有时间限制，咨询者和来访者都容易产生疲劳，无法与对方保持充分的接触）。

（5）咨询内容的绝对保密（由于咨询内容涉及个人隐私，因此来访者非常关心咨询内容能否绝对保密；咨询者要在开始时向来访者做出保证）。

（6）向来访者介绍从过去的咨询经验中所获得的一般结论，有时可以提高来访者的咨询愿望。

（7）告诉来访者咨询者的责任和作用。

（8）告诉来访者在谈话时可以自由地表达自己的情感和想法。

当然，现在进行心理咨询时的场面构成会简明扼要，并不要求生搬硬套以上所列举的各条。

2. 咨询的限定

这也应该属于咨询场面构成的问题，是确立咨询关系的重要内容。因为特别重要，所以单独列出来。

（1）对咨询者的限定。

①责任的限定：是指咨询者对来访者的问题、行为所应负有的责任的范围限定。对来访者的问题、行为，咨询者不可能无限制地承担责任，必须给予限定。

②情感的限定：这是咨询场面中最为重要的限定之一。对来访者所表露的情绪、需要等，无论是肯定的还是否定的，咨询者都必须无条件地接纳。但当来访者的情绪、需要在情感上很难接纳的时候，咨询者在情感上的限定就是必需的了。

（2）对来访者的限定。

①时间的限定：咨询过程的时间限定（一般限定为50分钟或60分钟），对来访者的现实生活具有某种特别的意义。必须让来访者清楚，咨询者不能一天24小时都陪伴在身旁。而且，来访者必须有效地使用属于自己的咨询

时间来谈论最重要的、最关心的事情。

②攻击行为的限定：这主要适用于针对儿童的游戏疗法。也就是限制儿童，不得在咨询室内有伤害他人或损害物品的攻击行为。当然，最大限度地接纳儿童的攻击性情感或敌意情绪，给予其自由表现的机会，有时也是很有必要的。

在运用来访者中心疗法的过程中，咨询者要充分表达对来访者的尊重，允许他用他觉得自在的方式接受咨询。咨询者要不带偏见地倾听，对来访者不论是正面或负面的感受、言语或沉默都持开放的态度。咨询者试着识别出隐含于来访者问题中的感受和情绪，并对此表示理解与接纳。如果来访者要咨询者给予建议，可以告诉他没有答案，但是愿意协助他找到对他而言正确的答案。在这样的情况下，随着咨询过程的进行，来访者会在人格上发生极大的变化，从而带动行为的变化。

（二）来访者中心疗法的技法

来访者中心疗法认为，从某种意义上来讲，咨询关系是最大限度地促进来访者自我实现的一种援助关系。咨询者要以温和的态度回应、接纳来访者，以促进来访者自由地表达自己的情感，并纠正歪曲的、防御的或排斥的情感和经验。

那么，这种接纳性的共感理解态度是怎样通过语言的形式传递给来访者的呢？

1. 情感的接纳

情感的接纳又称"简单的接纳"。也就是说，无论来访者是怎样的态度，表现怎样的情感——是肯定的还是否定的，是积极的还是消极的——作为咨询者都能够接纳它。咨询者应该沉着、冷静、温和地倾听来访者的倾诉，并时而回应"噢""嗯""哎""原来是这样""是这样吗"等话语。

虽然这是"简单的接纳"，但来访者是非常注意咨询者的应对的。来访者能感受到咨询者是在非常认真地倾听还是在例行公事，自己是受到尊重还是被忽视，这会影响咨询的顺利进行。除语言之外，咨询者还应该充分利用各种非语言形式（如表情、动作和态度等）施以影响。

2. 情感的回应

这是指咨询者对来访者所表露的情感能够理解并以相应的形式反馈给对方。这个时候的反应不仅局限于语言方面，也包括一些非语言方面的表现。例如，当来访者非常痛苦地诉说自己痛不欲生的经历时，咨询者也应做出痛苦的反应，可以说"这太让我……""这对我来讲也是莫大的痛苦……"等。

3. 内容、问题的重复

这是指咨询者重复来访者叙述的问题、说出的语句。例如，来访者说"我感到什么都不知道了……"，咨询者可以说"噢，你感到自己什么都不知道了"。这样可以让来访者明白咨询者正在认真地听自己的叙述，同时也表明了某种程度的共鸣和理解。

4. 情感的明确化

在咨询过程中，来访者有时未必都能明确表明自己的情感和态度，比较多的是处于一种模棱两可的模糊状态。这时候，咨询者应该尽可能地将来访者所表现出来的情感、态度理出头绪来，使其明了化。

5. 非指示的引导

咨询者可以用一些适当的、非指示的引导性语言，促使来访者更积极地说明问题。例如，咨询者可以说："关于这个问题能再详细地说一下吗？""我不太明白这是什么意思，你能解释一下吗？""那，以后呢？"

限于篇幅，不在此就来访者中心疗法的具体过程和详细技法展开论述，而本书所涉及的咨询过程和技法皆以来访者中心疗法为取向，也是对来访者中心疗法的发展。

四、来访者中心疗法的发展

来访者中心疗法一个明显的发展是其在实践中更加多样化及个性化。例如，咨询者开始更加积极地参与心理咨询与治疗活动，并加入适度的指导性提问。咨询者监控自己的行为是否合适，关心咨询与治疗风格是否与来访者观察与思考问题的方式相容。咨询者尝试形成适合自己的咨询与治疗风格，而不是都采用罗杰斯的风格。

来访者中心疗法的基本理念已经为现在多数不同理论背景的咨询者所接受，它与不同的咨询与治疗方法相结合，发展出更多的咨询形式并带来了更好的咨询效果。它与游戏疗法相结合，形成了来访者中心游戏疗法，大量相关研究表明这一方法对于治疗儿童问题极为有效。而箱庭疗法作为游戏疗法的一种，其有效性的核心，强调的是以来访者为中心的治疗者与来访者的关系。会心团体（encounter group）是来访者中心疗法应用于团体咨询的一种形式，是一种促进团体及其成员成长的极好形式。

除用于咨询与治疗外，来访者中心疗法还被用于对专业人员所进行的训练中。20世纪80—90年代，来访者中心疗法广泛应用于教育、工业化、社团以及解决冲突和对世界和平的研究中。可以预见，来访者中心疗法将得到更为广泛的应用。

罗杰斯的自我理论及来访者中心疗法使传统的以治疗者或咨询者为中心的治疗体制、咨询体制受到了莫大的挑战，从而开创了心理咨询与治疗领域的新纪元。正如赫根汉（B. R. Hergenhahn）所评论的：自弗洛伊德以来，没有一个人比罗杰斯对心理咨询与治疗产生过更大的影响了。他那积极的、人本主义的心理咨询与治疗方法，在教育、宗教和商业等领域中广泛应用。它的广泛流传似乎有三个原因：（1）它的有效性；（2）掌握这种方法并不需要精神分析那种冗长乏味的训练；（3）它对人生抱积极和乐观的态度。

第三节　认知行为疗法

认知行为疗法（cognitive behavioral therapy）发展于20世纪70年代，是以贝克（A. T. Beck）的认知疗法（cognitive therapy）和埃利斯（A. Ellis）

的理性情绪行为疗法（rational emotive behavior therapy）为基础，由认知理论和行为理论相互吸收、相互补充而形成的心理咨询与治疗方法。

20世纪50—60年代，在临床治疗领域出现了行为疗法（behavior therapy），以巴甫洛夫（И. П. Павлов）的经典条件反射理论、斯金纳（B. F. Skinner）的操作条件反射理论和班杜拉（A. Bandura）的社会学习理论为基础，认为人在特定的环境中通过学习获得各种适应性及非适应性行为，心理咨询与治疗的着眼点放在来访者当前的问题行为上，以促使问题行为的改变、消失或新行为的获得。行为疗法也受到各种质疑，认为它只关注特定外显行为的消除与获得，忽略了人的认知和主观能动性。当时它虽然在治疗恐惧症、焦虑症方面取得了一定效果，但对于抑郁症的疗效比较有限。

20世纪60—70年代，行为疗法开始与认知心理学结合。埃利斯提出了理性情绪行为疗法，将视野拓展到认知领域。在治疗抑郁症的过程中，贝克提出了认知疗法，认为认知过程是情绪和行为的决定因素，情绪和行为的产生取决于个体对环境的看法与评价。20世纪80年代末期，学者们逐步将认知治疗系统化，并与行为疗法不断结合，认知行为疗法开始迅速发展。认知行为疗法因操作性强、疗效显著、技法多样等，已经成为当代心理咨询与治疗的主要方法之一。

一、认知行为疗法的理论基础

（一）人性观

每个人都有自己独特的信念模式、预期和假设，即我们所说的认知。一个人的情绪和行为深受认知的影响，不同的认知会导致不同的情绪和行为。行为理论认为，行为对认知和情绪会产生强有力的影响，而行为是通过学习得来的，因此可以通过一些实际的操作方法消除那些不良的非适应性行为，获得自己所缺乏的适应性行为。认知行为疗法认为，不合理的认知造成了情绪困扰，认知过程决定了行为的产生，同时行为的改变也会影响认知的改变，因此，不合理的认知观念会导致不适应的情绪和行为，这些情绪和行为反过来也会影响和强化不良的认知过程，使问题越来越严重，陷入恶性循环。但这些不合理的认知观念是可以改变的，认知行为疗法的核心就在于帮助来访者识别出自己不合理的认知观念，并通过认知与行为矫正技术，在认知、行为、情绪之间建立一种良性循环，从而使原来的不良症状减轻、消失。

（二）贝克的认知疗法

美国心理学家贝克在治疗抑郁症的过程中逐步创建并发展了认知疗法。该疗法认为，情绪和行为的产生取决于如何感知、理解和建构自己的过往经验，要想理解具体的情绪体验或心理困扰的实质，就必须关注个体对经验尤其是不良事件的想法、假设和信念。

贝克认为，个体的认知是多层次的，从外到内依次为自动思维、中间信念、核心信念（如图2-5所示）。自动思维是个体在不知不觉的状态下，习惯性地对具体情境自动而快速地产生的一些简单直接的评价思维。它是认知中最表浅的认知，受到个体的核心信念或中间信念的影响。核心信念是根深蒂固、影响深远的信念，受到早期经验的影响，决定着人们对事物的评价，形成支配人们行为的准则，不易察觉。一般情况下，早期体验到父母支持与关爱的儿童，成年后对自己与世界持有积极的信念，以自我肯定的态度去解释遇到的情境，反之则持有消极与自我贬低的态度。中间信念包括态度、规则和假设。态度体现个体对事物的评价和理解，往往决定了规则和假设；规则指的是人们给自己规定的在世界上生存的一些法则，通常不会外显，不为其他人所知；假设与规则紧密相连，由规则推导而来。人们依赖规则生活，但大多数规则都比较宽泛、极端，当人们使用一系列不现实的规则，或不适当地、过度地使用规则来解释和评价事件时就会遇到麻烦，从而造成心理障碍。

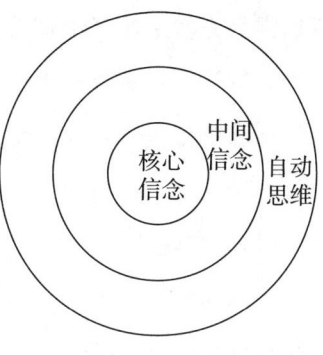

图2-5　基本认知模型

　　贝克在临床中考察来访者的自动思维时，发现他们大多对某些客观现实或事件带有一种消极的偏差理解，倾向于自我批判与否定，从而造成行为和情绪困扰。因此，贝克认为心理问题源于错误思维。这种错误思维也叫负性自动思维，负性自动思维的类型及其含义见表2-3。

表2-3　负性自动思维的类型及其含义

类型	含义
主观推断 （arbitrary inference）	在没有相关或充足证据的情况下轻易得出结论，包括"灾难化"，或在大部分情境中想到最坏的情况和结果
选择性概括 （selective abstraction）	只根据整个事件中的某些细节就形成结论，而忽略整个背景和其他信息的意义，如我们常说的"盲人摸象"
过度概括化 （overgeneralization）	由一个意外事件产生了不合理信念，并不恰当地应用到其他没有任何关联性的事件或情境中
夸大化和缩小化 （magnification and minimization）	过度强调或忽视某一事件或情境的重要性，如认为一个小错误就可能造成毁灭性的后果
个性化 （personalization）	没有任何理由就将一些外在的事件与自己联系起来
贴标签和错贴标签 （labeling and mislabeling）	根据曾经犯过的错误或不完美表现来定义自己
极端思维 （polarized thinking）	用全或无（all-or-nothing）的方式思考解释，或按"不是……就是……"的思维对经验进行分类

在治疗过程中，贝克通常会先教来访者识别、观察、监督自己的想法与假设，识别出负性自动思维，然后采用多种技术训练来访者用现实检验和评价这些负性自动思维，并评估和矫正负性自动思维及背后的中间信念和核心信念，从而帮助来访者重新建构认知，进而改变情绪和行为。

（三）埃利斯的理性情绪行为疗法

理性情绪行为疗法由美国临床心理学家埃利斯提出。它的理论模型为ABC理论。A（activating event）指诱发事件，是发生在我们身上的具体事件；B（belief system）是个体对这一事件的看法、解释和评价；C（emotional consequence）指在特定情境下相关的情绪和行为反应。ABC理论认为，困扰人的不是事件本身，而是人们对事件的看法，即引发人的情绪及行为后果C的直接原因是对所遭遇事件的态度、看法、解释B，而非事件本身。因此，不良情绪和行为反应不是由具体事件造成的，而是由个体对具体事件不正确的看法、解释、评价所引起的，埃利斯称之为非理性信念。理性情绪行为疗法的核心工作就是识别非理性信念，并用合理的信念代替它。

埃利斯根据多年的临床经验，总结出西方社会生活中11种具有普遍意义的非理性信念：（1）一个人必须获得他生活中每个重要人物的喜爱和赞许；（2）一个人是否有价值取决于是否能在人生中的每个方面都取得成就；（3）一个人行为不负责任或很可恶时应该受到严厉的谴责与惩罚；（4）事与愿违（失败、被拒绝、不公平对待）是一件很可怕的事情；（5）情绪由外部原因决定，自己无法控制或改变它；（6）面对现实中的困难和承担起责任是不容易的，必须时刻提防或逃避；（7）总是担心灾难降临；（8）只有依靠别人，尤其是强者，才能过上好生活；（9）一个人的过往经历决定了他现在的行为，并且这种影响很难改变；（10）一个人应该关心他人的问题并为此悲伤难过；（11）人生中的每个问题都应该有唯一正确的答案。

韦斯勒（R. A. Wessler）总结出非理性信念的三个特征：绝对化要求、

过分概括化和糟糕至极。绝对化要求是一种从自我主观意识出发，认为某一事件必定会或不会发生的想法，往往与"应该""必须"这类词联系在一起，如"我必须完美无缺""别人应该理解我"等。持有此类信念的人很容易陷入情绪困扰中。过分概括化是一种以偏概全的不合乎逻辑的表现。持有此类信念的人一旦遭遇失败，往往认为自己"一无是处""毫无价值"，产生自卑、焦虑和抑郁的情绪。糟糕至极指认为一件不好的事发生会导致非常可怕、糟糕、灾难性的后果，如"考不上好大学，一生就毁了"。持有此类信念的人易陷入焦虑、抑郁、悲观、自责等不良情绪的恶性循环之中难以自拔。

二、认知行为疗法的过程与技法

（一）认知行为疗法的过程

认知行为疗法是一种结构化较强的方法，包括建立咨询关系、评估来访者、个案概念化和制订咨询计划、实施咨询计划等过程。

在咨询与治疗的过程中，咨询者和来访者需要维持会谈的结构性与完整性。每次会谈一般包括以下内容。

1. 心境检查及情况回顾

心境检查可以帮助咨询者和来访者明确和跟进目前的进展，既包括来访者自己的主观报告，也包括一些客观的自我报告问卷。咨询者会根据来访者的特点设置每次心境检查的内容。

2. 与来访者共同设置本次会谈的议程

设置会谈议程就是决定每次会谈讨论的内容，让来访者给出想要解决的问题。一般来说，在会谈的早期，咨询者应该对议程的确定承担起更多的责任；随着咨询的深入，这项工作可以逐步转交给来访者。如果来访者列出很多问题，那么咨询者需要帮助来访者梳理并选择一些重要的问题放在议程中，其他遗留的问题可以放在家庭作业中处理，或列在下一次会谈的议程中。这里所讲的"家庭作业"是指在每次咨询结束前，咨询者给来访者布置的应于下次咨询前完成的认知任务。

3. 回顾近一周的情况

这一部分主要是对来访者近一周的情况做简单的了解，可以帮助来访者将上次会谈和本次会谈进行联系。首先，咨询者可以获取来访者近一周的基本情况，然后从中寻找来访者的积极经验，这可以让来访者意识到自己并非一直处于消极否定的状态，并使来访者在咨询当下处于较好的情绪状态中，更易于接受即将到来的问题解决。

4. 回顾家庭作业

通常，咨询者会邀请来访者阅读家庭作业单中的作业并一起讨论，从而发现来访者做了哪些，从中学到了什么，未来可以继续做什么样的作业。若有一些家庭作业需要更深入的讨论，咨询者可以和来访者一起决定放入之后的会谈内容中进行。

5. 根据咨询计划实施主要的会谈内容

此过程是每次会谈的主要部分。在前面一到两次会谈中，咨询者会对来访者进行心理教育，分享一些教育性质的材料，教授一些认知行为疗法的理论和技巧。心理教育之后主要就是依据议程对具体的问题进行工作，教给来访者如何辨别自动思维、常见的歪曲思维，逐步引入并教授咨询中需要用到的技法，通常一个新的技法会通过几次会谈逐步介绍给来访者。

6. 布置家庭作业

家庭作业是认知行为疗法中不可缺少的部分，可以有效连接起两次咨询。每次咨询结束前，咨询者会给来访者布置家庭作业，要求来访者在两次咨询中间对自己的情绪、行为、思维进行监控和评估，这样可以使咨询的效果在现实生活中得到巩固。

7. 总结及反馈

最后的总结可以以一种积极的方式让来访者的注意力集中在会谈中最重要的观点上。前期由咨询者来总结，随着咨询的深入，后期可以请来访者对最重要的内容进行总结，同时咨询者进行反馈。反馈可以进一步加强双方的情感联系，也可以让咨询者及时澄清可能产生的误解。

（二）认知行为疗法的技法

认知行为疗法采用各种技法来促进来访者思维、情绪和行为的改变。

1. 布置家庭作业

布置家庭作业是认知行为疗法中最基础的技法之一，它是评估咨询效果的一种手段，也是巩固咨询效果的重要方法，可以促使来访者检验所持信念在真实世界中的有效性，是咨询过程的延续。

家庭作业的内容并不固定，咨询者需要根据来访者的特定症状和问题，以及咨询关系的发展程度来安排。家庭作业涉及的范围非常广，可以包括：阅读相关材料，对情绪、想法或行为进行自我监控，开展行为实验，对过去的经验进行回顾，等等。

2. 苏格拉底式提问

苏格拉底式提问起源于古希腊哲学家苏格拉底（Socrates），他鼓励年轻人质疑大众观点的真实性，用诘问来帮助学生使用自身已有的知识，形成自己的观点，而不是直接传授。

在认知行为疗法中，咨询者用苏格拉底式提问提示来访者已经知道但还未仔细考虑的或已经遗忘的东西，通过灵活的诘问，鼓励来访者用自己已经拥有的东西发现不一样的观点和解决办法，而非直接告诉来访者应该怎么做。一个好的问题能让来访者关注与正在讨论的话题相关的信息，有助于澄清问题的含义，同时可以帮助来访者利用新的信息重新评估之前的结论以及构建新的计划。

需要注意的是，使用此技法是为了引导来访者发现问题，而非说服、改变其想法，咨询者应该以一种共感、谦虚、好奇的态度，为来访者提供一个安全、舒适、温暖的环境，以促进来访者进行全面深入的思考。

3. 思维记录

思维记录能帮助来访者巩固会谈中学到的东西，组织自己的思维，以便做出更好的反应。

应用思维记录前，咨询者要确保来访者对于认知原理和模型已经有一定了解，并通过一些练习确保来访者能够观察和记录自己头脑中的思维，能区分思维和情绪。使用的工具模板有三栏思维记录表、五栏思维记录表、思维自检工具表等。

4. 行为实验

行为实验是一种有计划的活动，目的是通过一些行动和观察来收集证据，探究或检验想法、信念的真实性。

具体的操作上，通常由咨询者和来访者共同设计。要确保双方都了解行为实验的目的和基本原理，对于要检验的认知和即将发生的事情的消极预期都有清晰的理解，要检验的认知必须具体、可测量。双方可共同预测可能出现的困难和错误，寻找应对策略并进行练习。行为实验可以作为家庭作业由来访者单独完成，也可以在会谈中由咨询者和来访者一起完成。

需要注意的是，一些行为实验虽然看上去像传统的行为疗法，如让个体暴露在唤起负面情绪的情境中，但与行为疗法不同，行为实验是一种认知策略，旨在生成信息或检验信念，行为疗法更多是让来访者不断经历直到习惯。

5. 放松训练

放松训练主要用于放松肌肉和缓和心境，是检验信念、直接减轻症状的有力工具。放松训练含有几个要素，包括：解释放松训练的原理；给来访者一套指令，要求他们放松；在安静的环境里，让来访者做收缩和放松肌肉的交互练习；让来访者做深度及有规律的呼吸；让来访者学习心情的"释放"，如把注意力放在愉快的想法或影像上。在练习中，来访者要注意肌肉逐渐收缩，接着保持这种紧张状态并充分加以体验。体验紧张与松弛状态的差异是极为有用的。放松是一种习得的技能，如果每天练习20~25分钟，就能成为一种习惯。

除此之外，还有许多其他技法，比如行为激活、分级任务作业、角色扮演等等，操作性强，短期效果好，在心理咨询与治疗中也得到了广泛的应用。

三、认知行为疗法的发展

近年来，认知行为疗法得到了极大的发展，特别是出现了以实证研究方法为基础，更强调情境与症状的联结性，不断整合并吸收其他流派思想的认知行为疗法的"第三浪潮"，其中具有代表性的如正念认知疗法（mindfulness-based cognitive therapy）、接纳与承诺疗法（acceptance and commitment therapy）等。

正念（mindfulness）这个概念源于佛教，它是一种禅修的练习，也是一种哲学观，强调有意识地、不带判断与评价地觉察当下。自20世纪70年代传入美国后，受到广泛欢迎，并逐步应用于心理咨询与治疗中。美国心理学家卡巴特-津恩（J. Kabat-Zinn）起初在医院带领患有慢性躯体疾病的病人进行练习，他认为，正念冥想可以帮助患者管理与疾病相关的痛苦，让他们能够接纳自己的经历，从而减轻疼痛、焦虑和抑郁。20世纪90年代，正念减压和认知行为疗法的理论相结合，发展出正念认知疗法。正念认知疗法强调正念练习的重要性、对症状的接纳与改变之间的平衡、去中心化能力的培养以及两种心智模式"存在"（being）和"作为"（doing）之间的平衡。正念认知疗法发展至今已经具有成熟的体系，通常是一个为期8周的团体训练课程，每次课程均有明确的主题，之间还会布置家庭作业，将正念的意识练习带入生活的方方面面，在生活中学会如何更好地应用在自己身上，给自己带来改变。

接纳与承诺疗法是20世纪90年代由海斯（S. C. Hayes）提出的，以功能情境主义（functional contextualism）和关系框架理论（relational frame theory）为理论基础。治疗目标是提升个体的心理灵活性，而非消除症状或痛苦，即提高个体对于引发痛苦的想法、情感等内部感受的接纳意愿，减少逃避行为，同时，通过具体技法促使个体建立更灵活多样的应对方式，实现自己的生活目标，从而有效地提升生活质量。海斯提出从接纳、认知解离、活在当下、以己为景、价值澄清、承诺行动这六个方面来提升个体的心理灵活性，使个体实现与想法、情绪和平共处，从而全身心地投入当下有意义的生活中，朝着自己想要的生活不断努力。

第四节　沟通分析

沟通分析（transactional analysis）简称TA，是伯恩（E. Berne）所倡导的一种疗法。

沟通分析理论认为，人在生命最初的三年里，就已经把有关人的需要如何得到满足、他人如何对自己做出反应、如何对待自己等统合成为某种信念或决定。这些早期决定（early decision）一旦确立，往后一生中的思想、感觉与态度都会受其影响。

沟通分析理论认为，自主性是人的天性，只是在个体成长过程中由于某些生理、心理需要没有得到满足而被压抑了。因此，沟通分析的目标就是使来访者朝自主性方向发展。一旦来访者在自主性上有了进步，其意识就会得到提升，来访者就更有能力控制自己的生活。按照伯恩的说法，沟通分析的目标不只是要让来访者的症状或问题有所改善，从一个"青蛙"变成一个"更好的青蛙"，而是要达到治愈，从一个"青蛙"变成一个"王子"或"公主"。

沟通分析通过对个体人格的四个方面进行分析来实现其目标，这四个方面即自我状态、沟通模式、心理游戏和人生脚本，相对应的就是结构分析、沟通模式分析、心理游戏分析和脚本分析。通过对这四个方面的分析，个体意识到自己的内心世界、与他人的沟通模式，也意识到相应的游戏模式、心理驱力、脚本运作和支持它们的"未完成事件"。由此，个体可以做出新的决定与选择，从而重获自主性，改变自己的生活和整个人生。

一、沟通分析的理论基础

沟通分析理论认为，个体在生命的前三年就已经形成了最重要的早期决定，尤其是形成了关于自我、他人与世界的关系的特定的心理地位，这些决定促使个体制订自己的生活计划，即人生脚本。依据这样的人生脚本，个体会决定是否在生命中使用心理游戏，如何与他人进行沟通。其实，沟通是一个人用某种自我状态与另一个人的某种自我状态交换信息，如果双方的自我状态出现匹配问题，就会造成沟通问题。

（一）人性观

沟通分析理论认为，人类具有天生的朝向健康的驱力，健康包括躯体健康和心理健康两个方面。

每个新生儿均有一种与生俱来的能力，即能够了解自己和别人（当他开始了解他们时）是"好的"、有价值的，有期待与其他人和谐生活的心态，即"我好，你也好"的基本态度。

一个人在童年期就决定了他将如何生活、死亡。这些决定不是经由成熟的理性思考所做的决定，而是小孩子在现实的局限性环境中想办法让自己活得最好时所做的决定。但是，人天生有自主性，在以后的生命中，人自己有能力改变或做出新的决定，即再决定（redecision）。

（二）自我状态

沟通分析理论使用自我状态（ego state）来了解个体的内心世界及其与他人的沟通模式。每个人的自我状态有三种，即父母自我状态（parent ego state，简称 P）、成人自我状态（adult ego state，简称 A）和儿童自我状态（child ego state，简称 C），如图 2-6 所示。其中，P 分为控制型父母自我状态（controlling parent ego state，简称 CP）和抚育型父母自我状态（nurturing parent ego state，简称NP）。CP代表严格、抑制精神、气概、激励、规则等，NP则代表温柔、怜恤、安慰、保护等。A代表现实的判断、得失衡量、信息收集等。C分为自由型儿童自我状态（free child ego state，简称FC）和顺从型儿童自我状态（adapting child ego state，简称AC）。FC是指天真烂漫、自由奔放、创造好动的儿童自我状态，AC则指听话的、服从的或反叛的儿童自我状态。

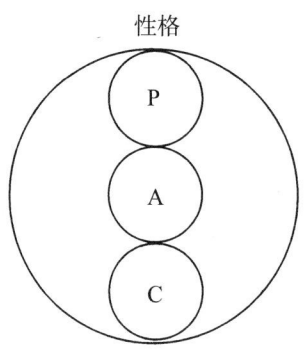

图2-6　三个我（自我状态）

（采自杉田峰康，1992）

不同的自我状态在每个人身上都有一些相同的特定功能。父母自我状态有一般父母亲的功能：保护、教养、控制、设定限制。儿童自我状态则承担直接表达需求、释放天性、适应环境要求的发展任务。成人自我状态的功能是以深思熟虑的方式来处理现实情境。每种自我状态都有其表现形式，它通过特定的语言、非语言信息来表现，这是我们能够对自我状态进行确认、进行沟通分析的基础。

譬如，看到出了交通事故，人们会做出怎样的反应呢？

● 现在的年轻人简直是，开快车才这样的吧。不过，没受重伤就好。叫救护车了没有呀？

● 到底车是怎么撞上的？车是不是开得太快了？不过，今天可没有那么多闲心在这儿看热闹，工作，工作！

● 哎，可撞得不轻啊，交通事故太可怕了。啊，太可怕了。我可绝对不这样开车。

以上所举的例子就展示了三种自我状态。

（1）对荒唐乱来的人斥责，对处于困惑可怜的人同情，这属于父母自我状态。

（2）追究原因，观察情况，这属于成人自我状态。

（3）本能的、自然的反应，害怕、恐惧、吵闹不安，这属于儿童自我状态。

一般来说，没有哪种自我状态绝对好，哪种自我状态绝对不好，每种自我状态都有其适用性和局限性，关键在于是否以合理的方式运用，且能在特定情境下选择最适合的自我状态。沟通分析理论认为，一个有能力运用适当的自我状态且能在不同情况下进行自我状态转移的人，才具有健康的心理。

（三）结构分析

下面用职业来说明P、A、C的形象。

CP，就像是校长、军人、警察、体育选手、行政官员等，即支配的父母形象。

NP，就像是保姆、美术教师、护士、咨询人员、医师等，即养育的父母形象。

A，就像是技师、物理学家、统计学家、化学家、推销员、税务官员、城市规划者等，即理性的成人形象。

FC，就像是演员、歌手、舞蹈家、音乐家、艺术家等，即自由的孩子形象。

AC，就像是秘书、打字员、服务员、图书馆员、以料理家务为主的保姆等，即顺从的孩子形象。

无论男女老少，都具有P、A、C三种自我状态。

如图2-7所示的人，虽然具有父母的温情并受他人敬慕，但因为A过于弱小而易受欺骗，又因C过于缺乏而给他人拘束死板的感觉。

图2-8所示的人，既不会照顾他人，又不能规诫自己的部下，一心只顾自己的利害得失，而且缺乏C，让人感觉不到人情味。

图2-9所示的人，C很充足，可能会被别人评判为像佛爷一样慈悲的人（天真无邪），但缺乏现实感，不会成为能照料他人、鼓励他人并被他人信赖的人。在精神分析中，这种人被认为具有"幼儿的性格"。

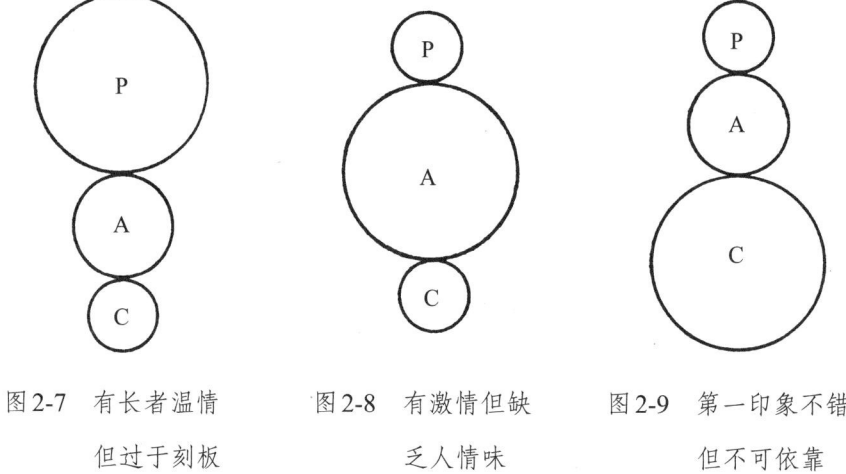

图2-7　有长者温情　　图2-8　有激情但缺　　图2-9　第一印象不错
　　　　但过于刻板　　　　　　乏人情味　　　　　　但不可依靠

我们每个人都会或多或少地倾向于某种自我状态。三种自我状态可以根据具体情况自由地表现。如果过度地偏于一种自我状态，其余两种自我状态不能自由地表现，个体就会出现问题。

杜萨伊（J. Dusay）提出了自我图（egogram）的概念。自我图可以表示一个人把多少精力和时间投入在不同的自我状态中。

对个体在家庭、单位和社交场合的自我状态分析，可以得出自我图的类型曲线（如图2-10所示）。

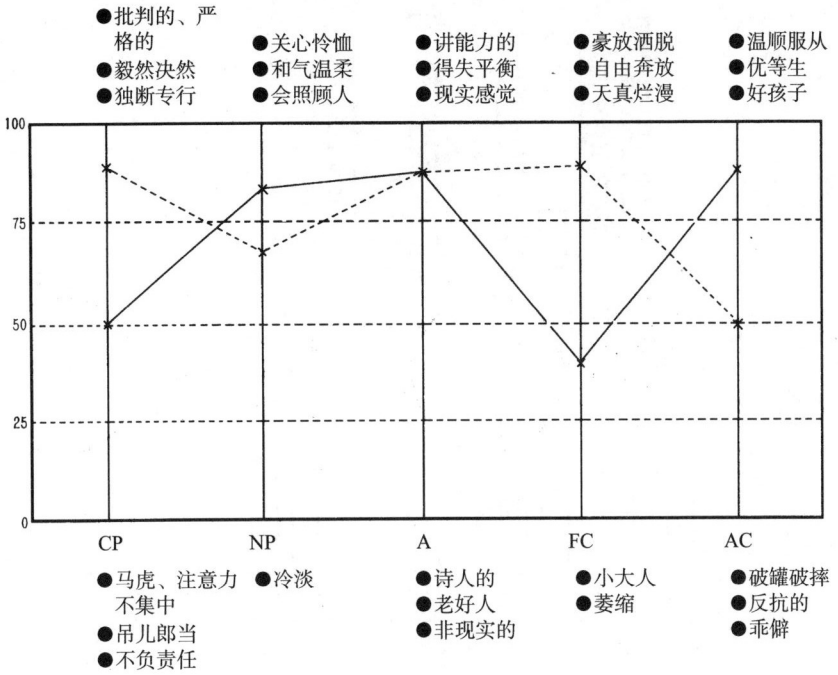

●批判的、严格的　　●关心怜恤　　●讲能力的　　●豪放洒脱　　●温顺服从
●毅然决然　　　　　●和气温柔　　●得失平衡　　●自由奔放　　●优等生
●独断专行　　　　　●会照顾人　　●现实感觉　　●天真烂漫　　●好孩子

●马虎、注意力　●冷淡　　　　●诗人的　　　●小大人　　　●破罐破摔
　不集中　　　　　　　　　　　●老好人　　　●萎缩　　　　●反抗的
●吊儿郎当　　　　　　　　　　●非现实的　　　　　　　　　●乖僻
●不负责任

—— （家庭）连训斥孩子都不会，会干家务。不会开玩笑，也不会回答问题。

----- （单位）在家很老实，在单位是埋头肯干的能手。非常会表现自我，不会简单地服从上司。

图2-10　自我图的类型曲线

对不同类型的自我图进行观察，可以发现具有某种生活方式的人、患有某种病症的人的共同的趋势或倾向（如图2-11所示）。

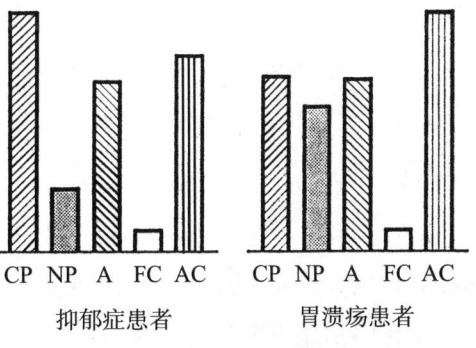

抑郁症患者　　　　　　　胃溃疡患者

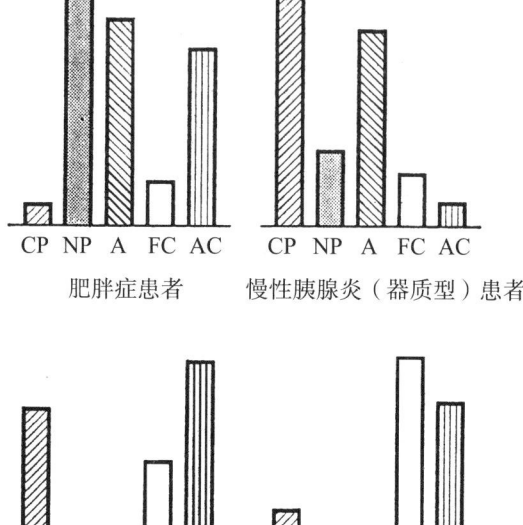

CP NP A FC AC
肥胖症患者

CP NP A FC AC
慢性胰腺炎（器质型）患者

CP NP A FC AC
暴躁的人

CP NP A FC AC
艺术家

图2-11　不同类型的自我图

（采自杉田峰康，1992）

　　人的能量的总和是一定的，不论要使自己改变多少，都意味着将P、A、C之间的能量分配予以改变。

　　不同的自我状态之间并不是界限分明的。如果不同的自我状态之间界限模糊不清，就会导致"污染"（contamination）的产生。"污染"指的是父母自我或儿童自我侵入成人自我，或二者同时侵入成人自我（双重"污染"），导致自我状态之间的混乱和模糊（Berne，1961）。父母自我"污染"成人自我的典型表现为偏见，如"唯女子与小人难养也""女人是老虎"。儿童自我"污染"成人自我的典型表现为幻想，如"我是全世界最可怜的人""我是救世主"。"污染"使我们不能看到客观的现实，也限制了良好的成人自我发挥功能。很多来访者的问题与"污染"有关，导致生活功能受损。针对这一问题，沟通分析中的一项重要工作就是"去污染"。所谓"去污染"，就是协助个人将自我状态区分清楚。

相对于"污染"而言，如果各个自我状态完全割裂开来，就会导致"排除"（exclusion）的产生。"排除"指的是个体很少或几乎不用某种自我状态。该自我状态确实存在，却被忽略，个体把所有的精力都放在其他自我状态上，导致只能用压抑、僵化的方式来处理现实（Berne，1961）。一个人排除了儿童自我，就会变得缺乏生趣，不会玩；排除父母自我，则会变得没有规则意识，也不懂得关心人；而排除成人自我，问题更严重，就会无法应对和处理自己的现实生活问题。

（四）沟通模式分析

伯恩发现，个体与他人沟通的过程，是使用某种自我状态与另一个人的某种自我状态交换信息的过程。

用自我状态来表示的话，一个人与他人沟通的模式有三种。

（1）互补沟通（complementary transaction）：反应的来源和刺激的指向都是某人的同一自我状态，回答也是指向某人发出刺激的那个自我状态。它是刺激与反应相互平行的沟通，多数时候是适当、良好的正向沟通。图2-12是互补沟通的例子。

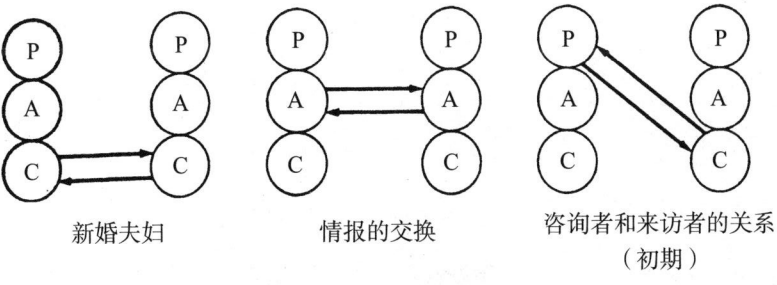

新婚夫妇　　　　　情报的交换　　　　咨询者和来访者的关系
（初期）

图2-12　互补沟通

（采自杉田峰康，1992）

（2）交错沟通（crossed transaction）：当对话被打断或交错时，沟通会停止（通常是暂时的），继之而来的是新的或不一样的沟通。交错沟通中的反应并不针对发生刺激的自我状态。大部分的交错沟通不好，因为它实际上是一种沟通的阻断。在此沟通中，刺激与反应相互交错，发出刺激的人并没有得到预期的反应，因而会感到挫败、不受重视。图2-13是交错沟通的例子。

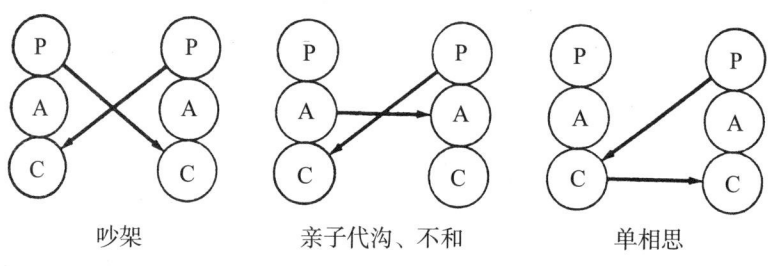

吵架　　　　　　　亲子代沟、不和　　　　　单相思

图2-13　交错沟通

（采自杉田峰康，1992）

（3）隐藏沟通（ulterior transaction）：通常包括两个以上的自我状态，传达的是一个公开的社交层面的信息和另一个隐藏的心理层面的信息。沟通的结果决定于心理层面的信息，而非社交层面的信息。图2-14是隐藏沟通的例子。

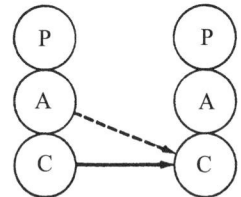

公开的：啊，多么可爱的
　　　　　孩子呀！
隐藏的：看，多丑的脸。

图2-14　隐藏沟通

（采自杉田峰康，1992）

后两种沟通模式多数时候带来的是不好的结果与感受，甚至阻断沟通，

造成各种人际问题，这些人际问题又会反过来影响人的心理，产生各种心理问题。帮助来访者分析其与他人的沟通，有利于来访者意识到自身的某些问题，进行新的选择，形成新的沟通模式。

下面，举一个沟通模式分析的例子。

年轻的护士小K对与中年男性患者打交道感到非常棘手。例如，有的患者一看到年轻小护士，就开性的玩笑，弄得小K非常害羞。这个时候，她往往只是脸红而不知如何是好，这种窘态也直接影响了她的日常工作。在沟通分析的学习会上，经过分析研究，认为患者的行为显而易见属于C的类型，而小K自身也不知不觉持有过度的C的倾向，从而引起对方的挑逗。为此，治疗者指导小K今后遇到这种困惑的时候不是逃避，而是冷静地用A的态度对待。有一天，在为经常让她难堪的患者擦洗身体的时候，患者拿出一张裸体画给她看。她只淡淡地说了一句"真漂亮呀"，然后继续自己的工作（冷静地看待事物的A的态度）。从这以后，患者再也不挑逗小K了。小K以后在与男性患者打交道时也不再感到有沉重的包袱了。

（五）心理游戏分析

这里的心理游戏是指一个人努力地尝试制造相同的情境，使得原始问题重现，以原始方法再次解决问题。心理游戏包含一系列的隐藏沟通。伯恩对心理游戏的定义是：一系列连续进行的隐藏沟通，进展至一个明确且可预期的结果。

心理游戏种类繁多，伯恩在《人间游戏》一书中描述了36个心理游戏，他将心理游戏大体上分为生活游戏、婚姻游戏、聚会游戏、性游戏、地下游戏、咨询室游戏、好游戏等几种类型。

心理游戏的典型表现就是事与愿违。在我们周围，事与愿违的现象随处可见。例如：

▲ 对酗酒的人，一再忠告和规劝也无效果。其自身也表示"今后不再喝酒了"，也反省和起誓，但就是戒不了酒，继续给别人增添麻烦。

▲ 对不愿去上学的儿子，父母一再恳求也无济于事，于是就答应儿子买摩托车的要求。摩托车买了，结果儿子不去上学的问题依然没有解决。在没有办法的情况下，父亲动用了父性原理，跟儿子说"你给我滚！"，而母亲哭着来到咨询室。

在沟通分析中，这种人际关系的恶性循环就称为心理游戏，表面上看在持续着一种合情合理的交流，但其背后实际上隐藏着别的动机，因此经常出现破坏性的结果。心理游戏的特点可以概括为：（1）一再重复；（2）玩心理游戏的人往往意识不到自己在玩游戏；（3）一定包含隐藏沟通；（4）它有一段令人惊讶或混乱的过程，结果往往是双输的；（5）心理游戏结束时，玩游戏的人往往会体验到一种扭曲的感觉；（6）其本质是一种漠视和操纵，阻止人走向亲密和成长。

心理游戏分析只对学习了结构分析和沟通模式分析的人实施。心理游戏分析可以从日常生活中经常用到的一些谚语开始。这类谚语有：

- 搬起石头砸自己的脚。

- 夫妻吵架不记仇。

- 要听妻子说，不要听妻子话。

举一个夫妻吵架的例子。有一种类型的夫妻，看上去谁都会认为这是水火不容的一对，当事者本人可能也这样认为。他们经常吵得让邻居不得安宁，给人的感觉是明天就会分开。可是，令人不可思议的是，两人还是住在一个屋檐下，虽然不断地吵吵闹闹，但是谁也离不开谁。这可以算作一种心理游戏。为此，咨询者就这样的一种沟通模式与来访者一起分析。比较多的情况是，夫妻往往以苛求对方、欺负对方这种歪曲的形式对爱情予以确认。此所谓"夫妻吵架不记仇"的缘故。

〈公开的〉丈夫：是你不好！

　　　　妻子：什么？不好的是你！

〈隐藏的〉丈夫：我希望你好！

妻子：我也希望你好！

导致这种情况的原因，往往是两人不会坦率地交流。因此，在心理咨询的时候，咨询者要指导来访者意识到非建设性的隐藏沟通。

为了更为直观地展现心理游戏的特点和过程，伯恩设计了一个游戏公式，用来描述心理游戏的大体过程：

饵＋猎物＝反应→转换→混乱→结局

大体意思是：一方下饵来找寻猎物，另一方上钩，双方会有一段或短或长时间的沟通（会有一连串的隐藏沟通），然后突然因为发生了一件事情，发生了戏剧性的转换，彼此往往都会感觉到一种混乱的情绪，并导致最终糟糕的结局。

在心理游戏之中，转换是一个非常重要的阶段。心理游戏必须经历这种转换，否则不能称为心理游戏。卡普曼（Karpman，1968）所设计的戏剧三角形（如图2-15所示）有助于我们更加形象地理解这种转换。他假定每个游戏就是一场小小的戏剧，在戏剧中存在三个基本的角色，即"受害者""迫害者""拯救者"。在玩心理游戏的过程中，当事人会不停地发生角色的转变。

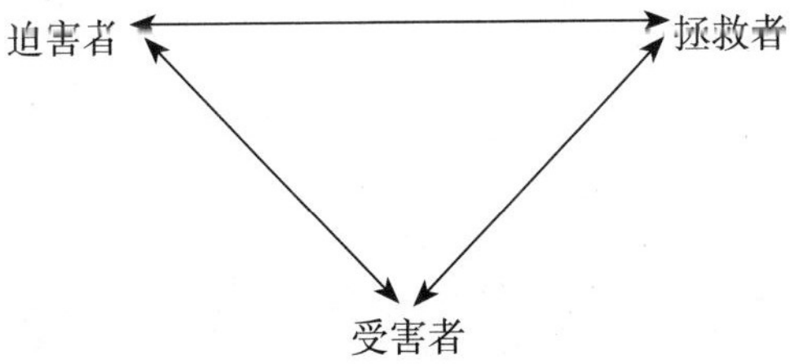

图2-15　戏剧三角形

像上面提到的酗酒的人，他因为酗酒而成为"受害者"，会无形之中吸引家人或朋友、社区工作人员作为"拯救者"的角色来帮他戒酒。但是"拯救者"的努力往往是一次次以失败而告终，让帮助他戒酒的人体验到深深的挫败感，转变为"受害者"的角色，而这个酗酒的人无形之中就从"受害者"的角色转变为"迫害者"。这就体现了心理游戏中的角色转换。最后的结果就是双方都对最终的结果不满意，产生挫败感。

那么，人为什么要做这样的心理游戏呢？伯恩在《人间游戏》一书中指出：（1）为了获得爱情和关心；（2）为了说明自己很好，是对的；（3）出于排斥对方的抵抗心理；（4）为了逃避；（5）为了获得幼小时所获得的感情。

（六）心理地位

伯恩认为，在生命最初的几年里，个体通过与环境的互动，对其最初的经验进行统合，对自己与他人、世界的关系形成特定的结论，即心理地位。由"我"和"你"二者的关系所形成的心理地位有四种："我好，你也好"；"我好，你不好"；"我不好，你好"；"我不好，你不好"。

四种心理地位中，只有第一种是健康的，即"赢家"的地位，也是心理咨询与治疗所追求的目标。持这种心理地位的人认为自己与他人都是有价值的，都能使用生命中的各种机会。其他三种心理地位代表的都是"输家"的地位。"我好，你不好"体现的是傲慢与投射的心理地位，代表妄想型的人。这类人总是感觉被出卖、迫害，因此反过来去出卖或迫害他人。"我不好，你好"体现的是沮丧的输家的地位，会导致个体否定自己的价值，容易忧郁，严重者会导致自杀。选择"我不好，你不好"心理地位的人会对生命失去兴趣，或对自己和他人失去信心，容易出现精神分裂倾向，或者是反社会人格倾向。

一旦形成某种心理地位后，往后一生中的思想、感觉与态度都会受其影响。我们会加强这个已选定的心理地位，用它来维持自己所创造出来的世界。逐渐地，再根据自己所选定的心理地位发展出与之相呼应的心理游戏、人生脚本等。因此，可以说心理地位是个体日后所形成的人生脚本或生活计划的基础。

（七）脚本分析

个体在孩提时期接受来自外部的各种信息，尤其是很多限制性信息，使儿童发展出自己的生存之道。为维持自己与父母及其他重要他人的良好关系，儿童会做出一些早期决定，从而形成自己的生活计划，即人生脚本。沟通分析理论强调，虽然人生脚本主要受父母的影响，但是孩子才是自己人生脚本的作者。孩子对自己的经验下结论，找出理解世界并让自己生存的策略。伯恩认为，判断人生脚本存在的条件包括：（1）父母的指令；（2）孩子的人格受到指令的影响；（3）童年早期的决定；（4）孩子在生活中总是以某种特定的方式行事；（5）孩子所形成的确信的态度。如果其中任何一项不符合，就不能说存在严格意义上的人生脚本。

人生脚本影响甚至决定一个人的一生。从最终所导致的结果来进行分类，人生脚本大体上可以分为三类：赢家的脚本、输家的脚本和平庸的脚本。

赢家的脚本指的是清楚自己的目标，能完成目标，并且结果会让自己和世界更美好。比如，小时候希望成为一名科学家，长大后如愿以偿并实现自我价值，给社会带来价值。

输家的脚本指的是无法完成自己的目标，或者虽然完成了目标，却让自己的人生不美好。比如，虽然目标是挣得一百万，却因为过度劳累而患上严重的身体或心理疾病。

平庸的脚本介于赢家的脚本和输家的脚本之间，指的是日复一日地过着差不多的日子，没有什么大起大落。"碌碌无为"这个词可以用来形容拥有平庸脚本的人。

当然，这里的"赢"和"输"的概念都是相对的，不能完全用金钱、权势等来衡量，适合自己的才是最好的。

如果将人生脚本从个人一直延伸到整个文化的背景，可以将脚本大体分为以下四类。

第一类是文化脚本。"男儿有泪不轻弹""女孩要温顺"即为其例。

第二类是亚文化脚本。"男人不能进厨房"，牧师布道强调夫妻不能吵架、不能离婚即为其例。

第三类是家庭脚本。"我们家族是传统的大家族，一定要显得自尊高贵""自己是长子，所以一定要继承家业"即为其例。

第四类是个人脚本。"自己一定要当第一""甘愿清贫一辈子"即为其例。

个体会形成某些很具体的脚本，甚至设定好了主角、配角、主题、事件及结局。然后，个体尝试与他人一起按照这个人生计划生活，在生活中将人生脚本"活出来"。

在心理咨询与治疗中，分析来访者的人生脚本非常重要。通过对来访者过去的了解与分析，咨询者可以识别其人生脚本，一旦发现非建设性的生活模式，便可制订具体的行为计划去改变原有的人生脚本，重塑脚本。

分析人生脚本可以通过脚本访谈来进行。咨询者使用脚本访谈问卷对来访者的信息进行收集，访谈的内容包括来访者的原生家庭、个人早年经历、父母的影响、个人成长史、个人的期望等，咨询者在此基础上获取对来访者脚本的比较详细的信息。

咨询者还可以使用脚本图来对来访者的人生脚本进行描述。我们的父母都会有各自的父母自我状态、成人自我状态和儿童自我状态，这三种自我状态都可以传递脚本信息，孩子在接收到这些信息后，也会把它们分别储存于自己的三种自我状态之中。

脚本图包含应该信息、程式和禁止信息三部分。应该信息指的是从父母的父母自我传递到孩子的父母自我中的信息。比较典型的应该信息有以下5种：（1）要完美；（2）要坚强；（3）要讨好别人；（4）要快；（5）要努力尝试。程式指的是从父母的成人自我传递到孩子的成人自我中的信息，具体是指一些指导孩子如何去做的内容，如怎样穿衣服、学习知识、游泳等。禁止信息指的是从父母的儿童自我（有时是父母自我）传递到孩子的儿童自我中的信息。比较典型的禁止信息有以下12种：（1）不要活；（2）不要做你自己；（3）不要像个小孩子；（4）不要长大；（5）不要成功；（6）不要做任何事；（7）不要变得重要；（8）不要有归属感；（9）不要亲近；（10）不要思考；（11）不要健康；（12）不要有感觉。与传递禁止信息相对应的，就是父母可能会传递给孩子一些许可信息，即给孩子某方面的允许，如允许孩子做自己、允许孩子不够完美等。许可信息是父母送给孩子的最好礼物。许可信息也是咨询者最主要的工具，它可以阻断来自父母的禁令，让来访者重获自由。

（八）自主性

沟通分析的目的是帮助来访者重获自主性。一个拥有自主性的人，会根据此时此地的情况来感受、思考和行动，而不是依照脚本的模式来感受、思考和行动。能否拥有自主性，以及自主性水平的高低，是衡量一个人成长状况和心理发展水平的重要标准。自主性由以下三种能力构成。

（1）觉察的能力，指一个人可以不带偏见地、实事求是地看待人与事。很多时候我们就是因为受限于自己的人生脚本（最典型的表现是成人自我被儿童自我或父母自我所"污染"），而不能做到很好地去觉察。

（2）自发的能力，指一个人可以自主选择想要的东西，而不是被脚本所限制。很多时候我们受限于父母的禁令或期许而不能自发地做出选择，而变成被选择。

（3）亲密的能力，指一个人能够开放地、真诚地表达自己真实的感受和想法，哪怕是表达不满、愤怒、恐惧等负面的情绪和想法，哪怕是和别人大吵一架。很多时候我们因为害怕被抛弃、被批评、被否认而不敢与别人亲近。

二、沟通分析的过程与技法

沟通分析的过程可以分为四个阶段：合约阶段、澄清阶段、回溯阶段和结束阶段。下面对各阶段的工作做简要介绍。

（一）合约阶段

咨询与治疗一开始，咨询者和来访者一起进入商讨并确立合约的过程。运用沟通分析时，咨询与治疗过程是由合约来规范和确认的，所以建立一个良好的合约非常重要。沟通分析特别注重将咨询与治疗过程纳入合约的框架内开展。这一阶段的工作如下：与来访者接触，收集其从小到大的生活资料与信息，倾听来访者前来咨询与治疗的原因，对来访者的问题进行初步的评估并记录，然后与来访者一起确立咨询与治疗的目标。

（二）澄清阶段

确定合约后，咨询与治疗就进入澄清阶段。这一阶段的主要目的是扩大来访者对于此时的觉察，了解问题是如何在此时呈现出来的。这一阶段的主要工作是扩大及加强成人自我的功能，使来访者能够在意识层面掌握并改变自己的行为。要做到这一点，就需要开展"去污染"工作，具体包括：（1）将成人自我与儿童自我及父母自我区分开来；（2）明确各自我状态之间的界限；（3）教育与训练成人自我；（4）让成人自我成为人格的主体。

（三）回溯阶段

回溯是指回到较早的状态。这一阶段的主要目的是改变来访者的非建设性的早期决定，让来访者进行再决定，并重获自主性。从沟通分析的角度而言，使用儿童自我和父母自我功能也是某种回溯。设定过去发生的某一特定情境，让来访者从其儿童自我表达要求，然后其父母自我往往会拒绝其要求，从而帮助来访者看到其早期决定的形成过程，指出可能的其他选择，然后来访者进行再决定，并将其整合进成人自我。这时经常使用的方法是"双椅技术"。通过鼓励来访者轮流坐到代表"父母"和"孩子"的椅子上，让来访者的儿童自我与父母自我进行对话，使无意识中发生的心理过程得以外显，从而进行治疗性的介入。

（四）结束阶段

来访者经过上述三个阶段，经评估之前商定的合约任务达成后，就可以结束咨询与治疗了。在这一过程中，评估很重要，包括来访者对自己的评估和咨询者的评估，团体咨询与治疗中其他成员也可以提出自己的意见。沟通分析有专门的评估问卷，用它进行评估，结果客观、可靠。

沟通分析所使用的技法有很多，此处不一一展开，请有志于沟通分析研究和实践者阅读相关论著。

三、沟通分析的发展

1970年伯恩去世后，关于沟通分析的组织和理论蓬勃发展。仅20世纪70年代就出现了三个学派，即沟通分析的古典学派、沟通分析的贯注学派和沟通分析的再决定学派。

沟通分析的古典学派注重来访者尝试练习新的行为，咨询者则用沟通分析的语言进行解释与分析，目的是促进来访者改变行为和了解心理游戏及人生脚本，调整来访者对自己的生命及人生脚本的责任。

沟通分析的贯注学派强调提供给来访者回应性的环境，咨询者对于来访者的价值取舍给予直接的指示，将来访者视为婴儿或幼儿，与来访者进行互动，使来访者通过回归到儿童的状态重新调整并训练自我的各种状态。

沟通分析的再决定学派强调来访者对于自己的想法、行为与感受负有责任，通过对早期决定、当前症结的澄清，来访者决定选择一种新的生活方式。

到了20世纪80—90年代，沟通分析的理论与实践出现了一种整合的趋向。目前，沟通分析较多地被运用于团体工作中，成为治疗成瘾者的非常有效的工具。此外，沟通分析也越来越多地被运用到教育、管理、培训等多个领域，发挥着越来越大的作用。

第五节　箱庭疗法

箱庭疗法（sandspiel；sandplay technique，sandplay therapy）也称为沙

盘游戏或沙盘疗法，是指在咨询者的陪伴下，来访者从玩具架上自由挑选玩具，在盛有细沙的特制箱子里进行自我表现的一种心理疗法（张日昇，1998，2006）。

箱庭疗法起源于英国伦敦的小儿科医生劳恩菲尔德（M. Lowenfeld）1929年创立的用于儿童心理治疗的世界技法（the world technique）。瑞士的心理治疗家卡尔夫（D. M. Kalff）发展了劳恩菲尔德的世界技法，并用德文"sandspiel"和英文"sandplay"命名，以示区别。

河合隼雄将其介绍到日本的时候命名为"箱庭疗法"。笔者1998年将箱庭疗法引进到中国时，立足于东方文化和中国传统园林、盆景艺术的精髓，考虑到其对东方思想的继承和与中国传统园林、盆景艺术的相似性，在"箱子里制作庭园"可以更好地表现卡尔夫"sandplay"的传统和原义，故沿用河合隼雄的"箱庭疗法"这一名称。

一、箱庭疗法的理论基础

荣格的分析心理学、东方思想、游戏治疗、投射理论等可以认为是箱庭疗法的主要理论渊源。笔者将箱庭疗法的精髓概括为"人文关怀，明心见性；以心传心，无为而化"，认为箱庭疗法非常适用于心理咨询与治疗领域，可以帮助来访者在简易而丰富的箱庭世界里，将自我的心理冲突或矛盾通过箱庭制作有意无意地进行释放和整理，使无意识意识化，整合自我，从而获得心理问题的解决。

（一）人性观

箱庭疗法认为人的心理有自我治愈的能力及自我整合的倾向。这一能力的发挥，依赖于适当的条件，依赖于各种内部和外部环境的状况。

箱庭疗法强调无意识的重要性，认为无意识比意识对个体的行为和态度具有更强大的控制权。但同时也承认意识的作用，并认为，只有实现意识和无意识的协调与和谐，个体才能成为一个完整的人。

箱庭疗法强调心灵的整体性，特别注重个体心灵中被忽视成分及阴影的表达与宣泄，认为表达即治疗，这是个体心灵走向整体性所必需的过程和途径。

（二）箱庭疗法的治疗假设

为什么在咨询者的陪伴下，来访者从玩具架上自由挑选玩具，在盛有细沙的箱子里制作箱庭就能达到心理治疗的效果呢？

箱庭疗法的治疗假设可以简要归纳为以下五点（张日昇，2006）。

1. 重视咨询者和来访者的关系，称为母子一体性（the mother-child unity）

咨询者通过箱庭给来访者创设一个自由与受保护的空间，重建母子一体性，唤醒来访者的自我治愈力，为自性实现提供可能性。

2. 以沙箱为中心，创造一个自由与受保护的空间

自由与受保护的空间既包括物理层面的，也包括心理层面的。沙箱本身既包容又有限的特征，以及玩具数量的有限表明了自由与受保护的物理空间。咨询者的人文关怀、以心传心的静默陪伴和不评价、不解释、不要求、不期待的态度，为来访者提供了一个情感和心理的自由与受保护的空间。

3. 这一自由与受保护的空间可以使来访者发挥自我治愈力

我们每个人的身体，都有自我治愈创伤的力量。我们每个人心灵的深处，也都有自我治愈心灵创伤的力量。但这一自我治愈的能力因各种原因有时难以发挥其应有的机能，而以沙箱为中心，创造出一个自由与保护的空间，在咨询者的包容、接纳和关注下，就可以使来访者的自我治愈力发挥作用。也就是说，治疗的基本前提就是相信人在适当的情况下，都有一个自我治愈心灵创伤的倾向。

4. 普遍无意识的心象

心象，简单地说，就是意识与无意识、内界与外界相互交错时产生的由视觉所捕捉的映象（张日昇，2006）。箱庭作为连接来访者意识与无意识的桥梁，通过箱子、沙和玩具这些道具，可以将来访者的心象充分地表现出来，使其无意识的内容意识化，从而为治愈提供可能性。

5. 玩具的象征意义

象征是无意识的语言或其表达方式，是描述未知和复杂事实的最佳表达方法。象征不仅仅是一种表征符号，还是推动、促进个体心理甚至集体心理发展的力量。箱庭中的玩具、作品场景的象征搭建了一座通往无意识的桥梁，对意识和无意识之间可能存在的看似不可调和的矛盾冲突进行疏导，加以整合，从而促进自性实现。

（三）荣格的分析心理学

荣格的分析心理学理论涉猎极广，就其对箱庭疗法的影响而言，主要体现在原型理论、个性化理论和心理动力学理论三个方面，也可以将这三个方面看作理解箱庭世界的一把钥匙。通过它们，人们才能真正走进神秘的箱庭世界，感受箱庭世界的魅力，体会人的内心世界的另一种真实。

1. 荣格的原型理论

荣格认为，原型是集体无意识的内容，我们正是通过原型才能认识集体无意识。原型有很多种，比较典型的有阿尼玛（Anima）、阿尼姆斯（Animus）、阴影（shadow）、人格面具（persona）、"太母"（grandmother）、"智慧老人"（old wiseman）等。通常无意识原型的表达方式是神话、传说、童话或梦。当然，不同文化背景中的原型的表达是不同的，各自都打上了民族和文化的烙印。但其性质只有两个：积极和消极。积极的原型一般具有建设性、创造性的力量，如代表着自性实现的曼荼罗；消极的原型一般具有破坏性、毁坏性，如阴影，它可能导致人格的失常。不过，就某一种原型而言，积极或消极的性质判断并不是绝对的。

在哪里和怎样才能获得表现原型的材料呢？荣格选择了梦和积极想象（active imagination）。梦是无意识的产物，不受意识的支配，是自主的、自发的。因此，梦中包含大量的母题。积极想象指的是在专注状态中产生的一系列幻想。个体把注意力集中在特定的观点、情绪、图画或事件上，便会产生一系列幻想，个体本人也在幻想当中扮演某一角色。这样一来，想象的东西仿佛有了生命力，以前无关的心理内容现在变得清晰多了，而且语言表达、情感活动和意识的自我都变得活跃起来，心理成熟速度似乎也加快了。

让来访者进入类似于梦的状态中，真正进入"入静定心"的状态制作箱庭，会让制作者自发地产生一系列幻想，如同以"睁着眼睛做梦"的感觉来表达自己的无意识世界的原型内容，实现意识与无意识的沟通。

2. 荣格的个性化理论

"个性化"（individuation）一词有双重含义：一是成为独特的、独立的个体，二是重建心理的完整与统一。荣格认为，用个性化这个术语来表示一种心理过程，经由这一过程，个人逐渐变成一个在心理上不可分的（individual），即一个独立的统一体或整体。个性化同时意味着心理的分化与整合，它不是一种状态，而是一个过程。

根据荣格对个性化的解释，可以认为：一方面，个性化导致个体的独特化和独立化，即个体把自己与其他人完全区分开来，主要是从心理上区分开来，这涉及个体调整人际关系的能力；另一方面，个性化又必然使得个体人格朝整合的方向发展，其中主要是指整合人格中的意识部分和无意识部分（包括原型、非主导态度和功能），也就是使无意识原型的内容意识化，将它同化到意识中，使意识自我变得强大。强大的意识自我具有更为强大的整合力量。

个性化的目标就是实现自性。荣格把自性看作人类精神的核心因素，代表着一种整体人格（total personality），是原型系统中的一个核心原型。荣格指出，从心理学上讲，自性是意识和无意识的统一体。他认为，自性是我们生命的目标，它是那种我们称为个性（individuality）的、命中注定的、组合最完整的表现。另外，荣格还认为，自性对临床治疗的启示就是治愈（healing）。也就是说，心理治疗的最终目标是实现自性。

自性代表着一种整合力量。但它并不是人格中的唯一力量，同时还存在着一种分裂力量。这种分裂力量的存在对自性的整合力量构成了巨大威胁，除非整合力量变得足够强大，它才能与分裂力量相抗衡。荣格把与无意识打交道的工作称为超越功能（transcendent function），并把它看作精神整合顺利实现的内在保障。因为它在意识与无意识之间架起了一座桥梁，整合了意识与无意识中许多对立的因素，从而保证了自性的实现。

箱庭疗法相信人的整合趋势、追求自性实现、强调个性化体验、努力实现心理超越等观点，都是来自荣格的个性化理论。

3. 荣格的心理动力学理论

荣格认为心理能量（psychic energy）是人类全部心理活动的推动力。心理能量不能压抑，只能转化。

心理能量遵循着从高到低的原则，趋向于使各心理结构达到一种平衡。当人出现心理冲突时，原先的暂时平衡就会被打破，心理能量就要寻求解决冲突，以建立新的平衡。

荣格将人看成是有自主性的，认为人的精神世界总是自我调节的。自我调节是一种平衡机制，其存在使得心理处于"平衡—不平衡—再平衡"的发展过程中。

箱庭治疗的过程就是一种调节心理能量的分配的过程，荣格关于心理能量流向与转化等的理论为箱庭疗法提供了理论上的依据和支持。

除了荣格的分析心理学外，东方思想、游戏治疗、投射理论等可算得是箱庭疗法的一些理论渊源，限于篇幅，在这里不一一详述。感兴趣的读者请参阅拙著《箱庭疗法》。

二、箱庭疗法的过程与技法

（一）箱庭疗法的材料

箱庭疗法的材料：箱子、沙和玩具。箱庭疗法是来访者在咨询者的陪伴下，通过使用所提供的沙箱和各种玩具在沙箱里制作箱庭作品，达到心理治疗的目的。因此，箱庭疗法的箱子、沙和玩具非常重要。

1. 箱子

箱庭疗法的箱子规格（内尺寸）为57厘米×72厘米×7厘米。箱子内侧涂成蓝色，之所以要涂成蓝色，是为了使人在挖沙子时产生挖出"水"的感觉。我们知道，生命离不开水，水是生命之源。水既是物质的，也是精神的。水是包容的，水也是流动的。箱庭疗法中，培养来访者对水的这种感受是很重要的。此外，蓝色能够将人的思绪引向深刻和高远，让人烦躁的心平静下来，疲惫的心灵得到休憩。

关于箱子的大小，卡尔夫当时认为，将箱子摆放在像孩子腰部一样高时，箱子大体可以置于视野之内就行。我们认为，统一箱子的规格有利于研究者之间的交流和对作品进行比较，所以在将箱庭疗法介绍到中国的时候，也采用了同样的尺寸（如图2-16）。

图2-16　箱庭疗法的沙箱

箱子的重要作用是保护制作者自由地表现内心世界。箱庭的箱子是一个有边界限定的容器，四角正是相对于"天"的"地"而言，大地给来访者一种安全感和受保护的感受。这样，来访者在箱庭治疗室制作箱庭作品时，除受箱庭治疗室这样一个自由的、接纳的和安全的空间的保护之外，还受箱子所提供的这样一种安全和受保护空间的保护，也就是说，来访者处于双重空间的保护之中。再加上咨询者和来访者的治疗关系也能给来访者以心理上的保护，那么就使得来访者处于多重保护之中。

2. 沙

沙是箱庭疗法中必不可少的。

箱庭以沙箱为中心，用箱子和沙创造出一个自由与受保护的空间。对于来访者来说，箱子是一个有外在限制的保护空间，而沙在某种程度上是可以释放内在的保护空间，外围的限制与内在的释放有机结合在一起，对心理治疗起到调和与维护的作用。这是由沙的特点及其与人类密不可分、息息相关的关系决定的。

沙不是固体也不是液体，不是海洋也不是陆地，它介于固体和液体之间、海洋和陆地之间。

说沙不是固体并不意味沙不能成为固体。建筑工地离不开沙，沙是建筑物必不可少的材料，和泥土、石子儿一样蕴含着无限的可创造空间。沙的流动感和可塑性，决定了它有可能成为牢不可破的屏障。

沙不同于水，但当我们用手捧起一把细沙的时候，沙就会像水一样从指缝流走，其流动如水流一般，而沙的流动感和水同样，让人体验到一种自由和生命感。沙和水有一个共同的特点，都没有固定的形状，人们可以根据自己的意愿，变幻莫测地塑造出各种形状。很多时候，来访者只是无意识地在沙中随意勾画，不借助玩具，这种体验本身就是来访者心理压力的一种释放与舒缓。

沙是现实生活中随处可见的大自然的造物。沙是大自然送给人类最自然、神奇的玩具，玩沙是很多儿童和成人喜欢的活动。沙是儿童的世界，从自家附近的沙堆到幼儿园的沙池再到海边的沙滩，到处都可以看到儿童兴致勃勃玩沙的场景，沙给儿童带来无穷的乐趣。沙也是成人的世界，我们每个人在小的时候都有玩沙的体验，从海边沙滩的踏浪到雕砌大型沙雕，成人以各种方式诠释着他们对沙的感悟和理解。

沙本身就是一个世界，在这个世界里，人们用各种各样的方式来感受自然，寻找轻松、快乐、惬意与闲适的体验。沙可以给来访者带来一种童年的回归。玩沙作为一种非言语的交流方式，有助于来访者与咨询者的沟通，而正是沙与人类这般密不可分的关系和玩沙带给人们这种自由、放松、休憩的感觉，给来访者提供了一个自由、释放、保护的空间。

现代文明使我们远离自然，包括我们的许多器官的感觉也变得迟钝。沙，使我们的触觉变得灵敏；沙，教会我们珍视并敏感地对待身体的每一器官。

沙，是母性的象征。有一首歌曲《大海啊，故乡》，其中有歌词"大海啊大海，就像妈妈一样"，大海是母亲的象征。沙主要来自大海，海滩上的沙是石头、珊瑚、水、空气作用的结果，是潮起潮落波浪冲击上岸的结果，而月球的引力控制着潮汐现象并影响潮起潮落，沙在月亮与地球的动态中形成。如此说来，看似与地球相隔约38万千米的月亮，与本来毫无关系的沙联系在一起时，赋予了沙新的含义，因为月亮是女性的象征。

冈田康伸认为，通过与沙接触可以调动人类容易忘却的感觉机能，如同婴儿被母亲抱在怀里，通过接触和玩耍培养心理的安定感和安全感一样。

箱庭所使用的沙可以用海滩的或河边的细沙，没有条件的可以到建筑工地去索取，但要求沙细而干净。有条件的可以准备两种沙的沙箱，即一种是湿沙，一种是干沙，让来访者自己挑选。

3. 玩具

箱庭疗法使用各式各样的玩具。玩具本身类似于现实之物。玩具属于三维空间的东西，梦、理想的境界及难以用语言表达的情感等，可以通过箱庭及箱庭中的玩具表现出来。有人说箱庭很难表现四维空间，其实不然。关于四维空间，最典型的就是对于宇宙的解释，古人的说法是"四方上下曰宇，古往今来曰宙"，用现在的话说就是，四维空间是在三维空间的基础上再加上时间维作为并列的第四个坐标。通过对箱庭作品的说明，就可以使箱庭作品表现四维空间变成可能。从治疗的可能性和广泛性来讲，这起码比绘画疗法、梦的解析等不能表现三维空间的方法要更有利。

箱庭疗法不是心理测验，而只用于心理咨询与治疗领域，所以并不要求特定的玩具，只要准备各种各样的玩具或物品，让来访者能充分表现自己即可。必须准备的玩具有各种人形、动物、树木、花草、车船、飞行物、建筑物、桥、栏杆、石头、怪兽等。玩具是来访者意识和无意识的象征语言，所提供的玩具种类、数量越多，来访者能够选择使用的玩具"词汇"就越丰富，就越有创造性。所以，过去、现在、未来存在或可能存在的一切事物的模型都可以列入箱庭玩具之列。但玩具并非一次收集齐全，玩具的收集本身就是一件愉快的事情。有了各种各样的玩具，也就为来访者充分表现内心世界提供了丰富多样的方法途径。

箱庭治疗室的内部装备并不要求华丽。为了创造良好的气氛，箱庭治疗室一般应光线柔和、色调温和，以便来访者能平静、轻松，集中精力。箱庭治疗室内除了沙箱、玩具之外，还应有供来访者坐下来与咨询者交流的桌椅、沙发。室内各种物品的放置都应用心设计，目的是让咨访双方感到轻松舒适。

图2-17是北京师范大学心理学部心理健康服务中心的箱庭治疗室。

图2-17　箱庭治疗室

（二）箱庭疗法的过程

1. 箱庭疗法的指导语

在实施箱庭疗法时，咨询者只要说出如下的指导语："请用这些玩具，在沙箱里做个什么，做什么都可以。"一般来说，来访者一看架子上的玩具和沙箱自会明白，并不需要更多说明，特别是对儿童更不需要什么说明。如果有的来访者问"动沙子也可以吗""只放动物可以吗"，咨询者只需回答"你想怎么样都可以"或"你按自己的想法去做就可以了"。无论怎样，必须给来访者自由表现的机会。

2. 箱庭的制作

来访者在制作箱庭的时候，咨询者的首要任务是为来访者提供一个接纳、信赖、温和与安全的制作环境，咨询者原则上只需要在旁边坐着或站着陪伴就可以了。在箱庭制作过程中，应尽量不去进行语言交流，更不要对来访者的制作进行干预，否则会打扰来访者。咨询者要仔细观察来访者使用和不使用哪些玩具以及怎样使用它们，必要时进行简单的记录。

箱庭作品完成以后，咨询者可以与来访者进行语言交流，可以询问："这是什么，能说明一下吗？"也可以让来访者对自己的作品主题进行命名。来访者一般都会进行这样那样的说明，如果来访者不愿意说，那么咨询者不过多询问为好，以免产生负面影响。

咨询者应以欣赏来访者箱庭作品的姿态，通过支持、解释、整合、疏通、启发，帮助来访者澄清箱庭作品所代表的意思、所表现的主题，达到对来访者的共感理解。来访者愿意的话，自然会对箱庭作品进行较多的说明，也会和咨询者展开讨论，最终促使自我治愈力发挥作用。

3. 箱庭疗法的记录和提问

咨询者可以准备一支笔和几张纸，进行简单记录。有的来访者会一边解释一边摆放玩具，咨询者对此应予以记录，放玩具的顺序也要记录下来。完成以后，要拍成照片并予以保存，必要时也可以画箱庭的略图。

箱庭疗法必须坚持保密原则，照片和文字记录都需要认真保存，个案研究及发表都需要得到来访者的同意。另外，照片可以送给来访者留作纪念。

4. 箱庭的表现及分析

在来访者制作箱庭作品的过程中，咨询者不是性急地去分析、去解释，而是作为"静默见证者"，以接纳的、共感理解的、赏识的态度在旁边陪伴着，从整体去把握来访者的表现。不要局限于来访者在一次箱庭作品中的表现，要尽可能把来访者每次的箱庭作品都保存、记录下来，以全面把握来访者的箱庭作品，并注意其中的联系、所出现的变化等。

（1）整合性。在分析来访者的箱庭作品时，咨询者对作品的整体感受、印象很重要。所谓整合性，包括作品的均衡性、丰富程度、细致程度、流动性、生命力等。整合性强的作品，分散的、支离破碎的、杂乱无章的、贫乏的、机械的、固定的成分少。对于作品的第一印象非常重要。第一印象往往就是对作品的整体感觉，从这个整体感觉出发去理解不同的玩具所具有的不同象征意义，这样的分析就会变得更加灵活。

（2）空间配置。所谓空间配置，是指来访者的箱庭作品中，沙箱空间的左右配置、玩具的摆设状况。箱庭作品的左侧可以看作人的内在世界、无意识世界，右侧可以看作外在世界、意识世界。

一般来说，将山、森林、佛像、神像、寺庙等表示人的无意识部分的东西配置在左侧的倾向较强。在从内在世界向外在世界、从过去向未来的新的可能性开发过程中，个体使用沙箱左下角的情况较多。左下角往往意味着可能性、发展的源泉，车船、飞机、动物、人及河川等若是都朝向一个方向，朝向左侧即意味着退行，朝向右侧则意味着前行。一个人在沙箱内完成作品之后，又将玩具摆放在沙箱外，这可能说明其存在模糊认识，对他自己来讲，存在难以容忍的心理内容。儿童在摆放玩具时边摆边移动，将玩具从沙箱内移动到沙箱外玩，这往往反映了自我的界限尚不确定。将范围扩张到箱外，可能具有一种超越自我所能把握的范围去表现自己的危险性。而不愿将玩具摆放在沙箱内，只将玩具摆放在沙箱周围，有时反映了对表现自我的一种恐惧和不安。

（3）主题。箱庭中的作品往往表现某一主题。有时通过一件作品，有时则通过一连串的作品去反映某一主题，而主题的中心，往往是来访者无意识的自我的心象。自我的心象有时会以各种各样的表现形态予以象征。此外，森林中的高塔、山上的城堡、佛像、神像、特定的动物或人形都有可能是来访者自我的象征，也可能表现了来访者自我的某些期待或向往。

限于篇幅，在此不对箱庭疗法的具体应用及治疗机制做详细的说明和介绍，欢迎参阅拙著《箱庭疗法》《箱庭疗法的心理临床》及相关论文。

三、箱庭疗法的发展

（一）箱庭疗法在世界范围的发展

继卡尔夫之后，在一大批箱庭治疗师或咨询者的努力下，箱庭疗法的理论与实践向纵深方向发展。理论上的发展突出表现在有关箱庭疗法的治愈过程、治疗力量、咨询者角色等新观点上。

最初卡尔夫认为，箱庭疗法中的治愈过程和转换过程是统一的，是同一个过程。后来安曼（Ammann，1991）等人区分了这两个过程。安曼认为，治愈过程发生在遭受过早年创伤的个体身上，这些人早年在母爱剥夺、没有信任的环境中长大。箱庭疗法可以唤醒他们的整合力量，使他们建立健康的个性结构。而转换过程发生在具有健康和稳定自我的个体身上，只是他们的世界观过于狭隘或偏激，他们感受到焦虑、压抑和不安。箱庭疗法可以使他们直面人格阴影，打破旧的心理模式，创造新的心理运动。

卡尔夫认为，箱庭使无意识心象得以视觉化，从而唤起治愈的能量。与荣格一样，卡尔夫也非常强调象征的治愈力量。而温瑞卜（Weinrib，1983）认为，箱庭所展现的图画不仅仅是内部心象的反映，同时，外在玩具的运用也反映了制作者的无意识。也就是说，箱庭强调意识和无意识间的联系。亚当斯（Adams，1991）也认为，箱庭的制作过程就是在具体现实领域将意识和无意识联系起来的过程。

卡尔夫认为，咨询者的角色就是为来访者提供一个自由与受保护的空间。为了做到这一点，咨询者必须具备两种态度：一种是开放和接纳（openness and acceptance）的态度，使来访者感到自我表达是安全的；另一种是保护（protective）来访者的态度，使来访者能够保持在自己自然的界限之内不受到侵犯。后来，温瑞卜进一步完善了这一观点，认为自由与受保护的空间不仅指物理空间，也指心理空间。物理空间指沙箱本身，它是有限的和包容的，而且玩具的数量也是有限的；心理空间是由咨询者的人格所提供的。

伴随着理论上的发展，箱庭疗法在实践中也得到了进一步的拓展与深化。

首先，自20世纪80年代以来，箱庭疗法在世界范围内蓬勃发展，突出体现在箱庭疗法专业组织机构的建立和完善上。其中最具影响的是1985年卡尔夫倡导建立的国际箱庭疗法协会（The International Society for Sandplay Therapy，简称ISST）。该协会旨在发展卡尔夫主义的箱庭疗法，是一个非营利性组织，它的建立为交流箱庭疗法的知识和经验提供了一个空间。在加拿大、德国、英国、以色列、意大利、日本、美国和瑞士都有它的分会，为箱庭疗法专业人才的培养做出了巨大贡献。

其次，箱庭疗法与家庭疗法、团体咨询等形式相结合，产生了家庭箱庭疗法、团体箱庭疗法等新的治疗形式。箱庭疗法早已不再局限于儿童治疗，已广泛应用于成人心理治疗中，如夫妻治疗、家庭治疗等。箱庭疗法在与这些疗法结合中也发生了一些改变，如增加了更多解释和对话的成分，其形式也不再局限于一对一的治疗。在与团体咨询相结合的过程中，发展了一些团体箱庭的形式，并运用到社会团体和组织中，以改善团体和组织的关系。

最后，箱庭疗法已经被广泛应用到不同的组织和人群中。其非语言方法适用于儿童和有创伤、痛苦、残疾等问题的成年人。箱庭疗法也被引入不同的组织中，如学校、医院、企业。此外，箱庭疗法在心理咨询专业人员的培养、个人体验与督导中也有所应用。

（二）箱庭疗法在中国的发展

箱庭疗法介绍到中国始自拙文《箱庭疗法》在《心理科学》上的发表（1998）。随后，笔者又与樱井素子在《心理科学》上发表了《在澳大利亚某重度语言障碍学校进行箱庭疗法的尝试——爱玩砂的8岁男孩的箱庭疗法过程》一文（1999），这是在中国最初发表的有关箱庭疗法的个案研究。

随后，箱庭疗法的理论研究与实践研究在中国得到进一步的发展。其中，主要是对不同群体的箱庭疗法的过程与效果研究，以及对某一类心理健康问题和障碍的箱庭疗法作品的特征研究。

特征研究的发展意味着箱庭疗法作用机制的讨论逐渐深入。笔者及团队先后开展了有关不同群体的箱庭作品特征研究。研究对象涵盖攻击性青少年、大学生孤独人群、考试焦虑群体、强迫倾向大学生群体、注意缺陷多动障碍倾向小学生等。在对箱庭疗法的基本理论的进一步探讨中，我们提出表达与建构是箱庭疗法的有效机制，并从整体和系统的角度提出借助箱庭单元的变迁来理解来访者内心世界的途径。

虽然笔者并不主张将箱庭作为单　的评估或诊断工具来使用，但箱庭的确具有某种程度的诊断性。对箱庭作品进行编码分析，并与常模群体的特征进行比较，可以作为对来访者进行初步评估的依据之一。因此，对某一特定群体进行箱庭特征研究有利于更好地把握这类人群的心理状态及心理特质，为后续的实际应用提供丰富的信息，其作品本身也可以成为过程及疗效的指标。另外，我们对箱庭疗法的评估进行了探讨。例如，父母婚姻问题对子女心理成长的影响能够在箱庭作品当中体现。

箱庭疗法效果研究的对象涵盖各年龄段个体以及多种心理问题。（1）中小学生和幼儿的心理咨询与治疗，涉及儿童选择性缄默症、受虐儿童的心理问题、儿童注意缺陷多动障碍、儿童自闭症谱系障碍、儿童和青少年的哀伤、聋生人际关系问题、社交恐怖症青少年和初中生考试焦虑等。（2）大学生的心理咨询与治疗，涉及强迫思维、大学新生社交焦虑、中度抑郁、学习倦怠等。（3）成人心理治疗，涉及原发性睡眠障碍等。此外，我们提出并论证了箱庭疗法在灾后心理援助与辅导中的可行性。

近二十年来，箱庭疗法在中国的应用发展迅速。箱庭疗法从最初的主要应用于儿童个体心理咨询与治疗发展到应用于成人及团体咨询与治疗，应用范围和对象逐渐多样化。为适应新的环境和需求，箱庭疗法发展出诸如团体箱庭疗法、夫妻和家庭箱庭疗法、电子箱庭疗法等新的形式。箱庭疗法的应用范围包括幼儿园、大中小学校、社区、企事业单位、医院心理科、心理咨询机构等。特别是在大中小学的学生心理健康教育工作中，箱庭疗法已不仅仅是一种心理疾病的治疗方法，更是一种为学生解决心理困惑，带来更多快乐并促进心理成长和发展的心理游戏。目前，许多有条件的大学已将箱庭疗法设为本科生和研究生的课程。

另外，拙著《箱庭疗法》于2006年5月由人民教育出版社出版，可以说该书凝聚了笔者多年来对箱庭疗法的探索和诸多体悟，目前已成为对箱庭疗法感兴趣的人走进箱庭世界不可或缺的工具书。笔者所著《箱庭疗法的心理临床》于2016年10月由北京师范大学出版社出版。这本书集中呈现了箱庭疗法在心理临床领域应用的精粹案例，为箱庭治疗提供了具体的操作指南和研究范式，也为进一步学习箱庭疗法和开展教学督导及案例研讨提供了翔实的佐证和参考。

我们认为，箱庭疗法不是单纯的心理咨询技法，也不仅仅是深层心理学的临床应用，而是一门人生哲学。可以这样说，目前世界上最盛行箱庭疗法的是中国。期待箱庭疗法作为一种被广泛认可的心理咨询与治疗的技法在中国心理临床的研究与实践中得到持续的发展。

第六节　森田疗法

森田疗法（Morita therapy）是1920年由日本的森田正马创立的一种针对神经症（森田称之为神经质）的心理治疗方法。森田疗法这一名称是后来才普遍使用的，一开始森田正马称这种疗法为"对神经质的特殊疗法"或"自觉疗法"等。森田疗法的确立用了近二十年的时间，其形成经过了催眠阶段、诸疗法的试行错误、独自的疗法确立、理论基础的形成等过程。

一、森田疗法的理论观点

森田正马较早地使用19世纪末介绍到日本的催眠疗法来治疗神经症。由于催眠暗示对于神经质和癔症的治疗结果不同，森田正马将神经症分为神经质和癔症。他发现仅靠催眠来治愈神经症极为困难，于是放弃了药物治疗和单纯的催眠治疗，开始尝试各种治疗方法，取说理、作业、生活疗法等精华内容，进行了广泛的试行治疗。

根据一系列的治疗经验，特别是自己曾经在学生时代克服过由神经症症状所导致的痛苦，森田正马确立了独特的神经症治疗方法。

森田正马对弗洛伊德的精神分析极感兴趣，但之后采取了明确的批判否定的态度。森田正马和弗洛伊德都经由催眠疗法而确立了各自的治疗方法，但森田正马将神经质作为治疗的对象，而弗洛伊德则将森田治疗对象以外的癔症作为主要的治疗对象，这一点是令人颇感兴趣的。

（一）森田正马的神经质理论

森田正马基于对神经质患者的本质特性的理解，认为神经质的症状纯属主观问题，而非客观的产物，探明了症状的发生和固着发展的内在驱力。森田正马将神经质依其症状分为三大类型。

（1）普通神经质，相当于神经衰弱或心气神经症。患者往往对身体的变化特别敏感而多疑，为此而苦恼，常有失眠、头痛、易兴奋、易疲劳或乏力、胃肠功能障碍、性功能障碍、眩晕、书写痉挛、耳鸣、注意力不集中等症状。

（2）发作性神经质，相当于焦虑症。伴随着身体症状，患者常常有不安焦虑发作、心悸亢进（心脏跳动加速）发作、呼吸困难发作等。症状初次出现后，患者担心以后还会出现，为此而焦虑不安。

（3）强迫观念症，相当于恐怖症或强迫神经症。患者对身心，特别对心理的不快感特别敏感，认为这一不快感是不应存在的，其结果反而造成压抑感的增强并引起思考或行为的障碍。强迫观念症包括不洁恐怖、对人恐怖（赤面、对视、自己表情恐怖）、疾病恐怖、高处恐怖、不完善恐怖、不安全感恐怖等。

森田正马提出了神经质的病理，用公式表示如下：

发病＝素质（疑病性基因）× 机会 × 病因（精神交互作用）

森田正马将疑病性基因理解为一种素质，表现为内省能力强，对自己的身体不快、精神不快或异常反应敏感。机会，指发病的诱因。病因是精神交互作用，是指注意固着于某种体验、情感冲动或身体感觉，越是试图转移这种注意却越是固着于此，从而造成一种恶性循环。也就是说，森田正马所讲的神经质有一种精神上的倾向性，即疑病性基因或素质，由于某种体验（恐怖等情绪体验）而引起注意的固着，其后又由于精神交互作用而致使症状固定化，并恶性发展。

（二）森田疗法的治疗理论

森田正马认为痛苦是一种自然现象，本质是人对生命的渴望，问题并非源于痛苦本身，而是源于对痛苦的执着和抵抗。森田疗法的治疗原理，是对易陷于执着性素质倾向的神经质患者，通过性格的陶冶、训练的方法，打破和切断精神交互作用的恶性循环，以达到治疗的目的。

治疗时指导的要点如下：

（1）对症状的说明（说明患者的症状是由疑病性基因和精神交互作用造成的）。

（2）心理构造的矫正（通过语言进行指导、矫正）。

（3）让患者通过自身的体验去达到对症状的理解。

通过治疗，患者必须具备实事求是、服从自然、尊重事实的态度。也就是说，患者能接受由症状所带来的各种不快体验这一现实，去做自己能做的事情，而且以积极的态度去做。

森田疗法重视由治疗体验所获得的对症状及治疗本身的理解。如果患者对症状感到不安，或对治疗存在疑虑，治疗者会告诉患者要面对不安，不要过虑，继续做该做的事，督促其在家庭的治疗环境下积极参与"今天，在这里"的生活，从而引起患者内在的、行动的变化。"顺其自然，为所当为"是森田疗法的基本治疗原则。

二、森田疗法的过程与技法

传统的森田疗法往往采取住院治疗的形式，治疗过程分为四期，即卧床期、轻作业期、重作业期和实际生活训练期。

（1）卧床期（约1周）。将患者安置在一个安静的房间里，除吃饭、洗漱、大小便以外，不许离开床铺，更不许会客、谈话、抽烟、看电视、听收音机等。在这期间，至关重要的是让患者能最大限度地面对自己的苦闷、烦恼和痛苦。

这时候，患者处于一种刺激隔离状态，一般到第四天就会感到无聊或烦闷。这是在刺激饥饿状态下所出现的生命活动的需要，对后续的治疗具有重要的意义。

（2）轻作业期（3天至1周）。患者从卧床状态下解放出来，但不能离开房间，仍处于隔离状态。睡眠时间限定为每天7~8小时。卧床期之后的一两天内应避免肌肉活动，从第四或第五天开始，患者可从事扫除、洗衣、除草等轻体力劳动。这阶段的重要目的，是让患者不要以情绪为中心，促使其产生活动的愿望。

如果患者活动的愿望增强并希望从事重体力劳动，治疗可进入第三期。

（3）重作业期（1~2周）。安排患者从事木工、园艺等需负一定责任的重体力劳动，目的是养成患者的持久力和忍耐力。

如果患者能自觉完成自己的工作并感到充实，治疗即可进入第四期。

（4）实际生活训练期（1~2周）。让患者自然地投入现实生活，要求患者学习适应工作，适应生活。

森田正马指出，从卧床期结束后的第二天开始，需让患者写日记，这可以为了解患者的身体和精神状态提供帮助。现代的森田疗法强调最大限度地利用患者的日记，如治疗师通过患者的日记了解患者的生活内容，在日记上添加注释，以促进患者生活内容的改善。

三、森田疗法的发展

作为一种起源于日本、以东方哲学为基础的心理疗法，森田疗法与形成于西方的各种心理疗法有着明显的不同。近年来，森田疗法在国际上受到越来越多的关注。随着英语国家首次发表的一项随机对照实验证明了森田疗法治疗英国抑郁症患者的有效性（Sugg，2018），森田疗法在西方文化背景下应用的效果第一次有了严格的实证数据。

因为有着相似的东方文化背景，森田疗法传入中国后有着良好的适应性和发展。研究发现，森田疗法对于精神分裂症、抑郁症、焦虑症、强迫症、呕吐恐怖症、酒精依赖、重度考试焦虑和失眠等问题均有良好的治疗效果。

森田疗法初看起来似乎非常简单，但实际上，森田疗法包含着多种心理疗法的因素，集各种治疗方法之大成。森田疗法具有多种多样多面的内涵，是一种具有一定普适性的心理疗法。

从以上论述中，我们可以看到，心理咨询与治疗的各种方法都有其特点。随着社会的发展，原有的理论和方法会得到扩展，新的理论和方法会不断出现。

在未来的几十年内，心理咨询与治疗的发展可能呈现出以下趋势。

第一，心理咨询与治疗领域的整合。心理咨询与治疗在其发展的前几十年里，各理论流派间呈现相互冲突和"冷战"的形势，但是从20世纪80年代开始，这一领域迅速开启了整合运动。各个理论流派都开始吸收其他理论流派的观点及技法，在临床实践中也尝试将不同的技法相结合。

笔者认为这一整合趋势在心理咨询与治疗领域仍将持续下去。理由如下：

（1）多种多样的方法论问题。近些年来，由于心理咨询对象的增多和咨询活动的多种多样，心理咨询的服务领域日益扩大。各种形式的心理咨询、教育咨询、职业咨询、人事咨询等咨询活动的开展，使心理咨询不能墨守成规地局限于某种单一的咨询方法，否则，就很难满足来访者的需要，更难以帮助来访者解决复杂的心理问题。

（2）相互协作的必要性。来访者和咨询者之间应该建立相互信赖的协作关系，因此，来访者就自己的问题进行分析、评价的同时，来自咨询者的提示、指导和帮助也是必要的，这就自然需要多种心理咨询方法的协调和折中。

（3）从多方面对人进行理解的必要性。人是生物学的、心理学的和社会学的存在，只有从这三个方面出发，才能够对人进行全面理解和整体把握。折中的心理咨询可以满足这一要求。

（4）相关的研究发现，不同理论流派的咨询与治疗技法的疗效在总体上并没有太大的差异。而且，心理咨询与治疗工作者们也日益认识到，没有一种理论能够全面解释人类复杂的心理和行为，尤其是当考虑到每个来访者人格及行为的独特性时更是可以断言，没有一种技法对于不同的来访者群体总有效。

有必要指出的是，整合的心理咨询与治疗模式并不是指无原则地合并某些技法。我们认为，最佳的整合方式是超越某一理论流派的局限，吸取其他理论流派的精华。这样，通过对不同理论中技法的选择，将更多的理论流派整合进一个咨询框架，或从不同理论流派中发现差异并寻找共同点，咨询者就可以建立起适合自己的心理咨询理论。可以预见，心理咨询与治疗的整合，将成为以后咨询者在专业发展上的一个重要趋势和必然。

第二，多元文化是心理咨询与治疗要考虑的重要因素。当今社会，文化交流日益增多，多元文化已成为一种社会现实。因此，咨询者不仅受到各种文化的影响和熏陶，可能还会经常面对不同种族与文化背景下的来访者。此外，人们也日益认识到文化对于个体的重要影响。来访者的很多表现可能只是其长久以来对自己文化状况的反映，或来自对某种价值观和传统的尊重。

为此，每种心理咨询与治疗理论都应该把多元文化因素纳入自己的体系，每个咨询者也都需要学习掌握多元文化的心理咨询与治疗的理论与技法。

第三，心理咨询与治疗的短程化将成为必然。传统的心理咨询与治疗一般用时较长，短则数月，长则数年。而在快节奏的现代社会，人们普遍追求速度与时间。为了适应时代的变化和需求，各心理咨询与治疗流派也在相应调整自己的理论与技法，以在有效的前提下缩短咨询的过程。这能够满足部分来访者省时、省钱而且有效的心理需求，心理咨询与治疗的短程化必然受到这部分群体的欢迎，也可能会得到相应的发展。

第四，心理咨询是一门人生哲学。咨询者与来访者的关系是纯正的人与人的关系，互相尊重、互相交流，从而让来访者在与人的相处中寻求到心理的最佳状态，体会生命的意义。我们认为，在心理咨询与治疗中，最具有咨询与治疗功能的不是咨询技术，而是人文关怀的大爱、以心传心的态度，以及在咨询者与来访者之间发展出的相互信任、无条件接纳的咨询关系。从这一意义上来说，与其说心理咨询与治疗是一种技法，不如说是一门人际关系的哲学。

思考题

1. 简述精神分析疗法的原理和主要方法。

2. 简述来访者中心疗法的原理。

3. 认知行为疗法的主要技法有哪些？

4. 箱庭疗法的治疗假设是什么？如何理解来访者的自我治愈力？

5. 根据心理咨询与治疗的发展趋势，分析心理咨询与治疗整合的必要性。

第三章

咨询者的条件与培养

我们在谈论优秀教师的时候，经常会说"这个人天生就是当老师的料"。也就是说，这个人具备当教师的天赋和资质，并能将这些天赋和资质发挥到教育实践活动中去。

心理学肯定天赋和资质等先天素质的存在，但并不认同"天生就是当咨询者的料"的看法。心理学固然对从事咨询工作的人员提出了一定的素质要求，但更要求他们必须通过教育、培训、研修等活动积累咨询经验，在经验中磨炼作为咨询者的本领。只有这样，才能保证心理咨询工作的专业性和有效性。

第一节　对咨询者的条件要求

具备哪些条件的人才能从事心理咨询工作呢？对咨询者的素质、人格特性及其他方面的要求，往往因心理咨询学派的立场和观点的不同而有所不同，不同的学者、不同国家的心理学组织也从各自的立场与角度对咨询者的条件要求提出了自己的见解，给予相应的规定。

一、罗杰斯的见解

对心理咨询与治疗产生重大影响的，除弗洛伊德、荣格以外，当推罗杰斯。罗杰斯（Rogers，1942）在谈到来访者中心疗法的咨询者时曾经说过，一个人要成为一名出色的咨询者，需要具备一些基本的人格素质。他认为，作为咨询者的第一素质是对人际关系感受性强，第二素质是能对他人的反应进行客观的观察。同时，他认为，在把对人际关系的感受性看作咨询者的基本素质的时候，还应看到作为出色的咨询者对人及人性应持有的特定态度，包括以下几个方面。

（一）客观性

咨询者在向来访者提供心理援助的时候，在从事临床咨询和治疗过程中必须保持客观的态度。在心理咨询的实践中，这一客观态度包含共感能力、真诚接纳及深入理解对方的情感。所以说，这里所讲的客观态度也称为"共感理解的态度"。

（二）对个人的尊重

咨询者需要完全尊重来访者。咨询者对来访者的心理状态应给予深入理解，在帮助来访者形成新的人际关系的基础上，使来访者从苦恼与不安中解脱出来。对咨询者来讲，接纳来访者的本来面貌本身就是对来访者个人的尊重。对个人的尊重，后来被称为"无条件的积极关注"。

（三）自我理解

咨询者需要对自身的情绪类型、限制和缺点有全面的理解。如果咨询者不能客观地洞察和理解自己，在向来访者提供心理援助的过程中，就很难接受来访者本来的面貌，也容易产生偏见。因此，正确理解自身，在某种意义上讲，就意味着也能正确理解来访者。对自我的理解，后来被称为"自我一致"或"真实性"。

（四）心理学知识

咨询者必须掌握理解有关人的行为、心理的心理学知识，这是从事心理咨询工作的基础。罗杰斯认为，心理学知识是咨询者所需要的智力因素，如果只是掌握了心理学知识，而不能对来访者的成长愿望给予足够理解，不能接纳来访者的各种情感、情绪的表现，更不能给予来访者无条件的积极关注和尊重，就不可能成为一名合格的咨询者。因此，咨询者除掌握必需的心理学知识之外，还应更好地理解人的本质特征和自我完善的可能性，只有这样才能更好地帮助来访者解决心理问题。

二、心理学学术组织的见解

为了更好地理解对咨询者的素质、人格特性及其他方面的要求，下面将中国心理学会、美国咨询与发展协会和日本临床心理士资格认定协会的有关条款罗列如下，供参考。

（一）中国心理学会的见解

2007年，《中国心理学会临床与咨询心理学工作伦理守则》（第一版）发布。2018年，《中国心理学会临床与咨询心理学工作伦理守则》（第二版）（详见第四章）发布，其中，"总则"概括了心理师（包括临床心理师和咨询心理师）的专业条件和基本要求，即善行、责任、诚信、公正和尊重。

（1）善行：心理师的工作目的是使寻求专业服务者从其提供的专业服务中获益。心理师应保障寻求专业服务者的权利，努力使其得到适当的服务并避免伤害。

（2）责任：心理师应保持其服务工作的专业水准，认清自己的专业、伦理及法律责任，维护专业信誉，并承担相应的社会责任。

（3）诚信：心理师在工作中应做到诚实守信，在临床实践、研究及发表、教学工作以及各类媒体的宣传推广中保持真实性。

（4）公正：心理师应公平、公正地对待专业相关的工作及人员，采取谨慎的态度防止自己潜在的偏见、能力局限、技术限制等导致的不适当行为。

（5）尊重：心理师应尊重每位寻求专业服务者，尊重其隐私权、保密性和自我决定的权利。

（二）美国咨询与发展协会的见解

美国咨询与发展协会于1981年修订了会员伦理守则（详见附录），在"总则"中对本协会会员提出以下要求。

（1）本会会员应不断努力于专业实务、教学、服务与研究，以期促进专业的发展；并须有效收集资料，作为咨询工作的依据。

（2）本会会员必须对其所服务之机构负责，除对所属机构提供最高水准之专业服务外，其他有关活动也须与该机构的目标一致。

（3）本会会员均须遵守本会制定的专业伦理守则，如发现会员有违规行为，应通知本协会或有关分支机构予以处理。

（4）本会会员在说明自己的专业资格时，务必确实，不得声称自己拥有超过其实质专业资格的能力，并有责任改正别人对其专业资格的错误认识。

（5）本会会员应遵守专业咨询服务的收费标准，并应个别考虑来访者的经济状况；必要时可以调整其标准。

（6）本会会员对外界（如新闻界）提供来访者的信息时，有责任对来访者的姓名予以保密，并确定信息的内容客观正确。

（7）本会会员只能接受其专业能力范围内的个案，并在咨询时严守自己资格的限制。

（8）咨询者应与来访者建立良好的关系，并尊重来访者的意见；不得为满足个人之需求而牺牲来访者的利益。同时，应特别注意种族歧视及性别刻板印象对咨询的负面影响。

（三）日本临床心理士资格认定协会的见解

日本临床心理士资格认定协会于1990年制定了《日本临床心理士伦理纲领》（2013年4月1日第二次修订，详见附录），在"前言"中明确指出了临床心理士的基本条件，也提出了相应的要求：临床心理士应尊重基本人权，使用作为专业人员所掌握的知识和技能为增进人们的福祉而努力。为此，临床心理士必须时刻认识到这一高度的社会责任，时刻认识到自己从事专业的临床工作会对人们的生活产生重大影响。

三、笔者的个人见解

以上心理学家和心理学学术组织提出的对咨询者的条件要求，笔者是赞成的。从笔者的经验来看，作为一名合格的咨询者，尤其还需要具备以下条件。

（一）心理反应的敏感力与钝感力

出色的咨询者，能够对他人的心理活动特别敏感。无论是语言的还是非语言的表现，都反映了一个人的心理活动，透射出其内心的所思所欲。对此，咨询者应从整体上予以观察。观察来访者的言谈举止，洞察来访者的内心世界，是一名出色的咨询者所必备的条件，在此基础上还要针对来访者的表现做出敏感的反应。

咨询者与来访者会构成一种特殊的人际关系，这一关系是通过咨询者与来访者的相互作用而建立的。既然是相互作用，当然除对对方的心理做出敏感反应之外，对自己的心理反应也应该特别敏感。不仅如此，对于由自己的心理所造成的对方心理的活动、变化，也应该敏感地做出反应。可以说，对人际关系的敏感力，是咨询者所需具备的重要的素质和特性。

然而，要成为一名优秀的咨询者，除了需要保持敏感之外，还要具备一定的钝感力。"钝感力"一词是日本作家渡边淳一的发明，中文里"钝感"这个词并不常见。按照渡边淳一的解释，钝感力可以理解为"钝的力量"。钝感是相对敏感而言的，由于现代文明的影响、生活节奏的加快，我们现代人感官趋于过于敏感的境地，就会常常因外物的影响而受到伤害。而钝感是强调不能对所有事物都敏感，如我们的嗅觉，对气味敏感固然是好，但是如果过于敏感，就会被一些本不至于干扰人的气味所困扰。身体感官的能力是如此，心理的能力也是如此。因此，适当的钝感力是一种让自己免于伤害的能力。

在咨询过程中，咨询者有选择性地对来访者及自身的某些外部表现和心理反应保持敏感的同时，对另一些保持钝感，这样可以避免自己的情绪过度卷入、自身的想法受到干扰，有助于保持客观性和价值中立。从这个角度来讲，咨询者的钝感力主要体现在两个方面。一方面，对于咨询过程中的全部言语与非言语信息，咨询者不是无选择地加以关注，而是能够敏锐地选择出其中对咨询有意义的信息进行关注，忽略无意义的信息。具备丰富的人生阅历和咨询经验的咨询者能迅速判断哪些信息需要关注，哪些信息可以忽略。而做到这一点就需要钝感力。另一方面，咨询者所关注的信息主要是情绪与感受，这就要求咨询者具备一定的钝感力，使得无论是来访者的情绪与感受还是咨询者的情绪与感受，都不会影响咨询者的专业角色与态度，不会干扰正常的咨询过程。可见，这样的钝感力，与一般意义上的对事物没有感受不同，是需要培养与锻炼的一种能力。

对于咨询者而言，具备钝感力具有两方面的意义。一方面是在咨询过程中，咨询者要保持适度的钝感而避免过度敏感。如果咨询者过于敏感，往往容易与来访者产生情绪上的盲目共鸣，容易卷入来访者的情感之中。也就是说，咨询者也并不是对来访者的所有言语和非言语信息都要做出反馈，而应该保持一种心理上的钝感，这样才能站在客观和中立的角度去帮助来访者。另一方面是咨询者的个人成长。咨询者也是普通人，同样要面对纷繁复杂的社会，处理复杂的人际关系。咨询者个人也需要一份具有钝感力的智慧去经营自己的生活，敢于接纳看不惯的东西并以"豁达乐观"的态度看待世界，以"大事理决，小事情处"的心态处理事情，以"平常心是道"对待生活和情感，用"理需顿悟，事需渐修"的方法体悟洞察内心世界，进而让自己更加接近所向往的人生境界。只有在这两个方面都做到了具有钝感的能力，心理咨询工作才能有效开展并具备长久发展的可能性。

（二）倾听能力

对于带着烦恼、焦躁不安前来咨询的来访者来讲，能够有人认真倾听自己的谈话本身就是一种莫大的欣慰和信赖，这将成为他生活的动力和支柱。

倾听，说起来很简单，可做起来绝非易事，也不是一朝一夕可以做到位的。例如，有来访者来到咨询室，有气无力地说："最近，早晨特别难醒，醒来头发蒙。这到底是怎么回事，自己也不知道。自己也想应该振奋一些，可情绪上总是做不到。自己很困惑，不知该如何是好。"此时的来访者因为心理重负而不知所措并处于极度的不安之中。咨询者需要放下主观的成见和判断，让自己的心"空"下来，认真、耐心地听来访者的诉说，并加以适当的回应，如简单的复述、首肯和插话，帮助来访者理出问题的头绪，从而使来访者感到如释重负，获得一种安慰。

对上述例子，咨询者除使用单纯的重复反馈提问（例如，"噢，不知该如何是好，是吗？"），也可以使用其他倾听、询问的方法（例如，"这是不是因为过虑造成的呢？""以前有过这样的体验吗？""这种状态持续多长时间了？""你自己想想为什么会这样呢？"）。这些来自咨询者的细心询问可以帮助来访者理出头绪、澄清问题的本质，从而使心理问题得到解决。不过应避免同时询问多个问题。

与此同时，我们需要注意的是有时来访者说什么并不那么重要。因为语言只是一种表达的形式，就像听一首歌，或者看一幅画，更重要的是通过这些形式所传递的心声。咨询者的工作就是倾听来访者的心声。用心去听，就可以听到来访者高兴中隐藏的孤单、欢喜背后的伤感。

咨询者在倾听来访者谈话的过程中，可能会遇到一些阻碍。有时来访者的情绪会让咨询者迷失其中，甚至使咨询者也沉浸在某种情绪中。这时候咨询者需要及时用"第三只眼"看自己，觉察自己的状态，正所谓"一只脚在水里，一只脚在岸上"。

（三）相信人具有成长的可能性

每个人的身体有自我治愈的力量，每个人的心灵也有自我治愈的力量。这是对人自身具有成长的可能性和发展潜力的认识。对于遭遇不幸或处于困境状态下的来访者，咨询者应该相信他们具有自我治愈心灵创伤的力量和无限成长的可能性，并给来访者创造一个安全、可信赖的"自由与受保护"的空间。咨询者要用对来访者的包容、接纳和关注，帮助来访者发挥其所具备的自我完善的潜在能量，使来访者的自我治愈力得以发挥。这是构筑心理咨询的基础，也是咨询双方信赖关系得以建立的前提条件。

对人的成长可能性的信赖，关键取决于不断地学习、训练和自我启发。

心理咨询的训练、研讨和实习的意义以及接受督导的价值也正在于此。

（四）具备丰富的生活及咨询经验

从事心理咨询的工作人员应具备丰富的经验，包括工作经验、咨询经验，当然生活经验也必不可少。譬如，对他人的情感能特别敏感地做出反应，就需要自己有丰富的生活经验和情感体验。咨询者可以通过自己生活中问题解决的体验，拓宽自身的情感世界。工作经验也是如此。譬如，没有在大学工作，不了解大学的环境、大学生的生活及心理特点的咨询者，很难在大学所设置的咨询室中从事大学生心理咨询。因此有的咨询专家认为，高校兼职的咨询人员至少应该有两年的高校工作经验，专职的咨询人员至少应该有三年的高校工作经验。

不仅如此，咨询人员除了系统学习心理咨询知识之外，还必须参加心理咨询实践，积累丰富的咨询经验，提高专业能力。只有这样，才能做好咨询工作，成为合格的咨询者。

第二节　咨询人员的基本态度

心理咨询并不等同于会话术。心理咨询也不仅仅是咨询技法的问题，更重要的是咨询者对来访者持有怎样的态度及以此为基础能否建立起一种彼此信赖的关系。这是心理咨询得以确立并顺利开展下去的前提条件。

那么，优秀的咨询者应该具备怎样的基本态度呢？结合心理咨询领域关于咨询态度的论述及在咨询实践中的体悟，我们认为，在咨询过程中，咨询者应该具有以下态度。

一、共感理解的态度

所谓共感理解的态度，是指作为咨询人员首先不要试图去"治病救人"，而是考虑如何达到与来访者的共感理解。咨询者的任务是通过在咨询室内与来访者谈话，向来访者提供心理援助，而不是治愈来访者，其行为本身更不能自喻为"治病救人"。"被治疗"意味着对过去的否定，因而往往会引起来访者无意识和有意识的抵抗，而对于试图理解自己的咨询者，来访者自然会减轻或放弃敌意，减弱防御机制，从而求得行为的改变。这一点可以通过举例来说明。

有一位家长来到咨询室，向咨询者诉说女儿"早恋"的问题：她的女儿正在上初中，与班里的一个男同学来往密切。家长和教师发现后，她的女儿总是以"互相学习"为借口继续与男同学来往。教师多次找他们谈话，但发现他们不但没有停止来往，而且变本加厉。了解了这些情况后，咨询者要求单独见见她的女儿。第二天，女孩来到咨询室，看得出她并不是自愿来的，从进门后的30分钟里她一直坐在椅子上沉默着。这时，咨询者说："你感到很委屈吧。"女孩看了咨询者一眼后就哭了起来，但没有说话，在剩下的时间里她一直保持沉默。几天后，女孩主动来见咨询者，向咨询者叙说了她的情况和想法。咨询者那样简单的一句话为什么就能让这个女孩敞开心扉，说出自己的心里话呢？

一些家长和教师都认为现在的孩子心智比较早熟，容易发生"早恋"，所以在关心孩子学习的同时也很关心孩子与异性交往的问题。大人们对这个问题一般都很敏感，一旦发现孩子与异性同学交往频繁，就会轻率地将其定义为"早恋"。其实，中学生正处于青春发育期，情感非常丰富，他们对周围的人和事非常敏感，在情感上极易发生变化。青春萌动期的异性相互吸引和倾慕，不能算是正式的恋爱，这只不过是男女双方的一种好感和友谊。所以说，中学生异性之间的交往是很正常的。当然也不能排除会有"早恋"发生的可能性。只是家长和教师在处理问题时不要过于轻率，不能过早地下定论，否则只会让问题变得更为复杂。

在咨询过程中，咨询者没有轻易地打破沉默，而是在很长时间后说了一句"你感到很委屈吧"，表明了对女孩心情的理解。女孩以前受到的都是来自家长和教师的指责，从来没有人问过她的想法，她感到没有人能够理解自己。而咨询者简单的一句话让女孩有了"终于有人能理解我了"的感觉，所以她信任咨询者，愿意把自己的心里话说出来。来访者能够说出自己的心里话是很重要的，只有这样，咨询者才能找到问题所在，以后的咨询才能够顺利地展开。

那么，什么是共感理解呢？

来访者中心疗法和精神分析对共感理解的解释是不同的。根据来访者中心疗法的观点，共感理解是指：现在，在这里，来访者感觉到了什么，想说什么，作为咨询者应该觉察得到并能够理解。根据精神分析的观点，共感理解是指：咨询者去发现来访者言行的无意识动机。也就是说，前者将焦点放在"内容"上，后者将焦点放在"理由"上。我们认为，从折中的观点来考虑，应该将两者合二为一，即一边仔细听来访者的陈述，一边用来访者的眼睛洞察来访者的内心世界，在共感理解的同时，脱离来访者并审视出现这些问题的原因。作为咨询者，须同时进行两种相反的作业，既接纳对方的情感，又受清醒的判断能力所支配。这要求咨询者具有丰富的感受性和敏锐的思考能力。

二、重视情感投入

在进行心理咨询时，作为咨询者的另一重要态度是重视情感投入。人的行为，特别是问题行为，常常不是基于理性的，更多的是受情感所左右。例如，理性知道偷窃不好，可情感上有过强的寂寞感，于是就从父母那里偷拿作为爱的象征的金钱。这是一种少年偷窃的典型例子。青少年会渴望成为独特的个体，理性上希望改变自身，追求个性化，但往往表现为求酷扮靓，奇装异服，甚至接受一些非主流的价值观。

理想的咨询者既要有理性的判断，又要有情感的投入，只有这样才能准确地觉察来访者理性与情感的交织所引起的问题行为。

在中学生中，考试作弊一直是个很严重的问题，教师对此也很头痛。考场上的作弊行为不能容忍，而对学校而言，如何防患于未然则更为重要。教师对于作弊行为采取审判的态度和做出否定的评价是对的，其实学生理性上也知道作弊是错误的，但是情感上又克制不了各方面的压力以及对于好成绩的虚荣心。作弊的学生在教师那里得到的是批评、训斥，如果来到咨询室听到的也是批评、训斥，那么心理咨询肯定无法进行，即使勉强前来咨询也不会有好的效果。此时，咨询者应该站在作弊学生的立场和角度，理解他们的行为动机和情感，赢得他们的信赖和尊重，让他们去面对、去接纳已经发生的事情，而不是逃避问题。

有一个因迷恋网络游戏耽误了学习而在考试中作弊受到学校处分的高中生前来咨询，作为咨询者，我们这时应该避免进行道德的判断，而是帮助他仔细分析考试作弊的行为动机。如果他说"我自己也不想作弊，但是怕考不好，家长和老师会失望，在同学中威严扫地，自尊心受到打击，是因为这些才作弊的"等，这时我们可以重复他自己说的原因，以便他能分析出自己这么做的真实原因以及他现在对这件事情的想法。在感到他能够深刻反省时，再询问他今后的打算，将会采取什么样的措施。例如，来访者可能会说"我今后再也不玩游戏了"，还会做出保证，做出计划，但多数都是空洞的，没有经过思考。咨询者要帮助来访者把计划具体化，并且进一步分析每个计划的可行性、每个计划执行过程中可能遇到的困难及其解决办法。这需要来访者自己思考，咨询者只是起辅助作用。

那么，咨询者如何投入情感才能让来访者感受到呢？

（1）要认识自身的情感。一个压抑自己的喜怒哀乐，不能体味自身真实情感的人，也往往回避他人喜怒哀乐的情感。这样的人往往感觉迟钝，更谈不上情感投入，也做不好心理咨询工作。

（2）坦率、真挚的情感表露。只有坦率、真挚的情感表露，才能拉近人与人之间的心理距离，强化咨访双方的融洽关系，使来访者能敞开心扉并积极祖露自己的内心世界。

（3）重视非言语的情感流露。情感的流露不仅可以通过言语的形式实现，也可以通过非言语的形式表现出来。例如，来访者由于突然失去亲人的打击而不能自拔，来咨询室咨询时仍不能控制自己的情感而泣不成声。这时咨询者没有必要多说些什么，而是递上一张面巾纸，静静地等待来访者平静下来。递面巾纸本身并不是简单、机械的动作，而是表达了咨询者发自内心的同情和共感，其潜在的含义应该是真挚情感的流露：我知道你现在很痛苦，我也很理解你失去亲人的痛苦，来，擦擦眼泪吧……

（4）重视情感的尊重、接纳和反馈。也就是说，对来访者所表露的情感、诉求等，不论是肯定的还是否定的，咨询者都无条件地尊重和接纳，并以相应的形式反馈给来访者。当来访者不能明确表达自己的情感时，咨询者应以非指导性的引导帮助来访者，促使其情感明朗化。

三、律师的态度

咨询者应该具有律师的态度。所谓律师的态度，就是指要相信来访者，站在来访者的角度考虑问题，对来访者采取非审判的态度，避免进行道德的判断，避免诸如批评、抨击、警告、解释、忠告、暗示、说服动员等违背心理咨询共感理解的某些表现和行为。

例如，对于因考试作弊、吸烟、暴力行为等受到惩罚被强制前来接受咨询的学生，咨询者首先应该考虑如何使学生自愿前来接受咨询，在此基础上帮助来咨询的学生认真考虑为什么会发生这些问题，现在对发生的事是怎么想的，受到惩罚或处分的时候是怎么想的，今后打算怎么办，采取怎样的措施是真正为自己好，等等。而不是与其他人员一样采取训斥、否定的态度。

有人担心这种温和的应对会助长来访者的某些不良行为，这种担心是不必要的。举例来说，考试作弊是不好的行为，应该坚持某些规章制度，这是集体得以存在、个人得以成长的基础，咨询者也并不是否定这些现实原则，当然也就不会纵容学生。这里所讲的律师态度，是说作为咨询者，重要的不是对来访者的行为进行是非判断，而是应该去理解来访者的心情并接纳其行为的动机。对于来访者而言，得到理解可能会成为自己奋发向上的动力。这就像有人说的那样，爱孩子就应该先成为孩子的知己。只有成为孩子的知己，才能设身处地为孩子着想。心理咨询有时也是同样的道理。

有这样一个案例可以说明这一道理。有个高中生受到学校无限期停学的处分，父亲为此大怒而决定断绝父子关系。母亲不知如何是好，就来到心理咨询室咨询。经了解，事情的经过是这样的：孩子的好友被教师殴打，孩子对此不服气并向教师抗议，结果教师又打了他。孩子气愤不过，直接找到校长告状，结果没有从校长那里得到满意的回答。在这种情况下，孩子就作为主谋者开始策划学生罢课。这就是受到无限期停学处分的缘由。

日本著名的心理咨询专家国分康孝在接待这位母亲时说："如果爱自己的孩子的话，当孩子被抓进监狱时，做父母的也要有进监狱的魄力才行。你回家以后，请对你丈夫转达我刚才说的话。去学校见一下校长，问一下怎么做，或什么样的条件才能解除对孩子的停学处分。现在，孩子最需要的是心理上的辩护律师……"

孩子的父亲去了学校并见到了校长。了解了儿子策划学生罢课的前因后果，又找到校长，尽管没有得到很好的问题解决方案，但是至少理解了孩子的所为。这样，父亲和儿子的关系开始得到改善，最后决定不等学校的处分解除就转学了。以后再见到这个孩子的时候，孩子这样对咨询者说："我感到我是一个正义感很强的人，我想当一名律师，现在正为迎接大学考试而努力学习。"

总之，在心理咨询的时候，咨询者的态度很重要。认真、耐心地倾听来访者的诉说，并加以适当回应，可以帮助来访者理出问题的头绪，从而让来访者感到如释重负，获得一种安慰并寻找自己解决问题的力量。

第三节　咨询人员的培养

心理咨询是一门涉及多学科的综合学问，因此对从业人员的专业水平要求很高。心理咨询本身直接关系到或影响到来访者或当事人生活的各个方面，因此咨询人员所承担的责任非常重大。正因如此，西方发达国家特别重视对心理咨询人员的培养，对心理咨询人员的资格认证也有比较严格的规定。

1967年，在美国心理学会的推动下，美国的咨询员职业化进程开启。1976年，弗吉尼亚州第一个通过了咨询员执照的制度化规定。到1978年，全美50个州和哥伦比亚特区已实施咨询员执照制度。

1988年，由日本心理临床学会、日本心理学会、日本行动疗法学会、日本精神分析学会等16个与临床心理学相关的学术团体倡议并设立了"日本临床心理士资格认定协会"，开始进行民间的资格认证业务。相关的认证制度在1990年8月1日得到了日本文部省的认可。

我国在2001年由劳动和社会保障部制定了心理咨询师国家职业资格认证的标准，2003年开始实施心理咨询师国家职业资格认证的全国统一考试。2017年9月，"心理咨询师"未列入人力资源和社会保障部发布的国家职业资格目录，至2018年5月，国家心理咨询师职业资格考试全面结束。

目前我国在心理咨询人员的培养和认证方面还有待完善，国外培养心理咨询人员方面的一些做法和经验值得我们参考和借鉴。下面介绍美国、日本和中国心理咨询人员培养的情况。

一、美国心理咨询人员的培养

在美国，心理临床工作者的资格大体分为三种：精神科医生（psychiatrist）、临床心理学家和认定咨询员（licensed counselor）。认定咨询员中包括学校咨询员（school counselor）。

（一）临床心理学家的培养

要成为一名临床心理学家，必须修完心理学博士研究生课程，获得博士学位，并经过一定的心理临床的专门训练和实习，经资格考试合格后获得临床心理学家的资格证书。因此，从大学本科毕业到成为临床心理学家，至少需要6年的时间。临床心理学家与精神科医生一样，都属于高学历的职业，也可以说其资格的专业性最具有权威性，也最受人信赖。这一资格是基于"研究者—专家模式"（scientist-professional model）于1950年确立的，它强调从事心理临床的心理学工作人员必须从事科学研究，通晓科学的方法论。

简而言之，报名临床心理学家资格考试者，需要具备这样的条件：其一，有博士学位；其二，接受过连续两年以上的心理临床训练。攻读博士学位期间主要研修如下特定的课程。（1）人格的组织与发展。主要内容有：现代人格理论，行为发展模式，变态人格的心理特征，人格与文化的关系。（2）社会环境的相关知识。主要内容有：社会结构与职业资源，婚姻、家庭与性道德问题。（3）个人评估。主要内容有：个体差异与心理测验，投射与非投射技术，谈话的技能，个人资料的使用与解释。（4）咨询理论。主要内容有：咨询与治疗的理论和技术，团体辅导的技能，心理卫生问题研究。（5）个人治疗经验。主要是通过见习和实习积累从事咨询与治疗的经验。（6）研究与统计。主要内容有：在新环境中主动从事研究工作的能力，关于领导研究工作的策略与能力。（7）专业指南。主要是了解有关咨询的道德问题及其解决途径。（8）其他。包括为拓宽知识领域所应了解的广泛的教育问题。

研修期间还需进行大量的见习，见习的内容主要包括：角色扮演或心理剧；谈话与测验的解释；个案研究的使用；记录式谈话的应用；指导性咨询；视听器材的使用；生活问题的辅导；课堂实际情况考察；各种机构的工作情况。

临床心理学家资格，由美国州心理学理事会（American Association of

State Psychology Boards，简称AASPB）在美国心理学会的协助下，结合各州创设的制度和标准，给予认定并发放执照。

（二）认定咨询员的培养

美国相关专业的本科毕业生在修完硕士研究生课程并获得硕士学位后，才能成为认定咨询员。因此，成为认定咨询员是在硕士毕业后两年，一般3~4年。

和学校教育有关的心理学工作者称为学校心理咨询员或学校心理士等。其资格的基本要求与认定咨询员大体相同，但没有统一的标准，各州对教学工作经验的要求也存在很大的差异。

按照美国人事与咨询学会制定的标准，要求获得硕士学位的专职心理咨询人员接受下列教育：人类行为及个人在文化中的动态；教育事业与教育过程；专业研究。

专业研究主要包括以下内容：（1）学生人事与咨询工作的哲学及原理；（2）个人评估（人类特性的性质、范围及测评方法）；（3）独立进行统计与研究的方法，包括资料处理与咨询设施的使用技术；（4）团体辅导与咨询的方法；（5）咨询原理与实践；（6）职业发展原理；（7）职业关系与职业道德；（8）咨询与学生人事工作的协调及有关行政事务；（9）研修及实习。

认定咨询员的资格考试，每年两次，在不同场所进行，分笔试和口试两种，笔试通过者方能接受口试。合格者被授予认定证书并给予资格承认。

（三）学校心理咨询人员的工作场所和职责范围

获得博士学位者一般在高等院校的心理咨询机构任职，主要承担对大学生和其他与学校有关的来访者的心理咨询、生活指导、学习指导、心理治疗及科学研究工作。

获得硕士学位者通常在规模较大的中学担任专职咨询人员，其主要职责是：收集学生资料，解释测验结果，积累与传播职业资料，与社会有关机构保持联系，提供安置服务，协助学生选课，分析学生失败的原因并提出治疗、咨询建议，协助学生改善身体缺陷，从事日常咨询服务，协助教师处理学生适应问题，等等。

接受过心理咨询专业培训的教师，一般在中小规模的中小学校担任兼职咨询工作。这些咨询教师需要完成一定的教学任务，但课时数少，其他时间用于从事心理咨询工作。咨询教师的主要职责是从事日常咨询服务，担负学校心理测验任务，协助学校推行心理卫生计划等。

总之，美国对心理咨询人员（临床心理学家、认定咨询员、学校咨询员等）的要求是临床心理学、咨询心理学和学校心理学专业的博士毕业生或硕士毕业生，而且必须接受严格的、长时间的临床训练（包括实习和训练）后，通过咨询员职业考试并获得认定资格，方能上岗进行心理咨询服务。

二、日本临床心理士的培养

在日本，由于已经建立了比较稳定、系统的临床心理士指定大学院培养制度和体系，日本临床心理士资格认定协会于2005年终止了本科毕业者的临床心理士考试资格，心理咨询与心理治疗的专业性得到加强，也受到社会的广泛认可。近年来，在日本大学心理学科设置的心理咨询专业有所增加，但是因为本科的心理咨询或临床心理学科（专业）属于基础科目教育，不属于心理临床的职业教育，所以，需要在大学的心理学部临床心理学科学习四年，再考入指定大学院临床心理学研究科、临床心理学专业学习两年，才有可能获得临床心理士的考试资格。

自1996年开始，日本实施临床心理士大学院指定制度（第一类别和第二类别），这对临床心理士专业地位的提高及心理临床工作者的组织和培养起了积极的推动作用。

根据日本临床心理士资格认定协会《临床心理士资格审查规定》（1990年8月1日制定，而后有修订，最新修订为2006年7月9日），被审查者需具备以下条件之一方可申请临床心理士的资格。

第一，在基于《学校教育法》的大学院（临床心理学研究科等），修完所指定第一类别大学院研究科临床心理学或以此为准的心理临床专业硕士课程或博士课程前期课程者。

第二，在基于《学校教育法》的大学院（临床心理学研究科等），修完所指定第二类别大学院研究科临床心理学或以此为准的心理临床专业硕士课程或博士课程前期课程，具有一年以上心理临床经验者。

第三，在基于《学校教育法》的大学院，修完临床心理学或以此为准的心理临床专业专门职大学院（2003年实行的专业学位研究生教育制度）学位课程者。

第四，在外国持有与上述第一条或第二条同等或以上学历，在日本具有两年以上的心理临床经验者。

第五，医师免许（执照）取得者，取得后有两年以上心理临床经验者。

第一条和第二条中的大学院（相当于我国的研究生院）课程设置基准，在大学院指定运用规定中有详细说明。

第三条中的心理临床专业学位课程设置基准，在专门职大学院指定运用规定（2005年4月1日制定，2006年4月1日修订）中有详细说明。

据此，在日本需要取得必修五个课目的16学分，还需要从选择必修课目群（A、B、C、D、E）中各选2学分以上，总共取得26学分以上，才有申请临床心理士的资格。

大学院硕士或博士前期课程（适用于2005年以后）如下：

（1）必修课目：临床心理学特论（4学分）、临床心理咨询特论（4学分）、临床心理评估演习（4学分）、临床心理基础实习（2学分）、临床心理实习（2学分）。

（2）选择必修课目群（各2学分）。

A群：心理学研究法特论、心理统计法特论、临床心理学研究法特论。

B群：人格心理学特论、发展心理学特论、学习心理学特论、认知心理学特论、比较行为学特论、教育心理学特论。

C群：社会心理学特论、人际关系学特论、社会病理学特论、家庭心理学特论、犯罪心理学特论、临床心理学相关行政论。

D群：精神医学特论、心身医学特论、神经生理学特论、老年心理学特论、障碍（儿）心理学特论、精神药理学特论。

E群：投射法特论、心理疗法特论、学校临床心理学特论、团体疗法特论、临床心理社区援助特论。

对于非指定大学院，日本临床心理士资格认定协会也给予具体资格的要求。尽管日本有相当数量的大学院依据以上的有关规定开设相关学科，但仍然存在着许多问题，特别是在专门教育中缺乏与心理咨询有关的演习、实习、督导师指导下的学习、临床个案研究等。同时，形式和内容的整合一致，也是考虑临床心理士培养的考试资格条件所必须关注的内容，而这一问题伴随着指定大学院教育体制的确立、国家资格化的承认而逐渐得到解决。

三、中国心理咨询人员的培养

2001年，我国劳动和社会保障部出台了《心理咨询师国家职业标准（试行）》，开始了对咨询者的认证制度。随后，国家心理咨询师职业资格考试前后持续了16年，其间大约有150万人获得了国家心理咨询师职业资格证书。2017年，随着"心理咨询师"退出国家职业资格目录，这一认证制度也正式取消，不过此前已取得的职业资格仍旧有效。

当然，在心理咨询师认证制度实施以前，我国已经拥有受到公众认可的从事心理咨询工作的群体。比较典型的是在各高校从事心理咨询研究、教学和实践的教师及学生，他们从事心理咨询工作的资格并没有严格的制度规定，但是，他们大量的临床经验、扎实的理论基础及公认的咨询技能，使其作为咨询者的权威性与可靠性受到了社会的广泛认可。这部分教师或学生即使不参加职业资格认证考试，仍被认可在各类学校从事心理咨询工作。

除此之外，我国非官方的心理培训机构和协会也开始建立并得到了迅速发展。它们举办各种心理咨询的培训班，并为参加培训的学员发放培训证书，也定期举办各种活动，为学员提供多方面的资源和专业上的服务。在当前我国急需心理咨询工作者的情况下，它们也为我国心理咨询人员的培养做出了贡献。

下面具体介绍我国心理咨询人员的培养现状。

（一）国家对心理咨询人员的培养

在此仅简单介绍2001年劳动和社会保障部委托中国心理卫生协会组织有关专家制定的《心理咨询师国家职业标准（试行）》。

该标准对职业的活动范围、工作内容、技能要求和知识水平做了明确规定，还依据有关规定将心理咨询职业分为三个等级：心理咨询师三级（国家职业资格三级）、心理咨询师二级（国家职业资格二级）、心理咨询师一级（国家职业资格一级）。其资格认证要通过以下三个步骤：第一步，参加心理咨询师培训，达到国家规定的统一学时后，获得国家岗位技能培训结业证书；第二步，报名参加全国统一考试；第三步，通过全国鉴定考试，获得全国通用的心理咨询师职业资格证书。

前期的心理咨询师培训主要包括两方面的内容：基础知识和操作技能。基础知识包括基础心理学、社会心理学、发展心理学、变态心理学与健康心理学、心理测验学、咨询心理学等，操作技能包括心理诊断技能、心理测验技能、心理咨询技能。

（二）高校对心理咨询人员的培养

如前所述，我国高校有一大批未经心理咨询师职业资格认证，却可以从事心理咨询工作的咨询者。这些咨询者中，既有在各大高校从事相关研究、教学与工作的教师，也有在校学习心理咨询的硕士及博士研究生。他们通过学习咨询心理学的相关理论与实践课程，掌握心理咨询的技能技巧，逐渐成长为一名合格的、受公众认可的心理咨询工作者。

一些高等院校相关院系依据我国高等教育法、学位条例等法律法规，结合心理咨询专业特点，参考国外高校的课程设置，依据本校师资，制订心理咨询专业硕士及博士研究生课程计划。主要课程包括：普通心理学、发展心理学、人格心理学、心理学研究方法、心理咨询理论、心理咨询的技术及过程、团体心理咨询、职业生涯发展、咨询员的个人成长等。同时，高校在心理咨询人员的培养上注重理论与实践的结合，在学习理论的同时，进行咨询的有关实践。很多心理咨询专业的研究生在读期间进行各种团体和个体的咨询实践，参加案例讨论会，请教师督导进行案例分析，以提高自己的咨询水平。

近年来，一些高等院校陆续开展应用心理专业硕士的招生和培养工作，其中包含临床与咨询相关方向，旨在为国家和社会培养致力于应用的专业人才。例如，笔者任职的北京师范大学心理学部从2011年开始招收应用心理专业硕士，其中临床与咨询方向学生的培养方案逐年发展、完善，在理论课程学习和论文写作之外，学生须完成合计300小时的专业见习、实习和督导方可达到毕业要求。见习、实习地点有北京师范大学心理学部心理健康服务中心，还有精神卫生系统、教育系统、党政国家机关与事业单位等。

目前，我国各级政府重视心理健康教育。各地高校心理健康教育工作得到地方政府的大力支持和推动。2001年，教育部在天津师范大学心理与行为研究中心设立高校心理健康教育工作教师培训基地。2018年7月，中共教育部党组印发《高等学校学生心理健康教育指导纲要》，明确指出："心理健康教育专职教师要具有从事大学生心理健康教育的相关学历和专业资质，要按照师生比不低于1∶4 000配备，每校至少配备2名。心理健康教育师资队伍原则上应纳入高校思想政治工作队伍管理，要落实好职务（职称）评聘工作。设有教育学、心理学教学机构的高校，可同时纳入相应专业队伍管理。积极组织开展师资队伍培训，保证心理健康教育专职教师每年接受不低于40学时的专业培训，或参加至少2次省级以上主管部门及二级以上心理学专业学术团体召开的学术会议。"这对高校在心理咨询人员的培养上具有积极的推动作用。

（三）社会培训机构和协会对心理咨询人员的培养

随着我国咨询业的发展，各种心理咨询的培训机构纷纷建立，涌现出大量的培训班及培训课程。尤其在一些大城市，心理咨询的培训机构与培训班更是日益增多。在相应的监督制度并不健全的情况下，培训机构及课程难免良莠不齐，虚假信息、夸张性宣传和唯利是图的现象也时有出现，学员在报名参加各种培训班时需谨慎选择。

最初，心理咨询的培训班课程比较单一，大多只是对理论的讲解，时间也往往较短。现在，出现了一些相对系统、注重体验式培训的培训班，常常分数期进行，或分成初级、中级、高级等不同等级的课程，使心理咨询的培训从量和质上都得到了一定程度的保证。另外，这些培训越来越多地把理论学习与应用结合起来，并注重通过体验课程实现学员的自我成长。

近年来，一些有一定影响力的心理学专业社团和机构也在不断探索适合我国心理咨询行业现状的发展方向。2019 年 10 月，中国心理学会、中国心理卫生协会、中国社会心理学会和中国科学院心理研究所联合举办"第一届中国心理咨询师职业发展大会"，发布了《关于心理咨询培训项目和证书的共识声明》，明确指出：心理学专业社团和机构要在相关政府部门的指导下，积极组织专业力量，开发科学、系统、实用、适用、价格合理的心理咨询培训项目，满足社会需求。

虽然我国心理咨询人员的培养体系与相应制度还不甚完善，有很长的路要走，但我们相信，我国心理咨询人员的培养将逐步走向学历化、正规化。这既需要我们借鉴国外心理咨询人员培养和认证的经验，也需要我们所有心理咨询工作者的共同努力。

第四节　咨询者的个人成长

每个人在不同的时期、不同的年龄阶段都会面临不同的发展任务，因此，成长是一个过程，是每个人一生的课题。伴随心理咨询在中国的蓬勃发展，咨询者的个人成长问题受到了关注，许多有识之士探索出一些促进咨询者个人成长的途径与方法，以帮助咨询者取得更好的专业发展。

一、咨询者个人成长的必要性

心理咨询是咨询者与来访者的人际互动，咨询者的行为与态度可以极大地影响来访者，左右心理咨询的进程。多年的心理咨询研究与实践使笔者体会到，最具效果的不是咨询技术，而是咨访双方发展的相互信任、无条件接纳的咨询关系。心理咨询不是一个教给来访者生存技巧的过程，而是用生命影响生命的过程。因此，作为一名咨询者，不是获得资格认证就高枕无忧了，还应该采取各种方式促进自我的个人成长。这样，才能不断地提高自己的咨询水平，实现专业的持续发展。

另外，个人成长可以有效预防和解决咨询者的职业倦怠问题。咨询者容易产生职业倦怠，特别是在过高估计自己的能力，看不到自己的有限性的时候。咨询者主要是独自面对来访者工作，所处理的大部分问题是人的痛苦等消极情感，却必须给来访者提供积极的情感支持，给予慰藉、共感理解。咨询者被期望无止境地给予，却不能期待什么回报。这种职业特点使得咨询者容易陷入职业倦怠的状态。

为了解决可能发生的职业倦怠问题，严格执行咨询规则很有必要。同时，接受继续教育、寻求督导以及家庭与社会的支持等都可以预防与改善咨询者的职业倦怠问题。从这一角度来讲，咨询者的个人成长是必需的。

二、个人成长的方式与途径

人一生的活动都与成长有关，日常的衣食住行以及工作、学习，都是人在有意识地促进自我的成长。但生活是不可能一帆风顺的，随时都可能出现干扰我们成长的危机，如亲人的亡故、情感的挫折、人际交往的困惑、工作或学习的失利等。这些在给人造成创伤与痛苦的同时，也可能为人创造了成长的机会。能否成功地应对这一系列的心理危机，就决定了人们能否把握住成长的机会。

（一）内省体验

对于危机，不同的人会采取不同的应对方式。有的人只知一味地抱怨，怨天怨地，或者攻击他人，或者折磨自己。虽然抱怨可能会是一种释放，不一定就是毫无意义的，但说到底，抱怨只是一种消极的应对方式，只会使自己陷入痛苦与绝望中无法自拔。相反，有的人会主动求助于亲朋好友或咨询机构的心理援助，也有的会积极地采取自我调节的方式，如听音乐、找人倾诉、写日记、读书、进行各种体育活动等。这些积极的应对方式都是以内省为特点的，虽然求助于外部支持系统的行动表面上看是在强调外力，但其实是将外力与自我的力量结合起来应对危机。特别是现代社会，伴随着生活条件的改善、人的生活意义和价值目标的改变，越来越多的人开始采取内省的方式来对待心理危机和精神创伤。内省意味着成长，由内而外调动人的潜能，唤起自我的治愈力量，为个人的成长提供动力。

作为一名咨询者，很容易把自己过去的经验、价值观等带入心理咨询的过程，如果其中存在不恰当之处，就容易给心理咨询带来负面影响。咨询者认识、了解自己，可以在一定程度上减少这种影响。这就需要我们能够对自己的过去、现在进行反思，对自己的家庭、人生阅历进行主动与深入的内省。这样，我们才可能把经历变成经验，更好地看清楚自己在咨询中的表现，避免让自己不恰当的经验影响咨询过程。

自我理解的促进是很好的内省方式。通过回忆自己人生的某个阶段遇到的危机和烦恼，详细地描述每个危机和烦恼及其心理意义，咨询者能够对自我的发展有更深入的理解，看到自己成长过程中的进步与改变。这样的反思与理解能够促使咨询者更好地理解来访者成长过程中的矛盾与困惑。请参阅第十一章相关内容。

我们还可以只对某一事件进行反思，在反思的基础上，把它同自己的咨询联系起来。也可以按主题对自己的生活、工作和学习进行反思。这些主题可以包括人类共同的经历或事件，如童年经验、家庭、性别、爱与性、独处、与他人的关系、工作与休闲、新生与死亡、丧失等。另外，为增加咨询经验，提高咨询水平，咨询者还需要对咨询过程进行一些反思。记咨询日志，通过九分割统合绘画、心流写作等，都可以促进内省，从而促进咨询者的自我成长。

（二）寻求督导

督导是提高咨询者咨询能力、促进咨询者个人成长的非常重要的途径。对于咨询者而言，有自己的专业督导师非常重要和必要。

通过督导师对自己案例的分析与剖析，咨询者更容易看到自己身上及咨询中的盲点，及时地调整自己，更好地成长。通过督导师的指导与示范，咨询者可以更好地掌握咨询技术。通过与督导师的讨论，咨询者还可以更好地改进自己的咨询，处理咨询中遇到的问题和困难，以提高自己的咨询水平，更好地帮助来访者。

督导过程可以概括为两股力量的持续互动，力量的一方由督导师的意见、咨询风格和要求组成，而另一方则是咨询者极力维持的自我核心、自己独特的品质和创造性。因此，寻找与自己相匹配的督导师，在诚实与相互尊重的基础上获得自我的成长非常重要。

（三）个人咨询体验

个人咨询体验，实际上也就是咨询者自身接受心理咨询或者心理治疗的经历。无论何种派别，几乎都一致认为个人咨询体验是咨询者个人成长的一种有效的方式。

从起源来看，个人咨询体验最初被精神分析学派所推崇。弗洛伊德认为，精神分析的过程是探索来访者无意识对其自身状况的影响。精神分析师自身也具有无意识，那么精神分析师需要在助人过程中，能够觉察到自身的无意识及其对助人过程造成的影响。这要求精神分析师自身进行个人分析。其他学派虽不对此做硬性要求，但也倾向于认同个人咨询体验有助于咨询者加深对自己的了解，认识到自身的有限性，促进个人成长，提高胜任力。

2019年10月，中国心理学会、中国心理卫生协会、中国社会心理学会和中国科学院心理研究所联合发布《心理咨询师成长指南》，明确把"接受个人自我体验"作为给咨询者的成长建议之一。

（四）接受继续教育

心理咨询与治疗的理论与技术的发展日新月异，因此，咨询者接受在职培训与继续教育是工作的需求，同时也有利于预防产生职业倦怠，有利于心理咨询的进行。可以认为，接受心理咨询的培训，特别是接受强调理论、技术、实践和督导的培训，应该成为继续教育的重要内容。

当前国内外各种心理咨询培训班繁多，需要有选择地参加，选择时特别需要注重培训的方式及质量。体验式已经成为心理咨询培训的趋向，选择培训班时应注意了解体验的方式及主讲教师的授课方式。

（五）接受学校教育

接受学校教育是咨询者个人成长不可或缺的重要途径。目前，我国还没有把咨询者的个人成长相关课程纳入必修课程中，但是有部分高校自主开设个人成长课程。例如，笔者在北京师范大学心理学部面向研究生开设"箱庭疗法与个人成长"选修课，受到很多心理咨询工作者、心理健康教育工作者及相关专业学生的欢迎。

多年来，笔者在教学实践中也一直强调体验式的学习和训练。在箱庭疗法、心理咨询的课堂上，由笔者见证进行个体和团体箱庭体验是个人成长和学习的必要环节。箱庭的制作、讨论、分享，可以促进内省，实现个人成长。

（六）增加生活体验

增加生活体验也是个人成长的一种方式。

增加生活体验的途径有很多，譬如在现实生活中有意识和有计划地扩大生活阅历。丰富的生活阅历有利于更好地从事心理咨询工作。体验丰富了，面对处于不同困境中的来访者，咨询者便更能了解来访者的感受及困惑。所以，笔者会带学生去不同的学校开展活动，鼓励学生做志愿者，并要求学生多观察、多接触不同的人，增加自己对生活的感悟、见识与体验。

另外，通过欣赏文学艺术作品，观看舞台剧、戏剧等，也可以间接地了解人生、了解社会、了解人际关系，增加间接的生活体验，从而让我们更清楚地面对自己和来访者。

咨询者在掌握了一定的专业理论与技能，积极地寻求个人成长的同时，还应该努力形成自己的咨询理论与风格。可以考虑自己的人格特质是怎样的，自己最适宜和他人相处的风格或方式是什么等问题，并结合咨询理论和技术，形成与他人不同的咨询风格。只有这样，咨询者才能在心理咨询工作中保持永久的活力，更好地帮助来访者，实现专业的良好发展。

思考题

1. 一名优秀的咨询者应具备哪些资质？

2. 在进行心理咨询时，咨询者应持有怎样的基本态度？为什么？

3. 美国、日本培养咨询人员的做法和经验有哪些值得我们借鉴的地方？

4. 你怎么看目前我国对咨询人员的培养？对此你有什么好的建议？

5. 作为一名咨询者，可以通过哪些方式促进自我成长？

第四章
心理咨询的伦理规范与原则

就像各行各业都有自己的行业准则，心理咨询活动的开展必须以相应的伦理规范为依据，需要咨询者坚持一些基本的咨询原则。正所谓"没有规矩，不成方圆"，伦理规范与原则是心理咨询得以顺利开展的有力保障，是每个咨询者必须了解并在咨询实践中坚持执行的准则。

心理咨询的伦理规范与原则对心理咨询活动中的专业关系、知情同意以及隐私权和保密性等重要方面有明确的说明，其出发点是保证和提升专业服务的水准，核心是保障寻求专业服务者和咨询者的权益。因此，咨询者应掌握心理咨询中伦理问题的应对，真正理解伦理规范与原则所包含的核心理念。

第一节　心理咨询的伦理规范

所谓伦理，就是人伦之理，是所倡导的人际关系的行为原理。伦理规范，就是指在处理人际关系时应遵守的道德准则。心理咨询的伦理规范是确立、维系和持续发展咨询关系的基础，直接制约着心理咨询的效果。

一、心理咨询伦理规范的必要性

心理咨询过程中咨询者与来访者所构成的关系，是一种特殊的人际关系。既然是一种特殊的人际关系，就必须用相应的伦理规范来约束，这是这一特殊人际关系得以确立、维系和持续发展的基础。

不仅如此，心理咨询的伦理规范也直接制约着心理咨询的效果，同时影响着心理咨询行业的规范性和社会声望，更关系到咨询心理学这一学科的科学性和严肃性，是一个十分值得探讨的课题，也是一个需要在咨询实践中格外注意的问题。

如同医德、医风对于医疗效果的制约作用一样，没有相应的伦理规范约束，心理咨询的效果也是同样值得怀疑的。失去伦理规范约束的心理咨询，会让来访者难以对心理咨询和咨询者产生信任感，难以在咨询室里放心地倾诉自身的心理困惑，难以在遇到问题时主动地寻求心理援助。任何对咨询伦理规范的忽视和违背，都会制约咨询作用的发挥，让咨询效果大打折扣。有时候，违背伦理规范的行为不仅会直接破坏咨访双方的关系，而且对来访者会产生消极、恶劣的影响，乃至造成对其心理上难以弥补的伤害，使心理咨询由"助人"变成"害人"。这是值得我们注意的。

心理咨询是专业性的心理援助行为。作为咨询者，我们必须增强伦理规范意识，必须承担伦理责任，必须谨慎而恰当地评估、处理来访者的问题，必须最大限度地保护来访者并使其不受任何伤害。

近年来，随着社会各界对于心理咨询的需求日益增加，我国心理咨询与治疗行业得到了迅速发展，伦理规范已成为咨询者从业必修科目。但伦理规范标准以及标准的执行系统仍有待进一步完善，心理咨询从业人员的伦理规范意识还有待增强。可以说在今后一段时间内，伦理规范和道德问题将成为制约心理咨询在我国发展的关键性因素。

二、心理咨询伦理规范的提出

在中国文化体系里，早就出现了与伦理道德问题相关的思想。儒家所提倡的"有教无类""仁者爱人""和为贵""和而不同""己欲立而立人，己欲达而达人""己所不欲，勿施于人""天下为公""世界大同"等，已经超越了时代与民族的限制而成为人类走向未来的一种极为宝贵的精神文化资源（杜振吉，2002）。

针对心理咨询中伦理规范问题的讨论和标准的制定，始于20世纪30年代的美国。1938年，美国心理学会成立了科学与专业伦理委员会，临时处理日益增加的心理咨询投诉。由于缺乏一份正式而明确的书面伦理学规范和标准，投诉工作的处理显得无力。1947年，美国心理学会成立了伦理学标准委员会，专门负责起草一个正式的伦理学法典。该委员会运用经验研究的方法，在对全体会员广泛调查的基础上，于1953年公布了《心理学工作者的伦理学标准》（*Ethical Standards of Psychologists*）。此后，该标准曾在1992年和2002年两度修订，一直作为美国心理学会对会员伦理学投诉问题的处理依据。

美国对心理咨询伦理问题的研究，大概经历了三个阶段：基于理论和经验的一般认识；个案研究报告；多系统的大规模调查研究。研究内容和领域是多层次、多方面的，有对违反伦理学原则的情况调查，有对与来访者发生亲密关系的特点、动机、诱因的研究，有对来访者知情同意权的澄清研究，也有对自杀风险评估和对策的研究等。研究的内容几乎涵盖心理咨询活动可能涉及的全部领域，研究的方法和手段也日益丰富。这对于我国的心理咨询有重要的借鉴意义。

在我国，对心理咨询伦理问题的研究时间不长，2000年之后才有零星的文章在专业的心理学刊物上发表。对咨询中伦理道德问题的探讨，内容也局限于特定问题的探索性研究和综述性研究。随着心理咨询在国内的深入开展，制定适合我国国情的心理咨询伦理标准的需求日益强烈。令人欣喜的是，2007年2月，《中国心理学会临床与咨询心理学工作伦理守则》（第一版）经过三年的酝酿修改后正式公布，中国心理学会临床与咨询心理师注册系统同时开始运行。尽管这项工作在当时才刚刚起步，也缺乏相应的法律保障系统，执行上大多是依靠咨询者的自觉性和行业内的监督，但不可否认的是，该伦理守则的公布是我国心理咨询与治疗发展历史上的一个里程碑。

此后，国内心理咨询伦理问题的相关研究有所发展，研究方法及所关注的主要伦理议题也更加多样。伦理规范逐渐获得心理咨询相关从业者的重视，在实践中也得到了更多的讨论。同时，社会、行业的发展对伦理标准提出了新的要求。2018年2月，《中国心理学会临床与咨询心理学工作伦理守则》（第二版）正式公布，相比第一版，增加了"知情同意""远程专业工作""媒体沟通与合作"等内容，内容更加翔实、细致以及符合现实具体情况，同时在执行层面具备更强的可操作性。可以认为，第二版伦理守则的公布是心理咨询与治疗行业在我国得到进一步发展的标志。

三、《中国心理学会临床与咨询心理学工作伦理守则》（第二版）

《中国心理学会临床与咨询心理学工作伦理守则》（第二版）是由中国心理学会授权临床心理学注册工作委员会在《中国心理学会临床与咨询心理学工作伦理守则》（第一版，2007）的基础上修订而成的。制定该守则旨在揭示临床与咨询心理学服务工作具有教育性、科学性与专业性，促使心理师、寻求专业服务者以及广大民众了解临床与咨询心理学领域专业伦理的核心理念和专业责任，以保证和提升专业服务的水准，保障寻求专业服务者和心理师的权益，提升民众心理健康水平，促进和谐社会发展。该守则亦作为中国心理学会临床与咨询心理学注册心理师的专业伦理规范以及中国心理学会处理有关临床与咨询心理学专业伦理投诉的主要依据和工作基础。以下全文引用，从事心理咨询工作的咨询人员应该认真学习、领会并遵守。

总　则

善行：心理师的工作目的是使寻求专业服务者从其提供的专业服务中获益。心理师应保障寻求专业服务者的权利，努力使其得到适当的服务并避免伤害。

责任：心理师应保持其服务工作的专业水准，认清自己的专业、伦理及法律责任，维护专业信誉，并承担相应的社会责任。

诚信：心理师在工作中应做到诚实守信，在临床实践、研究及发表、教学工作以及各类媒体的宣传推广中保持真实性。

公正：心理师应公平、公正地对待专业相关的工作及人员，采取谨慎的态度防止自己潜在的偏见、能力局限、技术限制等导致的不适当行为。

尊重：心理师应尊重每位寻求专业服务者，尊重其隐私权、保密性和自我决定的权利。

1 专业关系

心理师应按照专业的伦理规范与寻求专业服务者建立良好的专业工作关系。这种工作关系应以促进寻求专业服务者成长和发展，从而增进其利益和福祉为目的。

1.1 心理师应公正对待寻求专业服务者，不得因年龄、性别、种族、性取向、宗教信仰和政治立场、文化水平、身体状况、社会经济状况等因素歧视对方。

1.2 心理师应充分尊重和维护寻求专业服务者的权利，促进其福祉；应当避免伤害寻求专业服务者、学生或研究被试。如果伤害可预见，心理师应在对方知情同意的前提下尽可能避免，或将伤害最小化；如果伤害不可避免或无法预见，心理师应尽力使伤害程度降至最低，或在事后设法补救。

1.3 心理师应依照当地政府要求或本单位规定恰当收取专业服务费用。心理师在进入专业工作关系之前，要向寻求专业服务者清楚地介绍和解释其服务收费情况。

1.4 心理师不得以收受实物、获得劳务服务或其他方式作为其专业服务的回报，以防止引发冲突、剥削、破坏专业关系等潜在危险。

1.5 心理师须尊重寻求专业服务者的文化多元性。心理师应充分觉察自己的价值观，及其对寻求专业服务者的可能影响，并尊重寻求专业服务者的价值观，避免将自己的价值观强加给寻求专业服务者或替其做重要决定。

1.6 心理师应清楚认识自身所处位置对寻求专业服务者的潜在影响，不得利用其对自己的信任或依赖剥削对方，为自己或第三方谋取利益。

1.7 心理师要清楚了解多重关系（例如与寻求专业服务者发展家庭、社交、经济、商业或其他密切的个人关系）对专业判断可能造成的不利影响及损害寻求专业服务者福祉的潜在危险，尽可能避免与后者发生多重关系。在多重关系不可避免时，应采取专业措施预防可能的不利影响，例如签署知情同意书、告知多重关系可能的风险、寻求专业督导、做好相关记录，以确保多重关系不会影响自己的专业判断，并且不会危害寻求专业服务者。

1.8　心理师不得与当前寻求专业服务者或其家庭成员发生任何形式的性或亲密关系，包括当面和通过电子媒介进行的性或亲密沟通与交往。心理师不得给与自己有过性或亲密关系者做心理咨询或心理治疗。一旦关系超越了专业界限（例如开始性和亲密关系），应立即采取适当措施（例如寻求督导或同行建议），并终止专业关系。

1.9　心理师在与寻求专业服务者结束心理咨询或治疗关系后至少三年内，不得与其或其家庭成员发生任何形式的性或亲密关系，包括当面和通过电子媒介进行的性或亲密的沟通与交往。三年后如果发展此类关系，要仔细考察该关系的性质，确保此关系不存在任何剥削、控制和利用的可能性，同时要有可查证的书面记录。

1.10　心理师和寻求专业服务者存在除性或亲密关系以外的其他非专业关系，如可能伤害后者，应当避免与其建立专业关系。与朋友及亲人间无法保持客观、中立，心理师不得与他们建立专业关系。

1.11　心理师不得随意中断心理咨询与治疗工作。心理师出差、休假或临时离开工作地点外出时，要尽早向寻求专业服务者说明，并适当安排已经开始的心理咨询或治疗工作。

1.12　心理师认为自己的专业能力不能胜任为寻求专业服务者提供专业服务，或不适合与后者维持专业关系时，应与督导或同行讨论后，向寻求专业服务者明确说明，并本着负责的态度将其转介给合适的专业人士或机构，同时书面记录转介情况。

1.13　寻求专业服务者在心理咨询与治疗中无法获益，心理师应终止该专业关系。若受到寻求专业服务者或相关人士的威胁或伤害，或其拒绝按协议支付专业服务费用，心理师可终止专业服务关系。

1.14　本专业领域内，不同理论学派的心理师应相互了解、相互尊重。心理师开始服务时，如知晓寻求专业服务者已经与其他同行建立了专业服务关系，而且目前没有终止或者转介时，应建议寻求专业服务者继续在同行处寻求帮助。

1.15　心理师与心理健康服务领域同行（包括精神科医师/护士、社会工作者等）的交流和合作会影响对寻求专业服务者的服务质量。心理师应与相关同行建立积极的工作关系和沟通渠道，以保障寻求专业服务者的福祉。

1.16　在机构中从事心理咨询与治疗的心理师未经机构允许，不得将自己在该机构中的寻求专业服务者转介为个人接诊的来访者。

1.17　心理师将寻求专业服务者转介至其他专业人士或机构时，不得收取任何费用，也不得向第三方支付与转介相关的任何费用。

1.18　心理师应清楚了解寻求专业服务者赠送礼物对专业关系的影响。心理师在决定是否收取寻求专业服务者的礼物时需考虑以下因素：专业关系、文化习俗、礼物的金钱价值、赠送礼物的动机以及自己接受或拒绝礼物的动机。

2　知情同意

寻求专业服务者可以自由选择是否开始或维持一段专业关系，且有权充分了解关于专业工作的过程和心理师的专业资质及理论取向。

2.1　心理师应确保寻求专业服务者了解自己与寻求专业服务者双方的权利、责任，明确介绍收费设置，告知寻求专业服务者享有的保密权利、保密例外情况以及保密界限。心理师应认真记录评估、咨询或治疗过程中有关知情同意的讨论过程。

2.2　心理师应知晓，寻求专业服务者有权了解下列事项：（1）心理师的资质、所获认证、工作经验以及专业工作理论取向；（2）专业服务的作用；（3）专业服务的目标；（4）专业服务所采用的理论和技术；（5）专业服务的过程和局限；（6）专业服务可能带来的好处和风险；（7）心理测量与评估的意义，以及测验和结果报告的用途。

2.3 与被强制要求接受专业服务人员工作时，心理师应当在专业工作开始时与其讨论保密原则的强制界限及相关依据。

2.4 寻求专业服务者同时接受其他心理健康服务领域专业工作者的服务时，心理师可以根据工作需要，在征得其同意后，联系其他心理健康服务领域专业工作者并与他们沟通，以更好地为其服务。

2.5 只有在得到寻求专业服务者书面同意的情况下，心理师才能对心理咨询或治疗过程录音、录像或进行教学演示。

3 隐私权和保密性

心理师有责任保护寻求专业服务者的隐私权，同时明确认识到隐私权在内容和范围上受国家法律和专业伦理规范的保护和约束。

3.1 专业服务开始时，心理师有责任向寻求专业服务者说明工作的保密原则及其应用的限度、保密例外情况并签署知情同意书。

3.2 心理师应清楚地了解保密原则的应用有其限度，下列情况为保密原则的例外：（1）心理师发现寻求专业服务者有伤害自身或他人的严重危险；（2）不具备完全民事行为能力的未成年人等受到性侵犯或虐待；（3）法律规定需要披露的其他情况。

3.3 遇到3.2（1）和（2）的情况，心理师有责任向寻求专业服务者的合法监护人、可确认的潜在受害者或相关部门预警；遇到3.2（3）的情况，心理师有义务遵守法律法规，并按照最低限度原则披露有关信息，但须要求法庭及相关人员出示合法的正式文书，并要求他们注意专业服务相关信息的披露范围。

3.4 心理师应按照法律法规和专业伦理规范在严格保密的前提下创建、使用、保存、传递和处理专业工作相关信息（如个案记录、测验资料、信件、录音、录像等）。心理师可告知寻求专业服务者个案记录的保存方式，相关人员（例如同事、督导、个案管理者、信息技术员）有无权限接触这些记录等。

3.5 心理师因专业工作需要在案例讨论或教学、科研、写作中采用心理咨询或治疗案例，应隐去可能辨认出寻求专业服务者的相关信息。

3.6 心理师在教学培训、科普宣传中，应避免使用完整案例，如果有可辨识身份的个人信息（如姓名、家庭背景、特殊成长或创伤经历、体貌特征等），须采取必要措施保护当事人隐私。

3.7 如果由团队为寻求专业服务者服务，应在团队内部确立保密原则，只有确保寻求专业服务者隐私受到保护时才能讨论其相关信息。

4 专业胜任力和专业责任

心理师应遵守法律法规和专业伦理规范，以科学研究为依据，在专业界限和个人能力范围内以负责任的态度开展评估、咨询、治疗、转介、同行督导、实习生指导以及研究工作。心理师应不断更新专业知识，提升专业胜任力，促进个人身心健康水平，以更好地满足专业工作的需要。

4.1 心理师应在专业能力范围内，根据自己所接受的教育、培训和督导的经历和工作经验，为适宜人群提供科学有效的专业服务。

4.2 心理师应规范执业，遵守执业场所、机构、行业的制度。

4.3 心理师应关注保持自身专业胜任力，充分认识继续教育的意义，参加专业培训，了解专业工作领域的新知识及新进展，必要时寻求专业督导。缺乏专业督导时，应尽量寻求同行的专业帮助。

4.4 心理师应关注自我保健，警惕因自己身心健康问题伤害服务对象的可能性，必要时寻求督导或其他专业人员的帮助，或者限制、中断、终止临床专业服务。

4.5 心理师在工作中介绍和宣传自己时，应实事求是地说明专业资历、学历、学位、专业资格证书、专业工作等。心理师不得贬低其他专业人员，不得以虚假、误导、欺瞒的方式宣传自己或所在机构、部门。

4.6 心理师应承担必要的社会责任，鼓励心理师为社会提供部分专业工作时间做低经济回报、公益性质的专业服务。

5 心理测量与评估

心理测量与评估是咨询与治疗工作的组成部分。心理师应正确理解心理测量与评估手段在临床服务中的意义和作用，考虑被测量者或被评估者的个人特征和文化背景，恰当使用测量与评估工具来促进寻求专业服务者的福祉。

5.1 心理测量与评估旨在促进寻求专业服务者的福祉，其使用不应超越服务目的和适用范围。心理师不得滥用心理测量或评估。

5.2 心理师应在接受相关培训并具备适当专业知识和技能后，实施相关测量或评估工作。

5.3 心理师应根据测量目的与对象，采用自己熟悉，已在国内建立并证实信度、效度的测量工具。若无可靠信度、效度数据，需要说明测验结果及解释的说服力和局限性。

5.4 心理师应尊重寻求专业服务者了解和获得测量与评估结果的权利，在测量或评估后对结果给予准确、客观、对方能理解的解释，避免后者误解。

5.5 未经寻求专业服务者授权，心理师不得向非专业人员或机构泄露其测验和评估的内容与结果。

5.6 心理师有责任维护心理测验材料（测验手册、测量工具和测验项目等）和其他评估工具的公正、完整和安全，不得以任何形式向非专业人员泄露或提供不应公开的内容。

6 教学、培训和督导

从事教学、培训和督导工作的心理师应努力发展有意义、值得尊重的专业关系，对教学、培训和督导持真诚、认真、负责的态度。

6.1 心理师从事教学、培训和督导工作旨在促进学生、被培训者或被督导者的个人及专业成长和发展，教学、培训和督导工作应有科学依据。

6.2　心理师从事教学、培训和督导工作时应持多元的理论立场，让学生、被培训者或被督导者有机会比较，并发展自己的理论立场。督导者不得把自己的理论取向强加于被督导者。

6.3　从事教学、培训和督导工作的心理师应基于其教育训练、被督导经验、专业认证及适当的专业经验，在胜任力范围内开展相关工作，且有义务不断加强自己的专业能力和伦理意识。督导者在督导过程中遇到困难，也应主动寻求专业督导。

6.4　从事教学、培训和督导工作的心理师应熟练掌握专业伦理规范，并提醒学生、被培训者或被督导者遵守伦理规范和承担专业伦理责任。

6.5　从事教学、培训工作的心理师应采取适当措施设置和计划课程，确保教学及培训能够提供适当的知识和实践训练，达到教学或培训目标。

6.6　承担教学任务的心理师应向学生明确说明自己与实习场所督导者各自的角色与责任。

6.7　担任培训任务的心理师在进行相关宣传时应实事求是，不得夸大或欺瞒。心理师应有足够的伦理敏感性，有责任采取必要措施保护被培训者个人隐私和福祉。心理师作为培训项目负责人时，应为该项目提供足够的专业支持和保证，并承担相应责任。

6.8　担任督导任务的心理师应向被督导者说明督导目的、过程、评估方式及标准，告知督导过程中可能出现的紧急情况，中断、终止督导关系的处理方法。心理师应定期评估被督导者的专业表现，并在训练方案中提供反馈，以保障专业服务水准。考评时，心理师应实事求是，诚实、公平、公正地给出评估意见。

6.9　从事教学、培训和督导工作的心理师应审慎评估其学生、被培训者或被督导者的个体差异、发展潜能及能力限度，适当关注其不足，必要时给予发展或补救机会。对不适合从事心理咨询或治疗工作的专业人员，应建议其重新考虑职业发展方向。

6.10 承担教学、培训和督导任务的心理师有责任设定清楚、适当、具文化敏感度的关系界限；不得与学生、被培训者或被督导者发生亲密关系或性关系；不得与有亲属关系或亲密关系的专业人员建立督导关系；不得与被督导者卷入心理咨询或治疗关系。

6.11 从事教学、培训或督导工作的心理师应清楚认识自己在与学生、被培训者或被督导者关系中的优势，不得以工作之便利用对方为自己或第三方谋取私利。

6.12 承担教学、培训或督导任务的心理师应明确告知学生、被培训者或被督导者，寻求专业服务者有权了解提供心理咨询或治疗者的资质；他们若在教学、培训和督导过程中使用后者的信息，应事先征得其同意。

6.13 承担教学、培训或督导任务的心理师对学生、被培训者或被督导者在心理咨询或治疗中违反伦理的情形应保持敏感，若发现此类情形应与他们认真讨论，并为保护寻求专业服务者的福祉及时处理；对情节严重者，心理师有责任向本学会临床心理学注册工作委员会伦理工作组或其他适合的权威机构举报。

7 研究和发表

心理师应以科学的态度研究并增进对专业领域相关现象的了解，为改善专业领域做贡献。以人类为被试的科学研究应遵守相应的研究规范和伦理准则。

7.1 心理师的研究工作若以人类作为研究对象，应尊重人的基本权益，遵守相关法律法规、伦理准则以及人类科学研究的标准。心理师应负责被试的安全，采取措施防范损害其权益，避免对其造成躯体、情感或社会性伤害。若研究需得到相关机构审批，心理师应提前呈交具体研究方案以供伦理审查。

7.2 心理师的研究应征求被试知情同意；若被试没有能力做出知情同

意，应获得其法定监护人知情同意；应向被试（或其监护人）说明研究性质、目的、过程、方法、技术、保密原则及局限性，被试可能体验到的身体或情绪痛苦及干预措施，预期获益、补偿，研究者和被试各自的权利和义务，研究结果的传播形式及其可能的受众群体等。

7.3 免知情同意仅限于以下情况。（1）有理由认为不会给被试造成痛苦或伤害的研究，包括：①正常教学实践研究、课程研究或在教学背景下进行的课堂管理方法研究；②仅用匿名问卷、以自然观察方式进行的研究或文献研究，其答案未使被试触犯法律，未损害其财务状况、职业或声誉，且隐私得到保护；③在机构背景下进行的工作相关因素研究，不会危及被试的职业，且其隐私得到保护。（2）法律、法规或机构管理规定允许的研究。

7.4 被试参与研究，有随时撤回同意和不再继续参与的权利，并且不会因此受到任何惩罚，而且在适当情况下应获得替代咨询、治疗干预或处置。心理师不得以任何方式强制被试参与研究。干预或实验研究需要对照组时，需适当考虑对照组成员的福祉。

7.5 心理师不得用隐瞒或欺骗手段对待被试，除非这种方法对预期研究结果必要且无其他方法代替。研究结束后，必须向被试适当说明。

7.6 禁止心理师和当前被试通过面对面或任何媒介发展涉及性或亲密关系的沟通和交往。

7.7 撰写研究报告时，心理师应客观地说明和讨论研究设计、过程、结果及局限性，不得采用或编造虚假不实的信息或资料，不得隐瞒与研究预期、理论观点、机构、项目、服务、主流意见或既得利益相悖的结果，并声明利益冲突；如果发现已发表研究有重大错误，应更正、撤销、勘误或以其他合适的方式公开纠正。

7.8 心理师撰写研究报告时应注意对被试的身份保密（除非得到其书面授权），妥善保管相关资料。

7.9 心理师在发表论著时不得剽窃他人成果，引用其他研究者或作者的言论或资料应按照学术规范或国家标准注明原著者及资料来源。

7.10 心理师科研、写作若采用心理咨询或心理治疗案例，应确保隐匿可辨认出寻求专业服务者的信息。涉及寻求专业服务者的案例报告，应与其签署知情同意书。

7.11 全文或文中重要部分已登载于某期刊或已出版著作，心理师不得在未获原出版单位许可情况下再次投稿；同一篇稿件或主要数据相同的稿件不得同时向多家期刊投稿。

7.12 研究工作由心理师与同行一起完成时，著述应以适当方式注明全部作者、有特殊贡献者，心理师不得以个人名义发表或出版。论著主要内容源于学生的研究报告或论文，应取得学生许可并将其列为主要作者之一。

7.13 心理师审阅学术报告、文稿、基金申请或研究计划时应尊重其保密性和知识产权。心理师应审阅在自己能力范围内的材料，并避免审查工作受个人偏见影响。

8 远程专业工作（网络/电话咨询）

心理师有责任告知寻求专业服务者远程专业工作的局限性，使其了解远程专业工作与面对面专业工作的差异。寻求专业服务者有权选择是否在接受专业服务时使用网络/电话咨询。远程工作的心理师有责任考虑相关议题，并遵守伦理规范。

8.1 心理师通过网络/电话提供专业服务时，除了常规知情同意外，还需要帮助寻求专业服务者了解并同意下列信息：（1）远程服务所在的地理位置、时差和联系信息；（2）远程专业工作的益处、局限和潜在风险；（3）发生技术故障的可能性及处理方案；（4）无法联系到心理师时的应急程序。

8.2 心理师应告知寻求专业服务者电子记录和远程服务过程在网络传输中保密的局限性，告知寻求专业服务者相关人员（同事、督导、个案管理者、信息技术员）有无权限接触这些记录和咨询过程。心理师应采取合理预防措施（例如设置用户开机密码、网站密码、咨询记录文档密码等）以保证信息传递和保存过程中的安全性。

8.3　心理师远程工作时须确认寻求专业服务者真实身份及联系信息，也需确认双方具体地理位置和紧急联系人信息，以确保后者出现危机状况时可有效采取保护措施。

8.4　心理师通过网络/电话与寻求专业服务者互动并提供专业服务时，应全程验证后者真实身份，确保对方是与自己达成协议的对象。心理师应提供专业资质和专业认证机构的电子链接，并确认电子链接的有效性以保障寻求专业服务者的权利。

8.5　心理师应明白与寻求专业服务者保持专业关系的必要性。心理师应与后者讨论并建立专业界限。寻求专业服务者或心理师认为远程专业工作无效时，心理师应考虑采用面对面服务形式。如果心理师无法提供面对面服务，应帮助对方转介。

9　媒体沟通与合作

心理师通过（电台、电视、报纸、网络等）公众媒体和自媒体从事专业活动，或以专业身份开展（讲座、演示、访谈、问答等）心理服务，与媒体相关人员合作与沟通需要遵守下列伦理规范。

9.1　心理师及其所在机构应与媒体充分沟通，确认合作方了解心理咨询与治疗的专业性质与专业伦理，提醒其自觉遵守伦理规范，承担社会责任。

9.2　心理师应在专业胜任力范围内，根据自己的教育、培训和督导经历及工作经验与媒体合作，为不同人群提供适宜而有效的专业服务。

9.3　心理师如与媒体长期合作，应特别考虑可能产生的影响，并与合作方签署包含伦理款项的合作协议，包括合作目的、双方权利与义务、违约责任及协议解除等。

9.4　心理师应与拟合作媒体就如何保护寻求专业服务者个人隐私商讨保密事宜，包括保密限制条件以及对寻求专业服务者信息的备案、利用、销毁等，并将有关设置告知寻求专业服务者，并告知其媒体传播后可能带来的影响，由其决定是否同意在媒体上自我暴露、是否签署相关协议。

9.5 心理师通过（电台、电视、出版物、网络等）公众媒体从事课程、讲座、演示等专业活动或以专业身份提供解释、分析、评论、干预时，应尊重事实，基于专业文献和实践发表言论。其言行皆应遵循专业伦理规范，避免伤害寻求专业服务者、误导大众。

9.6 心理师接受采访时应要求媒体如实报道。文章发表前应经心理师本人审核确认。如发现媒体发布与自己个人或单位相关的错误、虚假、欺诈和欺骗的信息，或其报道断章取义，心理师应依据有关法律法规和伦理准则要求媒体予以澄清、纠正、致歉，以维护专业声誉、保障受众利益。

10 伦理问题处理

心理师应在日常专业工作中践行专业伦理规范，并遵守有关法律法规。心理师应努力解决伦理困境，与相关人员直接而开放地沟通，必要时向督导及同行寻求建议或帮助。本学会临床心理学注册工作委员会设有伦理工作组，提供与本伦理守则有关的解释，接受伦理投诉，并处理违反伦理守则的案例。

10.1 心理师应当认真学习并遵守伦理守则，缺乏相关知识、误解伦理条款都不能成为违反伦理规范的理由。

10.2 心理师一旦觉察自己工作中有失职行为或对职责有误解，应尽快采取措施改正。

10.3 若本学会专业伦理规范与法律法规冲突，心理师必须让他人了解自己的行为符合专业伦理，并努力解决冲突。如这种冲突无法解决，心理师应以法律和法规作为其行动指南。

10.4 如果心理师所在机构的要求与本学会伦理规范有矛盾之处，心理师需澄清矛盾的实质，表明自己有按专业伦理规范行事的责任。心理师应坚持伦理规范并合理解决伦理规范与机构要求的冲突。

10.5　心理师若发现同行或同事违反了伦理规范，应规劝；规劝无效则通过适当渠道反映问题。如其违反伦理行为非常明显，且已造成严重危害，或违反伦理的行为无合适的非正式解决途径，心理师应当向临床心理学注册工作委员会伦理工作组或其他适合的权威机构举报，以保护寻求专业服务者的权益，维护行业声誉。心理师如不能确定某种情形或行为是否违反伦理规范，可向临床心理学注册工作委员会伦理工作组或其他适合的权威机构寻求建议。

10.6　心理师有责任配合临床心理学注册工作委员会伦理工作组调查可能违反伦理规范的行为并采取行动。心理师应了解对违反伦理规范的处理申诉程序和规定。

10.7　伦理投诉案件的处理必须以事实为根据，以伦理守则相关条文为依据。

10.8　违反伦理守则者将按情节轻重给予以下处罚：（1）警告；（2）严重警告，被投诉者必须在指定期限内完成不少于16学时的专业伦理培训或/和临床心理学注册工作委员会伦理工作组指定的惩戒性任务；（3）暂停注册资格，暂停期间被投诉者不能使用注册督导师、注册心理师或注册助理心理师身份工作，同时暂停其相关权利（选举权、被选举权、推荐权、专业晋升申请等），必须在指定期限内完成不少于24学时的专业伦理培训或/和临床心理学注册工作委员会伦理工作组指定的惩戒性任务，如果不当行为得以改正则由临床心理学注册工作委员会评估讨论后，取消暂停使用注册资格的决定，恢复其注册资格；（4）永久除名，取消注册资格后，临床心理学注册工作委员会不再受理其重新注册申请，并保留向相关部门通报的权利。

10.9　反对以不公正态度或报复方式提出有关伦理问题的投诉。

四、心理咨询中常见的伦理问题及其应对

《中国心理学会临床与咨询心理学工作伦理守则》（第二版）为我们解决在心理咨询与治疗过程中可能遇到的大多数伦理规范问题提供了依据。下

面，仅就心理咨询过程中可能出现的几个问题进行探讨和分析，希望能引发读者的重视和思考。

（一）咨访双方关系的问题

咨访双方的关系是建立在平等、信任和尊重基础上的专业的人际关系，是一种职业性的心理援助关系。因此，首先要强调的就是，咨访双方的关系应该是纯粹而单一的关系，要避免双重关系的发生和建立。

咨询者和来访者之间任何超出咨询的其他关系的形成，对于专业的心理咨询都是具有危害性的。无论双重关系的形成是早在咨询之前，还是在咨询过程之中，甚至是在咨询结束后的一段时间里，都是有违伦理规范的。因为无论是跟熟悉的亲戚、朋友、同事进行心理咨询，还是跟正在接受咨询的来访者建立双重关系，都不可避免地会影响咨询者的客观态度，影响咨询过程的公正性和有效性，影响双方对咨询过程的认知，使得整个心理咨询的性质发生改变。

在我国的心理咨询行业内部，有不少为双重关系辩护的说法，譬如："都是亲朋好友，只有多延长一点儿时间，才能照顾面子嘛！""不好意思推辞，也不好意思要咨询费啊！""咨询行业里，大家都是这样啊！""社会的人情往来都是这样的，人家请你吃个饭表示感谢，不去的话就太不近人情了。""我也没办法，我的来访者几乎都是多少有点儿关系的熟人，避免不了的。""去咨询室对来访者来说太远了，在家里咨询又有什么不好呢？"这些说法是咨询者逃避自己专业责任的借口，是违反心理咨询伦理规范的托词，其结果只会导致咨访双方的关系变得不伦不类。

此外，在咨询过程之中也会存在咨访关系变化的可能。例如，一位正在接受咨询的来访者可能对心理学产生了兴趣，就报名参加由其咨询者开设的心理学课程的学习，于是咨询者发现原本的来访者突然出现在自己的课堂上成为自己的学生，这种双重关系的出现需要咨询者谨慎处理。这类问题的处理应以心理咨询伦理为依据，以不影响咨访关系、不损害来访者的福祉为出发点。

在心理咨询的双重关系里，有一种极为特殊但危害极大的情况，就是咨询者与来访者建立恋爱关系乃至发生性关系。无论是任何理由、任何时间和地点，这样的关系毫无疑问会伤害处于被助者地位的来访者，严重违反了心理咨询的伦理规范，而且对于心理咨询行业的社会声誉也会造成恶劣的影响，是绝对不能允许的！

作为心理咨询工作者，需要深刻领会所从事的工作的专业性质，严格遵守职业伦理规范。咨询者有责任和义务努力维持职业操守，避免一切可能的双重关系的发生和建立。在咨询过程中，无论是否出于来访者自愿，也无论动机如何，咨询者都要限定移情的发生和过分的感情投入，限制与来访者发生身体接触，限制在咨询以外的时间与来访者私下会面。网络心理咨询中，也应限制以互联网为媒介的亲密沟通与互动。在无法避免双重关系时需及时转介。

有时咨询者也会因咨访关系的问题感到为难。例如，一位无力支付咨询费用的来访者提出愿意通过打扫咨询室卫生来偿付部分咨询费用，咨询者一方面觉得他可怜，想给他这样的机会，而另一方面又要思考：这种方式是否合适？是否会对咨访关系造成影响？《中国心理学会临床与咨询心理学工作伦理守则》（第二版）规定：心理师不得以收受实物、获得劳务服务或其他方式作为其专业服务的回报，以防止引发冲突、剥削、破坏专业关系等潜在危险。

（二）尊重来访者权利的问题

咨询者应该充分尊重来访者的知情同意权、隐私权和自主选择权。其中，知情同意权是在咨询中首先要涉及的，也是后两种权利的基础和前提条件。

知情同意权，来源于医学界，通常是指在为患者进行医疗服务前，医务人员有义务向患者提供关于疾病本身、治疗方法和风险等足够的信息，让患者在此基础上做出是否同意接受医疗服务的权利。尊重来访者的知情同意权在心理咨询中同样是被广泛认可的基本伦理原则。

心理咨询开始前的受理面谈，可以为正式的心理咨询收集相关资料并起承前启后的作用。在这一过程中，应当首先让对方了解心理咨询工作的目的、心理咨询的专业关系、相关的咨询或治疗技术、咨询或治疗过程以及可能的局限性，当然还包括来访者的责任与义务。来访者一旦确定接受心理咨询，需要与心理咨询中心或咨询者签署书面的知情同意书或咨询同意书。应当让来访者仔细阅读，咨询人员需要详细解释每一条款的意义，在此基础上让来访者自主决定是否愿意接受心理咨询并承担相应的责任。如果来访者是未成年人，需要监护人出面协商并签字。知情同意书的内容，应该至少包括咨询（治疗）性质的说明、咨询方法介绍、时间和地点安排、费用情况等，还应该做出保密的承诺，以及免责情况的声明。所有这些条款的限定，都是咨访双方建立信任、合作关系的基石，有利于规范咨询过程，也有利于咨询的顺利进行。需要提醒的是，这是需要慎重而严肃对待的事情，绝对不能流于表面形式。

在来访者知情、同意的前提下，咨询者有义务保护来访者的隐私不被第三方所知。这是尊重其隐私权的体现，也是咨询者的职业要求。这一点会在咨询原则部分详细讨论，在此不赘述。

同样是在知情权充分行使的前提下，成年来访者有权利自主做出决定，是否接受心理咨询的帮助，是否接受某种特定咨询技术方法的使用，是否接受咨询过程的时间、地点的限定等。在充分知情基础上的自主选择权，是法律赋予公民的神圣权利，即使是专业的咨询者也不能随意侵犯。咨询者应当时刻牢记，要尊重和考虑来访者的需要而不是咨询者自身的需要。即使咨询者使用专业知识，判断来访者的心理模式或行为方式需要改变，如果来访者确实不愿意，也不可以强制性地进行心理干预。

尊重来访者的自主选择权是咨询的基本伦理规范之一，但在某些情境下对来访者是否自愿很难做出准确的判断。比如，当来访者是未成年人，或者是存在较严重精神疾病的时候，是否还要始终遵循自愿的原则呢？当未成年来访者拒绝接受心理咨询，而其监护人坚持要求咨询时，未成年人的自主选择权是否要尊重？经咨询者判定为存在较严重精神疾病的来访者表示拒绝治疗和改变的时候，作为咨询者该如何处理？我们认为，要根据未成年人实际年龄的大小、拒绝咨询的合理性、精神疾病的程度和危害性等方面综合考虑，并在充分协调彼此矛盾的基础上，做出最符合当时具体情境的抉择。

（三）咨询者的专业能力及精神状态问题

当来访者决定接受心理咨询与治疗时，来访者最基本的要求就是咨询者能够胜任工作，不会滥用权利。在心理咨询中，来访者对咨询者的信任，首先来源于对咨询者专业能力的信任。而心理咨询发挥效力的基础，正是来访者的这种信任。因此，作为心理咨询的专业从业人员，必须保证自己的专业能力符合咨询者的标准，具有进行心理咨询服务的资格。这是一个法律问题，也是一个伦理规范的问题。

心理咨询人员注册标准和认证制度，规定的是从事咨询的最低标准和要求。也就是说，心理咨询人员这一职业需要不断地学习、实践和接受督导。咨询者应该主动地学习和钻研心理咨询的理论、技术和方法，努力达到精益求精，在必要的时候寻求专业督导。这不仅是咨询本身的需要，也是对来访者权利的尊重。如果说知情或咨询（治疗）同意书是一份咨访双方的合同，那么作为来访者一方，就有权利要求得到合格的心理咨询服务。从这个意义上说，不具备专业胜任力而进行咨询，就是违反伦理规范的表现，是不允许的。同样，在擅长的心理咨询范围之外，使用不熟悉的咨询技法进行咨询，也是不允许的。也许有人会质疑这一点，其实道理很简单，内科医生并不能因为是医生，就有资格拿起手术刀去操作外科手术。一个没有接受过任何箱庭疗法专业学习和培训的咨询者，也没有资格和能力去对来访者实施箱庭治疗。

同样涉及咨询者专业能力的问题是对来访者心理问题的正确评估。我们应该时刻提醒自己，作为心理学领域的专业人士，对来访者的心理问题应该给予恰当的评估。评估的过程应该是慎重和严肃的，绝不能草率而随意。咨询者在没有能力正确解释心理问题或者评估结果的时候，谦虚谨慎地向来访者说明这一事实，并尽快获得督导师或同事的帮助是非常重要的。不懂装懂地解释，既是心理咨询的大忌，也关乎咨询者的人品以及诚信问题。

在心理咨询过程中，咨询者必须保证自己精神状态良好。在明显的精神委顿、重病在身、极度焦虑等情形下，勉强进行心理咨询，不仅是对来访者不负责任，也是违背伦理规范的。咨询者在感觉自己的身心状态不能进行正常心理咨询的时候，要及时通知来访者并调整和安排咨询时间，可以主动请求督导师的帮助，或者将来访者及时转介。

（四）咨询的研究与成果发表

对心理咨询进行的科学研究，是以人的心理过程为研究对象的，因此必须尊重和维护来访者的基本权益，这是毫无疑问必须遵守的伦理学准则。在咨询的研究中，同样要尊重来访者同时作为被研究者的权利，首先是知情同意权和自主选择权。在告知来访者研究的内容、目的、方法和双方的权利与义务等信息后，由来访者自愿决定是否参与研究。咨询者不能以任何形式强迫或者欺骗来访者参与研究，更不能因为来访者拒绝参与研究而采用敷衍的态度对待该来访者的心理咨询活动。

隐私权的保密问题，在研究成果的发表时显得尤其重要。在教学和发表研究成果时，如果需要透露来访者的相关信息，必须征得来访者的同意，并采用匿名的方式，尽一切可能使其身份不被泄露。与咨询研究无关的私人信息，一律不许出现在发表的材料里。

研究的学术成果，应该是建立在科学事实基础上的推论，不得夸大咨询效果或者研究成效。在任何公开的场合，咨询者发表言论时，不得进行虚假或夸张的宣传来误导公众舆论。对于咨询研究中做出重要贡献的来访者，应该以适当的方式表示郑重的感谢。如果采用控制组和对照组的研究方法，在咨询研究结束后，应该对控制组人群进行人道式的心理咨询援助，作为参与研究的补偿。

第二节　心理咨询的基本原则

在心理咨询过程中能否遵循心理咨询的基本原则，关系到心理咨询工作能否顺利开展，也关系到心理咨询工作的成败和效果。心理咨询的伦理规范所提出的要求是清晰、明确的，而实际的心理咨询活动中，咨询者所面临的情况往往是复杂、两难的。因此，对心理咨询基本原则的学习和领会尤为重要。心理咨询的基本原则可以概括为以下几个方面。

一、保密的原则

保密的原则是心理咨询中最为重要的原则。它既是咨访双方确立相互信任的咨询关系的前提，也是咨询活动顺利开展的基础，是对来访者隐私权尊重的体现。

这一原则要求在没有得到对方同意的时候，不得将在咨询场合下对方的言行随意泄露给任何人或机构。在公开案例研究或发表有关文章需要使用来访者的个人资料时，必须充分保护来访者的利益和隐私，并使其不至于被他人对号入座。在网络心理咨询中信息安全的不确定性，也应在咨询开始前告知来访者。

在什么场合下需要坚持保密的原则，什么场合下又可以打破呢？以下几种情境值得咨询者思考。

（1）在学校的心理咨询室，你接待了一名有孕在身的少女，不管她同意与否，作为咨询者的你，是否有权利去报案或者告知其父母呢？

（2）来访者是一个吸毒并贩毒者，在多年的心理压力下寻求心理援助，并告诉了你一切。在他坚决不同意自首的情况下，你应该为其保密吗？

（3）来访者是有强烈自杀愿望的人，在你规劝无效的情况下，你是否会通知其家人或相关机构，尤其是在来访者明确表示，如果你告诉别人，来访者将马上自杀的情况下？

（4）在高校心理咨询中心，一名来访者在受理面谈时说自己是艾滋病病毒感染者，因此很痛苦，前来咨询。你是否会将其艾滋病病毒感染的信息写入咨询记录？后续是否继续与这名来访者进行咨询？

上述的情境，在某种程度上都是心理咨询中可能出现的两难问题。保密的原则是职业的伦理规范，但当其跟道德准则或法律相冲突的时候，咨询者需要用职业的伦理规范去权衡并做出不违背人性良知的选择。

笔者认为，对于情境（1），如果少女的怀孕原因是暴力性侵犯，那么咨询者有义务通知其监护人并向公安机关报案。这是公民的法律义务，高于保密的伦理要求。心理咨询，尤其涉及未成年人时，要求咨询者综合考虑伦理、法律及专业性三者之间的相互协调与平衡，在此基础上判断是否要打破保密的原则。若遇到上述必须打破保密原则的情况，咨询者仍需谨慎地考虑打破保密原则的具体方式和过程、披露信息的内容以及涉及人员的范围。

对于情境（2），咨询者应该正确评估和判断，如果坚持保密的原则，来访者是否会继续危害社会，是否会严重伤害自己，是否会严重伤害他人（如有不可控的吸毒冲动或具体的贩毒计划或行动）。如果是，根据《中国心理学会临床与咨询心理学工作伦理守则》（第二版）中的"心理师有义务遵守法律法规，并按照最低限度原则披露有关信息"，咨询者应该立刻通知其紧急联系人以及可能会被其吸毒、贩毒行为危害的个体，并在公安部门或相关机构要求依法配合调查时提供相关信息。如果不是，则可以让来访者保证在心理咨询期间不吸毒也不贩毒，在此前提下为来访者保密。

对于情境（3），如果来访者是自愿前来寻求心理援助的，咨询者应该为其保密，并与来访者就自杀的愿望、意图充分地展开讨论，因为自杀愿望的背后往往暗藏着求生的愿望。如果来访者是被强迫而来，那么有必要寻求有经验的咨询者以及来访者家人的协助和配合。我们的建议是，一定要与来访者商定并签署协议，让来访者保证在心理咨询期间不进行包括自杀在内的极端行为。

对于情境（4），面对艾滋病病毒感染者，一名合格的咨询者应具备相关常识，同时注重保护隐私与知情同意。首先，在上述案例中感染艾滋病病毒属于来访者基本信息，也是来访者咨询主诉的重要部分，因此有必要在咨询记录中写明，但需要注意咨询记录的保管，防止出现随意存放或管理不规范导致信息泄露的问题。其次，关于是否继续咨询。咨询者不应歧视这名来访者，在面对感染艾滋病病毒的来访者及其心理问题和诉求时，咨询者应及时、准确评估自己的专业知识和专业胜任力。若不能使来访者获益，或能力不能胜任时，要及时寻求督导或进行转介，并使这个过程中可能对来访者造成的伤害降至最低。若继续提供咨询服务，则应注意向来访者强调保密的原则和保密例外情况，需了解来访者是否在坚持服药、是否有危险性关系等可能涉及保密例外的情况。

保密的原则并不是绝对的，如果咨询者因知识经验不足而又局限于保密原则，就可能陷入一种恐慌状态而不知所措，因此咨询者需要理智地做出判断。在知情同意书中，对保密原则与保密例外的强调缺　不可，作为咨询者，在必要时应有冲破保密约定的勇气，与值得信赖的人或有关人员商量，以避免极端情况的发生。也就是说，与保密的原则相比，咨询者的法律义务、人性良知和来访者的人身安全是应该而且必须首先予以考虑的。

二、时间限定的原则

心理咨询必须遵守一定的时间限制，包括一次的咨询时间和每次咨询的间隔。一次的咨询时间一般规定为五十分钟左右（不超过六十分钟），每次咨询的间隔是一周左右，原则上不能随意延长咨询时间或间隔。

为什么必须在时间上予以限制呢？

首先，事先对咨询时间予以限定，可以让来访者有一定的心理安定感，并促使来访者珍惜和有效利用咨询时间。只有限定时间，人才可能集中精力去做所要做的事情。心理咨询是一件需要付出相应代价的作业，也考验着来访者是否能忍耐因为咨询所伴随的痛苦和悲伤。在限定的时间里，容易做到忍耐痛苦和悲伤，问题解决也更易于成为可能。

其次，作为日常生活中成长的刺激剂。一般情况下，咨询次数为一周一次或两次比较普遍。这样的安排，可以使来访者在间隔期间充分回味心理咨询时的体验，并将其作为自身走向适应的刺激剂。因此，一次两小时的咨询不如一次一小时分两次咨询的效果好。

再次，可以促使来访者进行现实原则的学习。要让来访者知道，咨询者也有自己的生活和工作，除来访者自身以外，还有其他人要找咨询者咨询。不是自己想怎样就能怎样的，因为世界并不是也不能仅为自己服务。这样的一些体验式的学习，可以促使来访者从咨询中的快乐原则转移到现实原则，而得以成长。

最后，促使来访者产生分离的体验。人生是一个分离的连续过程，如与母胎的分离、与母乳的分离、与父母的分离（入学、结婚）、与孩子的分离（孩子的成长、结婚）、与配偶的分离（离异、死亡）、与工作的分离（退休）等。这一系列的分离是痛苦和伤感的，但从某种意义上讲，分离也含有成长的意思。因此，限定一定的时间，让来访者体验这些分离所带来的伤感，可以促进其接纳生活的现实，进而健康成长。

咨询时间的限定也不是绝对的。根据来访者的病理状态、心理发展水平和年龄大小，可以适当缩短咨询时间和间隔时间，增加咨询次数。例如，与精神分裂症患者的咨询时间定为五十分钟可能就太长，以每次二三十分钟，一周两三次比较合适。对行为化倾向较强的来访者，则可考虑增加咨询次数。如果遇到需要进行危机干预的来访者，咨询时间也可以根据咨询者的经验灵活把握，必要时进行适当的延长。而对于家庭咨询、亲子咨询或伴侣咨询，可能一次一小时以上的时间才能满足需要。

心理热线咨询原则上以三十分钟为限。如果超过三十分钟仍然不能终止咨询，除应急情况之外，可以考虑要么是咨询者卷入了来访者的感情旋涡，要么是咨询者在咨询技术或应对能力方面存在问题。

咨询者若因为自身原因不得不提前结束咨询谈话，则需要在咨询开始时向来访者说明，避免咨询中途告知而引起来访者的不安和不快。

三、地点限定的原则

心理咨询必须限定在特定的咨询地点进行。咨询地点通常是专用的心理咨询室，要求是有安全的空间、合适的设置，最好具有隔音效果。原则上不能在咨询室以外的地点进行心理咨询。

强调心理咨询的地点限定在咨询室内，首先是因为咨询室的特定空间，可以给来访者提供一个安全的、不被打扰的环境，允许他在其中自由地释放自己的情绪，使他在咨询过程中能够感到自由、安全和放松。其次，限定地点是要给来访者一个感觉，那就是并非所有的事情都可能以自己为中心。来访者可以拥有自由空间，但并不是绝对的自由。与时间限定的理由相同，对来访者而言，每周一次在咨询室里感受成长体验，是在区别于日常环境的特定"场"下进行的，同样具有体验学习的意义。

对于来访者在咨询室之外进行心理咨询的请求，原则上都应该予以拒绝。譬如孩子不愿意来咨询室，家长无奈之下对咨询者提出到家里进行心理咨询的请求，对此咨询者是应该拒绝的。尽管我们能够理解家长焦急的心情，但是这违背了心理咨询的原则和初衷，心理咨询的效果也是令人怀疑的。毕竟，没有改变愿望和求助动机的来访者，咨询者是很难有效地对其进行心理援助的。

当然，这种咨询地点的限定也不是绝对的，咨询者应该具备灵活变通的能力。譬如，在进行心理危机的紧急援助时，咨询者可能需要走出咨询室，到来访者所在的地方。这样才能有效地实施心理援助，遏制更严重的危机情况的发生。结构式家庭治疗师可以去来访者的家里，观察真实的家庭成员交往模式，因为在治疗室内，家庭成员无法真实地展现他们原本的样子。

此外，网络心理咨询在一定程度上可解决因时间、地点等原因不能得到心理咨询服务的情况，能够为那些不便进行面对面心理咨询的来访者提供便利，也成为特殊情况下（如"非典"和新冠肺炎疫情期间）无法实现面对面心理咨询时的一种选择。不过，因其突破了心理咨询地点限定的原则，也就不可避免地存在一定的局限性。对此，可以参考在伦理守则基础上进行专门细化和补充的网络心理咨询伦理规范，充分考虑互联网的媒介属性及其对临床与咨询心理学专业工作可能产生的影响，保持足够的伦理敏感性，遵守相应的伦理规范。

总之，咨询者应该牢记，咨询的地点限定是为了更好地为来访者提供心理援助并实现咨询的效果，在没有充分理由的情况下，不可以轻易打破地点限定的原则。

四、感情限定的原则

咨询关系的确立和咨询工作顺利开展的关键，是咨询者与来访者心理的沟通和接近。但这种沟通和接近是有限度的。来自来访者的劝诱和要求，即便是自愿和好意的，在终止咨询之前也是应该予以拒绝的。如果咨访双方接触过于密切，不仅容易阻碍来访者的自我表现，也容易使咨询者该说的不能说，从而失去客观公正地判断事物的能力。

咨询者不能将自己的情绪带进咨询过程，不能对来访者在感情上产生爱憎和依恋，更不能在咨询过程中寻求在爱恋、欲求等方面的满足和实现。对于来访者爱恋、依赖咨询者的情感表露，咨询者要将其作为咨询过程中的移情现象正确看待并妥善处理。如果移情确已发生，咨询者应该在保证来访者不受伤害的条件下，严格限定自己感情的投入，避免与来访者形成亲密关系。同时，咨询者应对自己的反移情保持自我觉察，避免坠入负面的反移情之中，导致咨询陷入困境。

五、"来者不拒，去者不追"的原则

从原则上讲，到心理咨询室寻求帮助的来访者必须完全出于自愿，这是确立咨询关系的先决条件。没有咨询愿望和要求的人，咨询者不会去主动找他并为其进行心理咨询的。只有自己感到心理不适，为此而烦恼，愿意找咨询者诉说并寻求心理援助的人，才能够通过心理咨询获得问题的解决。

迫于父母或教师、领导的催促前来心理咨询的来访者也大有人在。这一类来访者往往自闭倾向较强，或者有较强的抵抗情绪和自我防御，因此一开始总是不愿意谈论实质性的问题。咨询者不能放弃这种迫于别人压力前来咨询的来访者，但需要付出比对一般来访者数倍的辛劳，才能够使来访者变被动为主动，最终建立咨询关系并展开咨询活动。

代替他人（孩子、学生、父母、配偶等）前来心理咨询室咨询的情况也比较多见。原则上，心理咨询需要与当事人进行谈话，才能帮助解决其存在的心理问题。也就是说，要确定"谁"是问题的"主角"，与"主角"进行对话，才是咨询者的工作。但是，我们仍然不能简单地把代替"主角"前来咨询的来访者拒之门外。我们可以接待他们，不过要让代替者清楚地知道，当问题的实质无法解决而又期望问题解决的时候，就需要"主角"的出现。

某些智力低下者、重度精神病患者无法自诉或缺乏自控能力，原则上他们需要接受系统的心理治疗，而不能作为心理咨询的直接对象。不过，咨询者也不能完全拒绝这一群体，可以让他们在家属或他人的陪同下，接受一定的心理咨询和指导。

那么，既然是自愿前来，也可以自愿离去，这正是心理咨询自愿性原则的体现。也就是说，无论是在咨询关系确立的时候，还是咨询关系打破、中止或结束的时候，都不应该存在任何意义上的强制。"来者不拒，去者不追"，是心理咨询工作中应遵循的原则。

当然，至今为止的心理咨询主要是"坐等"来访者上门咨询，只有这样，来访者才可能从中受益。但是，积极进行心理援助已经成为时代的要求，心理健康的推进和维持已经成为心理咨询工作者的使命，有的时候需要走出去、请进来。对心理危机实施援助的时候，也需要咨询者走出咨询室。作为咨询者，应该灵活遵循"来者不拒，去者不追"的原则，及时有效地运用心理咨询人文关怀的理念和助人自助的智慧，为来访者实施心理援助。

六、"一只脚在岸上，一只脚在水里"的原则

"一只脚在岸上，一只脚在水里"，是对咨询者在咨询过程中必须遵循的一项重要原则的形象比喻，是笔者在心理咨询教学、督导及培训时经常使用的一种说法。

"一只脚在岸上"，是指咨询者要有专业的立场、态度。要做到"一只脚在岸上"，咨询者就必须认真学习咨询心理学的理论与技法，深刻领会和理解心理咨询的理念，把握心理咨询的伦理规范以及基本原则，在此基础上拥有稳健、牢固的自我概念和对钝感的忍耐力。同时，咨询者要避免在咨询过程中将个人的未完成事件或情绪带入心理咨询中。

咨询者是作为一个独立而完整的人掌控心理咨询的整个过程并与来访者一起工作的。在咨询过程中，咨询者不仅要与来访者的心理状态保持适当的距离，而且必须保持清醒适度的客观态度，避免过度地卷入来访者的情绪中而迷失自我。在督导与培训中，笔者经常发现有的咨询者主诉在心理咨询结束之后，或情绪低落，迟迟难以恢复正常的状态，或异常亢奋，觉得自己妙手回春般地解决了来访者的问题而心情难以平静等。这是因为咨询者将个人的情绪带入心理咨询，属于两只脚都在水里的状况。这对咨询者是一件危险的事情，是咨询者没有建立好稳固的自我，不能很好地处理自己情感的表现。所以，笔者认为要有"热"心，更重要的还要有"冷"静的头脑。世界上最难的事情是助人，有的时候看起来是在助人，实际却是在剥夺他人的自

主权并将自己的价值观、生活方式强加于人，甚至害人。

"一只脚在水里"，是指咨询者要设身处地为来访者着想，融入来访者的内心世界。来访者通常是带着内心的苦闷、不安、困惑等消极的情绪和观念来向咨询者寻求心理援助的，他们渴望获得咨询者的共感理解。作为咨询者，要站在来访者的角度，替来访者考虑问题，接纳来访者的感情和困惑并用心去体会。只有这样，咨询者才能感受到来访者的内心，从而陪伴来访者共同走过这段艰难的历程。

事实上，"一只脚在岸上"和"一只脚在水里"是同一问题的两个方面，二者之间有着紧密联系。如果说心理咨询是"治病救人"，那么咨询者首先要有"治病救人"的本领。如同要去营救一个掉进水里的人，咨询者首先要有入水救人的本领，而且在救上岸之后还要会人工呼吸、心肺复苏技术，否则就可能救人不成反而牺牲自己。

七、重大决定延期的原则

心理咨询期间，由于来访者的情绪可能出现过度起伏，原则上咨询者应规劝其不要轻易做出诸如离职、调动、退学、转学、离异等重大的人生决定。在咨询结束后，来访者在情绪安定之后做出决定，往往不容易后悔。这应在咨询开始时告知来访者。

对于有强烈自杀倾向的来访者，有经验的咨询者往往会首先与来访者签署知情同意书，实际上是索要一份保证："你如果能保证在咨询期间不发生意外，或不采取极端的包括自杀在内的做法的话，我才愿意为你咨询。"不过，对于这样的来访者，还是在精神科医生或者在接受精神科医生的指导下进行咨询为好，必要时也可以要求同行协助或者转介。

对于因特殊原因办理转学或退学而不得不中止咨询的学生，咨询者需要在咨询时与来访者开诚布公地就当前面临的问题和今后的打算进行讨论，必要时还可以通过来访者与学校、家长建立联系，以共同促进来访者的成长和问题的解决。

思考题

1. 在心理咨询中，哪些伦理规范问题是我们要格外注意的？

2. 在心理咨询中，咨询者应遵循哪些基本原则？为什么？

3. 怎样理解心理咨询中的"一只脚在岸上，一只脚在水里"的原则？

第五章
心理咨询过程中的心理评估

心理评估是心理咨询过程的重要组成部分。作为一名合格的咨询者，除了掌握心理咨询的基本理论和技法之外，还要正确理解心理评估手段在临床服务工作中的意义和作用，拥有评估的知识和技能并恰当使用。

第一节　心理评估概述

心理评估是运用系统的方法对收集到的来访者信息进行相关分析的过程。在心理临床应用时，心理评估可以单独或辅助用于心理诊断，指导心理干预措施的制订，也可用于评价心理咨询与治疗的效果。科学而全面的心理评估是进行心理咨询的基础，也为心理咨询的顺利开展提供了必要的依据。

一、心理评估的含义

心理评估（psychological assessment）是指在生物、心理、社会、医学模式的共同指导下，综合运用谈话、观察、测验等方法，对个体或团体的心理现象进行全面、系统和深入分析的总称。

广义的心理评估是指对各种心理和行为问题的评估，可以在医学、心理学、社会学和教育学等领域中使用。其目的主要是评估行为、认知能力、人格特质及个体和团体的特性，帮助做出对人的判断、预测和决策。除了描述和分析个人特质外，广义的心理评估还包含评估心理环境、社会运动及其他社会事件等。

狭义的心理评估也叫临床评估，是指在心理临床与咨询领域中，运用专业的心理学方法和技术，对来访者的心理状况、人格特质等做出相应判断，必要时做出正常与否及生理、心理、社会功能损伤程度的说明，在此基础上进行全面的分析和鉴定，为心理咨询与治疗提供必要的前提和保证。其内容包含对个体基本信息的收集，对心理或行为问题的描述和诊断，对心理或行为问题产生原因的解释，等等。

在心理咨询过程中，心理评估既可以为咨询者提供来访者的信息，也可以产生一定的咨询效果，因为评估的过程能帮助咨询者和来访者思考并澄清问题的本质，帮助咨询者和来访者共同检验咨询过程的有效性。

以下主要针对狭义的心理评估进行相应的说明。

二、心理咨询不同阶段的心理评估

心理评估不仅是心理咨询开始前所进行的工作，而且是一个连续的过程，体现在心理咨询的各个阶段。

在心理咨询开始前，受理者或咨询者需要通过一些心理评估手段获得有关来访者的基本资料。随着心理咨询过程的展开，咨询者需要通过相应的心理评估方法对咨询的进展进行评价，并以此作为后续咨询的基础。当咨询无法进展时，咨询者也需要借助心理评估修正对来访者问题的假设，重新设定咨询的目标和方向。咨询者还需要通过心理评估的结果来判断心理咨询何时可以结束。因此，从某种意义上说，只要咨询还在进行，咨询者对来访者的心理评估就不会间断。

（一）受理阶段的心理评估

目前，大部分的专业心理咨询机构都在心理咨询正式开始前设置咨询预约环节，也就是咨询受理阶段。来访者打电话或上门预约咨询时，严格来说心理评估就开始了。

在这一阶段，评估者可以是受理者，也可以是咨询者本人，主要使用观察、访谈、问卷等开放式的评估方法，在收集来访者相关资料的基础上，对来访者的问题状态、背景信息以及是否有危机进行初步的判断，根据初步的评估结果与来访者商议并确定适合来访者的咨询者。如果条件允许，并且有需要的话，在受理阶段还需要对来访者实施智力测验或人格测验等标准化测验，为正式的咨询收集更加丰富而详细的资料。

受理阶段进行心理评估的一个很重要的任务是判断来访者是否适合接受该机构所能提供的心理咨询与治疗，特别是对于那些有明显的精神疾病特质、需要专业医疗机构介入的来访者，需要通过评估进行鉴别和转介。

当然，也有非来访者本人而由亲朋好友代其打电话或上门预约咨询。这往往有两种情况。

一种情况是，来访者本人有前来咨询的意愿，但因各种原因由其亲属（或好友）代为预约咨询。这时，受理者或咨询者在进行评估时需要考察其亲属所提供信息的可靠性及依据，同时其亲属提供的信息也是来访者相关信息的补充。例如，由来访者的亲朋好友预约咨询时所提供的家庭信息经过评估后，受理者或咨询者可能会建议来访者家庭共同来接受家庭治疗，这样的心理评估就能为解决来访者的问题寻找到更为有效的心理咨询方法。

另一种情况是，亲属所认为"有问题"的来访者本人并没有前来接受心理咨询的意愿。这时，受理者或咨询者首先要确认并评估是否只是亲属单方面的意愿。如果是，那么咨询者为"有问题"的来访者提供的心理咨询就无法直接进行。当然，有时受理者或咨询者也可能会接受这样的咨询，因为这部分代替者也是心理咨询不能拒绝的群体。另外，主要也考虑到被亲属称为"有问题"的人或需要接受心理咨询的人的问题，可能本身就与前来代替咨询的亲属有关。

（二）咨询初期的心理评估

在心理咨询初期，通过受理和初次访谈的心理评估，咨询者可以了解来访者的基本状况和主要问题的性质与程度。

咨询者可以通过心理测验、访谈或观察的方法获得对来访者较为全面客观的评估。

1. 对来访者基本情况的评估

例如，咨询者通过对来访者填写的基本情况表，可以大体了解来访者的个人基本信息，如来访者的姓名、性别、个人经历、家庭环境、受教育程度、是否接受过心理咨询、是否正在服用精神类药物等。这些信息的了解是咨询工作的基础。

2. 对来访者主要问题、心理状态等资料的评估

对来访者所要咨询的主要问题、来访者的心理状态等资料的评估，将成为咨询者确定心理咨询方针和目标的关键，也是咨询者开展咨询工作的重要依据。

3. 对来访者各种能力、求助动机的评估

来访者的能力可能成为其解决心理问题的资源，来访者的求助动机也是心理咨询是否能够成功的关键因素之一。通过评估，咨询者不仅能发现和确认来访者的主要问题和潜在的心理问题，而且能对来访者的求助动机、咨询关系建立的难度有一个初步的了解和判断。有了这些评估结果，咨询者就有了确定咨询方向的基本资料。

用一个案例来说明这样的过程。一个17岁的高中男生曾有过自杀尝试，父母担心儿子患有抑郁症。咨询开始前，咨询者为来访者实施了抑郁心理测验〔注意：《中国心理学会临床与咨询心理学工作伦理守则》（第二版）规定，"心理师应在接受相关培训并具备适当专业知识和技能后，实施相关测量或评估工作"〕，测验结果显示没有明显的抑郁特征。当把测验结果向来访者及其父母进行报告后，来访者在施测前和施测过程中表现出对咨询者的敌意立刻消失了。接下来的咨询访谈中，这个17岁高中男生表现出对心理咨询的积极参与。咨询者通过家庭访谈，了解到这个男生尝试自杀的原因是对过于控制自己的母亲表示强烈反抗。咨询者将咨询的重点放在围绕来访者而展开的家庭交往模式上，将来访者的问题放在家庭背景中进一步评估和解决。也就是说，通过心理评估结果的反馈，来访者感到被理解和接纳，其父

母则认识到孩子表现出来的问题不只是他个人的心理问题。由此可见，初步的心理评估改善了咨询关系，同时还促进了来访者对自己的认识，并激发了来访者解决问题的动机。

心理评估为咨询者提供了有关来访者多方面的信息，使得咨询者能够相对全面客观地了解来访者的问题。同时，来访者在心理评估过程中的表现和对评估结果的反应为咨询者提供了来访者的直接信息，也可以验证咨询者对来访者问题的处理方法是否正确。

（三）咨询中期的心理评估

随着心理咨询的开展，咨询者需要通过评估不断地监控咨询的进展，必要时调整咨询的方向和改变咨询的计划。

心理咨询取得成效的前提之一，是咨询者要明确咨询的方向、目标和计划，缺乏方向和目标的心理咨询不仅难以建立良好的咨询关系，而且很难取得成效。当咨询的总体方向和目标确定以后，还需要将其转化和细分为几个阶段性的子目标。总体目标和阶段性的子目标的确定，必须依靠心理评估的结果。这就好比我们去一个不熟悉的地方，需要有地图，有了地图找到目标就有了方向。有了大致的方向，我们还要选择适当的路线到达目的地。在实际的咨询过程中，心理评估就是帮助咨询者找到方向的指南针或定位器。在心理评估的基础上，咨询者需要和来访者一起讨论咨询的总体目标和阶段性的子目标并达成一致。随着咨询的进展，咨询者经常还需要对咨询的方向和目标进行调整，因此也就需要在咨询的过程中随时进行评估，使得咨询者和来访者始终在共同目标的指引下一起工作，最终能够促进来访者的心理成长，并解决来访者的问题。

我们通过一个案例来说明。一个11岁的女孩在家里可以与家人交流，但不与外人说话，在学校几乎不与教师和同学有任何交流。初次咨询时，经过心理测评以及家庭和学校提供的信息，综合评估为选择性缄默症。咨询者与其家长共同讨论，决定采用箱庭疗法进行咨询，咨询的目标确定为通过与咨询者建立充分的信任关系后，来访者能以箱庭为媒介自由地表达尘封的内心世界。在实施箱庭疗法的过程中，咨询者对来访者的箱庭制作过程以及制作过程中所表现的非言语信息进行观察和记录，同时结合与家长访谈获得的资料对女孩进行评估。箱庭疗法实施一段时间后，她的语言缄默问题有所好转。

看起来，最初的咨询目标已经初步实现，但是通过咨询过程中的进一步评估，咨询者发现小女孩出现缄默的原因，是与其具有良好依恋关系的母亲在其四岁半时的突然离开给她带来了巨大的心理创伤。因此，缄默并不是女孩真正的心理问题所在，缄默只是她内心世界受到创伤的表达。基于此，咨询者调整了咨询目标，将咨询目标确定为通过箱庭疗法使女孩的心理创伤能够得到表达和治愈。同时，利用女孩已经恢复的语言，增加言语访谈的比例。在咨询过程中，咨询者还对女孩的家庭因素进行了评估，发现女孩与父亲的关系非常僵。因此，咨询者在咨询中对父亲和女儿一起进行了联合式家庭箱庭疗法（父亲和女儿在一个沙箱里制作箱庭）。通过几次共同的箱庭制作，父女的关系和沟通模式得到了很大程度的改善。与父亲关系的改善，为女孩心理创伤的治愈提供了有效的资源。经过一段时间的咨询，父女关系变得亲密，甚至出现了女孩过分依赖父亲的状况。为此，咨询者又根据对父女关系的评估结果，再次调整了咨询的计划和方向。咨询者邀请女儿和父亲进行个体化箱庭制作（父女两人各自独立制作箱庭）。最终，女孩的个体功能得到了恢复，心理创伤获得了一定程度的治愈，父女关系变得既亲密又相对独立。

在这个案例中共开展心理咨询24次，心理评估贯穿于整个咨询过程，特别是咨询中期，心理评估为咨询目标的确立和调整提供了关键性的依据。

（四）咨询后期的心理评估

在心理咨询的后期，心理评估可以检验咨询的效果，为判断何时可以结束咨询提供依据。

在心理咨询实践中，无论采用什么样的咨询方法，咨询的结束都是一个特殊而重要的阶段。好的咨询结束阶段对来访者问题的解决起到促进和巩固的作用。

关于结束心理咨询的依据，第七章有详细的阐述。谁来决定咨询的结束，往往有三种情况：（1）来访者提出结束咨询；（2）咨询者提出结束咨询；（3）咨询者和来访者共同商定结束咨询。不论是哪一种情况，咨询者都需要考虑一个问题：什么时候可以结束咨询，需要以心理评估为参考。

大部分咨询者希望咨访双方共同商定来结束咨询，这确实是比较理想的情况。但在咨询实践中，更多的是由咨询者提出结束咨询。我们以这种方式为例，分析心理评估在其中所起的作用。

结束咨询需要一个过程。在这一过程中，咨询者依据自身的专业背景向来访者明确何时可以结束咨询是非常重要的。首先，咨询者要去评估咨询目标是否已经达到。如果评估结果表明来访者并没有发生积极改变，咨询者就需要对咨询目标、咨询关系等进行反思，总结在咨询过程中可能存在的问题及其原因，并加以改进，从而推进咨询的进程。如果评估结果表明来访者已经发生了持续的积极改变，咨询目标已经达到，咨询者就可以考虑与来访者商讨结束咨询的议题了。

同时，当咨询者将评估结果告诉来访者时，来访者可以明确自己通过咨询发生的改变，确认咨询的效果，同时也有利于巩固咨询的效果。咨询者也可以基于评估结果，对使来访者发生改变的关键因素进行总结，并将这些成功的经验和体验用于今后的咨询工作中以及咨询理论的探讨中。

此外，在结束咨询时，咨询者还要评估来访者是否对咨询者有依赖感或因为咨询结束而产生失落感，评估来访者是否能够处理这些情绪。同时，有时还要考虑来访者的社会支持状况，对这些问题的评估和处理有助于咨询效果的长期保持。

（五）转介的心理评估

心理评估的结果是咨询者确定是否要将来访者转介的依据之一。通过心理评估，咨询者明确来访者的问题是否属于自己的工作范畴，这是咨询者对来访者负责的表现，也是咨询者自我保护和尊重自我的表现。因为心理咨询是咨询者对来访者实施心理援助的过程，作为咨询者必须了解自己有没有实施援助的能力及其限制。咨询者需要通过多种方法对来访者及咨询过程进行心理评估。如果经过心理评估确定来访者的问题已经超出了咨询者的能力范围，或者尽管心理咨询已经进行了一段时间，但咨询过程遇到了咨询者本人无法解决的问题，那么咨询者在寻求督导的同时，需要对来访者进行转介。

经过评估确认需要转介来访者的情况可能发生在咨询的各个阶段。有几种情况需要咨询者及时做出明智的转介决定。

（1）咨询者首先要明确的是，心理咨询的对象是具有一定心理问题的正常人。对于经过心理评估后确定具有严重心理障碍或精神症状的来访者，咨询者要将其转介到心理治疗机构。

（2）大部分咨询者会有自己擅长解决的心理问题。对于初学者和经验不足的咨询者来说，最好不要接待那些自己不太熟悉或把握性不大的心理问题的来访者。

（3）咨询者会有一些自身的未完成事件，这些事件是对咨询者本人具有消极影响的个人经历。当来访者的问题与咨询者的未完成情结相同、相似或有关时，咨询者除了要对来访者的问题进行评估外，还要对自身的心理进行评估，即所谓的自我觉察。如果经过评估后，咨询者能够在咨询过程中不受个人生活事件的影响，则不需要转介来访者。然而，如果经过咨询者的自我觉察，发现来访者的问题可能会引发咨询者自身问题的浮现，而咨询者目前还没有能力处理自己的问题，那么咨询者要主动与来访者进行协商，将其转介给其他咨询者或咨询机构。

（六）对危机事件的心理评估

有时心理咨询会遇到正遭遇心理危机的来访者，这时心理评估就显得尤为重要和急迫，这种评估被称为危机评估。

需要注意的是，对危机的评估应随着咨询工作的开展不断进行。当咨询环境发生重大改变时，当来访者的状况突然好转或恶化时，当咨询效果不明显或突然降低时，当来访者经历重大的丧失或患有严重的躯体疾病时，咨询者需要结合自身的判断，恰当地进行危机评估。危机评估的内容包括来访者自杀的想法、意图、计划，是否实施过自杀等，还包括风险等级。

危机评估是心理危机援助的第一步，有助于危机的顺利解决和消除。第九章具体论述心理危机和心理危机援助，请参阅。

第二节　心理咨询过程中常用的心理评估方法

在心理咨询与治疗实践中，心理评估的方法分为两大类：一类是标准化的评估方法，如心理测验；另一类是非标准化的评估方法，如评定量表、投射测验、行为观察、临床访谈等。在实际的心理咨询过程中，心理评估往往需要将几种不同的评估方法结合使用。因此，有必要了解并掌握一些主要的心理评估方法及其在心理咨询过程中的应用。

一、心理测验

心理测验是系统、科学、规范的标准化测验。标准化是指心理测验的编制、实施、记分以及测验分数解释等程序具有一致性，且有可接受的效度和信度及常模资料。

（一）心理测验在心理咨询中的作用

心理测验在心理咨询中被广泛应用。在实施心理测验之前，咨询者需要明确心理测验对来访者的影响，考虑来访者的个人特征和文化背景，恰当地使用测量工具促进来访者的福祉。

1. 对测验者（咨询者）

在心理咨询时，为来访者实施心理测验最重要的作用就是心理测验的结果能够帮助咨询者了解来访者的心理状况，方便采用合适的心理咨询方法和计划。具体如下。

（1）心理测验的结果可以帮助咨询者确认对来访者的印象，并将二者有机整合以形成对来访者的全面评估。

（2）心理测验的结果可以帮助咨询者了解自己未能觉察到的有关来访者的信息，降低因咨询者的个人主观性所引发错误评估的可能性。

（3）来访者来到咨询室向咨询者诉说的大部分内容往往是其生活中的消极部分，咨询者使用心理测验之前也可能更关注来访者的消极面，但心理测验的结果往往可以帮助咨询者发现来访者潜在的素质、自我治愈力以及来访者本人所具有的资源。

2. 对被测验者（来访者）

对来访者实施心理测验的作用不仅仅在于为咨询者提供有关来访者的信息，接受心理测验的过程也能帮助来访者更好地参与心理咨询。

（1）为来访者提供自我洞察的机会。完成心理测验的每个项目对来访者来说都是对自身的认识和确认，这样的过程有利于来访者的自我洞察。

（2）让来访者清楚哪些是自己感到模糊不清的问题。每个人身上都存在一些连自己也不了解的地方。当阅读并完成测验时，有一些项目可能会涉及来访者对自身认识不清的地方，从而帮助来访者思考并澄清自我。

（3）增强来访者探究内在世界的动机。在接受心理咨询之前，来访者的内在世界往往是混乱不清的。在接受心理测验时，来访者获得了自我洞察与澄清自我的机会，能对自己有新的发现和认识，这就增加了来访者探索自我的动机。

（二）心理测验在心理咨询中的使用

1. 使用心理测验的态度

在心理咨询过程中实施心理测验的目的是对来访者及咨询过程进行评估，心理测验本身不是目的。有的咨询者容易错误地认为没有心理测验，就不能达到对来访者的理解，过分夸大心理测验的作用。这是咨询者首先要避免的一种倾向。

心理咨询过程中实施心理测验之前，咨询者要明确心理测验的目的并通过合适的方式向来访者说明。咨询者首先要认为来访者有能力了解并使用心理测验的结果，这是使用心理测验时应该持有的态度，同时咨询者需要通过自己的言谈举止向来访者说明并让来访者感受到。

咨询者需要向来访者强调的是，心理测验的结果有利于来访者自己做决定。例如，"这一结果是你与同龄人的比较，你可以了解你的性格特点"。对来访者进行恰当的解释和说明，有利于获得真实有效的测验结果并能促进咨询关系。

目前，在心理评估中，心理测验的使用非常广泛。心理测验也存在误差，在使用心理测验的结果时，要考虑其有效性和科学性。心理测验并不能代替咨询者的评估，心理测验只是心理评估的一种工具。

以上使用心理测验的态度要求咨询者或实施心理测验的工作人员必须接受严格而专业的训练，具备适当的专业知识和技能。

2. 心理测验使用的时间

一般情况下，心理测验的使用需要在咨询关系建立之前，也就是在心理咨询开始之前，心理测验的结果将作为心理咨询开展的依据之一。也就是说，在受理阶段通过心理测验来了解来访者心理与行为问题的性质及程度。

进入正式的心理咨询之后，应尽量避免实施心理测验。因为在心理咨询过程中插进心理测验，将不得不中断或者改变心理咨询的程序。同时，心理测验的结果可能引起咨询者咨询态度的变化。例如，心理测验实施之后，咨询者在向来访者说明和解释测验结果时，可能就会改倾听的态度为解释、说明的态度，这有可能对咨访关系产生不良的影响。在来访者没有任何设防的情况下，有的心理测验会触碰其内心深处，由此可能引发来访者对咨询者的不信任，影响正常的心理咨询的开展。

咨询者有时会遇到咨询无法进行下去的状况，也会考虑暂时中止咨询，转而通过实施心理测验再次确认来访者的心理与行为问题的性质与程度。但如果条件允许，最好由其他专业人员而非咨询者本人实施心理测验。

当心理咨询进入结束阶段，咨询者可以采用心理测验对咨询效果进行评估，通过对比咨询前后的测验分数来辅助判断咨询效果。

3. 向来访者说明心理测验

实施心理测验必须征得来访者本人或其监护人的同意，必要时还需要签署知情同意书。咨询者要详尽地向来访者说明心理测验的内容是什么，心理测验的目的是什么，怎样利用心理测验的结果，等等。咨询者要用来访者可理解的语言来说明心理测验的目的，避免使用让人难懂的心理学术语。咨询者有时需要根据来访者的理解能力，灵活调整指导语和解释的步骤。

4. 向来访者解释心理测验结果

开始解释心理测验结果之前，咨询者要询问来访者对所做的心理测验有什么感觉，这样做是为了了解来访者对心理测验的态度，同时还为心理测验是否有效提供信息。

咨询者在解释心理测验结果时，要尽量准确、客观，用简洁的语言，还需结合来访者的其他信息资料。咨询者不能只与来访者讨论心理测验结果提供的信息，而要关注来访者过去的经历和现在的心理测验结果之间的关系。这实际上把心理测验与心理咨询的过程有机地结合在一起了。

咨询者在向来访者解释心理测验结果时，要同时关注或记录来访者的言语和非言语信息。咨询者要针对来访者不太乐于接受的心理测验结果尝试做正向的解释，并且协助来访者从不同的角度来思考心理测验结果的意义。要特别注意的是，当心理测验结果表示来访者有严重问题或异常时，来访者或其他有关人员可能会产生失落感、受挫感等强烈情感反应，咨询者要协助他们处理好这些反应。

5. 实施心理测验时应注意的事项

咨询者要避免心理测验的使用可能给来访者带来的负面影响，具体包括：（1）注意实施心理测验的场所，如桌子和椅子的配置、照明是否适切等。（2）尽可能不要同时进行多种心理测验。（3）注意来访者的身心状态。（4）准备足够的心理测验时间。（5）有些需要长时间（1~2小时）的心理测验，咨询者要注意来访者的疲劳度，必要时安排休息时间。（6）严格遵循心理测验的程序。（7）没有得到来访者的授权同意，不得将心理测验结果泄露给第三方。需要注意的是，在对未成年人的咨询中，当家长或监护人坚持要求获取心理测验结果时，咨询者应区分具体情况，分清法律要求告知的情况，如果并非需要告知的情况，可向监护人说明保密原则的重要性，希望他们尊重未成年人的个人意愿。

（三）常用的心理测验

一般的心理咨询机构都会准备一些常用的心理测验，并由经过相关专业培训和具备适当专业知识与技能的工作人员或咨询者使用。目前，在国内的心理咨询实践中，心理测验被广泛使用。其中应用最广泛的心理测验主要有两种：智力测验和人格测验。

1. 智力测验

智力评估是理解个体行为的基础，很多心理、行为问题与智力问题相关。智力测验是对智力水平进行量化的一种心理评估工具，对评价智力是否正常等有重要意义。

智力测验在心理临床工作上的应用非常广泛，特别是在儿童和青少年的心理临床实践中，智力测验可用于对智力水平进行评估，对智力障碍做出辅助诊断。智力测验分为个别智力测验、团体智力测验。

目前我国常用的个别智力测验有比奈量表和韦氏量表。1981年吴天敏修订完成的中国比奈测验，其测试对象的年龄范围是2—18岁，每个年龄段有3个项目，共51个项目，测验结果的解释采用将个人成绩与同年龄组平均成绩相比较的离差智商。韦氏量表由美国心理学家韦克斯勒（D. Wechsler）编制，包括韦克斯勒成人智力量表（WAIS）、韦克斯勒儿童智力量表（WISC）和韦克斯勒学龄前和学龄初期儿童智力量表（WPPSI）。韦克斯勒成人智力量表第三版测试对象的年龄范围是16—74岁，包括14个分测验，其中言语部分包括词汇、类同、算术、数字广度、常识、理解和字母-数字排序7个分测验，操作部分包括填图、数字符号、积木图案、矩阵推理、图片排列、物体拼配和符号搜索7个分测验。韦克斯勒儿童智力量表适用于6—16岁的儿童，测量特定的认知能力、加工速度和工作记忆的指标。韦克斯勒学龄前和学龄初期儿童智力量表适用于4—6岁的儿童，2003年发表的最新修订版（WPPSI-Ⅲ）扩展了年龄范围和对低龄儿童的特殊测验，常模也进行了更新。国内常用的有龚耀先1981年修订的中国韦克斯勒成人智力量表（WAIS-RC）和张厚粲修订的韦克斯勒儿童智力量表第四版（WISC-IV）中文版。

团体智力测验包括陆军甲种测验和陆军乙种测验等。另外，常用的团体智力测验还有瑞文标准推理测验（SPM），由英国心理学家瑞文（J. C. Raven）于1938年编制，测量一般智力因素，是一种纯粹的非文字智力测验，适用年龄6—70岁，不同的职业、国家、文化背景的人都可以用，甚至聋哑人及丧失某种语言机能的病人也可以用。整个测验一共有60张图，由5个单元的渐进矩阵构图组成，题目难度逐步增加。目前我国常用的是张厚粲等修订的瑞文标准推理测验（中国城市修订版）。

在为来访者（特别是儿童和青少年）进行心理咨询之前，有时需要为其实施智力测验。如果智力测验结果为正常水平，那么咨询者就会排除智力因素对心理问题的影响。如果智力测验结果为异常，那么咨询者可能要帮助来访者的家长接受现实，有时也需要转介，因为智力发育迟滞的儿童可能需要特殊教育工作者的介入。

事实上，我们不赞成随意为儿童或青少年实施智力测验。如果测验结果好，教师、家长可能给予过高的期望，增加孩子的心理负担；如果测验结果差，教师、家长则会给孩子贴上"标签"，导致孩子自暴自弃，以致失去发展的机会。另外，作为咨询者应该认识到，每个智力测验都受到智力理论、测量技术等的制约，可以说没有尽善尽美的智力测验，测量的也只是智力的一部分。

咨询者要辩证地看待智力测验的结果。智力测验具有科学和客观的一面，但也可能给受测的儿童和青少年带来被评价的压力和不信任感。实际上，有经验的咨询者可以通过自身的专业知识和临床经验判断来访者是否存在智力问题。

2. 人格测验

在心理咨询中使用人格测验，主要用来评估来访者的需要、动机、兴趣、爱好、情感、性格、气质、人际关系、价值观念等与社会行为有关的各种个人特征。人格测验的结果有助于咨询者对来访者人格特征的了解，以便进一步确认来访者的问题及其产生的原因，并有针对性地开展咨询工作。

此外，心理咨询的技法很多，每种技法有其适用的人群，咨询者需要考虑采用适合来访者人格特点的技法。通过人格测验，咨询者可以了解来访者的性格、气质等，作为选择适合来访者的心理咨询技法的参考。

人格测验分为客观测验和投射测验。

客观测验通常是用经过精心编制的涉及个人特质、思想、情感、行为的一系列问题，让被试按照一定的要求选择符合实际情况的答案。结果一般可以参照常模做出解释，又称结构化人格测验。常用的结构化人格测验有艾森克人格问卷（EPQ）、明尼苏达多相人格调查表（MMPI）、十六种人格因素问卷（16PF）等。

投射测验是一种特殊的人格测评技术，利用没有明确结构和固定意义、易于引发多种反应的刺激，鼓励被试暴露出隐藏在无意识之中的情感、欲望、动机等，以此推断其人格结构。经典的投射测验包括罗夏墨迹测验、主题统觉测验、房—树—人测验、句子完成法测验等。这些测验有的是让被试看抽象或具体的画面，评估其想象结果；有的是让被试按要求绘画，评估其创作的绘画作品；有的是让被试完成句子或对话，评估其反应内容。对测验结果的解释比较复杂，咨询者必须经过严格的培训。

作为心理咨询工作者，掌握一些投射测验技术并应用于心理咨询过程中，往往能更好地考察和把握来访者的心理状态，有时还能很快打开咨询的局面，对我们在心理临床工作中的诊断、咨询、治疗有很大的帮助。但是，由于被测试者反应的多样性，建立全面的评价标准是很困难的，对投射测验结果的解释往往要依据心理学家和临床医生的经验。咨询者在使用投射测验时需要配合使用其他评估方法。

目前流行的智力测验和人格测验有很多，如何合理并科学地选用这些心理测验，是心理咨询行业中亟待解决的问题。

二、评定量表

评定量表是评定个人心理和行为的常用工具，是心理卫生评估的重要手段。

（一）定义

通过观察，对某个人的某种行为或特质确定一个分数的方法叫评定，表达评定结果的标准化的程序叫评定量表。

评定量表具有心理测验的特征，但严格地说，它又不是心理测验。一般来说，评定量表的操作不像有些心理测验那样复杂，但如果不掌握好评定技术，结果也经常容易被质疑。

（二）评定量表的分类

按功能，评定量表可分为特征描述性量表和诊断性量表；按项目编排方式，评定量表可分为数字评定量表、描述评定量表、标准评定量表、检选量表和强迫选择评定量表；按评定者性质，评定量表可分为自评量表和他评量表；按内容，评定量表可分为心理卫生综合评定量表、生活质量和幸福度评定量表、抑郁评定量表、焦虑评定量表、人际关系与人际态度评定量表等。

许多研究者根据自己的研究需要，不断编出新的评定量表。目前，评定量表已越来越多地被应用于心理咨询与治疗、心身疾病的调查以及科研，应用之广已超过了心理测验。

（三）常用的评定量表

我国在20世纪80年代中期引进了大量评定量表，也制定了部分评定量表的中国常模。汪向东等主编的《心理卫生评定量表手册》（增订版，1999）收录了各种评定量表，为我国心理咨询工作提供了可靠的评估工具，提高了临床及研究工作的可比性和科学性。

目前，常用的评定量表有症状自评量表（SCL-90）、贝克抑郁问卷（BDI）、抑郁自评量表（SDS）、焦虑自评量表（SAS）、汉密尔顿焦虑量表（HAMA）、生活事件量表（LES）等。

三、心理病理学评估

目前，在临床工作中需要对来访者或患者的问题做出诊断时经常使用的精神疾病诊断系统是美国精神病学会出版的《精神障碍诊断与统计手册》（DSM-5）和国际健康组织出版的《国际疾病分类诊断指导手册》（ICD-11）。这两套诊断系统是经过多年临床验证的诊断体系，为国内外所公认，心理咨询与治疗工作者在心理咨询与治疗时可以灵活选用。此外，常用的精神疾病评估和诊断系统还有由我国临床心理工作者发展出来的《中国精神障碍分类与诊断标准》（CCMD-3），该标准更多地考虑了中国文化背景。

对于在心理咨询中使用心理诊断的问题，既有强烈的支持意见，也存在强烈的反对意见。支持者认为，诊断可以帮助咨询者清晰地认识到其能力的限制，方便在医学背景下进行治疗工作的临床医学家与同事进行有效的交流沟通等。反对者则认为诊断有给病人贴标签的危险，会产生一种专家主导的关系，破坏咨询关系的建立，而且将心理问题定义为"疾病"，会降低来访者投入咨询与治疗的积极性等。我们认为，要辩证地看待诊断问题，将其作为心理评估的一种辅助方法，有限定、有范围地使用诊断标准，使之更好地为心理咨询与治疗服务。

四、个案概念化

个案概念化是指提出一系列假设，用于理解来访者当前的问题及其起源和形成过程。清晰的个案概念化有助于咨询者增加对来访者的理解并找到清晰的咨询方向。

个案概念化从理论视角帮助咨询者理解来访者问题产生的原因，通常包含个案的基本信息、成长史、困难和资源优势等。不同流派个案概念化的理论依据和重点不同。

心理动力学的个案概念化着重理解来访者的人格结构和不良适应模式等。心理动力学通常认为个案概念化不是提供一种确定的解释，而是提供一种可用于理解来访者的理论假设，需要根据咨询进程不断调整。而个案概念化的过程，一般包括描述来访者最基本的问题、回顾来访者的成长经历以及将二者联系起来（Cabaniss，2015）。

认知行为疗法以认知模式即人的情感、行为及生理反应被他们对事件的知觉所影响为理论基础。采用认知行为疗法进行个案概念化时，需要考虑来访者的核心信念、中间信念、情境、自动思维和反应。珀森斯（Persons，2008）提出了认知行为疗法个案概念化的四个要素：建立一个问题清单，确认产生这些问题的机制，确认在当前激活了问题的诱发因素，考察当前问题在来访者早期经历中的起源。

箱庭疗法从对箱庭作品的分析中达到个案概念化。张日昇（2006）提出，可以通过玩具、沙箱、空间、主题等的象征意义，从来访者流露出的情绪情感可能负载的心理内容，以及箱庭作品的整合性、充实性、动力性和流畅性等方面对箱庭作品进行分析与评价。另外，对作品的分析不应局限于作品本身，还应该包含箱庭的导入、制作和对话的全过程中来访者的所有表现。

五、行为观察

观察是在心理咨询中获得信息最常用的手段。观察有两种方法：一种是按观察目的、观察者的经验来组织观察内容和程序，另一种是按目的采用一套定型的程序进行观察。观察可以在自然情况下进行，也可以在有控制的环境下进行。观察可由观察者对被观察者直接进行，也可由知情人提供信息间接进行，或者综合上述两种方式进行。观察的内容有：仪表（穿戴、举止、表情）；身材（胖瘦、高矮等）；人际沟通风格（大方或拘谨，主动或被动，可接触或不可接触）；言语和动作；在交往中表现出的个性倾向（兴趣、爱好、对人对己的态度）；困难情境的应对方式（主动或被动，冲动或冷静）；等等。

在心理咨询实践中，咨询者的观察能力是其咨询技能中的重要成分。咨询者对来访者的言语、非言语信息以及咨访互动进行观察，通过观察对来访者的心理状态和咨询的过程进行评估。

值得一提的是，咨询者绝不能忽视来访者的非言语行为所传递的信息，这些信息可能无法从言语交流中获得，一旦错过，往往不能准确地了解来访者的内心体验，难以对来访者进行准确的心理分析进而做出正确的判断，延误咨询的最佳时机。在心理咨询中，咨询者应加强对来访者非言语行为的观察，特别是对来访者的面部表情、声音变化、身体姿势、沉默现象和咨访双方的空间距离等的观察，这些线索有时比言语更能为评估来访者的心理状态提供信息。

六、临床访谈

临床访谈是指咨询者与来访者面对面交流，评估来访者心理功能的各方面，并进行相关治疗的计划、执行和评价。从这个意义上说，临床访谈具有评估和干预双重目标。

（一）临床访谈的作用

在心理评估中，临床访谈占有重要的位置。临床访谈是一种有目的的会谈，是咨询者对来访者进行评估和心理咨询时所采用的一种基本技术，可以说几乎所有的心理咨询从开始到结束都会使用访谈技术。访谈是评估过程的一个特点，或许是评估个体时最常使用的获取信息的方法。一项对美国心理学会的委员进行的调查发现，临床访谈在38个列举的评估方法中名列第一，是最经常使用的方法。它对于获取信息、了解并分析来访者的故事、建立咨询关系是非常重要的。

（二）临床访谈的分类

临床访谈主要分成两大类，即评估性访谈和治疗性访谈。评估性访谈是在一系列评估手段之前用来了解来访者基本情况的手段，是在制订咨询与治疗计划时不可缺少的步骤。治疗性访谈则是让来访者了解自己，使其情感和行为发生预期的变化。相对于评估性访谈，治疗性访谈更需要咨询者利用其专业背景与来访者做深层次的交流，促进其成长。当然，评估性访谈似乎很难与治疗性访谈截然分开。不管何种访谈，其内容应围绕与来访者有关的问题并以解决来访者的心理问题为核心。

评估性访谈大致包括初次访谈、诊断访谈、收集个案史的访谈、精神状况测验时的访谈。初次访谈主要是建立人际关系，获得来访者的基本信息及其问题的信息，让来访者了解咨询的程序，并增强来访者的信心。初次访谈不一定安排单独的时间。诊断访谈的重点是对来访者的症状进行精确的描述（包括内容、出现时间和既往史等）。要做好这种访谈，在医院的心理科一般需按精神状况测验提纲进行。评估性访谈还包括收集个案史的访谈。个案史对了解来访者当前的人格结构和功能、在当前生活中的压力和反应都有重要的意义。心理临床中的评估性访谈还包括精神状况测验时的访谈。在实施精神状况测验前，要有观察、访谈的步骤。一般来说，患者住进精神病院时都要首先进行入院访谈。医生只有综合了解所获得的信息后，才能正确评估患者的问题并制订有效的治疗计划。在功能完备的精神病院，这些过程是有分工的。作为一名咨询者，需要全面掌握访谈技术，将这些访谈技术用于心理临床与咨询的过程中。

（三）临床访谈的关注点

咨询者与来访者的访谈内容为心理评估以及今后心理咨询工作的开展提供了基本的资料。咨询者可以现场简单记录或者事后回忆，对访谈内容进行具体的分析和评估，也可以在征得来访者同意的情况下使用录音或录像设备以更加详细地记录访谈内容和访谈过程。

另外，访谈中来访者的动作、姿势、面部表情等，以及讲话时音调的抑扬顿挫和语速变化等特征，都传递了非言语的信息，这些信息提供了心理评估的线索，应该予以特别关注。

七、重要他人报告

对于一些儿童、青少年或者表达能力受到影响的来访者，心理评估很大程度依赖于家长、监护人或主要照料者、教师的报告。家长、监护人或主要照料者可以为咨询者提供儿童的发展史、创伤史等内容。教师可以提供儿童在学校的表现、人际关系等内容。这些来自重要他人的报告，可以帮助咨询者全面了解来访者的背景信息，以更好地完成心理评估工作。

心理评估是一个多维度、多层面的工作。很少有咨询者只使用一种心理评估的方法。咨询者应该尽可能地掌握各种心理评估的方法，根据具体情况灵活使用多元的评估方法对来访者进行全面、深入的评估。

第三节　心理评估的专业态度和原则

心理评估是心理咨询过程中必不可少的一个环节。从一定程度上说，心理咨询的态度和原则比心理咨询的技术更为重要。同样，咨询者为来访者进行心理评估时，除了需要掌握心理咨询的基本原则和技法之外，还要树立正确的专业态度，明确自己在心理评估中的作用，并遵守一定的心理评估原则。

一、心理评估质量控制规定

心理咨询中的心理评估是一项专业性非常强的工作。1991年中国心理卫生协会心理评估专业委员会成立时，为了管理好心理测验和医学用的临床评定量表的出版与使用等工作，制定了《心理评估质量控制规定》（试用本）并于1994年公布。2001年，中国心理卫生协会心理评估专业委员会公布了《心理评估质量控制规定》（修订本）。以下全文引用此规定。

（一）心理评估工具的修订或编制

1. 心理评估工具编制

（1）评估工具中均应附有详细的指导手册，内容包括指导语、实施方法、记分方法、常模、信效度资料、注意事项等。

（2）指导手册应对常模分数及形式慎重地予以说明，对常模样本应有明确的定义和清楚的说明，如年龄、性别、职业、民族、地区分布、文化、样本量等。

（3）指导手册应当详细列举与评估技术有关的信效度资料，以供心理评估技术使用者判断和参考。

（4）指导手册应清楚说明心理评估技术的目的、应用范围与局限性。

（5）内容健康，避免歧义性，通俗易懂，对被测群体适用。

（6）每种评估工具及指导手册经过一定时间应予以重新修订，通常为10~15年。

2. 心理评估工具的登记注册

（1）任何单位、机构、组织或个人所编制或修订的心理测验和其他评估工具，都必须到中国心理卫生协会心理评估专业委员会（或中国心理学会心理测量专业委员会）申请登记注册。

（2）申请登记注册的心理评估技术须经专家科学论证审核鉴定，经审核合格者才予以登记注册，统一分类编号，并定期在专业刊物上公布。

（3）经登记注册予以公布后的心理评估工具方可发行与出售，只限具有测验使用资格者购买和使用。

（二）心理评估工具的出版和管理

目前在我国尚无出版和管理心理测验的专门机构，而专业人员和社会又需要心理评估技术作为一种手段来解决实际问题，或作为科学研究和教学的工具。因此，为满足社会需要和专业发展的目的，制定如下规定。

1. 中国心理卫生协会心理评估专业委员会在心理评估工具的出版和管理中发挥监督和指导作用。

2. 心理测验或评定量表的修订或编制单位应具体负责出版和管理，包括测验技术培训。

3. 任何单位或个人在未经拥有某心理测验或量表版权者的同意时，不得擅自复制这测验或量表，也不得擅自编制或复制这测验或量表的电脑软件，违者视为侵权行为，必将追究法律责任。

4. 测验出版销售单位在推广心理评估工具时，应提供详细的测验指导和技术手册，以说明测验编制和标准化的程序，同时还要提供有关测验信度和效度方面的资料。

5. 在指导实施的手册中，应说明编制该测验常模样本的人数和代表性、编制该测验的目的、测验本身的限制及不完善的方面，务使人们了解测验的性能，避免作出不恰当的解释。

6. 在手册中，应说明对评估结果作适当解释所需的专业训练。

7. 评估技术的广告应实事求是，不宜使用过于夸张的广告词。

8. 评估工具应控制在一定范围内销售，只能向具有测验使用资格的专业人员提供。

9. 心理评估工具只能在具有资格的专业技术人员和测验操作人员中使用，不得转借、转让给他人。

（三）心理评估人员的资格和责任

心理评估是临床心理学的重要组成部分，只有合格的专业人员实施这项技术才能发挥其应有的效能。心理评估人员包括专业技术人员和测验操作人员，均须接受严格的心理评估技能训练。

1. 心理评估专业技术人员应同时具备下列条件。

（1）具有心理学、医学或相关学科的本科以上学历。

（2）在具体实践中还应具有相关学科的知识，尤其是脑科学的知识。

（3）接受过心理评估专业委员会或国家部委认可的心理评估技术培训班的专门培训，取得相应的资格证书，对某些复杂的测验（如智力成套测验、罗夏测验、神经心理成套测验等）尚需取得该项技术的单项证书。

（4）对心理测量理论具有较全面的了解，并有两年以上使用多种心理评估技术的经验。

（5）能够正确指导测验操作人员实施心理评估操作技术。

2. 测验操作人员必须在专业技术人员指导下使用心理评估技术，同时须具备以下条件。

（1）具有医学、心理学或相关专业的中等专科以上学历。

（2）具有与人交往的技术，对人类行为有基本的了解。

（3）接受过心理评估专业委员会或国家部委认可的心理评估培训班的培训，取得相应的资格证书。

（4）在专业技术人员指导下，具有两年以上从事多种心理评估技术操作的经验。

（5）能向心理评估专业技术人员提供准确的测验结果及有关资料。

3. 以上两类人员应保证能遵守职业道德和心理评估质量控制规定，并且既往没有违反心理评估人员道德准则的记录。

4. 测验操作人员负责向专业技术人员提交测验结果及报告，但没有解释权，其签名的报告不具有法律上的权威性；专业技术人员签名的报告才具备法律效力，并应承担法律责任。

5. 对于违反心理评估质量控制规定和职业道德者，心理评估专业委员会在掌握确凿证据后，有权对其进行书面警告、公开点名批评和否定从事心理测验的资格。

（四）心理评估技术的使用

1. 一般规定

（1）使用心理评估技术是为解决实际问题，应严格掌握使用指征，绝不能滥用测验和有关工具。

（2）因教学和研究需要使用心理评估技术时，要确保不使工作关系之外的非专业人员接触心理测验内容，以免损害其功能。

（3）向非专业人员（学生、大众）演示或在著作中介绍心理评估技术时，应着重说明工具的性质，不能用测验中记分条目内容，只能用手册中的条目例子作说明。

（4）在教育或康复训练等干预研究中，不能以标准评估工具的内容或类似项目作训练的内容。

2. 测验结果的解释

（1）测验结果的解释只能由具有相应资格的专业技术人员担任。

（2）测验分数也和测验材料一样，只能对已取得资格的人员公开。

（3）将测试结果告知被评估者本人或委托人时，通常应附有适当的解释。

（4）在必须告知第三方（如单位负责人、家属、教师或其他有关人员）时，通常只告知其测验结果的解释，而不是测验分数，以防错误解释或错误引用。

（5）在通知测验结果或解释性结论时，应尽可能避免使用专业术语，如心理年龄（MA）、智商（IQ）等，以免引起误解。

（6）解释者要了解测验本身的限制，避免夸大测验结果的解释，尤其在没有得到其他资料支持时，更应慎重。

3. 测验的保密问题

（1）心理测验和类似的评估工具，须在被评估者事先未曾得悉其内容时，才有价值。因此，不得在公开媒体（包括期刊、书籍、报纸、电视、广播等）上公开测验内容，以免损坏评估工具的性能，即使对于那些内容无须保密的测验，亦须在征得版权拥有者同意之后，方可在专业出版物中引用。

（2）在任何情况下，只有有资格使用测验的人员才可以接触或运用测验；不具资格者，不得任意翻阅测验资料。测验手册、工具和记录纸都不能放入书架和易为人所翻阅的地方。

（3）在讨论测验性能的专业出版物中，需要引用测验条目时，只能采用模拟样本项目或手册的例子，测验记分条目不能公开。

（4）心理评估人员应负责保管心理评估工具，使其内容和答案不致泄露，保证其应用的准确性。

（5）心理测验材料不得用于电视或其他娱乐节目的活动。

（6）心理测验的材料，不可随意割裂使用或解释。

二、心理评估的基本态度

心理评估的基本态度，是指咨询者对待心理评估这一过程所持有的立场以及个人倾向。心理评估可以帮助咨询者明确来访者的问题，探索来访者问题的影响因素，进而寻找到适合解决来访者心理问题的方法，促进来访者获得人格的成长与完善。要做到这些，需要深刻理解以下观点。

（一）连续体的观点

当需要确定来访者的问题是什么的时候，要坚持连续体的观点。

所谓连续体的观点，是指咨询者在为来访者进行心理评估时，要明确正常心理和异常心理之间没有绝对的界限，它们是一个渐变的连续体，其区别往往是相对的。从重度的异常到正常的各级之间，其实是没有清晰的界限的。例如，重性精神病和心理障碍之间就存在着一种"边缘状态"，边缘人格障碍的共病率是极其突出的，神经症也可以和人格障碍共病。

因此，判别心理活动的正常和异常是相当困难的，这是由于异常心理活动是非常复杂的现象。在实际的心理评估中，存在对正常和异常理解上的极端倾向，这种倾向过于依赖用精神和心理疾病的诊断标准来评价来访者，有时会给来访者的问题简单地贴一个"标签"，如强迫症、精神分裂症等。这种评价往往会让来访者处于"病"的阴影中，周围的人也用"病"的眼光去看待他们，致使他们最终无法走出"病"的困境。这可能让来访者更难以接受治疗，不能积极地参与其中，不能为个人的改变和成长承担责任。这种倾向往往认同狭隘的医学或生物学的观点，与心理咨询的目标和过程并不一致。这种观点本身就是排斥心理咨询，可能认为心理咨询是没有用的，甚至认为只要服药就能解决患者的一切心理问题。

对来访者的心理问题进行评估、诊断和分类是心理咨询工作的一部分。咨询者在使用评估、诊断和分类去进行心理咨询工作的时候，不能仅看到来访者表面的症状，而应该根据自己的临床经验去发现来访者症状背后鲜活的生命体、个性化的发展经历以及来访者现有的自我治愈力资源。

（二）多因素的观点

心理活动的表现通常受到多种因素的影响，这就要求咨询者在进行心理评估时考虑多方面的因素，如同时考虑来访者的生物、心理、社会等因素的共同作用。实际上，心理评估只能不断地接近最好的判别标准和发现最全面的影响因素。因此，在为来访者进行心理评估的时候，要从多个维度采用多元的方法来解析来访者的问题。

在实际的心理评估工作中，存在着只注重某一方面影响因素的极端倾向。例如，有的咨询者不考虑来访者的心理问题有多严重、是否存在生物学致病因素等，完全否定医学检查及药物治疗对一些具有严重心理障碍的来访者的必要性。同样，心理评估中也存在忽视心理因素和社会因素的现象。有的咨询者过分重视生物因素而单一采用药物治疗，看轻或否定心理咨询的作用，或者一味地按照所掌握的有限的心理咨询理论和技术对来访者开展咨询。

此外，从心理咨询方法出现整合与折中的趋势来看，很少有咨询者在咨询过程中只使用一种技法。这种趋势的产生正是基于来访者心理问题产生的多因素观点。心理评估最终是为选择合适的咨询方法服务的，因此咨询者需要学习有关心理咨询的多种理论观点，从多个角度去全面理解来访者的问题。

（三）动态的观点

要以动态的眼光看待来访者的问题和整个心理评估的过程，避免非此即彼的直线思维影响心理评估工作。要明确心理评估只是对来访者目前的问题加以定性，而不是给出最终的结论。咨询者在评估时要能够看到来访者的潜能或自我治愈力，并相信来访者具有成长的可能性。因此，在心理评估工作中坚持动态的观点与咨询者的态度直接相关。

此外，从心理评估工作本身来看，在心理咨询的整个过程中，心理评估都起到了不同的作用，推动着咨询的进程。从受理开始，包括初次的咨询访谈，咨询者就已经开始对来访者进行分析和评估了，在此评估基础上，形成对来访者问题的假设，确定初步的咨询方向。咨询者要认识到这只是初步的假设和方向，必须保持开放的心态，在接下来的咨询中不断地验证和修正最初的评估，必要时还需要调整咨询的方向。当咨询即将终结时，咨询者需要通过心理评估来确定咨询目标是否实现，咨询效果如何等。

咨询者如果能够深刻理解心理评估是一个连续的过程，就能以动态的观点去开展心理评估工作。

三、咨询者在心理评估中的作用

心理评估过程的核心是咨询者而非评估方法，咨询者的作用远远超过评估工具本身。因此，咨询者如何使用各种心理评估工具以及所具有的心理评估的态度才是最重要的。

威金斯（Wiggins，1973）指出，咨询者有两个独特的功能：收集数据和整合评价。此外，合理地向来访者解释心理评估的结果也是咨询者的重要工作。

（一）收集数据

投射测验、临床访谈以及行为观察是咨询者最重要的测量工具，借助这些工具进行的数据收集对心理评估的质量有重要的影响。如果一名咨询者进行了错误的行为观察，实施了结构效度很低的临床访谈，曲解了来访者对投射测验的反应，那么就不可能收集到有效的信息并进行有效的评估。

从某种角度来说，咨询者本身已经成为一种评估的工具，其临床工作的信度和效度是我们需要去考察和评价的。

（二）整合评价

通过心理测验、行为观察和临床访谈等都可能得到有关来访者的重要信息，咨询者需要将从各种评估方法中获得的数据整合起来，对来访者进行综合评价。所谓综合评价，要求咨询者将所学的有关心理咨询、心理评估的理论知识与来访者的实际情况相结合，将各种来源不同的数据进行整合。这种能力是决定其对来访者进行评估和诊断的效度的关键因素，也是咨询得以顺利开展的前提条件之一。

（三）解释结果

一系列的心理评估过程会引发来访者对结果的期待。咨询者经常需要把评估的结果向来访者或相关人进行必要的解释，特别是为来访者实施了心理测验之后，更需要向来访者做出说明。而在心理临床实践中，这一过程往往被忽视。事实上，让来访者或相关人了解心理评估的结果，有助于他们根据结果做出一定的决策。有研究表明，将心理评估的结果向来访者或相关人进行解释，对来访者问题的解决有积极作用。

咨询者的理论取向会决定咨询者对心理评估结果进行解释的方式。如果咨询者的理论取向是以来访者为中心的，则可能呈现给来访者的是关键分数或百分位数，并且鼓励来访者也参与解释的过程，同时这类咨询者会非常留意来访者对评估结果和解释的态度与反应。如果咨询者是指导式咨询取向的，则会向来访者详细说明评估的目的，并说明每项评估结果的意义。这两种类型的解释方式都在帮助来访者形成自己的解释，帮助来访者去解释评估结果。而且经过参与讨论，来访者也可能更容易接受评估的结果，会在做决定时运用心理评估结果的信息。

四、心理评估的基本原则

对人的评估需要非常谨慎，心理评估是一门艺术。咨询者在心理评估的过程中除需要遵守心理咨询的基本原则之外，还需要遵守以下原则。

（一）灵活性原则

灵活性原则包含两层含义。一是评估过程要灵活使用多种评估方法。例如，要把在访谈中获得的对来访者的印象和心理测验的结果以及咨询者的观察结果三者放在一起进行比较和综合，从而形成更全面的评估结果。二是在心理咨询过程中，咨询者需要以多种心理咨询理论为基础来提出有关来访者心理问题的各种可能的假设。要注意的是，咨询者要避免从评估结果中只选择那些符合自己假设的结果。

（二）过程性原则

咨询者要明确心理评估是一个过程。从咨询的开始到结束，咨询者是逐步了解来访者的，随着咨询的进展，咨询者需要不断提出并修正对来访者问题或咨询计划的假设。只有遵循心理评估的过程性原则，咨询者才能对来访者和咨询过程保持开放的心态。这一原则与心理评估态度中动态的观点相呼应。

（三）共同参与性原则

心理咨询是一种由咨询者和来访者共同参与构筑特殊人际关系的过程，因此，心理评估不是咨询者单方面的工作。用什么工具或方法进行评估以及对评估的结果如何解释，都需要来访者的参与。在咨询过程中，要将评估的结果反馈给来访者，这是对来访者的尊重，也能帮助来访者了解自我。

整个心理咨询的过程，即使到了结束阶段，评估也仍然是咨询者和来访者双方共同参与的工作。

思考题

1. 什么是心理评估？心理评估在心理咨询过程中的作用是什么？

2. 咨询者在心理评估过程中应注意哪些问题？

3. 心理评估人员的道德准则有哪些？

4. 你是否已经熟练掌握了各种心理评估的方法？如果没有，你打算采取怎样的步骤掌握哪些心理评估的方法？

第二编

心理咨询的展开

第六章
心理咨询的准备与设置

心理咨询的对象是活生生的人，心理咨询又涉及人的内心世界，而人的内心世界是看不见、摸不着的，又是不断发展变化的。面对这样错综复杂的内心世界，为了避免在毫无准备的情况下可能出现的问题，咨询者在心理咨询前必须做好各种准备。

第一节　心理咨询的准备

心理咨询的准备包括心理准备和周围环境的准备。

一、心理准备

（一）对心理咨询相关理论的认知性学习

为了达到对来访者的理解，咨询者必须潜心钻研心理咨询的理论，掌握心理咨询的技法，学习咨询场面下的应对技巧。由于在心理咨询开始以后，咨询者很难有余暇再来精读理论书籍，所以在正式的心理咨询之前，对诸如咨询心理学、人格心理学、发展心理学、精神分析学、病理心理学、社会心理学、学习心理学理论及文献资料进行一般性阅读和学习，是很有必要的。在实际进行心理咨询的时候，咨询者经常需要得到精神科医生的协助，因此在心理咨询前也应该了解一般的精神医学知识。

此外，随着社会的演进，前来咨询个案的类型将会更加多元化，咨询者在理论学习的同时也要探讨多元文化下来访者面临的新课题，这有助于咨询者更好地开展工作。

以上这些，可以理解为认知性学习的第一个领域，而且这种学习应该持之以恒。

认知性学习的第二个领域是心理咨询的技法。在读文献资料的同时，也应对心理咨询与治疗的各种技法进行学习。努力掌握各种技法是很重要的，这包括对来访者中心疗法、认知行为疗法、家庭治疗、团体治疗、箱庭疗法等的学习，以及对在心理咨询与治疗过程中经常出现的各种现象，如阻抗、移情、反移情、洞察、中断、沉默等的了解。

认知性学习的第三个领域，是了解一系列表现人内在精神世界的东西。作为咨询者，通过与表现人内在精神世界的艺术作品接触，通过各种艺术活动，可以丰富自身的精神世界，培养和增强感受能力。因此，咨询者应经常阅读一些小说、传记、手记，欣赏电影、音乐、戏剧、绘画、雕刻等。神话、传说、民俗等，作为一种象征语言，有许多包含人的精神世界的内容。了解这些神话、传说等，对于理解人的精神世界是非常有用的。

（二）心理咨询的间接体验

心理咨询的间接体验包括听咨询专家的咨询录音，看咨询专家的咨询录像，读一些咨询记录和案例报告，模拟咨询实践，观摩咨询过程，等等。如果有机会和条件，还可以参加有督导师指导的案例讨论会，以积累心理咨询的经验。

通过这样一些咨询的间接体验，我们可以对咨询过程中咨询者的咨询态度、来访者的表现及咨询者的应对有一个感性了解。

通过团体活动（如小组活动、案例研究、感觉训练等）积累心理咨询经验，也是心理咨询的准备中不可缺少的内容。咨询者参与到各种主题的小组活动中，体验作为一名组员的感受，在人际交往中深化对自身及对他人的洞察和理解。通过走盲道、互助前行等感觉训练以及心理拓展训练，增强团体凝聚力和人际信任感，增强自身的感受能力。

需要注意的是，参加这样的团体活动只属于心理咨询体验或学习的一部分，仅此尚不足以为心理咨询做好准备。这就像不管见习过多少次精神分析并不能成为精神分析家一样。

（三）咨询者个人问题的处理

咨询者会把个人特质和生活经验带入咨询中，因而仅仅精通各项理论、熟悉诊断和会谈技巧对于咨询者来说是不够的，咨询者还必须追求自我成长，包括对自我的觉察、对未完成生活事件的处理以及对个人冲突的解决。

缺乏自我觉察的咨询者可能将咨询的焦点由满足来访者的需要转变成满足自己的个人需求，而导致来访者失去自我探索的机会，阻碍心理咨询的发展和来访者的成长。

如果咨询者本人不能很好地处理自己生活中的一些重大事件或早期经验，没有及时解决个人内心的一些冲突，则很有可能在遇到有相似问题的来访者时产生反移情，这会阻碍咨询者对来访者提供有效的服务。因此，在正式开始心理咨询之前，咨询者需要进行自我觉察，先澄清自己的态度和信念，在个人问题得到较好的处理后，再投入咨询工作。

增进自我觉察的方法有很多，包括个体咨询、团体咨询、朋辈咨询、继续教育和阅读相关图书，其他非正式的自我成长途径包括思考和评估工作与生活的意义、对生命中重要他人的意见保持开放的态度、尽情享受音乐与艺术、旅行、体验不同的文化、从事户外活动、冥想、追求心灵成长、从事体能活动，以及花时间与朋友、家人共处等。咨询者也可以参与一些有经验的咨询专家组织的有关咨询者个人成长的活动或课程，逐个、系统地分析人生中所需面对的重大课题，结合自己的成长经验，洞察自己内心的真实想法以及个人的人生观、价值观等。具体方法可见第三章第四节。

咨询者的个人成长是一个长期的过程，贯穿于心理咨询工作的始终。

（四）主动地实践心理咨询的技法

只要自己努力，独自一人也可以进行心理咨询的认知性学习，但进行心理咨询技法的实践，则需要有经验的咨询者的指导和他人的协助。

1. 接受咨询训练

角色扮演是咨询训练的一种行之有效的方法。学习者可以扮演咨询者或扮演来访者，进行面对面的咨询谈话，请其他学习者或有经验的咨询者观摩指导，以深化咨询经验。

金鱼缸（fishbowl）式学习也是咨询训练的一种有效方法，咨询者和来访者在一个有单向玻璃和录音装置的咨询室里进行咨询，督导师和其他咨询者透过单向玻璃观摩整个咨询过程，进行现场点评和指导。当然，这一切都需要得到咨询者和来访者的同意与配合，偷看偷录等行为是绝对禁止的。

2. 接受专家咨询

实践咨询技法的另一个重要方法，是咨询者自己作为一个来访者，通过接受有经验的咨询专家（督导师）的咨询，更深入地理解自我，同时体验来访者的心态，以使自己在今后的咨询实践中更加充分地理解来访者。

二、周围环境的准备

（一）设施的准备

设施的准备是指进行心理咨询所必需的诸如咨询室、接待室的整理和准备等。良好的咨询场所有助于心理咨询的实施。在心理咨询过程中，不仅咨询者本人在影响来访者，咨询者工作的场所也在影响来访者，这是咨询者需要加以注意的地方。

咨询室的装备并不要求华丽，但要具有专业形象和保密的功能。咨询室隔音是否良好、进出门是否分开、是否安静等都会影响来访者对咨询者的信任与开放程度。根据功能的不同，一个正式的咨询机构通常包括接待室、个体咨询室、团体咨询室、游戏室、心理测验室和资料档案室。

1. 接待室

接待室的主要功能是正式咨询开始前的预约和受理。房间最好位于咨询机构的入口处，属于半开放式。这一方面有利于预约员的视野可以兼顾进出咨询机构的人，另一方面可以减少心理咨询的神秘感，让前来预约或等待咨询的人感到放松。

接待室的面积不宜太大，要摆放沙发或几把舒适的椅子，边上可以摆放杂志架和饮水机，以供来访者消遣时间，不因等待而急躁。在预约员的办公桌上还要有专门用来预约的电话、咨询者的相关介绍以及一些预约、受理填写的表格。墙壁上可以张贴有关心理咨询原则、咨询者守则、心理咨询流程等文字内容，以提高来访者的信任感以及对心理咨询的了解。

2. 个体咨询室

个体咨询室的主要功能是进行一对一的心理咨询或治疗。

个体咨询室的面积虽然没有具体的要求，但应该尽量大小适宜。太小容易因为空间局促而让来访者感到紧张或有压力，太大又会让来访者感到空旷而难以集中精力。房间最好是独立的，隔音效果要好。个体咨询室内一般应光线柔和、色彩温和，以便来访者能平静、轻松，集中精力，墙壁上可以挂一些有象征意义的画。

心理咨询通常是在咨询室以谈话的方式进行，因而咨询室内应配备舒适的沙发或者有靠背和扶手的椅子。舒适的沙发或椅子可以让人很快地放松，不需要频繁地变换姿势，减少对咨询的干扰。来访者坐的沙发或椅子最好不要对着门口，一般放在咨询者左侧90°的方向，这样来访者既可以自然地看着咨询者，又能自然地移开视线，不至于使自己有很大的压力。咨询者和来访者之间可以摆一张茶几，上面放置面巾纸或钟表。

心理咨询有严格的时间限制，所以室内应摆放两个时钟（一个给咨询者看，一个给来访者看）。咨询者看时间不宜依赖手表，这样会干扰咨询的进行，容易使来访者不能平静地谈话。给咨询者看的时钟最好放在来访者背后咨询者容易看见的地方，高度最好与咨询者的视线一样，这样咨询者不需要转头或抬头即可看到。给来访者看的时钟可以放在咨询者的背后或茶几上。当然也可以只准备一个时钟，摆放在咨询者和来访者都能看到的位置。

有条件的话，可以在咨询室里摆放箱庭疗法用具、彩笔、画纸等。当来访者不能用言语表述其心理问题，或者由于某些原因不能很快进入咨询状态时，可以使用箱庭疗法用具或其他模具作为咨询的手段或介入咨询的媒介。

咨询室里应避免有电话、传真机、复印机等可能对咨询构成干扰的设备。此外还应准备一个写有"请勿打扰"的牌子，在正式咨询开始后挂在门口。

3. 团体咨询室

团体咨询室的主要功能是进行人数较多的团体咨询或辅导。团体咨询的时间比较长，人数比较多，因此团体咨询室在面积上应比个体咨询室大些，有足够的空间可以进行一些拓展活动。室内的椅子最好是方便移动的。除了具备个体咨询所要求的设置外，还要有团体咨询常常用到的一些物件，比如可以移动的大的写字板、海报、电脑、音响等，可以根据不同的主题和具体的活动进行布置。

如果需要使用团体箱庭疗法实施团体咨询与治疗，在团体咨询室需要配备箱庭疗法用具。团体箱庭是笔者结合心理临床经验和国内箱庭疗法开展的状况开发出的团体心理咨询与治疗、心理辅导的形式。从目前的实施效果来看，团体箱庭对于促进团体成员现实人际互动、人际关系的改善及个体的心理成长都有积极的意义。

4. 游戏室

游戏室的主要功能，一方面是给年龄较小的儿童提供合适的咨询场所，另一方面是给那些言语交流比较困难或者对心理咨询较为抵触的来访者提供放松的空间。游戏室里可以放置一些儿童感兴趣的图书、玩具等，也可以放供绘画用的画笔和纸片、用来发泄的沙袋和橡皮人等。游戏室内所有的物品都要考虑其安全性，易碎、易破的物品通常禁止摆放其中。游戏室一般需要脱鞋或换鞋进入，地板切忌硬、滑，可使用木质地板、地毯等。

5. 心理测验室

心理测验室的主要功能是对来访者进行心理量表的测试或其他身心指标的测试。室内有存放量表的橱柜，有书桌，有条件的可准备相应的心理仪器设备，如脑电仪、生理反馈仪、镜画仪、注意力集中仪、棒框仪等。心理测验室中应准备一些具有良好信度和效度的心理健康量表、人格问卷以及能力测查问卷等。

6. 资料档案室

资料档案室的主要功能是保存来访者的档案、咨询记录、测试结果以及咨询机构的相关资料。为了做到保密和安全，除了咨询者和相关工作人员外，其他人员禁止随便出入资料档案室。资料应有序、整齐地放在橱柜里。来访者的资料应有编号，以方便需要时查找。

（二）大环境和小环境的准备

这里所讲的大环境是指咨询者所置身的社会环境，小环境是指咨询者在单位或机构的情况。

1. 正确把握自己所置身的社会环境

在中国，心理咨询虽然已经广为人知，不属于新兴事物，但是大众对心理咨询行业的认识还处在初级水平。近年来，心理咨询有了很大的发展，但是有关咨询者的选拔、考核以及权益保护等各项制度还在进一步的制订和完善中。这就是咨询者目前所置身的客观现实。只有认清周围的现实，才能摆正自己的位置，更加从容地开展心理咨询工作。

2. 充分考虑自己在单位或机构的状况

咨询者应对自己在单位或机构的具体情况、特点等给予充分考虑。如果与咨询者保持直接的或间接的接触的人都能够理解心理咨询或心理治疗，同时也能给予一定的协助，那么心理咨询才可能顺利开展下去。如果咨询者在单位或机构里非常孤立，不能与周围的人保持良好的人际关系，就必然影响心理咨询的顺利开展，也容易引起各种人际关系及咨询关系的混乱。

咨询者应该而且必须不急不躁地为创造和改善能顺利开展心理咨询活动的咨询环境做出不懈的努力。

三、初次心理咨询应注意的问题

在充分做好心理准备及周围环境的准备之后，咨询者就可以与来访者直接见面，开始正式的心理咨询了。

咨询者在第一次为来访者心理咨询之前，可以请求有经验的咨询者进行一些具体的指导。如果没有这样的条件，可以考虑从以下几方面着手。

（一）选择适当的来访者

第一次心理咨询可以选择心理问题不严重、年龄比自己小几岁的同性来访者作为咨询对象。问题不严重是指精神病理症状较轻。一般来说，第一次为有心理问题的来访者进行心理咨询或心理治疗，多多少少会有些忐忑不安、缺乏自信，一开始就为比自己年长的来访者咨询会加重这种不安。所以，选择比自己年轻的来访者比较适宜。

（二）同时为两三位来访者持续进行

尽管是第一次做心理咨询工作，但也应该避免单纯只为一位来访者持续地进行心理咨询。相反，同时为两三位来访者持续地进行心理咨询为好。因为如果咨询者只面向一位来访者，往往会将全部精力倾注给这位来访者，而一次一次的咨询又往往会让咨询者亦喜亦忧，导致咨询者过度卷入咨询过程而迷失自我，从而影响今后的心理咨询工作。

（三）做好咨询的记录和整理工作

咨询者要认真、详细地做好咨询的记录和整理工作，这既是一种学习提高咨询技术的有效方法，也方便与同行或督导师进行交流，获得指导和帮助。关于咨询的记录和整理工作，第七章有详细论述。

（四）合理安排咨询间隔时间

咨询新手在为多个来访者进行心理咨询时，最好安排比较充足的时间，避免集中紧凑地接待多个来访者。咨询者此时的经验尚缺，更加需要在咨询开始之前对上次咨询进行回顾和思考，也需要在本次咨询结束后进行记录，这样不至于结束咨询过于匆忙，也不至于开始下一个咨询过于仓促。此外，心理咨询工作也会消耗咨询者的大量精力，需要咨询者合理安排休息，避免出现耗竭感，这样有利于心理咨询工作的可持续发展，也能相应保障心理咨询的效果。

（五）及时寻求督导或转介

对于不能胜任或难度较大的个案，要及时地寻求督导并及时转介。有关转介的具体内容，请参阅第七章相关内容。

第二节　心理咨询的设置

由心理咨询所建立的咨询关系是一种非常特殊的人际关系，心理咨询特别强调由咨询关系所确立的人际关系的独特性。为了理解这一特殊的人际关系所构成的特殊的咨询场面，以有效地利用这一场面开展工作，需要对心理咨询的设置有足够的了解并给予充分的重视。

一、心理咨询设置的必要性

心理咨询的设置应该在心理咨询开始或初期进行，包括咨询过程中所应该遵守的基本原则、规范，其中，诸如时间的限定、咨询场所的确保、咨询内容的保密等都是应该特别强调的内容。

这样一些规范和要求可以给予来访者一种安全感，使来访者可能存在的紧张情绪得到缓和，从而为建立相互信赖的咨询关系奠定基础，确保咨询过程顺利进行。同时，这些规范和要求也明确了咨访双方各自的责任和义务，让来访者明确心理咨询并不是咨询者单方面的事情，也需要来访者本人的努力和配合，只有这样，咨询才可能取得更好的效果。

有了这样的基本规范和要求，还可以防备在咨询过程中出现违背咨询关系性质的行为。例如：有的来访者往往不能遵守咨询限定的时间，超过时间后仍然喋喋不休；有的来访者给咨询者礼品；有的来访者希望在咨询室之外和咨询者见面、约会；等等。这样一些与正常的咨询关系不符的表现往往与来访者的心理问题有关，是理解来访者心理问题的重要资料。而这些资料的获得则是基于事先有了相关的规范和要求。

二、心理咨询的具体设置

（一）咨询契约

咨询契约，是指在心理咨询开始时必须确定的各种事项，如心理咨询如何进行，以什么形式进行，咨询目标是什么，时间、地点和费用等。

1. 目标的设定

咨询者通过受理面谈可以大体了解来访者所存在的心理问题，确认通过心理咨询可以帮助来访者解决这些问题，来访者也同意进行心理咨询，这样，咨询目标就可以设定。咨询目标可以分为短期目标和长期目标。在心理咨询初期，最为重要的是建立相互信赖的咨询关系，咨询者的真诚、尊重与无条件的积极关注，可以使来访者消除顾虑和紧张不安的情绪，形成和谐的谈话气氛。

2. 契约的遵守

咨询目标一旦设定，咨询者就可以与来访者商量今后的课题，咨询的时间、场所（地点）、费用、次数，咨访双方的责任与义务等具体问题。咨询契约并不单纯是对来访者的约束，也是咨询者应该遵守的原则和规范，这一点需要向来访者说明。在向来访者说明心理咨询的基本精神和原则的基础上所建立的咨询契约，是咨询者和来访者建立咨询关系的基础。

从咨询关系的确立到解除，咨询契约始终约束、规定咨询者和来访者所建立的咨询关系。没有契约不能进行咨询或治疗，契约一旦解除，咨询关系也就宣告结束。作为咨询者应该清楚地意识到心理咨询或治疗所建立的是一种特殊的人际关系，并在这一意识的基础上从事咨询工作。

契约的建立可以让来访者学会对自己承担责任，保护咨询者和来访者不受不当行为的干扰。在这种契约的保护下，咨访双方有了清楚的界限，对彼此都有明确的认识和期待，可以减轻彼此的心理负担，使心理咨询变得轻松，促进咨询效果的产生。

（二）咨询时间

心理咨询所讲的时间，包括一次咨询的时间、两次咨询之间的间隔时间、一个咨询周期的持续时间等。

1. 咨询时间的确立

个体咨询的面谈时间一般是一次50分钟左右。罗杰斯认为，一次咨询时间超过1小时的做法是不明智的。在1小时之内，咨询者和来访者都可能精力集中地谈话，时间拖长就容易产生疲劳，影响心理咨询的效果。

咨询次数以一周一次或两次比较普遍。但是，有时应根据来访者的精神和病理状态、发展水平、年龄等缩短面谈的时间或间隔，根据情况也可增加或者减少咨询的次数。例如，对于有精神分裂症的来访者，可能就需要将咨询时间缩短为20~30分钟，一周2~3次；对于那些行动化倾向较强的人，应该考虑增加咨询次数；对于工作特别繁忙的来访者，每周一次也许会增加来访者心理上的压力，可以考虑每两周一次，或者一个月一次；开展家庭咨询或团体咨询时，一次60分钟可能不够，90分钟比较适宜。

2. 时间观念

咨询契约一旦确立并开始咨询后，除因事故、紧急情况或因公出差等原因之外，原则上必须遵守约定的时间。不允许咨询者任意地或随便地变更已经约定的时间。咨询者对咨询次数、请假、休假、取消咨询的规定，以及如何结束咨询等事情，均要向来访者说明。一般情况下，多以提前24小时进行说明为准。对于有不清楚的地方以及可能的误会，咨询者应尽可能给予澄清，表现出人文关怀的精神。

有的来访者会将咨询时间延长，有的来访者会每次迟到，还有的来访者每次都会早早前来（提前30分钟）。通过来访者对这一既定时间的态度和表现，咨询者可以观察到由此所反映出来的来访者的精神病理或身心状况，恰当的应对可以更好地促进心理咨询工作的顺利进行。

3. 违约时间的应对

当来访者违反了事先已确定的时间规定时，咨询者应该如何应对呢？

约定时间后迟到或不来，可以反映来访者的各种动机或倾向。当然，因为突发的事故、突然有事或因交通堵塞等客观原因不能来的情况是有的，除此之外，迟到或不来往往是来访者对咨询者各种复杂感情的无意识表现。例如，总是不按约定的时间来，有时在只剩下十几分钟的时候来了。一般情况下，在只剩下10分钟的时间里，咨询者只是询问迟到或晚来的原因，然后商定下次的预约时间，便结束本次咨询。有的来访者尽管自己晚来，可是在约定的时间结束时往往对咨询者表现出"特意赶来了，怎么能这样不讲情面呢？"的反应。这是为了顶撞或挑战咨询者，或出于自己要支配时间的心理。

若来访者住的地方确实很远，又因交通堵塞或身不由己的事情而晚到或没来的话，咨询者应在力所能及的范围内为其调整并确保咨询的时间。

咨询者晚到、忘记预定的时间的情况也可能发生。咨询者违反约定的行为会严重地伤害来访者，故应予以避免。万一发生了，咨询者应该坦诚地向来访者说明原因、道歉并请求来访者的谅解。

4. 有关时间的说明

有的咨询者有准时结束咨询的困难，认为要告一段落，处理完一种情绪后才能结束。任意地延长咨询时间就是改变咨询契约，这样做是不恰当的。客观上每周一次的咨询是间断的，但在心理上，咨询是连续的并没有中断。咨询者不需要一次就把某个话题或某种情绪处理完，实际上情绪和问题是处理不完的。咨询该结束时就结束，按时开始和结束，也会帮助来访者养成每次来就谈正事的习惯，而且大多数来访者在咨询结束时都有将情绪收拾归位的能力，任意延长时间可能会让来访者产生不必要的心理负担。当来访者可以遵守咨询时间时，咨询的效果要比违背咨询时间契约有效许多。

定期咨询的情况下，如果到约定时间来访者没来的话，一般要等到下次的咨询时间。但是，如果知道来访者是因为家庭发生了不幸等原因而不能前来的话，咨询者应该向其表示自己的同情心。对于要改变咨询次数的来访者，如想由一周一次变为一周两次或两周一次，咨询者首先要了解来访者改变的动机，然后根据自己的时间和安排再确定是否同意。

咨询周期的长短因来访者的心理问题及条件的不同而有所差异，有咨询几次的，也有需要几年时间的。

心理咨询的来访者一开始往往对所需要的咨询时间特别关心，当来访者提出这一问题的时候，咨询者应首先确认来访者询问这一问题的意图，然后告诉来访者大体上需要的时间。

如果感到来访者的问题不是几次就可以解决的，可能需要花费半年以上的时间，咨询者可以告诉来访者将半年至一年作为一个段落，"不管怎样，先来一阶段，到时再看情况，好吗？"的答复比较适宜。"需要花上两三年时间"，这样说会使来访者产生"自己竟这么严重，没救了……"的绝望感。

咨询者方面因故不得不中断咨询的情况也时有发生，如咨询者生病、因公出差、参加会议、调动工作等。这是咨询过程中的重大问题，一般需要向来访者说清楚原因和理由，求得来访者的理解。咨询者在做好与来访者"分手"准备的同时，也应处理好来访者的善后咨询事宜，特别是在精神病院或医院的精神科为重度的精神障碍者进行心理咨询和心理治疗的咨询者（治疗者），更应特别注意这一问题，要对来访者进行及时的转介。

在咨询的初期确定好一系列有关咨询时间的原则并鼓励来访者遵守，这对于咨询的顺利开展是非常重要的。当来访者能够遵循咨询的基本原则时，咨询的效果比不遵守基本原则的来访者要好很多。咨询者在向来访者说明基本原则时要注意自己的语言技巧，让来访者在觉得被接纳、被关心的状况下接受咨询者的说明。

（三）咨询场所
咨询场所往往因来访者所去的咨询机构不同而有所差异。

一般来说，心理咨询机构应该位于方便来访者出入但又不明显的地方，最好避开吵闹的、人流较多的主干道，在环境优雅、较为安静的地方。

如前所述，咨询室内设置要首先考虑使来访者安心、放松、舒适，集中注意力。如果条件比较好的话，应设置个体咨询室、团体咨询室及儿童咨询室等。咨询室内应配备沙发、桌子、茶几等。如果需要进行音乐疗法、箱庭疗法等，还要准备音乐治疗椅、箱庭器具等。儿童咨询专用的房间要配备供游戏疗法用的玩具等。

除此之外，心理咨询机构还应具有以下设备。

（1）电话。最好是录音电话，用于咨询预约或必要时的联络。

（2）录音笔。必要时可以将来访者和咨询者的对话录下来，以备咨询者自我检查时用。

（3）摄像机。主要用于儿童咨询时观察儿童的各种活动、表情和行为反应。

（4）电脑。电脑主要用于心理测验、心理统计等，也可用于对来访者个人档案的管理等。

（5）拍照设备。如果在咨询（治疗）室进行箱庭治疗或游戏，拍照设备（手机、相机等）可以记录来访者的箱庭作品，是必备用品。

（6）面巾纸。在咨询过程中，无论是来访者还是咨询者都可能因为生理的不适（如感冒）或心理的不适（如因伤心、感动而落泪）等原因而需要用到面巾纸。

（7）时钟。最佳位置是咨询者和来访者两个人都方便看到的地方，双方都可以通过时钟把握咨询的时间。

除确保以上物质条件之外，还需要整个咨询气氛的协调。而咨询气氛的协调自然需要咨询者和工作人员多用心并加强相互协作，只有这样才能开展好心理咨询工作。

一般情况下，尽量避免改变咨询地点，尤其不宜由咨询者主动提出改变咨询地点。一个没有固定咨询室的咨询者，很难让来访者产生信任感。如果来访者要求改变咨询地点，咨询者要了解来访者的动机和理由。

（四）咨询场面

咨询场面，主要是指咨询面谈的形式，从咨询是一对一还是一对几，到咨询室内桌椅的配置、房间内部的装饰、咨询者的服装、箱庭疗法用的玩具等。

咨询面谈的形式应该根据来访者的咨询目的予以选择，有时可以根据咨询者和来访者的意愿来决定。

一般意义上的心理咨询采取的是一对一的面谈形式。成人的神经症、各种精神障碍、心理不适应等往往也限定于一对一的咨询形式。但是，如果来访者的心理问题牵涉夫妻间的感情调整，有时就需要夫妻同时来咨询。给孩子进行心理咨询的时候，也往往采取亲子同时来咨询的形式。对于一些在家庭互动方面出现问题的来访者，有的时候也会使用家庭咨询的形式。使用何种咨询形式，主要看咨询者和来访者之间所达成的契约及要达到的咨询目标。

依笔者拙见，心理咨询的位置关系以90度坐法（如图6-1中③所示）为理想。通常，对面坐法（如图6-1中①所示）便于咨询者保持与来访者之间的客观距离并全面观察来访者，但也会加重那些怀着不安、焦虑的心情前来咨询的来访者的心理负担，影响信赖关系的建立。而对于那些在人际交往上有问题的来访者，来自对面咨询者直接的视线又会加重他心理上的紧张不安。对这样的来访者，可以考虑斜坐法（如图6-1中②所示）、90度坐法。而180度坐法（如图6-1中④所示）应尽量避免，因为会让人觉得过于亲密或让来访者特别紧张，咨询者也不易观察到来访者的脸色和眼神。

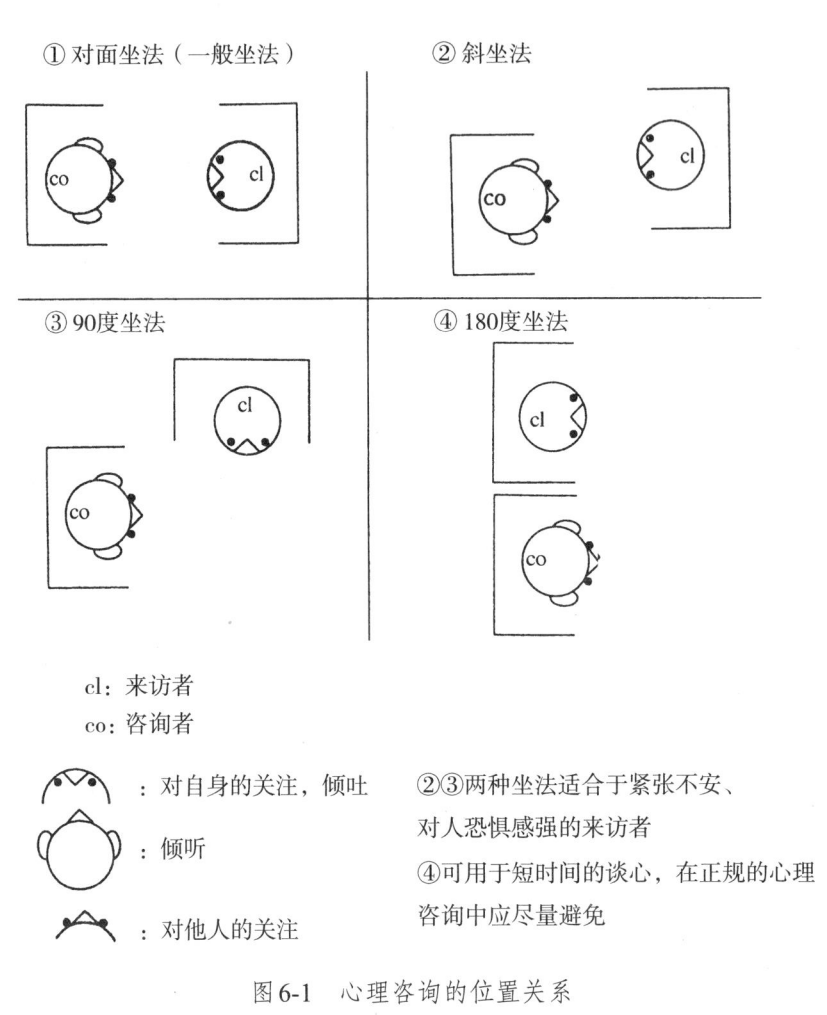

① 对面坐法（一般坐法）　　②斜坐法

③ 90度坐法　　④ 180度坐法

cl：来访者
co：咨询者

：对自身的关注，倾吐　　②③两种坐法适合于紧张不安、
　　　　　　　　　　　　对人恐惧感强的来访者
：倾听　　④可用于短时间的谈心，在正规的心理
　　　　　　咨询中应尽量避免
：对他人的关注

图6-1　心理咨询的位置关系

（采自张日昇，1999）

人的坐姿也反映了人的心理活动。如图6-2所示（cl为来访者，co为咨询者）：

图①中咨询者和来访者的坐姿稍前倾，表明关心和倾听，是心理咨询的基本姿态；

图②中咨询者的坐姿后靠，给人一种客观的、冷漠的感觉；

图③中咨询者的坐姿高于来访者，给人一种居高临下、威严的感觉；

图④中咨询者的坐姿后靠并跷二郎腿，给人一种傲慢、无所谓、冷漠的感觉。

图②、③、④中咨询者的坐姿是心理咨询过程中应避免的。

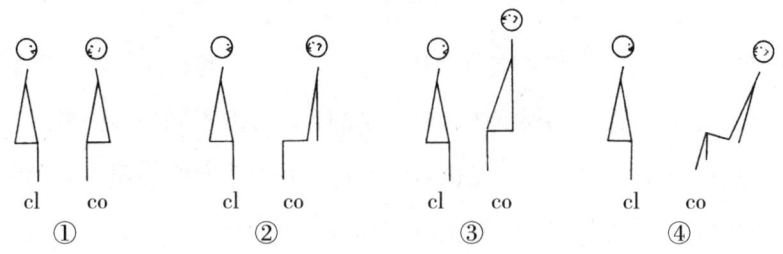

图6-2　咨询时的坐姿

（采自张日昇，1999）

（五）咨询费用

费用可以理解为心理咨询的重要道具，需引起注意。

1. 咨询收费的必要性

弗洛伊德对费用的要求非常严格。他认为付费具有"牺牲的"（sacrificial）本性，可以让患者的心理治疗动机最大化，表现了患者对心理治疗承诺的重要性。从精神分析的角度讲，付费还被认为是一种心理治疗工具，象征着心理治疗中所执行的严格界限，为心理治疗与现实世界架起了一座桥梁，提供给患者完成心理治疗的动力，并且不让他们依赖治疗者。不收费的精神分析对患者的治疗无益，同时还减少了治疗者自己的收入。因此，弗洛伊德强调精神分析与医学的其他领域不同，即使是朋友、熟人或家人，也必须收取咨询、治疗费用。

支付费用就意味着是别人，是外人。咨询者和来访者的关系有时胜于朋友或亲人，为了保持现实上的距离，收费是很有必要的。

收费明确了咨询者和来访者的权利和义务。笔者曾为付咨询费的来访者和不付咨询费的来访者进行过心理咨询。支付咨询费的来访者一般都不会无故不来或迟到，而不付咨询费的来访者却时有无故不来或迟到的情况。收费有利于来访者更加认真、积极地对待每次咨询，咨访双方都能全心投入，从而使咨询的效果得到保证。

2. 合理收费

目前，在国内，心理咨询收费从每小时100元至几百元不等。据笔者的了解，有的心理咨询机构根据咨询者级别的不同收取不同的咨询费用，一般收费为每小时300~800元。当然也有收费每小时上千元的心理咨询机构。随着社会的发展，平均收费有不断上升的趋势。

咨询费过低，会给人一种"这个咨询者就值这么一点儿钱"的感觉，以致怀疑咨询者的专业能力。而收费过高，又会使来访者产生抵触情绪，"这个咨询者钻进钱眼里去了"，从而影响信赖关系的建立。

咨询费既然是心理咨询的一种设置，根据来访者的不同情况采取不同的收费标准也是可以的。弗洛伊德认为收费的标准应当根据来访者可以负担的最大程度而定。收费的意义并不在于数目的多少，而在于维护咨询场面的设置，让来访者意识到这是一种有偿服务，更珍惜自己在咨询中的时间，把握与咨询者会谈的机会，认真、积极地对待每次咨询。

对想接受心理咨询而又没有经济能力的来访者，咨询者可以将其转介到社会上一些免费义务提供心理咨询服务的场所，或者联系当地的社会工作机构为其提供需要的专业帮助。

公共机关、学校和企业的心理咨询往往是免费的，来访者不必对此付费。不过，咨询者都会得到相应的补助或收入，这部分补助往往由公共机关、学校、企业承担。此外，在一些特殊时期（如2008年汶川大地震和2020年抗击新冠肺炎疫情期间）或特殊场所（如北京师范大学心理健康服务中心），咨询者本着人道主义精神或抱着进行咨询实践学习的目的会提供一些公益免费心理咨询和心理援助服务。

咨询者在收取来访者的咨询费时，不能摆出一种理所当然的面孔。收取金钱时如果有一种罪恶感的话，作为这种罪恶感的反面，又容易表现出"我对金钱毫无兴趣"的态度来，两者都应该予以避免。"咨询费是爱的象征"，这是精神分析和心理咨询的基本常识，所以不管是多少钱，咨询者都应该客气地收下，同时也应表示谢意。

开始时设定的咨询金额必须始终如一，不能随便改动，也就是说不能随意涨价，也不能随意降价。不过，根据来访者的突发实情（下岗、失业、破产、失去经济援助、急病等），必要时可以灵活地进行一些适当的调整。

总之，心理问题与咨询费的支付具有微妙的关系，应给予足够的重视。

（六）咨询者方面的其他因素

咨询者的特殊爱好及咨询者的年龄、性别及咨询经验等也是影响心理咨询的因素。

咨询者有自己的偏爱和嗜好，这对咨访双方所形成的特殊的人际关系可能产生影响，从而影响咨询的进展和效果。

咨询者与特定的来访者也会产生性格不合的情况。这种与特定的来访者合不来的情况的原因有很多，咨询者需要认真反思自身的问题，如果自身存在尚未处理、尚未解决的心理问题，则应首先解决。但是，如果确实感到与来访者合不来的话，能避开的话最好是避开，而且尽早为好。不过，应该负责地将来访者介绍给其他咨询机构或咨询者，与此同时，也应该求得来访者的谅解。

咨询者的年龄和经验也是一个必须充分考虑的重要问题。咨询新手有时经常会碰到比自己年长的来访者。这个时候，作为咨询者应充分尊重来访者。有很多问题，诸如夫妻的问题、孩子的问题、性生活的问题、学生的指导问题、公司的上下级关系问题等，可能是咨询者没有经验的领域，咨询起来会有一些困难。这时，应该谦虚地向来访者说明自己没有太多经验，在不失去自己作为咨询者的体面、身份的前提下获得一些教益也是一次难得的学习。如果来访者是一位重度的神经症患者或处于恢复期的精神分裂症患者，咨询者应该与精神科医生或心理治疗师合作，事先认真阅读有关的著作、论文、咨询与治疗介绍，做好充分的准备。

对于前来咨询青春期问题的来访者，最好是同性咨询者接待。特别是有关性的问题、恋爱问题等，来访者在异性咨询者面前往往羞于启齿，心理阻抗较强。对于那些特意选择异性咨询者来咨询有关性问题的来访者，咨询者要洞察其行为背后的原因，保护自身利益不受到危害也是咨询设置很重要的部分。

独身的咨询者为已婚者做心理咨询时往往会遇到一些困难和问题，特别是夫妻咨询。来访者如果知道咨询者尚未结婚，往往就不愿意谈自己夫妻间的事情，特别是性生活的烦恼；如果咨询者又是年轻的异性的话，来访者就更有顾忌而不愿启齿。

（七）来访者的咨询动机

来访者的咨询动机是左右心理咨询关系的重要因素之一，特别是当来访者并不是自愿前来咨询的时候，就更容易产生问题。例如，大多数儿童是由家长带来要求咨询的，而从少管所释放出来的少年主动来要求咨询的，可以说是极少数。大学生主动来咨询的比较多，中学生则相对较少。因此，咨询前应首先了解来访者的咨询动机。只有主动来咨询的来访者才可能从心理咨询中获益，而对于迫于别人的压力或催促来求助的来访者，咨询者不仅难以与其建立咨询契约，也很难将心理咨询顺利开展下去，咨询的效果自然不会好。

对于那些非自愿前来的来访者，咨询者首先要做的工作就是帮助来访者正确认识心理咨询，鼓励来访者先尝试一段时间再决定是否真的不需要心理咨询。咨询者要让来访者意识到，自己并不是与来访者的父母、教师结伙来惩罚或对付来访者的。咨询者毕竟是第三方，自己的意向并不受他人左右，只是从侧面为来访者提供心理上的援助。通常经过充分的认识和了解后，来访者会逐渐接纳咨询者，从而自愿接受心理咨询。当然，如果受学校的委托为某个学生进行心理咨询，咨询者则不能否认作为学校的代理人所具有的某种约束力。不过，咨询者不能因此而影响协调的咨询关系的确立。

对于某些怀有特殊的动机前来咨询的来访者，咨询者要特别留心其真正的目的是什么，思考他们这么做的原因，而不是纠缠于来访者的话题，陷入来访者编织的圈套。有的来访者是抱着看看心理咨询究竟是什么前来的，这些来访者可能内心深处有需要，但是因为不了解心理咨询，所以不敢轻易地表达。咨询者不妨简单通俗地介绍心理咨询的功能。在了解和体验了心理咨询的过程后，可能有些来访者就愿意向咨询者真正敞开心扉了。

有的来访者会故意挑战咨询者，他们对心理咨询这种助人方法不信任或曾经在心理咨询过程中受过伤害。面对这样的来访者，咨询者首先要沉着、冷静，不要就挑衅的话题进行辩论，这样只会偏离心理咨询的方向。咨询者关注的问题不是来访者挑衅的话题，而是挑衅行为背后的原因，帮助来访者一起分析和探讨。心理咨询是否有效不是用语言来证明，而是让来访者亲身去体验、去感受。

心理咨询应本着"来者不拒，去者不追"的基本原则进行，只有在双方坦诚、自愿的情况下，咨询才能取得良好的效果。

（八）与其他咨询者、咨询机构的关系

如果来访者是其他咨询机构介绍来的，咨询者在决定接受之后，应该将来访者来后的大体情况、今后的对策等简单地报告给介绍者或介绍机构。与此同时，咨询者应该明确介绍者与来访者的关系。

在医院为患者进行心理咨询的时候，咨询者需要保持与患者的主治医生之间的良好关系，避免造成来访者不知该倾向于主治医生还是咨询者。学校心理咨询也要注意这一问题，咨询者应协调好与班主任的关系。公司、企业里的咨询者也需要注意与来访者的上级协调好关系，既要向上级真实反映来访者的状况，又要注意保护来访者的咨询内容，特别是来访者的隐私。

咨询者在感到难以为特定的来访者解决心理问题的时候，应尽快在协商后将来访者转介给其他咨询者或咨询机构。转介的时候要提前向来访者说明，并打消来访者"自己已经病入膏肓"的念头，要让来访者明白转介是为了更好的咨询而不是对他本人的拒绝。对于来访者可能是器质性障碍或其他疾病的猜测，咨询者应求助于医疗机构给予严密的诊断，在此基础上做出应对。

心理咨询本身是一门有关人际关系的学问。咨询者应处理好与其他咨询者、机构及相关部门之间的协调关系，以适应心理咨询作为人际关系的学问的高标准要求。

以上叙述了心理咨询前的准备及心理咨询设置的具体问题。这一系列问题作为影响心理咨询工作的重要因素，应该给予足够的重视。作为一名心理咨询工作者，应首先根据自己所在的心理咨询机构的特殊性，在心理咨询开始之前，明确自身应注意的问题，然后充满自信地投身到心理咨询工作中去。

思考题

1. 心理咨询前应进行哪些准备？

2. 为什么必须进行心理咨询的设置？

3. 心理咨询的设置具体包括哪些工作？

第七章
心理咨询的过程

心理咨询的过程大体可以分为受理、初期、中期和后期四个阶段。在这一过程中，咨询者对各阶段的理解是否清晰、对主要工作内容的把握是否全面、对来访者问题的判断是否准确、对咨询方法的运用是否得当，直接影响着心理咨询的顺利开展和咨询效果。

第一节　心理咨询前的受理面谈

受理面谈可以理解为心理咨询的前期准备工作。受理面谈中需要评估来访者的情况是否属于心理咨询的工作范畴，是否在咨询者的专业胜任力范围内，并需要为来访者推荐合适的咨询者。

一、什么是受理面谈

受理面谈也称为预备咨询，是指对来访者所存在的心理问题及对此可能给予的心理援助进行正式咨询前的谈话。

这里所讲的受理面谈并不单纯指受理来访者的咨询申请，它是心理咨询的一个组成部分，是构成心理咨询的重要步骤，也是通往心理咨询的桥梁。所以，受理面谈的担当者（简称受理者）应由接受过心理咨询专业训练的咨询助理或事务人员承担，或者直接由咨询者来承担。

若是由专门的人员来进行受理面谈，可以提升咨询机构的工作效率，同时也有助于给来访者安排合适的咨询者。不足之处是受理者与咨询者之间往往缺少信息的交流，来访者在受理和正式咨询阶段需要重复陈述一些内容。而直接由咨询者来进行受理面谈，可以减少来访者重复陈述的负担，也可以减少咨询机构的人力负担，但是可能会遇到受理后发现来访者的问题与咨询者不匹配，从而需要转介的情况，降低工作效率。两种方式没有对错，咨询机构可以根据自身的情况选择最为合适的方式。

二、受理面谈的作用

（一）判断是否接受咨询

受理面谈的第一个重要作用，是判断来访者的主诉与咨询者的工作领域或所在咨询机构、单位能够提供的心理咨询与治疗范畴是否匹配，具体包括以下几个方面的内容。

（1）来访者是否表现出精神病性的问题。对于有明显的精神病性症状、需要专业医疗机构介入的来访者，咨询者通过受理面谈阶段的心理评估可以做出能否接待的判断，必要时应转介或推荐来访者到医疗机构进行医学鉴别诊断。

（2）来访者的诉求是否属于心理咨询的工作范畴。心理咨询聚焦于心理层面的困扰和问题，而非直接解决现实层面的问题，如经济上的困难、毕业生就业的困难等。如果现实的困难是来访者痛苦的主要来源，并且持续对其造成影响，可能心理咨询的帮助是很有限的，而一些其他性质的机构也许可以为来访者提供更好的帮助。例如：对于经济上的困难，可以建议来访者寻求当地政府、社区相关机构的援助；对于毕业生就业的困难，可以建议来访者联系所在大学的学生就业指导中心获取帮助；对于担心自己患有某种神经症的来访者，可以向其推荐相关的专门医院或精神科、心理科门诊。

哪些问题和困扰是属于心理层面的呢？美国心理学会总结出心理咨询具有缓解情绪症状、改善人格、减少症状发作、提高生活质量、提高在工作和学习中的适应能力、使人更倾向于做出健康的人生选择等作用。

（3）来访者的问题是否超出咨询者的胜任力范畴。即便来访者的问题属于心理咨询的工作范畴，咨询者也需要谨慎地评估自己的胜任力，必要的情况下进行转介。例如，来访者近期曾遭受重大的创伤事件，如自然灾害（地震、泥石流）、人为伤害（性侵、暴力）等，而咨询者没有创伤咨询方面的受训经历，则不适合接待来访者，应及时、恰当地进行转介。

（二）收集相关资料和心理评估

受理面谈的第二个重要作用，是为正式的心理咨询收集相关的资料和进行心理评估。相关资料包括来访者的年龄、性别、职业，目前存在的心理问题，近期重大生活事件，以前有无咨询或就诊的经历，自身和家庭的精神病史，紧急联络人及其联络方式，等等。

在收集来访者相关资料的基础上，受理者对来访者的问题状态、背景信息有初步的判断，根据初步的评估结果，与来访者商议确定合适的咨询者。如果有必要，受理者还可以对来访者在咨询前进行一些人格、能力、心理健康方面的测验，掌握更加客观、准确的信息，为正式的咨询收集更加丰富而详细的资料。

（三）承前启后

受理面谈的第三个重要作用，是承前启后。来访者对心理咨询可能会有一些好奇和疑惑，也可能会有担心和不安，受理者可以在受理过程中逐步予以解答，如心理咨询的工作范畴、咨访双方的权利和义务、咨询者或所在机构心理咨询工作的开展形式、咨询者的收费价位、咨询的频率等。这也是一个对来访者进行心理科普和教育的过程。

了解来访者的信息后，针对来访者的情况和诉求，受理者进一步确定后续心理咨询工作的开展，并为来访者预约和咨询者的正式会谈。

图7-1展示了从申请预约到心理咨询与治疗的基本流程。

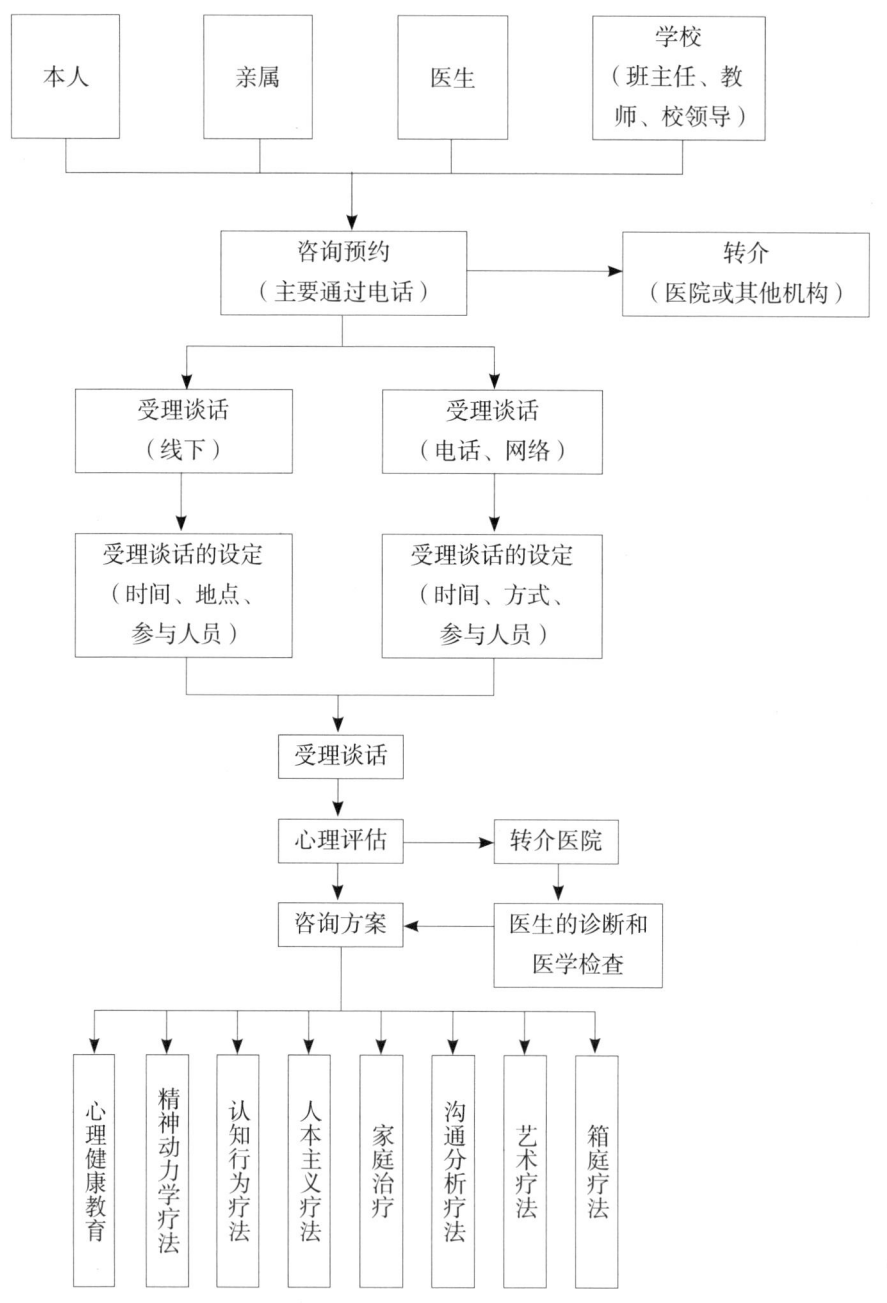

图 7-1　从申请预约到心理咨询与治疗的基本流程

三、受理者的主要工作

图7-2表示在受理面谈时，受理者应该承担的主要工作。

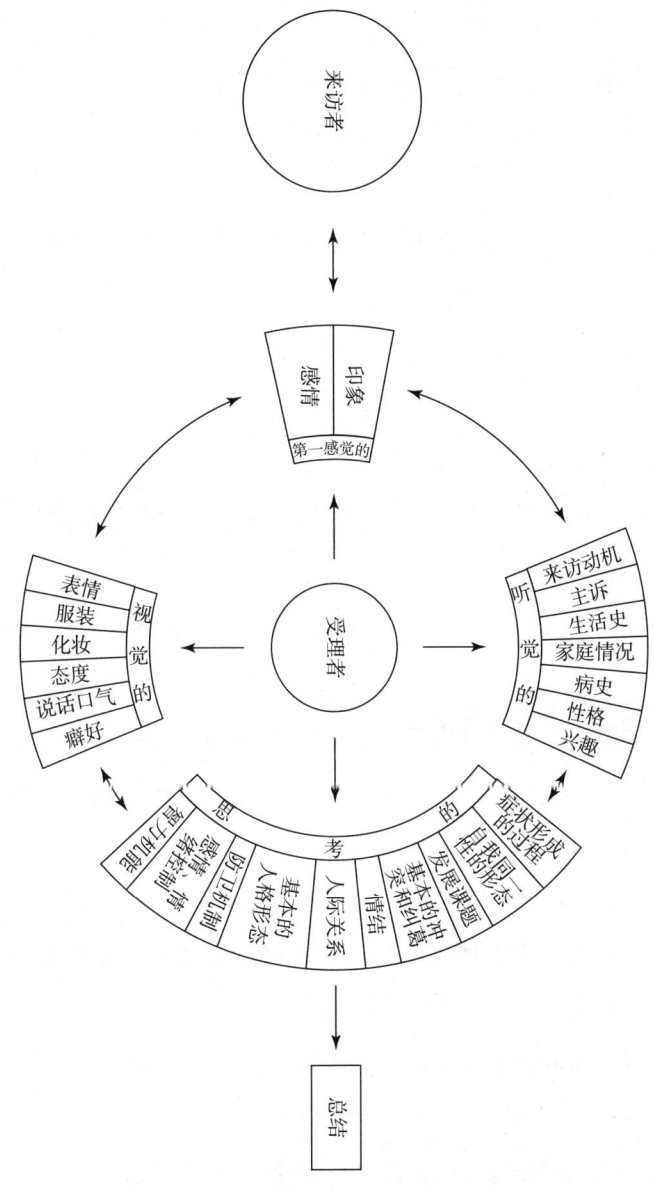

图7-2 受理者在受理面谈时的主要工作

（采自铃干八郎等，1992；张日昇，1999）

（一）耳听

受理者与来访者主要以言语交流为主，通过面谈，受理者应掌握以下信息：

（1）来访者的咨询动机（来访者来咨询的原因）；

（2）来访者的主诉（来访者对自己问题的表现、感受、持续时间的主观描述）；

（3）来访者的生活史（主要的生活经历，成长中发生了哪些重大事件，过去和现在的人际关系状况，等等）；

（4）来访者的家庭情况（与父母的关系如何，父母之间的关系如何，是否是独生子女，与兄弟姐妹的关系如何，与配偶的关系如何，等等）；

（5）来访者及其家庭成员的病史（胎儿以及成长期是否有过重大的疾病，自己及家庭成员是否罹患过精神疾病，临床的诊断结果是什么，服用过哪些精神药物，等等）；

（6）来访者的其他生活状况（受教育水平，工作或学习的情况，兴趣爱好，等等）。

在实际面谈中，受理者应该耐心地倾听，同时注意以下事项：

（1）以轻松稳妥的步调进行，尽可能避免让来访者产生被提问的压迫感；

（2）尽可能使用开放式的问题，这样可以收集更多意想不到的信息；

（3）避免对来访者的回答进行随意的解释和推测，尽可能让来访者说，受理者不进行评论；

（4）注意提问的方式，避免某些敏感的话题，避免使用一些容易使来访者产生情绪波动的言语；

（5）对于模糊的回答要及时澄清，避免一些不必要的误会。

（二）目视

受理者在与来访者面谈的同时，要注意来访者一些非言语的信息，如眼神、表情、说话的语气、声音的大小、肢体的动作，尤其是手的动作等。来访者的这些非言语行为可能包含了很多宝贵的信息，可能是其心理问题的一种无意识的投射。

对来访者的观察并不仅仅局限在面谈的时间里，而是从来访者踏进咨询室的那一刻起就开始了，一直到来访者离开咨询室。

（三）形象的感受

受理者在目视、耳听的基础上，对来访者的形象会有一个整体的感知，包括来访者的面貌特征、衣着形象、谈话形象、坐姿以及给人的第一印象等。这些形象的感知是感性的、直接的，没有经过理性的分析。对于很多有经验的咨询者来说，在有些情况下这些感性的东西比理性的东西更加重要。

以上是受理面谈工作的核心内容，也是对受理者所接受的心理学训练、教育的检验。作为心理咨询机构的工作人员，都应该接受心理咨询的基本训练和基础学习，只有这样才能更好地配合咨询者（治疗者）。不过，需要强调的是，受理面谈并不意味着心理咨询或心理治疗，受理面谈时应避免随意的推测和主观的假设，以免影响今后的心理咨询或心理治疗的顺利开展。

另外，在受理面谈工作中，受理者在思考问题时除了参考来访者本人提供的信息外，还要考虑其他来源的信息，诸如来自来访者的亲属、教师等的信息或情况介绍，还可以参考心理测验所得到的结果。

（四）对以上工作的总结

这是对以上所述三方面主要工作的综合性考察。通过对以上工作的总结，受理者可以大体了解来访者心理问题的现状及其接受心理咨询的动机，这有助于咨询关系的建立及心理咨询与治疗的开展。

为了避免遗忘所带来的损失，受理者最好能有特定的记录用纸，这也有利于来访者个人档案的建立。

表7-1至表7-4是笔者指导学生心理咨询实践时所使用的受理记录表，可供参考。

表7-1 心理咨询受理记录（未成年人用）

受理时间＿＿＿＿＿年＿＿月＿＿日　　　　　　　　编号＿＿＿＿＿＿＿＿

儿童

姓名		性别		出生年月	
学校		年级		联系方式	
现住所					

监护人

姓名		性别		与来访者的关系	
年龄		职业		联系方式	
现住所					

其他陪同者

姓名		性别		与来访者的关系	
年龄		职业		联系方式	

来访者问题概要（含主诉、他人表述）

处理

处理内容		受理者	
处理理由			

表7-2　心理咨询受理记录（成人用）

受理时间＿＿＿＿＿　年　　月　　日　　（新、旧）　　　　编号＿＿＿＿＿

姓名 …………………………	男	出生年月日	（　　岁）
	女		年　　月　　日
现住所			
		电话（　　　　　　　）	
单位（学校）		所在地	
		电话（　　　　　　　）	

| 介绍者 | 所在地 |
| | 负责人　　　电话 |

| 主诉（咨询主旨、问题概要） |
| |

处理

| 处理内容 | 受理者 |
| 处理理由 | |

表7-3 心理咨询受理记录（大学生用）

受理时间 ＿＿＿＿＿ 年 月 日 （新、旧） 编号 ＿＿＿＿＿

<table>
<tr><td rowspan="7">来访者</td><td>姓名</td><td></td><td>性别</td><td></td><td>出生年月</td><td></td><td>住所</td><td></td></tr>
<tr><td colspan="2">学院及专业</td><td></td><td colspan="2">联系电话</td><td colspan="3"></td></tr>
<tr><td colspan="2">兴趣及关心领域</td><td colspan="6"></td></tr>
<tr><td colspan="2">既往身心健康史</td><td colspan="6"></td></tr>
<tr><td colspan="8">咨询主旨、问题概要</td></tr>
<tr><td colspan="8"></td></tr>
</table>

<table>
<tr><td rowspan="10">家庭环境</td><td colspan="7">1. 家庭主要成员情况</td></tr>
<tr><td>称谓</td><td>年龄</td><td>学历</td><td>职业职务</td><td>居住地</td><td>身心健康</td><td>性格特点</td></tr>
<tr><td></td><td></td><td></td><td></td><td></td><td></td><td></td></tr>
<tr><td></td><td></td><td></td><td></td><td></td><td></td><td></td></tr>
<tr><td></td><td></td><td></td><td></td><td></td><td></td><td></td></tr>
<tr><td></td><td></td><td></td><td></td><td></td><td></td><td></td></tr>
<tr><td colspan="7">2. 家庭状况（家庭气氛、交流沟通情况及方式）</td></tr>
<tr><td colspan="7">3. 家庭经济状况及居住环境</td></tr>
<tr><td colspan="7">4. 家庭大事</td></tr>
</table>

受理者： 咨询者：

咨询拟安排时间： 月 日（星期 ） 时 分

表7-4　心理咨询受理状况

受理时间＿＿＿＿＿＿年　月　日　时　分　　　　　编号＿＿＿＿＿＿＿

来访者信息	姓名		性别		年龄	
受理印象	1. 外观（容貌、言行、健康状态） 2. 性格特征（人际关系，对老师、朋友、家庭的感情、态度） 3. 其他					
受理过程与内容						

受理者：　　　　　　　　　　　　　　咨询者：

咨询拟安排时间：　　月　　日（星期　）　时　分

四、受理面谈时应注意的事项

一般情况下的心理咨询是需要先通过电话或者网络平台预约的，受理者大体上了解来访者的基本情况、所要咨询的内容之后，就可以与来访者约定具体的时间、地点。来访者按约定的时间来到咨询室，就意味着受理面谈的开始。

（一）受理面谈的次数

受理面谈的次数一般是1~2次，比较多的情况是一次后就进入正式的心理咨询过程。不过，对于那些应对比较困难的来访者，受理者需要慎重对待，因而可能需要增加受理面谈的次数。比如，有时要建议来访者就医，进行躯体和心理方面的检查、评估和诊断，受理面谈的次数也会相应增加。当受理者和咨询者为同一人（这类情况在规模较小的咨询机构较多）的时候，有时很难明显地区别何为受理面谈，何为心理咨询面谈。一般情况下，与来访者的咨询契约一旦确立，就可以说已经正式进入心理咨询。

（二）来访者与陪伴者关系的处理

在电话预约中，受理者应该特别了解来访者是自己独自一人还是和他人一起前来咨询室。如果事先知道是由教师（班主任或辅导员等）或亲属（父亲或母亲等）陪伴而来的话，那么可以做好两个受理者出面接待的准备。不过，一般情况下，受理面谈由一个人进行。那么，这就有一个问题：是先见来访者还是先见陪伴者？

例如，父亲或母亲（陪伴者）和孩子（来访者本人）一起来到咨询室时，按常规，父亲或母亲会先于孩子与受理者见面，诉说孩子的种种"问题"和造成这一系列"问题"的原因。如果受理者先与孩子的父母见面，很容易使孩子产生一些猜测和顾虑："爸爸（妈妈）说了我些什么呢？""大人之间肯定在搞什么名堂和交易。""这里肯定是听爸爸（妈妈）的！"这样会造成来访者本人因防御机制增强而产生抵触情绪，从而影响心理咨询的顺利进行。因此，即使孩子（来访者本人）的父母表示"老师，我想先和您谈谈"的意思，受理者也应婉言拒绝："我想，还是先见一下您的孩子，与孩子谈一下之后再与您谈，好吗？"先与孩子见面，这显然就明确了孩子是"主人公"，这是确立心理咨询场面构成极为重要的一环。

受理面谈时，受理者如果感到确实有必要和陪伴来访者前来的监护人（或辅导员、班主任及其他亲属）进一步面谈，在征得来访者（即便是孩子）的同意后，可以与陪伴者另行约定见面的时间。

高中、大学阶段的来访者往往从一开始就不愿意让家长陪同，更多的是自己一个人来到咨询室。在这种情况下，即使受理者感到与来访者的家长见面非常重要，也需要提前征得来访者的同意，之后方可预约见面。

幼儿受理面谈也存在同样的问题，即谁是心理咨询的"主人公"的问题。当幼儿与母亲尚处于难以分离的状态时，受理者可以安排幼儿与母亲先共同待在有玩具的房间里，在幼儿习惯之后让母亲离开。当母亲离开以后，受理者可以告诉幼儿"妈妈在外面等着……"，最好不要由幼儿的母亲告诉幼儿这样的事实，以免增强幼儿的分离焦虑。

总之，正确处理好来访者本人和陪伴者之间的关系，确认谁是"主人公"，是心理咨询场面构成的重要内容，也是导入心理咨询过程并促使心理咨询顺利开展的不可忽视的环节，受理者应该特别予以重视。

（三）保密的问题

心理咨询的保密原则并不局限于心理咨询的过程之中，在受理面谈时也必须坚持保密的原则。例如，受理者在获得来访者本人的同意后于其他时间与来访者的家长见面，可以把会谈的内容告诉来访者本人，但不可随便地把受理面谈时来访者本人的谈话内容告诉其家长。当然也有例外，当来访者有强烈自杀倾向时，或需要获得有关人员的协助或配合时，受理者可以打破保密的约定。《中国心理学会临床与咨询心理学工作伦理守则》（第二版）对隐私权和保密性进行了详细的论述，受理者可参照该守则根据实际情况定夺。

（四）其他问题

为了区别受理面谈和正式的心理咨询面谈之间的区别，受理者应该明确向来访者说明自己的身份和受理面谈在心理咨询过程中的作用。

"我在这个心理咨询机构负责受理面谈，我姓×。"

当然，有时可能"受理面谈"这个词本身很难被来访者所接受和理解，也可以进行具体的说明："今天，先由我来大体上听一下您所要咨询的问题，然后报告给咨询者，商量并决定由哪位咨询者为您咨询。一旦选定合适的咨询者之后，我会通知您，这样您就可以和咨询者详细地谈您想咨询的问题。"以上的语句并非固定不可变通，受理者可以根据具体的场合灵活运用。

初次前来咨询的来访者可能并不清楚咨询的程序、时间、费用等，受理者可以简单地针对来访者的疑问进行解答。

受理面谈时坐的位置也应该注意。一般情况下可以正面相对而坐，但对有较强的不安和紧张情绪的来访者，可以采取斜面而坐，呈90度角。也有在长椅子或长沙发上并排而坐的，但这在日常生活中往往是比较亲密的人坐的方式，在心理咨询中使用容易产生移情，所以我们不太主张在心理咨询中采用这种坐的方式。

不管怎样，使来访者不至于过度紧张，能够在情绪缓和的状态下和受理者谈话，是受理者需要周密考虑的事情。

谈话时间一般应与咨询时间一样，限定为一小时以内。有陪伴者时，应在时间上给予较充足的安排，但从受理者注意的可持续时间考虑，一个小时也应该说是上限。受理者如果判断一个小时不能完成受理谈话，可以考虑再次找时间接受来访者的受理面谈，不必急于求成。

五、和家长受理面谈时应做的工作

一般意义上的心理咨询的对象限定于来访者本人，也只有那些本人感到有心理不适并愿意主动来咨询室寻求心理援助的来访者，才容易从心理咨询中获益。但是，实际上咨询对象并不局限于来访者本人。特别是像青春期不适应、问题行为及成年期的反社会人格障碍等，可能当事者本人一开始就不愿来咨询室，即使迫于无奈来了，也不会持续接受心理咨询。这个时候，我们往往采取的是对当事者本人的家长进行后续的心理咨询，其中也有不少尽管没有和当事者本人见过一次面但咨询或治疗获得了成功的例子。这种以家长为中介所进行的受理面谈基本上与来访者的受理面谈一样，但要注意避免下述问题的发生：

（1）对家长养育态度的批评导致家长潜在的自我责备感倍增；

（2）把孩子出现问题行为的原因简单地归结为家长自身的人格问题；

（3）被家长所操控，看不到家长自身存在的心理问题；

（4）因为不是来访者本人而感到无所谓或敷衍了事；

（5）执拗地要求将当事者本人领来，增加了家长的无力感。

以上情况如果出现，就可能伤害家长的自尊心，从而对日后的连续咨询产生负面的影响。受理者如果把孩子的心理不适应或问题行为简单地归因于家长自身的问题，就容易错误地认为家长来受理面谈的目的就是家长自身来接受咨询或治疗。受理者应该清楚，前来咨询的家长是为自己的孩子而来的，即使咨询的结果成为对家长的咨询，咨询的第一目的也不可忘记。也就是说，家长前来咨询的目的，是通过家长的间接咨询达到对孩子的咨询或治疗。从这个意义上讲，家长本身是辅助咨询者或辅助治疗者。如果不能理解家长前来咨询的目的而固执于对家长进行咨询或治疗，有时可以理解为是一种违反契约的行为。

当然并非没有例外。在咨询过程中，家长逐渐开始感觉到自身所存在的问题，并提出希望自己来接受咨询或治疗，这时咨询者就需要重新设定咨询契约。

表7-5和表7-6是与家长受理面谈时使用的记录表。特别是表7-5，无论前来咨询室的家长的孩子是否成人，都可以使用。不过，在使用的时候不能机械地询问，而应该深入地洞察家长与孩子之间的情感、冲突和矛盾的内在

原因。

应该承认，来访者本人的各种心理不适应问题在很大程度上是复杂的家庭生活和家庭矛盾造成的。如果咨询者不能对来访者的家庭背景、父母养育态度等给予恰当的认知和一定的了解，就很难对来访者提供有效的心理援助。

表7-5 生活史

编号	姓名

胎儿期	○母亲的身心状况、病情（麻疹，流感，糖尿病），疲劳（有，无），妊娠反应、呕吐（强，普通，弱），浮肿（有，无），药物使用（ ），妊娠中毒（－，＋），营养（良，不良），出产的期待，不安（有，无），外伤（有，无），胎动（强，弱），流产（有，无），人工流产［有（第 次），无］ ○家庭的生活状况
出生时期	父＿＿岁，母＿＿岁，在胎＿＿月［预产期（早，晚）＿＿天］ ○分娩状况（轻，普通，难产）：异常（早期破水，胎位异常，脐带脱落，人工流产，剖腹产），麻醉（有，无）
新生儿期	体重＿＿克，哭（强，中，弱），畸形（有，无），外伤（有，无），双胞胎（ ），早产儿（保育器 日），黄疸（强，中，弱）＿＿天开始并持续＿＿天，吃奶状况（强，中，弱），抽风（－，＋）
乳幼儿期	○营养（母乳，混合，人工），吃奶状况（强，中，弱） ○断奶（难，易）：开始＿＿岁＿＿月，结束＿＿岁＿＿月 ○定颈＿＿月，会坐＿＿月，爬＿＿月，支持站立＿＿月，一人站立＿＿月，走路开始＿＿岁＿＿月，出牙＿＿月，牙牙学语＿＿月 ○排泄：去尿布＿＿岁＿＿月，夜尿到＿＿岁（现在仍有）＿＿回／周，小便的自立时期＿＿岁＿＿月，大便的自立时期＿＿岁＿＿月 ○发烧［有（＿＿月＿＿℃＿＿天），无］，抽风发作（－，＋） ○容易感冒（－，＋），容易消化不良（－，＋） ○营养状况（瘦，中，胖） ○会说话的年龄＿＿岁＿＿月

表7-6　现在的生活状况

编号	姓名

习惯

　　○ 吃饭（奶，流动食，普通食）：自立，需帮助，拿筷子，拿勺子，偏食（有，无），喜欢的食物（　　），讨厌的食物（　　），食欲不振

　　○ 排泄：大便一日____回（自立，部分帮助，全部帮助），便意和尿意的训练，夜尿［有（一日____回），无］，口水［有（多，少），无］

　　○ 睡眠（良，中，差）：睡姿不好，夜泣，夜惊，要人陪才睡

　　○ 穿衣脱衣：能且需花时间____分，能一部分（　　），不能

　　○ 洗脸：能，没有让做过

　　○ 刷牙：能，没有让做过

语言

　　○ 语言：正常，能说话但不系统，有时能说可理解的话，说话晚，口吃，说话快，能说，不说话，自言自语，可以发几个音（　　），不能发音，说长音，现在会说的话（　　）

　　○ 听力：叫名字能转过身（不能，有时能，完全不能）

运动

　　○ 运动：身体不稳，双手不自由，不能坐，一个人不能站立，不能走，稍微能走但易摔倒，动作迟缓，动作少

　　○ 移动时：步行器，轮椅，拐杖，其他（　　）

　　○ 身体：容易疲劳，不胖，没有精神，容易头痛，肚子痛，易吐，易拉稀，药物使用（有，无）

幼儿园、学校

　　○ 状况：一直没去，经常不去，有时不去，从来不去

　　○ 智商：普通，稍有问题，相当有问题，检查结果IQ = ____（种类、实施日）

　　○ 学习成绩（上，中，下），喜欢的学科（　　），不喜欢的学科（　　）

　　○ 学习态度（　　）

　　○ 交友关系：孤独，会和其他小朋友玩，经常打架

六、和学校有关人员受理面谈时应做的工作

小学、中学时期的儿童和青少年正处于心理不适应易发的时期，却往往因多种原因不能来咨询室。在这种情况下，当事学生的班主任、学校行政人员往往会来咨询室，反映当事学生的问题，求得心理咨询专家的心理援助。

受理面谈时，受理者应该首先确认当事学生不能前来的原因、当事学生的父母亲不能前来的原因，是学校没有做工作还是做了工作没有任何成效？如果心理咨询需要以学校关系者为中转媒介，则重点应放在促进当事学生的心理适应与发展上。

在这种情况下，受理面谈阶段应注意以下几个方面的问题。

（1）明确学校方面目前对当事学生最困惑、最头痛的问题是什么。

（2）明确现在及今后，由谁来承担对当事学生（或其父母亲）的心理咨询与治疗的责任和工作。

（3）明确至今为止，有谁为当事学生（或其父母亲）做过怎样的心理咨询或指导工作，效果如何。例如对辍学儿童，学校方面曾让谁去登门了解情况，学生或家长的反应如何。

（4）注意了解学校现有的规范和制约（学校内的指导体制、校规等）。

（5）明确前来受理面谈的人与当事学生的关系，以及对当事学生心理问题的了解程度。

第二节　心理咨询的初期

心理咨询有三次之说，也有被称为"只能三次咨询"的咨询者，是指咨询者能使来访者勉强坚持来三次，但是不能继续下去。三次以后如果问题还未得到解决，就出现中断局面或中止状况。

不管怎样，去心理咨询机构见一下咨询者，了解一下咨询者是怎样的人，心理咨询到底是怎么一回事，往往是来访者第一次接受心理咨询的意

图。抱着这样的意图的来访者，在第一次咨询时主要是诉说自己存在的问题、烦恼和不安等。因为是第一次，所以咨询者只是"嗯、嗯"地倾听着。第二次，来访者往往特别注意确认咨询者到底是不是真正理解自己，因此，咨询者需要表现出对来访者最大限度的理解态度。这样，来访者就会在第三次咨询时不再局限于诉说表面的问题，而会深入到问题的实质。

当然，也有三次确实就能为来访者解决问题的心理咨询，这种情况往往要么是来访者的问题较轻，要么是咨询时来访者正在好转的过程中。一般而言，心理问题往往不是两三次心理咨询就可以解决的。

一、心理咨询初期的课题

（一）建立良好的咨询关系

在心理咨询的初期，对咨询者而言，最重要的课题是与来访者建立相互信赖的咨询关系。如果不能建立相互信赖的咨询关系，在心理咨询过程中，来访者在严峻的自我探索的路上就无法与咨询者同步共进。良好的咨询关系可以减轻来访者的防御，促使来访者积极配合，让来访者充满希望，增加继续咨询的愿望。因此，良好的咨询关系是咨询取得效果的前提。

1. 重视第一印象

第一印象非常重要。受理面谈之后，咨询者与来访者的第一次咨询会面往往是非常关键的，也直接对后期心理咨询的展开产生重要的影响。来访者必须对咨询者抱有好的印象，否则就无法迈出心理咨询的第一步。

从来访者方面来说，总会考虑为自己心理咨询的咨询者会是什么样的人，能不能理解或同情自己，由此而感到不安和紧张并增强自我防御。一方面希望获得他人的理解和同情，另一方面又不希望他人理解和同情自己，来访者往往是在这样一种复杂而矛盾的心理状态下开始第一次心理咨询的。

咨询者通常也会考虑来访者是一个怎样的人，处于什么样的心理状态，自己应该如何展开心理咨询等问题，因而也存在着期待和不安的心理。

2. 咨询者的个人修养

帕特森（Patterson，1985）指出，治疗的关键不是治疗者做什么，而是他是谁。尽管咨询者可以使用所掌握的理论和技术帮助来访者解决问题，但事实上咨询者是作为一个人来传达这些理论和技术的。也就是说，心理咨询的基本工具就是咨询者本人，咨询者的个人因素、性格特点对咨询关系的建立有着重要的影响。相对于严肃、冷漠的咨询者，面带微笑、和蔼可亲的咨询者更容易让来访者放松，缓解来访者的紧张情绪，拉近与来访者的心理距离。同时，咨询者的自信也能让来访者产生安全感和信任感，降低来访者的焦虑。充满仁慈和爱心的咨询者会让来访者更愿意在咨询过程中敞开心扉。

3. 注重倾听与共感理解

除了咨询者的个人修养和素质，咨询者的专业能力在咨询关系的建立中也发挥着巨大的作用。在咨询的初期，咨询者主要的任务是倾听和共感理解来访者。

倾听时，既要有目光接触，又要注意目光接触的频率。咨询者在倾听时要注意来访者的声音，来访者的语调和说话的速度会清楚地显示出来访者的多方面感受。另外，在鼓励来访者详尽叙述的同时，咨询者要保持对来访者话题的跟踪，选择性地注意和回应来访者讲述的内容。咨询者不需要引入新的话题，通过来访者的话题也能很好地了解来访者。咨询者的体态也能表现出对来访者的关注，身体前倾表明对来访者的话题有兴趣，促使来访者更自然地表露自我。

如前所述，共感理解要求咨询者放下自己的参照标准，设身处地站在来访者的角度，从来访者的视角看待问题，感受来访者的内心世界。罗杰斯将共感理解确定为有效治疗的三个基本特征之一，后续大量的证据支持共感理解对来访者咨询与治疗的有效性。我们强调的心理咨询的基本原则之一是"一只脚在岸上，一只脚在水里"，其中"一只脚在水里"正是共感理解的形象写照。在共感理解来访者的基础上，咨询者运用咨询技巧，把自己对来访者内心体验的理解传达给对方，以引导来访者对其感受做进一步的思考，从而促进其内在心理机制的恢复、问题的解决。

通过倾听和共感理解，咨询者让来访者感到被接纳和尊重，这有利于双方在咨询的初期建立相互接纳、信任和理解的咨询关系，有利于心理咨询的顺利开展。

（二）确立咨询目标

心理咨询初期另外一个重要的课题就是确立咨询目标。

1. 确立咨询目标的必要性

所谓咨询目标，就是对咨询工作所期望的结果。心理咨询区别于其他谈话的特征之一，就是有明确的咨询目标。良好的咨询目标可以为咨询提供方向，对咨询的进展和效果进行评估，可以督促咨访双方积极投入咨询中，为咨询的有效开展做出努力。

咨询目标不同于生活目标，在制订时要遵循具体性、可测性、系统性等原则。同时，要注意将短期目标和长期目标相结合，既解决来访者当前的心理问题，解除即时的困扰，又促进来访者的心理成长，产生长远的效果。

2. 如何确立咨询目标

咨询目标通常由咨询者和来访者共同确立。来访者前来寻求心理援助时，除带着自己的问题之外，还满怀着期望和改变的动机，有些是和咨询目标相符合的，有些则是和咨询目标不相符合的。作为咨询者，除要和来访者一起探讨心理问题之外，还要就来访者对心理咨询的期望和动机展开讨论，对于来访者不合理或不恰当的期望给予指正和解释，共同制订出切实可行的、真正对来访者有益的咨询目标。

在确立咨询目标的同时，咨询者也要明确来访者在咨询进程中所应承担的责任，要让来访者明确咨询是双方共同完成的事情，而不是咨询者单方面的事情。

二、心理咨询初期要注意的问题

（一）避免空头议论

心理咨询是通过咨询者与来访者之间的谈话来促进来访者解决问题。心理咨询初期，作为咨询者的主要任务是鼓励来访者讲话，耐心倾听并细心观察来访者的言谈举止，不要轻易打断来访者。

咨询者如果觉得需要就某个问题与来访者展开讨论，可以等到咨询后期。对某个问题的讨论，往往容易导致来访者回避自己的问题，从而影响心理咨询过程中的情感表露。

（二）避免对他人的辩护和责难

前来心理咨询的来访者经常会埋怨他人，说自己的父母、自己的上司、自己的配偶或其他咨询者的坏话等。对此，咨询者在心理咨询初期最好不要为来访者所抨击的人进行辩解。"我想，这并不是恨你才这样说的""可能当时上司也有难言之苦吧""父母哪有不为子女好的"这些话往往会使来访者感到咨询者和父母、上司站在一边，而不能理解自己，从而导致对咨询者的不信任。

虽然如前所述，"律师的态度"即站在来访者一边，为来访者说话，是咨询者对来访者的基本态度之一，但是，这也不是鼓励咨询者一味地附和来访者，更不能顺着来访者的话说："这的确是你父母不好。""你丈夫怎么能这样说话呢？""你的孩子是不是有毛病？"因为爱与憎、信任与不信任、厌恶与喜欢等感情向来是共存的，来访者在埋怨他人的同时，也隐藏着正面的感情。譬如自己说自己的父母不好则罢，当别人指责自己父母的时候，自己就会火冒三丈并为自己的父母辩解或抨击对方。自己说自己妻子的坏话可以，可是当听到别人在说自己妻子的坏话时，自然就会感到不快。这种矛盾情绪是人人都有的，但是，这种矛盾情绪过于强烈的话，就会造成心理的不平衡。

咨询者如果指责来访者的父母、配偶、上司、朋友等矛盾情绪的对象，容易使来访者产生罪恶感（说自己妻子的坏话才这样的，对不起妻子），从而开始压抑自己的负面情绪。有的来访者也会因为咨询者说了自己的父母、妻子的坏话而对咨询者产生敌意和反感。

在来访者发泄对他人不满的时候，咨询者避免对他人的辩护和责难的另一个理由是，作为咨询者，不去认真详细地了解情况，仅仅根据来访者的话就轻易相信，也未免太轻率了，这也容易失去人们对咨询者的信赖感。咨询者是来访者的超我，既是来访者依存的对象，也是来访者敬畏的对象，还是来访者模仿的对象。咨询者如果很容易受来访者的影响，就不可能成为值得来访者信赖的对象。

（三）避免对他人的表扬和夸奖

咨询者应保持价值中立，不仅体现在不随意进行批评、指责，也体现在对来访者及他人的言行不轻易、不随便给予夸奖。因为来自咨询者的夸奖往往反映了咨询者的喜好、价值观和期待，这就很容易导致来访者盲目地追求来自咨询者的价值认同，从而限定了来访者的自我表现。另外，这也剥夺了来访者表现的自由和尝试错误的自由。

（四）避免过早的解释

过早的解释，无论妥当与否，都会对来访者产生负面的影响。因为解释毕竟是一种推测，既然是推测，就会有不确切的地方。对来访者的问题如果解释错误的话，往往会引起来访者的误解，认为咨询者没有或不能理解自己，从而出现阻抗心理。

不过，由于心理咨询次数的限制，在心理咨询初期不得不给予一定解释的时候，咨询者则一定要确认与来访者之间的信赖关系已经形成。

（五）避免早期的诊断

在心理咨询中有不使用"诊断"一词的倾向，因为"诊断"往往和"病"联系在一起。这里所讲的"诊断"，是指对心理问题的命名。如果咨询者随意告诉来访者"你精神上确实有问题""你是××神经症"，来访者就会立刻形成"我精神有毛病"的自我概念，从而对自己采取否定的态度。

心理咨询的目的是促使来访者改变行为。因此，要促使来访者自己去考虑自己的问题，并向自我理解的方向发展。

如果来访者无论如何都希望咨询者能诊断一下，否则不肯接受心理咨询，那么可以转介给精神科医生来做诊断评估工作。

（六）避免提出敏感的问题

在心理咨询的初期，咨询者应尽量不提出会引发来访者负面情绪的敏感问题，以免引起来访者的阻抗心理，从而影响心理咨询的顺利展开。

所谓敏感的问题，譬如性的问题、相貌的问题、个人的私生活问题等。从来访者问题的性质来考虑，咨询者有时必须询问一些敏感的问题（作为咨询者的看法），但是如果来访者并不情愿谈的话，那么，所谈的内容肯定会缺乏具体性。来访者的这样一些心理反应，作为咨询者应能洞察。只有咨访双方确认彼此的信赖关系已经建立，来访者才愿意谈一些敏感问题，而且往往是自发的。

第三节　心理咨询的中期

心理咨询初期是咨访双方建立相互信赖关系的时期，心理咨询中期则是探索问题本质，使来访者开始洞察至今为止尚未意识到的问题的时期。这一时期是心理咨询的核心时期。

一、心理咨询中期的课题

这一时期的主要课题，是处理来访者在解决问题过程中所产生的阻抗、沉默、移情等现象。与心理咨询初期和后期相比，这一时期的事态变化过于急剧，且很难给予一般化的概括，所以也就难以给予具体的说明和解释。

（一）帮助来访者理解自身问题

基于咨询者共感理解、耐心诚恳的态度所形成的和谐的交谈气氛和相互信任的咨询关系，可以起到帮助来访者解除心理负担、放松紧张情绪的作用，从而使来访者心头的郁结得以消融，在理清自己的思绪的基础上，找到问题的原因并积极寻找解决问题的对策。

咨询者的工作是与来访者一起去了解和探索来访者对人、事、物的认识、情绪和态度，帮助来访者在自我探索中去深入了解自己的内心世界。心理咨询的关键是与来访者建立相互信赖的关系，在共感理解的基础上倾听来访者的谈话。来访者的谈话中通常包含三个因素：事实、感情和计划。咨询者在倾听时要注意整合这三个因素，从而为理解来访者的内心世界、帮助来访者解决问题提供帮助。

在帮助来访者洞察、探索并解决问题的过程中，咨询者要灵活运用心理咨询的各种技法，谈话的过程中要注意一些会谈的技巧。问题的形成不是一朝一夕的，因而问题的解决也不能急于求成。心理咨询是人格成长的过程，咨询者要给来访者人格重建、人格成长的时间，让来访者在安全与受保护的空间里逐步发展成一个人格健全、心理健康的人。

（二）应对心理咨询中期的问题

在心理咨询中期，咨询者要鼓励来访者尝试控制非适应性行为并增加适应行为的实践。如果来访者仅仅局限于头脑中意识到了自己所存在的问题而实际行为并没有表现出任何变化，就只能称之为在做表面文章，而不是"真正的洞察"。

从咨询者方面来考虑，不能使来访者进入"真正的洞察"的原因，比较多的是咨询者希望来访者快些好转的愿望过于强烈，或远远快于来访者现实的步调，即在咨询过程中不是想到应该如何理解此时此刻来访者的感情，而是只注意到来访者的变化，或按咨询者自己的想法去启发、诱导来访者朝着某一方向变化。

从来访者的方面来考虑，不能使来访者进入"真正的洞察"的原因之一可能是对变化的阻抗。例如，"如果不头痛的话，我肯定会好好学习"，这实际上表明来访者自己不愿意学习。可以认为，正是不愿意学习，才引起"心因性头痛"，这被称为"病床得利"。对来访者来讲，咨询成功就意味着失去"既得利益"。来访者开始的确想通过咨询消除某些症状，但伴随着咨询的进行，当进入消除症状阶段的时候，来访者在无意识中就会不愿意失去因症状所获得的利益，于是就会对咨询产生阻抗、沉默、感情转移（移情）等各种情况。咨询者对此要给予注意。

1. 阻抗

阻抗是精神分析理论的重要概念，是指幼儿期所体验的、所压抑的情感，在咨询与治疗过程中遭受抵抗而无法意识化，其意义在于增强个体的自我防御。在传统的精神分析理论中，阻抗被理解为所有心理防御的总和。但是，来访者中心疗法并不重视阻抗这一现象，因为来访者中心疗法认为咨询者的咨询态度并不具有权威价值，所以来访者不会产生阻抗。而实际上并非如此。在所有心理咨询过程中，都会在某一时期产生来自来访者的阻抗现象。来访者对咨询的抗拒心理就是阻抗。来访者的阻抗可以从语言表达的数量、语言表达的内容、沟通交流的方式、对咨询活动与咨询者的态度等方面表现出来。每次咨询都迟到，交谈时注意力不集中或老看手表，表现出不耐烦、希望早结束的样子，交谈不积极，忘记或反驳咨询者的话，表现出傲慢的态度，容易沉默，无故不来等，都属于阻抗的表现。

还有一种是表面上看不出来的阻抗：笑嘻嘻的，说话毫无要点，能和咨询者在言语上步调一致但没有实际行动，或缺乏具体的联想内容，说咨询者想听的话来讨好咨询者等。这些隐蔽的阻抗称为"隐性阻抗"。

精神分析理论非常重视对来访者阻抗的处理。弗洛伊德对阻抗的定义强调无意识对来访者自由联想活动的阻碍作用。有些行为理论的倡导者则将阻抗理解为来访者对自身行为矫正的不服从，或由于来访者对咨询本身存有疑虑，或由于个体认为缺乏其行为变化的环境条件。

咨询者发现来访者的阻抗时，应该首先检查自己在咨询过程中的应对是否适切，是否只是注意倾听而没能做出恰当的反应（如首肯、话语的重复等），是否过早地就来访者提出的问题给予解释，有没有强加给来访者的话题，等等。

如果感到自己在咨询过程中的应对有问题，咨询者应该予以纠正，特别应注意巩固与来访者之间的信赖关系。如果阻抗是来访者的原因，比较多的情况是由来访者的移情造成的，也就是来访者将自己与父母、兄弟姊妹、教师、单位领导、异性朋友等之间没有处理好的负面的人际关系的经验和类似的感情投射到咨询者身上。这叫负向移情。

我们在考虑来访者产生阻抗的原因时，首先需要觉察到来自来访者的阻抗，在此基础上与来访者一起探讨阻抗的原因，并就此坦率地交换意见和认识，但不宜说"你对××有阻抗"。

咨询过程中不仅来访者可能会出现阻抗，咨询者也有可能出现阻抗。咨询者的阻抗表现包括：违背咨询的原则；先入为主地判断来访者的问题，而没有倾听和共感理解来访者；对来访者反感、排斥，迟到或找借口推托或拖延；有意提出高要求；只顾自己说，拒绝讨论来访者认为重要的问题，关心自己感兴趣的事情；等等。当咨询者出现以上行为时，要反思自己产生阻抗的原因，可能是咨询者自身的议题未进行适当的处理，也有可能是对来访者的反移情。必要时可以寻求督导师的帮助。咨询者只有解决了自身的阻抗，才有可能开展以后的咨询。

总之，咨询者应该充分认识到阻抗的内驱力及其表现形式，帮助来访者减轻由压抑而引起的种种防御态度，消除来访者的阻抗。只有这样，才能缩短咨询者与来访者之间的心理距离，达到预期的心理咨询效果。

2. 沉默

沉默（silence）是咨询过程中经常出现的一种现象，指虽然来访者听到了咨询者的问话，但持续数十秒，甚至数分钟不做任何反应，保持沉默的状态。

造成沉默的原因有很多，有时往往表示来访者对心理咨询的阻抗，还可能是最有效的、最积极的、最生动的阻抗。

一般情况下，沉默可以分为以下几种情况：（1）咨询开始时不知所以然的沉默；（2）在调整自己的思绪和情绪时的沉默；（3）等待咨询者回应时的沉默；（4）在自我表现时遇到排斥、阻抗而产生的否定意义的沉默；（5）某一课题出现僵局时的沉默；（6）感到无聊、烦闷时的沉默；（7）大脑出现空白时的沉默。

咨询中出现沉默现象，一方面可能是由于没有确立良好的咨询关系，另一方面可能是咨询者缺乏面谈的技巧。作为咨询者，应该学会洞察和确认此时此刻来访者出现沉默的原因，并且努力去把握在咨询过程中出现沉默的含义。沉默可能会令咨询新手恐慌，因为咨询以言语为解决问题的主要手段。但要知道，有些人喜欢把他们的问题搁置起来，反复琢磨，在表达之前仔细考虑。所以，咨询者不应轻易地否定来访者的沉默，而应该正视沉默，保持镇静，根据不同的沉默类型采取不同的应对策略，通过真诚的态度、艺术的诱导和耐心的等待来打破沉默的僵局。

其一，用温和的语气轻轻地重复来访者最后所说的话。例如，来访者说完"今天没有什么可说的""今天什么也不想说"之后沉默的话，咨询者可以重复刚才来访者所说的话，"噢，今天没有什么可说的""今天什么也不想说"。来访者可能会接着说"并不是没有什么可说的……""我知道必须说，可是……"，这样就可以重回交谈的正常轨道。

其二，咨询者猜测来访者沉默的原因并直接说出来。"是不是因为我是女的才不愿意开口？""是不是担心在这里说出来的话会被别人知道？""是不是感到说了也没用？""是不是担心说出来别人会笑话自己？""想说，可又感到不应该说，是吗？"并不是一句话接着一句话地质问来访者，而是要仔细地观察来访者的表情和反应并慢慢地说。

其三，从日常生活的话题入手直接询问。例如，咨询者说："这个星期天是怎么过的？""最近几天睡得好吗？"

其四，直接询问来访者对咨询者的看法或感受，以此作为话题来打破沉默的局面。例如，咨询者说："你对我有什么看法？比如说，感觉不错，或感到不怎么样……"来访者回答："其实我也并不觉得讨厌您……"咨询者又说："噢，原来是这样，并不讨厌我，可是……"这样可以了解对方对自己的印象和感受，从而容易建立比较协调的关系。同时，也可以了解是否产生了移情。

其五，通过空间设置的调整或身体的接触拉近彼此的心理距离。适当改变空间设置，譬如至今为止采取的是对面坐法，可以尝试斜面而坐的90度坐法。尽管我们不太提倡并排而坐的180度坐法，但必要时，特别是对有极度紧张倾向的来访者也可以尝试一用。另外，也可以尝试走到来访者的旁边，轻轻拍一下来访者的肩膀，说上一句"怎么不说话"之类的话语并观察来访者的反应。如果来访者没有表现出强烈抗拒的态度，就说明来访者接受了咨询者的关心，不是信赖关系的问题。

如果以上的方法仍不奏效，但来访者能够按时前来咨询室，说明已经确立了比较良好的、值得信赖的咨询关系。这时，可以让来访者带来一些文章（日记、信等），由来访者或咨询者朗读。朗读完后，咨询者可以谈自己的感受和对来访者创作心理的理解，并与来访者讨论。如果来访者是孩子，咨询者可以拿纸笔让孩子画画，以此作为媒介来尝试进行交谈。当然，如果有条件的话，可以让来访者制作箱庭，制作后就来访者的箱庭作品进行谈话。

3. 移情与反移情

移情是精神分析的一个用语，是指在以催眠疗法和自由联想法为主体的精神分析过程中，来访者对咨询者产生的一种强烈的感情。形成这一感情的基础，是来访者把自己幼儿期与双亲或其他重要他人之间存在的未能处理妥当的问题转移到咨询者身上。弗洛伊德将人的这种回归倾向与人的自我防御和恋母情结联系起来，认为移情是来访者未能充分解决的恋母情结在精神分析场合下的重现。移情分为正向移情（如喜欢、敬佩、欣赏、崇拜等）和负向移情（如厌恶、憎恨、敌意等）。前者又称为阳性移情，后者又称为阴性移情。

对于移情这一心理反应，尽管荣格有正面的、积极的评价，但就其客观效果来讲，不论是哪种移情，它很容易使人形成心理定势，从而造成判断失误并可能产生成见。同时，这一感情的产生强化了来访者对心理咨询的防御机制，也就阻碍了来访者与咨询者真诚的、自然的沟通，从而扰乱了心理咨询过程中所建立起来的特殊的人际关系。

咨询者在感受到来访者有移情出现时，应该将其确认为来访者现实人际关系的一种反映，理解这是咨询过程中可能出现的一种必然现象，也应使来访者能够知觉到这种感情。

在让来访者知觉并意识到移情的时候，可以直接指出或解释，让来访者自己察觉到。"你讨厌你父亲，所以才将这种感情朝向我？""你老想在这里和我说话。这是不是有点儿像小孩子一样，老要在母亲的身边？"若来访者说"没这么回事""不是这样的"，否认移情这一事实，咨询者应回避与来访者之间就此的论证，可以在别的场合再进行同样的解释。

来访者所表现的移情的内容大多是依存感（依恋）、爱慕、双重情感。

人都有依恋、依赖的感情，这种感情是不分年龄、学历、教养程度或人种而存在的。有的时候，这种感情可以作为双亲的代偿（依存的对象）而转移到咨询者、教师、医生、上司等人身上。但是，并不一定说所有的依存感都是不好的。希望依存于父母（不想被遗弃），所以就好好听话，并长大成人。同样，依存于咨询者，就能听咨询者的话。如果没有依存感的话，可能也就不会来咨询。所以从某种程度上来讲，在来访者的成长过程中，依存感是不可缺少的体验。

但是，作为咨询者必须向来访者解释这种依存感的移情，让来访者觉察到并从中抽离出来。归根结底，还是移情的程度问题。如果过度的话，就难以从依存的对象中抽离，从而失去独立和成长的机会。例如，对时间到了仍不告辞，在定好的咨询时间之外前来、打电话来等有关来访者的问题，咨询者如果默认的话，就无法帮助来访者养成自立、独立的精神。所以，咨询者必须向来访者明确指出这种移情现象。

移情表现比较多的另一现象是爱慕咨询者。"老师，我好喜欢您！""老师，您也喜欢我吗？""我想和老师您保持私人的交往。"如果咨询者与来访者双方是同性，会产生一种类似于朋友关系、亲子关系或同胞关系的感情。对于这样一些爱的情感并不必须给予解释，也不必须让来访者从中解脱出来。充分利用这样的正向移情，有时可以深入到问题的本质。这种情感也存在着程度的问题。如果这种情感可以促进来访者的心理成长，就没有什么特别的问题。如果这种情感的程度过强，情感的量过多，就可能成问题了。

对此，咨询者可以这样应对："和你这样的人交谈，当然不会感到厌烦。不过，如果把这种心情表现出来的话，可能会失去更多的东西。""就像你说的。不过，我们现在必须做的事情是解决你的问题。像你现在所讲的感情，等咨询结束的时候我们再谈，好吗？"实际上，这样看似约好，咨询结束时就此再交谈的情况并不多见。来访者会感到这是很早以前发生的事情，提起这一话题，来访者也不过会说："噢，还有这样　回事？"这就是移情的特征之一，是某一阶段所发生的特殊现象。

一般来说，在咨询的早期，来访者容易对咨询者产生正向移情（信赖、喜欢、敬佩等），随着咨询的推进，可能会从正向移情转为负向移情（不满、指责、愤怒等）。这种转化，是普遍且正常的，通常意味着咨询进入了更深入的阶段。

移情表现较多的现象还有双重情感，即爱与憎、想接近又想回避、相信又不相信这样相反的情感同时出现。咨询者需要表现出始终如一的态度，不能卷入对方的情感起伏的旋涡。

如果咨询者能比较妥当地处理好来访者的移情的话（即不产生反移情，

并让来访者意识到移情），来访者就可以从不安和罪恶感中解放出来，并更加信赖咨询者，从而通过移情经历了一种新的人际关系的学习和识别。

咨询者将自己过去对重要他人的情感体验投射在来访者身上的情感反应叫作反移情（counter transference）。反移情表现形式如同移情的表现形式一样，表现为正面的（如咨询者对来访者过分热情、爱怜和关怀）和负面的（如咨询者对来访者的敌视、厌烦和憎恨）两种。从本质上讲，这也是咨询者对来访者感情的一种自我防御，从客观上对心理咨询的顺利开展带来阻碍。作为咨询者，要认识到反移情的消极作用，及时觉察咨访双方的感情转移。

精神分析理论特别强调和重视咨询者自身压抑情感的处理和训练。咨询者要处理好自己的情感，既要注意来访者在自己面前所表露出来的各种态度和行为，也要特别注意不要将自己的生活经历和情感带进心理咨询中，更不能以此试图影响来访者的思想和行为。

作为自愿做心理咨询工作的人，应该而且必须系统地学习精神分析理论，系统地接受精神分析的各种基本训练和专业训练，也要借助其他精神领域的力量，学习处理好来自来访者的移情及自身可能产生的反移情，必要时请督导师进行教育分析，只有这样才可能成为一名合格的咨询者。

二、心理咨询中期要注意的问题

咨询者在咨询过程中帮助来访者解决问题时，应注意以下一些问题。

（一）保持中立的态度

不论来访者说什么，咨询者只能做出客观的反应，不能将自己的价值判断横加于心理咨询之中，凌驾在来访者之上，尤其不能以自己的好恶、是非标准去评判来访者及其行为。保持中立的态度，一方面可以让咨询者避免情感卷入，始终能用客观、冷静的头脑来帮助来访者解决问题，另一方面可以让来访者通过咨询者这面镜子来更清楚地看到自己存在的问题。

（二）维护咨询设置

咨询设置是保证心理咨询顺利进行的基础，因而在心理咨询的任何阶段都需要坚定地维护和保持。在咨询的中期阶段，因为良好的咨询关系已经形成，来访者对咨询者也比较信赖，身心得以放松，这个时候咨询者更要注意维持咨询的基本设置，如咨询时间、场所、收费等，不能因为彼此熟悉就随意更改这些基本设置，更不能与来访者发展私人关系。心理咨询中期是咨询的重要阶段，良好的咨询设置有利于咨询者全身心地投入到来访者的问题解决中。

（三）结合来访者的步调进行

咨询要结合来访者的步调进行，因为人的想法、行为不是一下子就能完全而彻底改变的。至少来访者本人觉得需要改变，否则改变是困难的。即使来访者具有强烈的改变意图，去为改变而努力的过程也往往不是一蹴而就的，而是循序渐进的。

（四）以来访者的利益为中心

我们一再强调，在为来访者进行心理咨询的时候，是以来访者的主观体验为基础，依据咨询心理学的知识去进行可能的心理援助，不是将咨询心理学的知识使用在我们的援助对象身上。

心理咨询不是强制的、指示性的，而是让来访者凭借自己的力量去选择，而且自己能意识到需要用自己的力量去选择的含意并接纳它。只有这样，痛苦才可能被接纳，问题才可能得到解决。接纳痛苦或烦恼是问题解决的基本前提，如果痛苦需要消除，那也需要来访者用自己的力量去消除。如果是不能或不需要消除的痛苦，则需要来访者学会在痛苦中正常地生活，从某种意义上来讲，"一切皆苦，我苦即我在"。

（五）工作契约关系的修复和巩固

现实的心理咨询很少遇到咨询者和来访者从一种良好的咨访关系开始，并在接下来的咨询中不曾受到任何挑战或中断，顺利地完成最初的咨询目标这样的情况。如果有，那也是巧合或偶然。我们更常遇到或见到的是"打击与阻抗"的情况。譬如，最初建立的契约关系受到阻碍，来访者通常的表现是对峙（对咨询的过程不满意或对咨询者有情绪）、中断或退出（中断或退出心理咨询，要求更换咨询者）。咨询者此时要鼓励来访者表达他们真实的情感以及潜在的期望，肯定这种期望的重要性，与来访者一起商讨和探索咨询过程中出现的阻抗或障碍及其背后的原因，重新协商，恢复或建立新的契约关系。

成功修复心理咨询的契约关系对于来访者的问题解决非常有益。咨询者主动承担必要的责任，与来访者一同修复和巩固契约关系，这种模式为来访者将心理咨询的人际关系强化并演绎到日常生活中提供了独特的机会和可能。

心理咨询中期即将结束的时候，来访者开始能够客观地洞察自我并有行为的变化，至今为止的恶性循环被良性循环取代。当咨询者确认已经达到预期目标时，心理咨询就可以进入终结期。

第四节　心理咨询的后期

咨询者与来访者在咨询初期相互确认的咨询目标或在咨询过程中修订的新目标如果达成，特别是达到了核心目标，心理咨询就迎来了终结期。

一、心理咨询后期的课题

咨询活动什么时候可以终结，这无论从理论上还是实践上都是很难判断的。理想的情况是当来访者已经充分地解决了他目前的问题时，或者至少来访者感觉到能够更好地应对生活时，咨询就该终止了。

（一）心理咨询的终结

一般来说，当来访者出现下述状况时，咨询者可以考虑为其结束心理咨询。

1. 自我接纳

来访者否定的自我概念（自己不行，没有人会喜欢自己，自己是世上最不幸的人，自己头脑太笨）逐渐被肯定的自我概念（自己虽然笨，但可以笨鸟先飞；自己虽然是不幸的人，不过世上比自己不幸的人多着呢；虽然可能不会有什么人喜欢我这样的人，不过，一切还是取决于我自己，只要自己变了，别人的态度也肯定会随之改变；自己虽然不行，但决不气馁）取代，达到接纳自我的程度，理想的自我与现实的自我之间的距离逐渐拉近。

2. 接纳他人

伴随着自我厌恶感、嫌弃感的减少，来访者开始接纳现实的自我，随之也就能够接纳他人。也就是说，抨击他人、埋怨他人的现象减少。"我一直恨我父亲是一个顽固的人，但想起来，我父亲也挺不容易的""那个上司的确欺负我，不过是因为他和我比起来自卑感太强"等，表明来访者不再像咨询前那样更多地去埋怨他人。

接纳他人并不意味着自我反省，也不意味着必须承认或认可对方，而是指理解他人的一种心境。

3. 症状缓和

咨询初期所提出的问题或症状（如不喜欢学习、与人接触感到紧张恐惧、人际关系不好等）得以解除、缓和或减轻，表明来访者在往好的方面变化。

4. 志向性增强

在咨询初期，来访者的话题往往集中在过去的痛苦经历、现在的困难处境上。如果来访者的话题开始转向未来的打算，说明咨询已经进入后期。不过，不能光凭来访者谈论今后怎么样就认为可以终结咨询，主要还是看来访者的具体行动。

5. 能接纳来自他人的评价

在咨询过程中，来访者自发地向咨询者报告来自他人的评价，如"我丈夫说我最近不太发脾气了""老师最近在同学们面前表扬我了""老师，您自己有烦恼的时候会怎么办呢""见到了过去的朋友，说我比以前乐观了"，说明咨询该进入尾声了。

6. 视野开阔并趋于客观

咨询接近尾声的时候，来访者会开始注意之前没有注意的事情，如突然对咨询室的摆设或挂件表示出兴趣并与咨询者分享感想，也开始客观地看待咨询者在衣着、装饰等方面的细节变化。这表明来访者与咨询者之间逐渐形成对等关系，咨询者可以与来访者进行一般的社交谈话。

（二）结束咨询的指标

来访者中心疗法的最终目的，是使来访者达到机能健全的人的状态。但是很明显，事实上很难确认来访者是否达到了这一目标。

各个流派都强调在心理咨询过程中要多次确认咨询目标的实现程度。心理咨询不可能实现所有的咨询目标，主要看的还是来访者适应能力的恢复及核心问题的解决。

下面列举两种判断咨询效果及终结咨询的指标。

1. 尼科尔斯等的"变化认知评定尺度"

尼科尔斯等（Nichols & Beck，1960）提出的"变化认知评定尺度"包括四项指标：（1）来访者的症状解决、消除的程度；（2）来访者对自身行动的理解程度；（3）来访者对人生的思考、情绪变化的程度；（4）来访者对自身重要问题的认识变化的程度。

2. 河合隼雄的"比较完善的终结"

河合隼雄（1994）提出的"比较完善的终结"包括四项指标：（1）从自我实现的观点来看，来访者的人格必须出现所期待的变化；（2）来访者所存在的症状或烦恼等以外的问题得到解决；（3）来访者内在的人格变化与外在的问题解决具有相关性；（4）对以上三点，咨询者和来访者都确认，并形成共识。

需要强调的是，咨询的结束不应该由咨询者单方面决定，而应由咨询者和来访者协商。

（三）咨询终结的方法

心理咨询的终结不能过于突然，否则容易引起分离不安（被遗弃的不安、孤苦伶仃的不安）而致使来访者的状态恶化。

咨询者和来访者可以就咨询终结的时期和方法进行充分的协商。一般而言，咨询者应预先告诉来访者下一次将是最后一次咨询，可以谈谈对咨询结束的感觉。通常在最后一次咨询时，咨询者可以帮助来访者回顾一下咨询的经验，也可以请来访者谈谈对未来的计划。咨询者可以对来访者的进步和表现给予肯定和鼓励，把来访者进步的所有功劳归于来访者自己的努力，最后给予来访者祝福。

有的时候，来访者可能会提出停止咨询，如果咨询者感到为了来访者的将来很有必要再继续咨询的话，可以直言不讳地提出自己的意见。例如，咨询者说："您的小孩的学习问题是解决了，不过，借此机会不妨让我们继续深入探讨一下为什么会出现这样的问题。我提议您再来咨询一次或两次，怎么样？"如果来访者认为不必再继续咨询，咨询者可以说"将来有什么问题的话，您可以再来"，然后终结咨询。

相反，也有咨询者提议可以结束咨询，但来访者还想继续咨询下去的情况。这个时候，咨询者需要确认来访者想继续咨询的理由。例如，来访者说："我自己的问题已经没什么了，不过我还想再知道一些有关心理咨询的事情……"出现这种情况的话，咨询者一般为来访者再进行几次像个人成长一样的咨询就可以了。

那么，应该如何终结心理咨询呢？可以参考以下三种方法。

（1）预告法。为了让来访者有足够的心理准备，以防止或减少分离所造成的不安，咨询者可以事先将咨询终结的大致日期告诉来访者。如："咨询在暑假前结束吧。""我们用两个月的时间来咨询，两个月之后看情况而定，怎么样？"

（2）将咨询次数从一周一次改为两周一次，看情况再改为一个月一次，然后两个月一次。也就是将一周的休整时间改为两周，看看两周休整时间内来访者的自主性和独立性。如果感到来访者已有足够的自信的话，再让来访者去"挑战"一个月的休整时间，以达到逐渐适应现实生活的目标。一个月一次咨询的时候，咨询者可以在听取来访者的汇报之后，就某些问题进行一些具体的咨询指导。

（3）一时中断法。在中断几个月的咨询之后再继续几次咨询，然后终结咨询。也就是说，让来访者接受一时的分离体验。在中断咨询期间，来访者如果有"这样的话，没有咨询者的帮助我也能做下去"的想法，也可以不再继续咨询。来访者以各种理由不来咨询的情况也时有发生。我们认为这都是可以的，不必非要将其解释为来访者的阻抗。

二、心理咨询后期要注意的问题

（一）咨询的长期化问题

有心理咨询持续数年，但来访者仍无任何变化的情况。这种时候，如果咨询者从咨询理论和咨询经验出发判断咨询仍有可能性，且来访者也认可的话，咨询是可以持续下去的。但是，在即使继续咨询也不可能有任何变化的情况下仍不终结咨询，这不能称为专业咨询，而是一种纯粹的社交会话活动。心理咨询是一种针对来访者的心理援助活动，需要有实现这一目标的意图、希望和可能性。

如果很难确认来访者可能出现的变化，咨询者应和来访者一起认真回顾至今为止的咨询活动并给予客观的评价，在此基础上协商今后应该怎么办，如何将咨询活动顺利开展下去。咨询者尤其要总体考虑并检查咨询目标有无错误、咨询方法是否需要改善、来访者的阻抗或防御机制是否妨碍了咨询的深化、移情或反移情的处理有无问题、咨询场所或物理条件是否妥当等问题。在综合考虑以上问题的基础上，重新确立咨询方针。例如，可以考虑通过放松训练稳定情绪，或者在暂停一段时间后再重新开始咨询。

初期的咨询目标一旦达到，就应该在双方都可以接受的时候终结咨询，以便为来访者提供自主解决问题的机会，不必无休止地追求咨询的长期化。

（二）咨询的早期终结

与咨询的长期化相反，过早结束咨询也是有问题的。例如，咨询刚刚开始几次，来访者就说"已经好多了"，于是咨询者轻易地决定终结咨询。其实，咨询的过程是呈螺旋状的，是一种时好时坏的反复过程。

咨询者过早终结咨询有如下一些原因。

1. 缺乏自信

随着咨询的深入，往往许多问题会随之出现，如果咨询者缺乏迎战来访者所出现的新问题的自信，就会在来访者出现表面好转的时候，着急地将咨询终结。一般来说，在深入问题实质的时候，咨询者在心理上多少会出现不安。咨询者需要具有一定程度的征服欲，拿出勇气来紧逼问题的本质。

2. 过分保守

咨询者过分保守也会成为过早终结咨询的原因。例如，打着"以来访者为中心"的旗号，因为来访者不愿意来咨询了，就以尊重来访者为由而终结咨询。如前所述，咨询者与来访者之间所结成的咨询关系是一种契约关系。只要是契约关系，就要求双方都应遵守契约内容，因为契约关系不是单方面的。以来访者为中心的观点要求尊重来访者的自我决定，但这不是单方面的问题，咨询者不应采取保守的态度去对待这一方针。

3. 过度劳累

过早终结咨询的原因还可能是咨询者的咨询工作过度劳累。也就是说，咨询者从时间上、体力上过于勉强地接受来访者的咨询，难以支撑的时候，就想减少咨询人数，从而在一定的时候为来访者终结咨询。这种做法有招致来访者精神上的混乱和困惑的危险，所以咨询者应该在自己力所能及的范围内开展咨询工作。

4. 误诊

来访者存在的问题并没有解决，咨询者却错误地判断为已经解决，并认为已达到预定的咨询目标，就是一种典型的咨询者的误诊。系统的咨询训练和案例分析，对避免咨询者的误诊是非常重要的。

过早终结咨询的原因也可能来自来访者，如搬家、没有时间或者对咨询不满意等。

在最后一次咨询的时候，无论是咨询者还是来访者都可能产生一种失落感。由于咨询过程中强调彼此的共感协调关系和感情上的融洽交流，因而彼此产生一种恋恋不舍的情感也是很自然的。作为咨询者，更重要的是帮助来访者重新面对生活，适应现实生活，为此，必须在来访者的问题解决、目标实现并经咨访双方确认之后，在祝愿中结束咨询。此外，咨询者还应当允许来访者表达他们的失望。感激那些真诚提供帮助的人，同时又向那些他们的帮助没有发挥作用的人坦诚地说出这些，这本身就是一种重要的学习过程（McLeod，2006）。

告别的时候，咨询者对来访者说上一句"如果今后还有什么问题的话，您可以随时再来"，也是很有必要的。

第五节　咨询过程中的其他问题

以上分别介绍了心理咨询受理面谈、初期、中期和后期的主要课题以及所要注意的各种问题，下面主要谈在心理咨询过程中可能出现的其他问题。

一、对来访者非语言信号的觉察

语言是心理咨询中重要的信息载体，通过来访者的语言，我们得以了解来访者的所思、所想、所感。其实，来访者在咨询室中的表情、穿着、举止等非语言的表达，也包含了很多信息，甚至是来访者未能通过语言进行表达的信息。敏锐地发现、觉察来访者在咨询室中的非语言信息，有助于咨询者进一步理解来访者。

以下罗列了咨询过程中常见的来访者的非语言表现，并对这些表现背后可能的原因提出假设，供大家参考。需要强调的是，在实际操作中，不要生搬硬套其中的假设去理解来访者，需要具体问题具体分析，咨询者可以将自己观察到的内容反馈给来访者，并与之进行讨论。

（一）坐相

站应有站相，坐应有坐相。心理咨询场面要求咨询者和来访者都能放松，而往往是来访者非常古板、紧张地坐着的情况较多。

从坐相上可以看出一个人的心理状态。图7-3左边的人浅坐，坐姿古板，把手放在膝盖上像抱着什么东西似的，表现出防御的姿态，也说明此人相当紧张、拘束，难以接纳他人，不愿意说出自己的心里话。图7-3中间的人的坐相显得散漫、旁若无人，也许表明此人很紧张而故意表现出一种无所谓的态度，也许表明此人社会性发展不足。图7-3右边的人胸前抱着东西不愿放下，说明是将其作为让自己安心的一种依靠。

咨询者自然和诚恳的态度及和谐的交谈气氛的形成，有助于这种紧张状态的消除。

浅坐、古板　　　　散漫、旁若无人　　　抱着包以求得安心

图7-3　非语言信号：坐相

（采自日精研，1992）

（二）视线

如图7-4所示，来访者低着头一直朝下看，稍抬一下头又突然回避咨询者的视线等。从来访者的视线上可以发现很多问题：

（1）缺乏自信，有强烈的不安和自我否定倾向；

（2）过度担心来自他人的评价；

（3）有相当强烈的抑郁倾向；

（4）在严重的困难面前失去锐气；

（5）对咨询者（心理咨询）是排斥的；

（6）可能隐瞒了什么大事。

还有其他情况，如斜视、凝视咨询者，或者根本不看咨询者等。有对咨询者有好感或过分期待的，也有心怀不安、焦虑、依恋、敌意和不信任等各种表现的。咨询者应通过视线和眼神去理解来访者，以便更好地开展心理咨询工作。

视线不合

图7-4　非语言信号：视线

（采自日精研，1992）

（三）笔记

如图 7-5 所示，有的来访者在咨询过程中将咨询者说的话记下，或者来咨询前将自己要说的话记在笔记本上。有的来访者在咨询过程中一刻也离不开笔记本，或者即使离开笔记本，说话一旦出现僵局，眼睛就会马上溜到笔记本上。

这种人往往属于循规蹈矩、缺乏自信的人，有时也会有强迫倾向的表现。所谓笔记本就是"自己最确切的安全场所"。当现实生活中出现某些问题或遇到某些困难时，这种类型的人往往采取的是回避的态度，缺乏勇气和斗志。他们在咨询过程中很认真地遵守各种约定和规则，但很难掌握要领，也缺乏主动性，是心理咨询难以应对的一种类型。

做笔记

图 7-5　非语言信号：笔记

（采自日精研，1992）

（四）书籍

来访者来咨询室时带来的让咨询者惊讶的物品之一是与来访者或心理咨询相关的书。如图7-6所示，来访者来咨询室时带来了书，而且故意摆在咨询者能看到的地方，这很明显是在向咨询者或咨询活动发出一种什么信号，咨询者应特别注意。

有的来访者带来心理咨询的书，有的来访者带来关于自杀、死亡等方面的书，有进食障碍的来访者则带来菜谱之类的书。这些书籍都可能反映了来访者自身的心理状态，咨询者应学会解读这些来自来访者的非语言信号。

为孩子的教育问题前来咨询的来访者，咨询几次后带着关于子女教育方面的书来，这可能说明来访者积极、自主的一面，也可能意味着来访者对咨询者关于子女教育的见解产生怀疑并持有批判态度。

带书来咨询

图7-6　非语言信号：书籍

（采自日精研，1992）

（五）礼物

经常会有来访者买来两听易拉罐饮料，对咨询者说"我们一边喝一边谈吧"。还会带来其他礼物，如土特产、自己做的蛋糕（如图7-7所示）、自己织的毛衣等。有的来访者还会发出一起看电影、听音乐会的邀请。

一般来说，来访者的各种礼物及约会要求等都表现为一种对咨询者的好感。咨询者原则上不能接受礼物及约会要求等，否则就会引起咨询过程的混乱。另外，有的来访者也是以此来试探一下咨询者对自己是否有好感。

带礼物来咨询

图7-7　非语言信号：礼物

（采自日精研，1992）

（六）服装

如图7-8所示，服装（以及拿的东西）可以有很多变化。伴随着心理咨询的深入，来访者会表现出建议性的、有意义的、自我表现的、向前看的姿态，一般来说，来访者的服装也开始变得明快、干净、利落。

在咨询过程中，来访者会出现穿孩子气的服装、拿小孩子的玩具和小包等的变化。这往往是一种想撒娇、想依恋、想被保护和爱怜的一种表现。

咨询者应关注这样一些变化，并做出必要的应对。

服装的变化

图7-8　非语言信号：服装

（采自日精研，1992）

（七）时间

来访者多次不遵守约定好的时间，迟到（如图7-9所示）或无故不到的话，可能是以下几种原因：

（1）对咨询缺乏热情。来访者关心其他的事，对咨询者的抵触情绪较强，或者咨询处于停滞状态。

（2）守约能力不强。来访者情绪混乱、不稳定，行动有过于任性的倾向。

（3）试探咨询者。来访者想引起咨询者的关心和注意，想了解咨询者的态度和接纳程度。

（4）咨询者的问题。咨询者不守时或时间观念松懈，缺乏咨询意识或热情。

（5）约定的时间不合适。约定的咨询时间与来访者工作、学习、生活中的其他时间相冲突。

来访者迟到的原因如果是（4）、（5），即咨询者方面的原因，咨询者应即刻对自己进行检查，重新思考咨询的进展、契约的形式、时间的调整等问题，并做出改善。

迟到有可能是来访者阻抗的一种信号，如果来访者持续迟到，咨询者可就此与来访者进行讨论。

迟到

图7-9　非语言信号：时间（1）

（采自日精研，1992）

与经常迟到或不来的来访者相反，还有太过提前到（如图7-10所示）或赶正点出现的来访者。

（1）太过提前到的来访者。这类来访者往往有以下两种情况：过分注意时间，什么事都要留下足够的空余时间；存在过强的不安和焦虑、依赖倾向。有比较罕见的来访者，每次都提前30分钟来到咨询室等候。这往往表明来访者想早一些从痛苦的现实场所逃避到咨询室，以企求心理上的平静和安宁。

（2）赶正点出现的来访者。虽然守时是个优点，但是那种赶正点像报时一样出现的来访者，在过分介意时间方面与上述过早到的来访者一样。当然还有其他需要考虑的情况，如担心在接待室见到其他人，或者对自己来咨询本身持否定的态度，也有可能是想尽量将与咨询者见面的时间限定在最小的、必要的范围内。

太过提前到

图7-10　非语言信号：时间（2）

（采自日精研，1992）

如图7-11所示，来访者滔滔不绝地难以结束谈话，无意中将咨询时间延长的情况时有发生。发生这一现象的原因有以下几种：

（1）来访者有强烈的不安倾向和求助的愿望，希望得到咨询者的支持、确认或指导；

（2）来访者的感情处于混乱、不可收拾的状态；

（3）来访者想控制咨询者按自己的步调进行咨询；

（4）来访者感到自己说得不充分，想把事情说透彻，以求得咨询者的理解；

（5）咨询者没有将时间的限制明确地告诉来访者，咨询者卷入来访者话题中而不能自拔。

无论哪种情况，如果咨询者精力欠集中，或过分卷入来访者的感情、话题中去的话，反而会造成来访者滔滔不绝说个没完而不能终止谈话。从心理咨询的时间限定原则来考虑，这是应该予以避免的现象。

不能结束咨询谈话

图7-11　非语言信号：时间（3）

（采自日精研，1992）

二、在其他地方同时接受咨询的情况

正在其他地方接受心理咨询的来访者前来请求心理咨询时，咨询者在原则上应不予受理。

首先，来访者很可能在正在进行的心理咨询中产生了对咨询者的阻抗。如果再次发生阻抗的话，来访者就容易寻求第三个、第四个咨询者，从而形成这样一种一旦产生阻抗就更换咨询者的恶性循环的倾向。在这种情况下，咨询者应向来访者说明：产生阻抗是很自然的，是心理咨询中的正常现象；若对咨询者不满，应直接告诉咨询者，如果说了之后咨询者生气或恼怒，这说明是咨询者不对，而不是来访者的责任；该和咨询者争论的时候就应该争论，争论在有的时候也是有必要的。最后，建议来访者回到原来的咨询者那里。

其次，出于职业伦理、道德的考虑。《中国心理学会临床与咨询心理学工作伦理守则》（第二版）表明，咨询者发现来访者已经与其他同行建立了专业服务关系，而且目前没有终止或者转介时，应建议来访者继续在同行处寻求帮助。一个咨询者如果只考虑自己，仅根据来访者的一面之词就轻易接受并为其心理咨询，这也是对另一个咨询者的咨询方法、咨询态度的否定，显然，这也是不符合职业伦理的做法。

如果无论怎样考虑，咨询者感觉都应该接受来访者并为其咨询的话，一定要得到现在正在为其咨询的咨询者的同意。这种交涉往往很棘手，因此咨询者之间的相互理解和交流及协作精神是很有必要的。

来访者在接受个人咨询的同时，又参加家庭、团体咨询或其他心理拓展训练，因为性质有所不同，所以这种情况是允许的。

当然，有的来访者尽管正在别的地方接受心理咨询，但来时不承认的情况也时有发生。受理面谈时的说明和咨询时的确认，是咨询者不可忽视的工作。

三、关于咨询记录

心理咨询的谈话必须始终遵循心理咨询的基本规范和基本原则，这是我们一再强调的问题。我们也一再强调，由这一系列的规范和原则所确立的咨询关系是一种特殊的契约关系。每次的咨询记录有非常重要的作用，它保证了咨询关系的专业性，是心理咨询过程中不可缺少的。

我们在每次咨询之后，总要拿出时间来详细地做好咨询记录，这可以让咨询者反思咨询过程中的对策并考虑咨询中的各种问题。特别对于咨询新手来讲，一定要养成做好咨询记录的习惯。可以认为，缺少咨询记录的咨询是一种不负责任的咨询。经验丰富的咨询者（心理临床专家）往往都在每次咨询之后进行详细的咨询记录，也可以说咨询者是在每次的咨询记录中成长起来的。

（一）咨询记录的种类

咨询开始后的记录可以分为三种，即每次的咨询记录、总结几次咨询经过的记录和咨询终结时或中断时的总结记录。

1. 每次的咨询记录

（1）记录本次咨询前观察到的来访者的非言语信息。例如，是否按时到，比约定的时间提前多少时间或迟到多少时间，来访者的服装或打扮是否有变化（如男人的领带比以前鲜艳，女人发型的变化、口红的浓淡等），表情或精神的变化等。

（2）简明扼要地记录本次咨询的谈话主题或内容。记录用第一人称来写，尽可能用来访者的原话来写，既可以逐条记录，也可以像流水账一样来写，尽可能反映当时的情况。

（3）总结咨询过程中的感受和印象。主要是咨询者本人对咨询过程中来访者的反应、状态等的感受、印象及情绪体验等。

（4）对咨询的话题、来访者主诉的内容、问题（心理动力关系及解释和假说）进行综合记录。其中对已有假设进行验证是主要内容，当然不排斥产生新的假说和对新问题的解释。总之，在咨询过程中所产生的一些想法、问题都可以记录下来。

那么，到底应该拿出多少时间来做每次的咨询记录呢？一般拿出15~20分钟来进行记录。不过，有的咨询者在日程安排时已经考虑到记录和总结的问题，如安排60分钟，其中45分钟用于咨询，余下的15分钟用于记录和总结。也有的咨询者安排90分钟，其中50~60分钟用于咨询，余下的时间用于记录、总结和反思。这也往往因咨询机构的不同及咨询者在这一机构所处的位置的不同而有所不同。咨询者可以根据具体情况并结合自己的咨询经验灵活安排咨询时间和记录时间。

咨询记录表没有特殊的要求，咨询者可以依据自己的咨询实际编制。表7-7是咨询记录表的一种形式，可作为参考。

2. 总结几次咨询经过的记录

除了在每次咨询之后进行记录之外，咨询者在进行了一段时间的咨询之后，还应对几次的咨询经过进行总结。这里所讲的总结并不是对几次咨询的概括和归纳，需要在明确的态度和方法的基础之上进行。通过这种阶段或经过的总结，咨询者可以发现许多新的事实，也可以发现问题的实质，从而把握咨询工作的关键，促进咨询的顺利开展。同时，通过对咨询经过的阶段性总结，咨询者的预测就会更准确。

为了明确咨询的经过，可以填写表7-8。一般来说，一周一次咨询的话，可以一个月总结一次；一周两次咨询的话，可以半个月总结一次。

填写表7-8时，记录的要点如下：（1）谈话内容的概要。主要总结咨询时的谈话内容，特别要注意谈话内容的变化。（2）在咨询室内外来访者的变化。咨询室外的变化，如过去不太出门的来访者开始经常外出了等。咨询室内的变化，如服装的变化、笑容的变化等。也可记录咨询者对来访者印象的变化。总之，如果来访者发生某些变化的话，咨询者应将这一系列的变化与咨询目标对照并予以足够的重视。

表7-7　心理咨询记录

咨询时间：＿＿年＿＿月＿＿日＿＿：＿＿至＿＿：＿＿　次数：　　　编号：

来访者信息			
姓名		地址	
性别		电话	
出生年月		学校或单位	
咨询过程与内容			
印象			
问题及其解决方案			
咨询者			

表7-8　咨询经过概要

编号	姓名

咨询阶段	概要
第＿＿次到第＿＿次	
第＿＿次到第＿＿次	
第＿＿次到第＿＿次	
第＿＿次到第＿＿次	
第＿＿次到第＿＿次	
咨询者	

3. 咨询终结时或中断时的总结记录

咨询达到预期的目标，或因故中断的时候，咨询者应尽早进行总结记录，可能的话，应在一个月内完成。

表7-9至表7-11是某大学心理咨询室所使用的咨询总结记录表，可以参考。

一般来说，咨询者通过中断或失败的事例可以学到很多的东西，因此在最终的总结当中，应该将咨询过程中所存在的问题如实地记录下来。

咨询终结时或中断时的总结记录也是咨询者的活动记录，是咨询者责任范围内不可缺少的一项重要工作。当然，终结或中断后，来访者再来咨询的情况也并非没有。

（二）咨询记录与保密的关系

我们在第四章特别强调了为了保护来访者的隐私，必须在咨询过程中坚持保密的原则。如果对于咨询记录不进行严格管理和保护的话，一旦被与来访者本人有着密切关系的人看到，就很可能造成严重的后果。

对于咨询者来讲，在将咨询记录作为研究资料予以利用时（例如在学术会议上讨论或在学术刊物上发表等）容易违反保密的规则，需要慎重对待。《中国心理学会临床与咨询心理学工作伦理守则》（第二版）提出：“心理师科研、写作若采用心理咨询或心理治疗案例，应确保隐匿可辨认出寻求专业服务者的信息。涉及寻求专业服务者的案例报告，应与其签署知情同意书。”

一般情况下，在学术会议上使用的案例资料或发放的案例材料，需在会议结束后予以收回。在发表、出版时，需要谨慎地对个案相关资料给予必要的加工，在可能的情况下应征求当事者的同意。

咨询者在做学术报告时，如果提到咨询案例，需要注意绝对不能触及来访者的隐私。如果在做报告时所引用的某些临床资料不允许录音的话，需要提前予以申明。

表7-9 咨询总结记录（之一）

___年___月___日

来访者姓名		年龄		咨询者	

基本情况

受理时间：___年___月___日　　　　受理者：_____

咨询开始时间：___年___月___日

咨询终止时间：___年___月___日

咨询次数：_____

咨询终结原因

咨询终结后的转介及其理由

咨询终结时的状态

表7-10 咨询总结记录（之二）

编号	姓名

咨询经过（各变化阶段，每10次或每2~3个月总结一次）

表7-11　咨询总结记录（之三）

编号	姓名

1. 终结时来访者的心理动力关系（与受理时的不同及变化）

2. 今后需注意的问题

四、难以应对的来访者

在咨询的过程中，我们总会遇到一些难以捉摸的来访者。有些来访者因为问题的独特性以及特有的个性，其言行会对咨询带来干扰，如果咨询者处理不当，可能会破坏良好咨询关系的建立，阻碍正常咨询的进行，给咨询者和来访者双方都带来危害。

有的来访者虽然说是前来求助的，但从一进咨询室就喋喋不休，根本不给咨询者插话的机会。即使咨询者偶尔插话，来访者依旧不为所动，按照自己的思路没完没了地继续说下去。这种不顾及他人感受而只顾自己发泄的行为可能恰恰就是来访者的问题所在。面对这样的来访者，咨询者首先要耐心听完其要倾诉的内容，可能现实中恰恰没有人愿意这样聆听来访者，容许其适当宣泄也是咨询者的工作之一。然后，咨询者可以就此与来访者讨论，咨询者的感受可能就是现实中来访者身边的人的感受，将这种感受客观真实地反馈给来访者，有可能会让来访者意识到自己的问题。

有的来访者总是试图控制整个咨询过程，以领导者的态度指导或者要求咨询者应该怎么样，并试图按自己的意愿变更咨询的基本设置，如随意更改咨询时间、要求改变咨询场所或者房间布局、拖欠咨询费用等。来访者在咨询室表现出的这种傲慢、不尊重的态度和行为可能就是其在现实生活中的一个缩影。面对这样的来访者，咨询者要认真客气地告诉来访者咨询是一个正规的过程，有其自身的原则，希望来访者能够遵守。并且要让来访者知道，遵守咨询原则本身就有咨询的作用，而且也只有遵守各项原则，来访者咨询的效果才会更好。但在解释的时候要注意避免使用过多的专业术语，更要避免陷入咨询原理探讨的谈话之中。

还有的来访者前来咨询似乎并不是为了解决自身的问题，而是出各种各样的难题故意刁难咨询者，或用自己所学到的一些心理学理论知识与咨询者辩论，借此达到自己的某些目的。这种来访者可能过去有一些负面的咨询经历，对咨询失去了信心，或在人生中受到过伤害，没有办法信任别人，这种敌意本身就反映了他们的问题。面对这样的来访者，咨询者首先要保持镇静，明白来访者敌视的对象不是自己，让自己在不受情绪的影响下进行咨询。然后尽可能地去感受、体谅他们的伤痛，接纳他们的无礼行为，努力帮助他们探索这种敌视背后的心理原因，促使他们能勇于面对自己的问题。

难以应对的来访者，对每个咨询者来说都会带来挑战和压力。面对这一问题，最有效的方法首先是咨询者在训练期间尽可能多地丰富自己的咨询经验，培养自己应对复杂问题的能力，及早地觉察和处理这类问题。再就是利用自己的理论基础和逻辑分析去洞悉这类来访者的问题本质，沉着应对一系列棘手的问题。

思考题

1. 如何做好心理咨询的受理工作？

2. 心理咨询的各个时期都应注意哪些问题？为什么？

3. 造成心理咨询过程中出现阻抗、沉默、移情与反移情的原因有哪些？如何应对？

4. 如何处理心理咨询的早期终结和长期化问题？

5. 如何做好心理咨询的记录？

第八章
人生各发展阶段的心理咨询

　　第四章所讲的心理咨询的伦理规范和基本原则，第六章所涉及的心理咨询的准备与设置，第七章所讲的心理咨询的过程及各阶段应注意的问题等，都属于心理咨询的过程理论和技法体系，是我们在进行心理咨询时必须充分理解、领会并遵守的。但是，仅此是远远不够的。在实际的心理咨询过程中，需要针对每位处于不同发展阶段的来访者采用不同的咨询方法。

　　在这里，我们提出将自我的强度作为心理咨询应考虑的重要内容，根据自我的强度来考虑心理咨询的具体技法及其展开。

　　自我的强度是指一种动态的应付挫折、控制冲动、合理使用防御机制的能力。自我的强度有两个方面：一是发展的方面，即来访者自我的强度位于心理发展的哪个阶段；二是病理的方面，即来访者的防御机制处于何种程度的适应或不适应及其病理状况。在此，我们将幼儿期—儿童期、青春期—青年前期、青年后期—中年期、老年期这一人生心理的发展阶段作为纵轴，将心理适应、神经症、边缘状态、精神病等病理水平作为横轴，在这一坐标轴上根据来访者的自我强度位置，确立心理咨询面谈的方式及所应注意的诸多问题。

第一节　幼儿期—儿童期的心理咨询

　　幼儿期—儿童期是人生的关键阶段，这一时期的早期经验对个体人格的形成有重大影响。

　　早期经验，包括早期的各种体验、亲子关系和家庭环境的状况、生活的地区情况及在幼儿园所受到的对待等。个体的性格形成、人格发展等在很大程度上受其早期经验的影响，相当一部分心理问题或行为障碍是早期经验中的创伤经历和痛苦体验所造成的。

经验告诉我们，对幼儿、儿童（以下简称儿童）所存在的心理问题进行早期、适时可行的心理援助非常重要。

一、本阶段心理咨询的特征

（一）游戏的导入

幼儿期—儿童期心理咨询的第一个特征，是向儿童提供游戏室并导入游戏，通过儿童的行为、身体症状以及语言发现儿童的内在问题。

幼儿期—儿童期孩子的心理咨询主要在游戏室、箱庭游戏室中进行。游戏是儿童的天性，游戏也是儿童的语言，游戏对于儿童的意义就相当于语言对于成人的意义，可以充分表现儿童的内心世界，起到与他人进行交流的作用。

（1）游戏促进了儿童认知能力的发展。在游戏中，儿童可以接触到有关时间、空间和因果关系的概念，游戏有利于儿童概念的发展。假装游戏可以发展儿童的表征能力。同时，游戏对儿童的操作性思维和发散思维的发展也有很大的推动作用。

（2）游戏促进了儿童社会化的进程。游戏能帮助儿童在交往活动中去除自我中心，学习掌握社会角色，尤其是性别角色，学习社会道德规范以及培养协调和竞争的社交技巧等。

（3）游戏促进了儿童健康人格的形成。游戏有助于儿童宣泄不良情绪，获得心理平衡。它为儿童表现兴趣和特点、探索个体自我的发展道路提供了途径和机会。

包括箱庭疗法在内的游戏疗法正是基于"游戏即治疗"这一认识而发展起来的，它是在一个自由与受保护的空间内，在专业的心理咨询人员的陪伴下，让儿童通过游戏来表达自己无法用语言表达的一些想法，通过游戏与他人互动，从而宣泄不良情绪，得到心理援助，获得心理平衡，促进心理健康发展。

正因为游戏能够作为交流、沟通的手段，所以对于儿童而言，游戏疗法可以在自我与环境关系的调整、自我适应及自我治愈的过程中发挥咨询和治疗的作用。

（二）提高并维持心理咨询的愿望

幼儿期—儿童期心理咨询的第二个特征，是家长认为孩子有问题而且需要改变才前来寻求心理咨询的帮助。儿童第一次被带到咨询者面前，可能会有一些不满、愤怒、生气、退缩等表现，咨询者应该特别关注儿童的这些反应，但不要片面地认为这种状况本身就是问题。这就要求咨询者能够给前来咨询的儿童留下比较亲切、和蔼的印象，让儿童有前来接受咨询或游戏的愿望。

儿童即使出现诸如智力问题、情绪问题或行为问题，也很难自发地前来心理咨询机构咨询。因此，当父母（或监护人）将儿童领来接受心理咨询之后，咨询者需要提高并维持儿童自身前来咨询的愿望。

如何促进来访者的咨询愿望，这一直是咨询者需要考虑的问题。对于一个被强迫而来，本人没有任何咨询愿望的来访者，心理咨询不可能有什么效果，对于儿童也是如此。因此，为儿童进行心理咨询，最关键的是要学会与儿童玩。

在生活中，我们可能有过这样的经历：当一名儿童在玩耍时，成人和他交谈，往往得不到他的回应。而如果成人通过玩具，通过游戏与儿童对话，如"你的小汽车好漂亮，可以给我摸一下吗"，就能够引起儿童与成人交往的意愿，交谈就容易进行下去。另外，必要的时候，还要用一些夸张的表情和语言，唤起儿童的兴趣和注意。

（三）父母（或监护人）的协助

幼儿期—儿童期心理咨询的第三个特征，是咨询者往往需要与儿童的父母（或监护人）合作，获得儿童父母（或监护人）的协助。家长、教师往往可以提供儿童的背景信息以及儿童在咨询室外的信息，这有助于咨询者更好地了解儿童，与儿童建立关系。作为咨询者，不仅要通过自己的努力获得儿童的喜欢，建立好关系，更需要得到儿童父母（或监护人）的协助，建立好信赖关系。对于那些语言表达能力差的儿童，咨询者可以通过与儿童的父母谈话获得儿童日常生活中的有关信息。同时，由于儿童的生活仍然受父母的直接影响，因此，要改善或解决儿童所存在的问题，父母自身所存在的问题、父母的养育态度等也应该予以改善。

另外，在儿童的咨询开始前，咨询者必须先征得儿童父母（或监护人）的同意。需要注意的是，安排儿童前来咨询的家长不一定拥有监护权，比如父母离异儿童的监护权可能属于父亲，但儿童由母亲带领前来咨询，这种情况下需要核实监护人的法律身份并获得监护人的同意。

咨询者应该向父母（或监护人）说明游戏治疗的过程和内在机制，否则家长可能难以理解为什么每周需要在游戏室玩一个小时，而且为什么游戏能带来问题的缓和或者解决。父母（或监护人）对咨询的信心，会直接影响到对儿童咨询的开展。

总之，幼儿期—儿童期的心理咨询要根据这一时期自我发展的特点，采取恰如其分的形式进行，特别要注意获得父母（或监护人）的理解和协助。

二、应注意的事项

如前所述，在对儿童实施心理咨询与治疗的过程中，应避免对儿童进行任何形式的强制，也必须遵守心理咨询的基本原则和规范，使儿童毫不勉强地、自愿地进入游戏室接受心理咨询或治疗。因此，布置一个让儿童感到安心、愉快的游戏室非常重要。

那些父母主诉多动而前来咨询的儿童或自闭倾向较强的儿童，可能难以理解为什么必须在限定的地方度过一定的时间，为此会感到不安和焦躁，或感到很委屈而不能忍耐。这时，咨询者可能也要跟随儿童并陪伴儿童到走廊或接待室等场所度过一定的时间。不过，即使这样，作为咨询者也不能一味地迎合儿童，更不能完全放弃游戏室，这是咨询者必须注意的重要问题。只要咨询者能坚持心理咨询的规范性，大多数儿童会将游戏室外所展开的游戏转移到或固定于游戏室内进行，并加强与咨询者之间的联系。

值得注意的是，儿童的不适应状态越是接近病理性，对父母的并行咨询就显得越重要。

咨询者对儿童及其父母同时进行咨询时应注意以下几个问题。

（一）与儿童的父母建立相互协作的信赖关系

缺乏心理咨询经验的咨询者特别容易与儿童站在同一角度，从而将儿童出现心理问题的原因归咎于儿童的父母，并性急地要求或建议儿童的父母改善对儿童的态度、教养方式。咨询者的这种态度，容易使儿童的父母增强不应该有的罪恶感，这不仅会降低儿童父母的咨询意愿，而且会影响儿童心理咨询的继续进行。

当感到儿童的问题较重，预计需要较长时间的咨询时，咨询者就需要与儿童的父母建立相互协作的信赖关系。

（二）咨询者的分工

有的时候，儿童与其父母（或父母中的一方）同时接受不同咨询者的咨询，儿童的咨询者可以和儿童父母（或父母中的一方）的咨询者形成协作关系。儿童的咨询者通过游戏加深对儿童内部世界的理解，而儿童父母的咨询者则从儿童父母那里收集有关儿童的信息，促使儿童的父母能够跟上儿童心理、行为所出现的变化，并使儿童父母的言行不至于妨碍儿童心理问题的改善。

必要时，儿童的咨询者可以和儿童父母的咨询者交换信息和意见，以求得儿童的父母和儿童同时变化及儿童问题的解决和改善。

此外，咨询者也可以从儿童的班主任或医生那里获得有关儿童的信息和资料。

（三）咨询形式的灵活运用

除同时对儿童及其父母进行咨询的形式外，还有另外的咨询形式，如一个咨询者对儿童及其父母同时会面、继时面谈的咨询形式。咨询者应该根据具体情况，选择适当的咨询形式。

对儿童及其父母开展咨询的形式有并行咨询、继时咨询、合同咨询三种（如图8-1所示）。并行咨询是指不同的咨询者分别对儿童及其父母咨询。继时咨询是指同一个咨询者分别对儿童及其父母咨询。合同咨询是指同一个咨询者同时对儿童及其父母咨询。

从咨询技术的角度而言，并行咨询较为简单，其次是继时咨询，较难的咨询形式是合同咨询。咨询新手可以先采用并行咨询，在充分积累咨询经验的基础上，再选择继时咨询或合同咨询。

三、儿童问题行为的家庭病理与咨询技术

如前所述，早期经验对人格形成有重大影响。家庭环境是孩子获得早期经验的主要区域。家庭教养的误区，是滋生儿童问题行为的根源。教育的基本原理是模仿与赏罚，从某种意义上讲，孩子所存在的问题行为可以说是对大人行为的模仿，也是家庭病理的一种表现。

（一）问题儿童的家庭病理与理想家庭的条件

从某种意义上讲，儿童所存在的心理问题，除器质性障碍等问题以外，可以说基本上是家庭病理的一种表现。

如果儿童的精神障碍、心理问题是家庭病理的原因造成的，那么咨询者掌握家庭病理的有关知识和表现就是很有必要的。

1. 问题儿童的家庭病理现象

（1）夫妻不和，家庭危机。这在问题儿童家庭中几乎都存在。夫妻彼此抱有强烈的不满和敌意，整天吵架，关系紧张，处于精神上离婚或家庭内离婚的危机状态。父母关系紧张，自然就无暇顾及孩子，有可能拿孩子撒气，甚至虐待孩子。单亲家庭有可能出现的现象是，或出于对孩子的补偿而过于宠爱，或认为孩子是负担而疏远孩子。

家庭暴力，家庭成员的角色混乱、歪曲（做家长的不能承担家长应该承

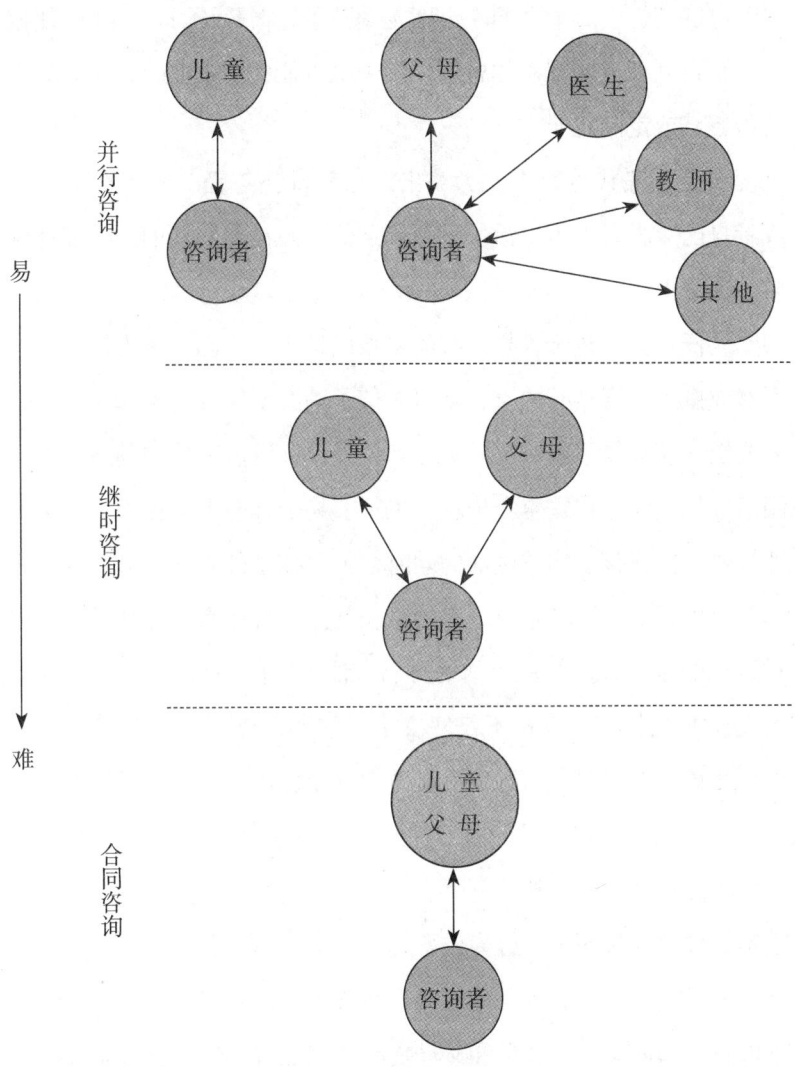

图8-1　对儿童及其父母的咨询形式

（采自张日昇，1999）

担的角色，也不能尽家长的责任和义务等），会使孩子感到失去了父母的关爱和家庭的温暖，心灵受到伤害。

（2）过度宠爱，百依百顺。过度宠爱孩子，对孩子百依百顺，使孩子从小养成自私自利和贪图享乐的思想，孩子就可能为追求非分物质利益而产生问题行为，甚或走向犯罪。

过度宠爱在隔代养育中尤为突出。祖父母将年轻时曾想给予自己孩子的，或者自己年轻时由于生活、学习等条件所限没能实现的，全部补偿或转嫁到第三代身上。

（3）放任自流，疏于管教。有的家长以忙于工作和应酬为借口，对孩子关心不够或撒手不管；有的家长觉得对孩子关心不够、对不起孩子，就用金钱作为补偿。孩子得不到所需的关心和关爱，又没有正确的判断能力，就难免在网络虚拟空间寻找安慰和乐趣，也很容易受社会上不良因素的影响。

家长要在保证孩子物质生活的同时，关心孩子的心理需求。

（4）简单粗暴，不良恶习。有的家长坚持"棍棒底下出孝子"的错误思想，对孩子的教育采取简单粗暴的打骂方法。有的家长把孩子当作出气筒，经常大发脾气或打骂。这样不仅解决不了问题，反而会使孩子产生逆反心理，也会使孩子形成解决问题依靠暴力的思想，从而形成错误的思维方式和行为方式。有的家长在孩子面前不加约束地发泄对社会对他人的不满情绪，再加上自己有不良行为，甚至有酗酒、吸毒、赌博、偷窃、虐待等恶习，孩子就很容易模仿家长的不良行为或恶习，甚至走向犯罪。

（5）三代间的冲突。祖父母、父母和孩子三代之间存在着复杂的矛盾和一时难以解决的冲突，祖父母和父母之间本应该解决的问题未能解决，从而延伸到或持续到第三代身上。

父母把自身没有完成的夙愿转嫁给孩子，很早就给孩子定下"宏伟"的目标，长大了要上名牌大学等，并对孩子进行苛刻的管理，提出不现实的要求。如果孩子没做到，孩子自然会有挫败感、自卑感，也容易产生逆反心理，丧失奋斗的毅力，进而厌学、离家出走，甚至走上犯罪道路。

另外，在家庭中，母亲和孩子双方在心理上有过于强烈的相互依存关系，什么事情母亲都要给孩子做主，导致孩子失去自主判断的能力。

（6）逃避心态，不负责任。将孩子的心理问题、行为问题作为一种理所当然的赎罪，以"都是什么什么造的孽""都是天生的"等逃避问题本质，由此而心安理得，以保持家庭成员之间的均衡。或者离家出走，采取逃避的、不负责任的态度对待所发生的一切。

当然，家庭病理的状况并不局限于以上的表现，这里只是列举了心理咨询与治疗时经常遇见的几种家庭病理的形态，它们往往共同影响孩子的身心健康。因此，咨询者在对问题儿童实施心理咨询与治疗的时候，应该对问题儿童的家庭病理进行系统而深入的洞察。这是顺利开展儿童心理咨询与治疗的前提。

2. 理想家庭的条件

怎样创建一种健康、和谐、理想的家庭？笔者提出了理想家庭的六个条件："同一屋檐下"生活、夫妻力动均衡、亲子"一线之隔"、自由与受保护的空间、父性原理与母性原理的协调和同一志向性。

（1）"同一屋檐下"生活。所谓"同一屋檐下"生活，是指家庭成员一定要生活在一起。当然，这里的"同一屋檐下"，不仅指物理空间上的"同一屋檐下"，更重要的是指心理层面，即保持亲密的情感联结，维持内心的沟通交流。因为各种原因即使暂时不能居住在一起，也能通过电话、邮件、网络视频等各种方式保持心理上的亲密感，这也可以理解为心理上在"同一屋檐下"。

家庭是一个生理、心理和社会系统的组合体，由相互依存的家庭成员组成，各个家庭成员的存在都有着特定的意义和价值。家庭成员只有在物理上和心理上生活在一起并保持相互依赖、相互影响的关系，家庭才可以说是健全和理想的。

（2）夫妻力动均衡。夫妻力动均衡，是指夫妻之间保持适度的恭敬并在力量、动态等各个方面维系和保持关系的均衡。无论是在日常生活的家务劳动、经济支配上还是在子女教育、重大事情的决定上，都应由双方商量并达成一致，而不是一方做决定，另一方完全服从。一方力量过于强势会削弱另一方的力量，造成"婚姻不对称"。

家庭是一个动力系统，只有夫妻力动均衡，才能维持整个家庭系统的协调运作和家庭功能的良好发挥。

（3）亲子"一线之隔"。亲子"一线之隔"指的是伴随着孩子的成长，父母与子女间需要一定的尺度感，保持着相对的独立性。当然，父母对孩子并不是不管不问，而是适当地引导和监督。笔者倡导的是"婴儿不离身，幼儿不离手，少儿不离眼，青年不离心"。孩子的成长是个分离的过程，分离伴随着伤感，但又是成长的必然。如果尺度感没有了，孩子可能会卷入夫妻关系中，或者造成孩子过于依赖父母，不能学会自己解决问题。但是如果尺度感过于僵化，虽然孩子的自主性可以得到锻炼，但也失去了温暖和爱。亲子之间需要的是"一线之隔"，这样，孩子才能在学会独立的同时，也充分享受到父母的爱护和关怀。

当然，不仅亲子之间，所有家庭成员都要有清晰的界限，并要有适当的尺度感，尊重彼此的人格，保护各自的权益，这样才能发挥家庭的功能。

（4）自由与受保护的空间。自由与受保护的空间，是在箱庭疗法中所提出的概念，强调治疗者需要与来访者建立"母子一体性"的关系，在以箱庭治疗室和沙箱为中心所创造的自由与受保护的空间里，让来访者在静心的状态下制作箱庭作品，促使来访者潜在的自我治愈力被唤醒并发挥作用，为来访者的人格走向整合提供可能性。

这一理论假设同样适用于家庭系统。也就是说，每个人只要拥有自由与受保护的空间，在适当的时候，就能让自己的潜能发挥作用。家庭成员在家庭这一自然而特殊的组织里，如果能够拥有并体验到自由、安全和受保护，与亲人保持言语上的交流、情感上的联系、心理上的沟通、行为上的互动，必然就会心情愉悦地过好每一天，度过有意义的一生。

父母要为孩子创造一个自由与受保护的空间，尊重和接纳孩子，使孩子能够充分感受到父母的爱护与关注，从而发展与父母之间的信任与依恋关系，产生对父母和家庭的安全感与归属感，使人格走向整合，心理趋于健康发展。

（5）父性原理与母性原理的协调。家庭成员在家庭中所扮演的角色是不同的，特别是父亲和母亲所扮演的角色是不一样的。日本临床心理学家河合隼雄将家庭中父亲的角色作用命名为"父性原理"，将家庭中母亲的角色作用命名为"母性原理"。所谓父性原理，是指无论多么可爱的孩子，如果做了违背社会准则或家规的事，当父亲的会毫不留情地训斥孩子，或采取惩罚手段对待孩子。而母性原理则恰恰相反，无论自己的孩子怎样，即使惹是生非，当母亲的都会疼爱、关心，甚至包庇和袒护孩子。因此，父性原理是"切断的机能"，母性原理则是"包容的机能"（如图8-2所示）。家庭里有"唱红脸的"，也有"唱白脸的"，就是这个道理。

图8-2　父性原理与母性原理

（河合隼雄、大原健士郎整理，1996）

笔者认为，教育的基本原理是模仿和赏罚。笔者在教育中所倡导的父性原理与母性原理的结合，就是要做到赏（母性原理）罚（父性原理）分明。表8-1列举了父性原理与母性原理在教育中给我们的启示。父性原理的切断、区分、严格和现实感，在家庭中如同家规家法，在学校中如同校规校纪，在社会中如同法制法规，维持着一定的秩序；而母性原理的包容、接纳、共感和理解，相信人的可能性，给人以平等的机会和爱的力量。父性原理与母性原理，无论是在家庭教育还是学校教育乃至社会教育中，应该是缺一不可的。

心理咨询更强调的是母性原理，但也是在各种限定的条件下开展工作，仍然需要父性原理的介入。

表8-1　父性原理与母性原理在教育中的启示

项目	父性原理	母性原理
机能	切断、区分（主体与客体、善与恶、上与下）	包容、接纳（绝对的平等）
原则	现实原则	快乐原则
作用	切断与母亲的一体化；谦逊、忍耐、自我调节、现实感的教育；作为社会人的义务和责任	有一体感，感受爱的力量
特性	宏观的、长期的	微观的、短期的
本质	排除、惩罚	共感、奖赏

（6）同一志向性。同一志向性，即人们常说的"志同道合""志趣相投"，如同笔者的故乡山东的一句话，"全家老少一条心，砖瓦石块变成金"。家庭成员尤其是夫妻既要保持志趣总体的一致，人生观、价值观的相近，奋斗目标的一致，又应有自己独立的心理空间，为建设和守护幸福家庭共同努力。创建一个理想的、和谐的家庭氛围，让孩子的身心得以健康发展，是成人的使命。

（二）问题儿童的咨询与治疗技法

儿童心理咨询过程中至关重要的，是如何获得其家庭成员（父母）的配合。

受理面谈之后，咨询者在综合心理测验与评估、医学检查和精神医学诊断的基础上，在可能的情况下应召开有关人员联合研讨，在综合判定的基础上评估心理咨询与治疗的有效性，并最终决定心理咨询与治疗的基本方针。

针对儿童的心理咨询与治疗技法多种多样，我们一般立足于心理动力学的观点较多地使用游戏疗法。除此以外，我们还需要根据问题儿童的具体情况、儿童问题行为和症状的种类，使用诸如箱庭疗法、自律训练法、团体咨询等心理咨询与治疗的技法（见表8-2）。在实际的心理咨询与治疗过程中，可以根据问题儿童问题行为和症状的实际情况，选择适宜的心理咨询与治疗技法。

针对问题儿童的心理咨询需要家庭成员的参与，而家庭成员参与的形式也是多种多样的。根据咨询的对象，可以分为母亲参与的咨询、父亲参与的咨询、双亲参与的咨询和所有家庭成员同时参与的合同咨询等。根据咨询的设定形式，可以分为并行家庭咨询、继时家庭咨询和合同家庭咨询（家庭成员同席一起咨询）。

较为常见的咨询形式是并行母亲咨询，也就是由一位咨询者为儿童咨询，与此同时，另一位咨询者对儿童的母亲实施咨询。有时，儿童的父亲也会前来寻求咨询，这时咨询者要为儿童的父母同时咨询。对儿童的父母同时进行咨询，可以获得比并行母亲咨询更多的信息，也可以了解来访夫妻的情况。不过，从技术上讲，为儿童的父母同时咨询的困难要大得多，有时仅一次的父母同时咨询会导致并行母亲咨询的中断，需引起注意。

几乎所有的家庭咨询与治疗都由问题儿童的咨询者（治疗者）之外的咨询者（治疗者）来实施。这个时候，就要求两个咨询者（治疗者）能够定时并准确地交流心理咨询与治疗的进展、信息和资料。如果两人之间出现不和谐或相互矛盾的情况，就需要通过各种研讨会予以协调和解决。

表8-2　针对儿童的各种咨询与治疗技法

分类	问题行为、症状	咨询与治疗技法								
		游戏疗法	箱庭疗法	绘画疗法	音乐疗法	行为疗法	自律训练法	催眠疗法	团体咨询	心理咨询
人际关系的问题	自闭症	○	◎		○	◎			○	
	选择性缄默	◎	◎	○		○				
	对人紧张、社交恐惧	○	○	○		○	○	○		◎
	暴躁、粗暴	○	○	○						
	内向、心眼小、孤独	◎	○	○				○		○
情绪及行为表现	注意力分散、多动症	◎	◎		○	○				
	情绪不安定	◎	○					○		
	不良行为	○	○	○		○			○	○
学校或幼儿园生活的问题	粗暴、无法无天	◎	○							○
	辍学	○				◎			○	○
	特殊学习障碍		○			○				
习惯、癖好上的问题	遗尿、遗便（失禁）	○	○	○		○		◎		
	抽动症	○	◎	○				○		○
	咬指甲、拔毛症、身体伤害	○	○			○				
	口吃、快语症、书写痉挛综合征	◎	○	○		○	○			○
身心症的问题	腹痛、下痢、呕吐、头痛	○	○	○			○			
	过食、不食等摄食障碍	○	○	○		○				◎
	哮喘、胸闷	○	○	○		○	○		○	
	夜惊、失眠等睡眠障碍	◎	○	○			○			
其他	强迫观念、恐怖症		○			◎		○		◎
	无感情、无气力			○						○
	妄想			○						○

◎ 最适当、有效且经常使用的　○ 适当、可以使用的

（采自铲干八郎、名岛润慈，1994；张日昇修订，1999）

在实施家庭咨询与治疗时还应注意几个问题，如家庭成员对家庭咨询与治疗的态度如何，治疗与咨询目标应该怎样设定才好，咨询与治疗如何在注意家庭动力变化的基础上开展，并行母亲咨询或双亲咨询的方法是否恰当等。咨询者（治疗者）应不断地审视这一系列的问题，在此基础上开展家庭咨询与治疗。

家庭咨询与治疗中经常容易出现的问题，也是较难对付的问题之一是脱落。在咨询与治疗初期，当咨询者（治疗者）指出问题儿童的原因在于家庭方面的病理性之后，家长的防御机制会增强，同时产生对咨询与治疗的阻抗，这成为咨询与治疗脱落的原因。孩子的父母往往会认为，自己是为孩子的问题才来咨询与治疗的，根本就没有想到让自己成为咨询与治疗的对象。咨询者（治疗者）应理解这类家长的苦衷，帮助他们消除混乱、不安的情绪。

咨询与治疗进行一段之后也会出现脱落现象。这是因为随着咨询与治疗的深入，家庭成员感觉到了家庭的病理性，从而产生对咨询与治疗的阻抗。如果咨询者（治疗者）对阻抗不能给予恰当的处置，脱落现象就会自然产生。如果出现脱落现象，咨询者（治疗者）应认真查明脱落的原因并采取相应的对策。如果来访者出现转学或搬家等情况，咨询者（治疗者）应本着负责的态度为其提供相应的转介资源，妥善做好转介工作。转介时应向转介的咨询者（治疗者）介绍自己对该来访者已经进行的工作，并将转介情况做书面记录。

箱庭游戏这一以儿童为中心的心理疗法不仅能够为中小学生心理健康的培养提供很好的平台，也为中小学的学校心理咨询创造了一种有效的技法。从事中小学心理咨询工作的教师可以根据学生的具体情况将这一方法灵活地运用到学校心理咨询的实践中，相信箱庭游戏可以发挥出更大的、更富有创造性的作用。

另外，在没有得到孩子家长同意的情况下，应该绝对避免为孩子做心理测验，这也是心理咨询和心理治疗的一个基本原则。

第二节　青春期—青年前期的心理咨询

青春期—青年前期被认为是由儿童到成年的过渡期，这个时期的个体处于中学阶段。处于中学阶段的个体虽然生理日趋成熟，但心理上仍未完全断乳，免疫机能还很脆弱，很容易产生心理上的种种矛盾。霍尔（Hall，1904）将青年期比喻为人生航程中"疾风怒涛"般不平静的、动荡不安的时期。斯普兰格尔（Spranger，1924）将青年期形容为"第二次诞生"，以说明青年期的主要发展课题是自我的确立。

在这一时期，青少年很容易被社会上的"流行病毒"侵害，青少年的心理问题或行为障碍和违法行为很可能是我们成人社会的问题所致，在一定意义上也可以说是对成人社会的一种警告或反抗。

在心理咨询过程中，需要考虑这一阶段特有的特点。

一、本阶段心理咨询的特征

（一）重视非口头语言表达的作用

这一时期心理咨询的第一个特征是要注意非口头语言表达的作用。对于进入青春期的中学生，心理咨询场所开始由游戏室转移到普通的咨询室。但是，处于初中和高中阶段的孩子未必完全能够用口头语言来表达自己。在这种情况下，咨询者除重视来访者用口头语言所表达的意思之外，还应该将来访者的信件、日记、诗歌、绘画等作为心理咨询的辅助手段予以使用。有时，这些辅助手段的使用可以直接影响心理咨询的顺利开展，并决定心理咨询的成效。

对于成人来说，有一个自由的空间，想怎么玩耍就怎么玩耍，几乎是一件奢侈的事情。但是对于儿童来说，游戏是他们的生活方式。即便在中小学阶段，儿童生活的重心由游戏逐渐转到学习上来，游戏仍然是儿童内心世界与外界形成联结的媒介，能够很好地促进儿童的成长。箱庭疗法是一种不需要制作者特殊的技艺，也不需更多语言表达的咨询与治疗方法。咨询者通过对来访者制作箱庭过程的陪伴和近距离观察，能够深刻地理解来访者所表现出来的内心世界，也可以借玩具"读懂"他们的心，并将这种接纳的、理解的态度有效地反馈给他们。在这安全与自由表达的空间里，个体的无意识内容在沙箱中渐次显现，引起心理能量的流动、宣泄，从而缓解了个体的紧张、焦虑情绪。

有中学生反映，当闭上眼睛，双手触摸沙子、插进沙子、移动沙子时，眼前就浮现出小时候与小伙伴一起玩沙子的情境，这种回忆让自己感到非常美好。这是沙子给人一种回归的美好感受。这种美好感受促使中学生全身心投入箱庭作品的创作，获得较大程度的放松，有助于情绪的表达、宣泄。

陈顺森、张日昇（2006）的研究表明，箱庭疗法能够有效地缓解中学生的考试焦虑情绪。通过箱庭制作，中学生的紧张情绪得到宣泄，心理秩序得以确立，心理动力系统得到激活，发现了自己内心理想的"无限河山"，并将其在箱庭中具体表现出来。也就是说，中学生在这个自由与受保护的箱庭世界里能够专注于箱庭作品的制作，宣泄情绪，有效地表现隐藏于个体内心深处的冲突，将情绪表现出来，用心象、象征进行交流，识取内心"自家宝藏"，以促进问题解决和行为改变。我们认为，箱庭疗法非常适合在中学生心理咨询中推广使用。

（二）心理性断乳期的应对

重视相互信赖的咨询关系的建立是这一时期心理咨询的第二个特征。这一时期自我发展的一个重要特点，是青年的心理性断乳（psychological weaning）表现，也就是青年开始要求从儿童时代那种父母的保护、监督中摆脱出来，自己来决定自己的行动，并在家庭中要求获得平等和独立的地位。

处于这种要求独立但又难以切断对父母的依赖的矛盾中的青年，很容易将这种矛盾的心理带到心理咨询的过程之中。

与对待处于幼儿期—儿童期的儿童不同的是，对待这一时期的青少年，咨询者需要在心理咨询开始阶段对其来咨询的动机进行分析，并激发其前来咨询的意愿。一般来说，一方面，他们能意识到自己在心理上存在着问题，希望获得咨询者的心理援助，因此对咨询者抱有很大的希望；另一方面，他们担心咨询者和其他的大人一样，不仅不能理解自己的苦衷，反而将大人的思维方式强加于自己，因此对咨询者存在疑虑和顾忌，对心理咨询采取拒绝的、排斥的态度。对待这样的来访者，咨询者不能以埋怨或强迫的方式促使来访者接受心理咨询，而应该以诚恳耐心的态度讲明心理咨询的基本精神和原理，尤其是告诉他们心理咨询的保密原则，消除他们的疑虑和顾忌，从而改善咨询谈话的气氛，建立相互信赖的咨询关系。

（三）正确处理来访者的人际关系

处于这一时期的来访者期盼独立，要求摆脱父母的监护，这种心理倾向容易使其对咨询者产生一种心理的定势反应：或是敌对，或是依恋。这可能扰乱心理咨询过程中的咨访关系。为了避免这种反应倾向的产生，在对来访者的父母进行咨询的时候，咨询者应注意不要给来访者一种似乎与其父母有什么秘密交易的印象。不仅与来访者的父母（或监护人），在与来访者所在的学校有关领导、教师包括班主任接触时，咨询者事先应得到来访者的允许和同意。事后，也应尽可能将谈话的大体内容告知来访者本人。

这一时期，由于来自父母及学校有关人员的协助、配合对来访者的咨询效果起着重要的作用，所以，除咨询者本人之外，若能有另外一个咨询者以并行咨询的形式来协助心理咨询活动的话，就可以比较好地推进心理咨询的顺利开展。这是这一时期心理咨询的特征之一。

二、应注意的事项

（一）分清是发展过程的一时性问题还是病理现象

神经症、躁狂抑郁症（现在一般称作双相情感障碍）、精神分裂症往往出现于青年期并贯穿于中年期。青春期抑郁症、青春期身心症及问题行为、性的不适应等，往往是伴随着青春期的开始而出现，伴随着青春期的结束而急速地减少或消失，可以认为是一时性的精神病理现象或问题行为表现。同时，各种神经症、边缘状态、精神分裂症等成人的精神病理现象，也往往在这一时期出现苗头。

埃里克森的发展阶段理论建立在弗洛伊德性心理发展阶段理论的基础上。根据埃里克森（Erikson，1968）的人格发展渐成论（epigenesis），人生历程的各个"生活周期"（life-cycle）有其特定的心理的、社会的发展课题，埃里克森称之为心理社会的危机（psycho-social crisis）。解决每一时期的发展课题，超越所出现的各个时期的发展危机，就会获得作为这一时期所必须掌握的心理的、社会的基本态度，由此就会形成一定的精神力量或品质。

埃里克森强调青年期的发展课题是自我同一性的确立和防止自我同一性扩散。表8-3罗列了自我同一性确立者和未确立者的特征。

表8-3　自我同一性确立者和未确立者的特征

自我同一性确立者	自我同一性未确立者
时间的现实感觉确立	时间的现实感觉不清晰
对自律的自我持有信赖感	对自我缺乏自信
去尝试自身的可能性	易被社会的"恶"所同化
一点儿一点儿地去努力	劳动、学习的无意义感
性别角色观和性别角色行动确立	性别角色观和性别角色行动扩散、混乱
领导角色和一般成员角色的确立	权威的存在扩散
自己的生活信条明确	理念和理想扩散、混乱

（采自Erikson，1968；长尾博引用，1994）

张日昇（1993，1997）归纳了青年期的10项发展课题，即：对身体的发育及其变化予以理解和适应；从精神上脱离家庭或成人而自立；学习并在学习过程中逐渐完善作为男性或女性的性别角色；对新的人际关系，特别是对与异性关系的适应；学习如何认识自我和理解自我；学习如何认识社会和对待社会；学习并确立作为社会一员所必须具备的人生观和价值观；学习并掌握作为社会一员所必须具备的知识和技能；做选择职业和工作的准备；做结婚和过家庭生活的准备。顺利完成青年期的发展课题，确立自我同一性，避免自我同一性危机，是促进人格健全发展的关键。

总之，青年期是生理、心理走向成熟的时期。处于这一时期的青年，既可以合法地延缓偿付在社会中所必须承担的责任和义务（青年期又称心理延缓偿付期），又必须完成自我同一性确立的发展课题，其间会伴随着各种积极的或消极的情绪体验，因而很容易出现各种不适应问题。咨询者需要掌握发展心理学理论，正确判断青年期所出现的问题是一时性的还是持续性的，以确定心理咨询的方针。

例如，对被诊断为神经症辍学的学生，往往根据神经症的状态、经过以及自我强度的水平，诊断为神经症性抑郁症（神经症水平）、青春期妄想症（边缘状态水平）和精神分裂症（精神病水平）的情况比较多（见表8-4）。对于这种情况，是耐心等待当事人自发前来咨询还是积极动员其前来咨询，心理咨询是否要结合家庭治疗、药物疗法和入院治疗，如何与学校共同形成咨询的协作体制等，往往因对当事人自我强度诊断的不同而出现差异。青少年问题行为背后的自我病理情况多种多样，相应的心理咨询过程也应有所变化。

表8-4　行为的表现与自我的病理

行为的表现	自我病理的表现	处理的差异
神经症辍学	神经症性抑郁症	心理咨询与治疗（以药物为辅）
	青春期妄想症	心理咨询与治疗和药物并用
	精神分裂症	以药物为主，以心理咨询与治疗为辅

（二）多方面协作的重要性

这一时期的精神症状、问题行为的另一个特征是症状、问题行为的变化速度较快，程度差异显著。因此，有必要由多个咨询人员或多个咨询机构分担具体的咨询工作，并加强彼此之间的联系。例如，对精神分裂症发病初期的儿童或青少年，学校的班主任、医院的主治医生、家庭里的父母可以共同分担咨询工作。此时，从各方面、不同的角度向来访者提供心理援助是非常有必要的。当然，在为来访者本人实施心理咨询与治疗的过程中，起主导作用的自然应该是咨询者，其他人只能起协助作用。

（三）关注闪光点

青少年所表现出来的行为问题往往是我们整个社会的问题。成人社会不停地追问"我们的孩子怎么了"，其实，我们更应该问问"我们成人社会到底怎么了"。

如前所述，青少年的问题行为是成人社会病理现象的表现。成人社会的空虚化、庸俗化、浮躁化都会对我们的青少年产生极其不良的影响。我们成人社会的问题很可能是青少年的问题行为和违法行为的症结所在，青少年的问题行为在一定意义上也可以说是对我们成人社会的一种警告和反抗。

除了家庭和社会，对孩子产生重要影响的另一个重要场所是学校。学校本来应该能够对我们的孩子产生积极的影响，但是在现实中我们的学校教育存在着许多缺憾。总之，对青少年的一些不良行为甚至是违法行为，成人应给予深刻的思考，拯救我们的孩子本身是在拯救我们自己和我们的社会。

笔者曾多次带学生到一些寄读学校、培智学校和特殊教育学校进行"与其锦上添花，不如雪中送炭"献爱心活动，那里的孩子们给我们留下了深深的印象。尽管他们心中的"阴影"要比一般孩子多，而且是一般人眼中的"坏孩子"或者是有缺陷的孩子，尽管在学业成绩上他们可能确实比普通学校的一般学生要落后，但是他们也有闪光的一面，而且在某些领域或活动上有着我们这些普通人所无法比拟的能量和才智。通过对这些学生所进行的心理援助以及箱庭游戏，我们发现他们有着十分强大的自我治愈的心理能量。

对青少年在发展中出现的一些特定问题，我们应以沟通分析理论中的成人之心加父母之心去认识并加以正确引导，使我们的青少年能够顺利度过他们的心理危机期，而不是惊慌，甚或指责。其实，每个孩子都有可爱的一面，都有等待我们去发现的闪光点，这是心理咨询工作者应该牢牢记住的。

三、青年期心理咨询的开展

青年期的心理咨询，一开始似乎比较顺利，但在几次咨询后，咨询者可能会感觉到比较困难。

（一）心理咨询的基本设置

一般而言，真正有效的心理咨询需要经过受理、谈问题、深入问题本质、对决与较量、问题解决、自我确立等几个阶段，大约需要十次甚至十次以上的咨询面谈。为了避免早期中止咨询的发生并克服所出现的各种困难和问题，咨询者在应对处于青年期的来访者时要慎重地设置并开展心理咨询。

关于青年期心理咨询的设置，咨询者应该站在来访者的立场上为他们考虑，不要让他们认为咨询者是家长的"共谋者""发言人""代理人"。

在中小学的教学工作中，如何解决部分学生的学习困难问题是教师经常遇到的难题。引发学习困难的原因是多种多样的。对于由包括动机、兴趣、情绪、意志和个性特征等非智力因素所引发的学习不良，可以采用箱庭疗法进行有效的心理辅导。对学习不良儿童使用箱庭疗法的目的不是直接提高其学习成绩，而是在于解决学习不良现象背后真正的心理问题。一旦在游戏中形成的良好咨询关系帮助孩子解决了其心理问题，学习成绩的提高往往会作为心理问题解决的副产品而出现。这一现象在笔者指导的研究生所进行的中小学儿童的箱庭治疗中屡有出现。

（二）各咨询阶段的应对

在上述心理咨询设置的前提下，前田重治（1990）整理了青年期心理咨询中各阶段咨询者的具体做法以及来访者的心理特征（见表8-5）。

表8-5　一般的青年期心理咨询的阶段及咨询者的应对

咨询阶段	来访者心理、行为的特征	咨询者的应对
第一阶段	（1）咨询动机不清楚或淡漠 （2）对咨询有阻抗心理 （3）对咨询者排斥、不信任、警惕、反抗、存在被害不安的同时，又伴随好奇心、期待感	（1）咨询者说明并导入心理咨询 （2）下功夫让来访者产生安全感 （3）为回避来访者长时间的沉默，咨询者"自言自语"并尝试各种应对
第二阶段	对咨询者开始产生亲密感	与来访者"共有体验"的摸索
第三阶段	（1）对咨询者"想说、想来往，但又不想说、不想来往"的双重感情 （2）容易产生验证咨询者意义上的"行动化"	（1）将双重感情解释为自我的强度，接纳这种感情 （2）接纳"行动化"倾向，以"言语化"取而代之
第四阶段	认可咨询者为"理想的咨询者"，对咨询者产生"支配的依存性"	对来访者的"依存性"需要，采取以下三种态度之一：①接纳的态度；②关注不问的态度；③对决的态度
第五阶段	开始接纳、模仿咨询者的态度、价值观、生活方式、兴趣、思维方式等	为促使来访者的共感，尽可能提示各种刺激
第六阶段	（1）对自己、亲子关系能客观对待，由此表现出现实适应态度 （2）以"行动化"表现自己的变化，自我的统合、安定化	（1）对来访者的谈话加以"明确化"，促进其提高自我洞察能力 （2）对"行动化"意义表示理解并使其"言语化"

（采自前田重治，1990；张日昇整理，2009）

第一阶段咨询者"自言自语"，是指当咨询者询问来访者问题而来访者不回答并保持长时间沉默的时候，咨询者可以站在来访者的立场上去考虑该如何回答，并将自己认为应该的或来访者可能的回答说出来，以构成两个人同时考虑同一问题的状况。这种做法，可以使常常沉默又缺乏咨询意愿或咨询动机复杂的来访者缓和紧张感，端正咨询动机。

这种技法的重复可以促进第二阶段咨询者和来访者"共有体验"的产生。这种感情沟通、共感理解的气氛的形成，为心理咨询的开展提供了极为良好的条件。在这一阶段，对自我比较强的来访者所实施的心理咨询，可以给予积极正面的启发和引导，使来访者在与咨询者推心置腹的咨询谈话中受到启示，从而能够积极调整自我。这一阶段有可能终结心理咨询。

在第三阶段，来访者往往会产生"既想与咨询者保持咨询关系又不想维持这种关系"的双重感情。其结果，来访者会以"行动化"的方式试探咨询者是否认真对待自己，从而确立自己在咨询过程中的角色，或中断心理咨询，或将咨询者确认为"好的"对象，并进入第四个阶段（对咨询者"支配的依存性"）和第五个阶段（对咨询者的共感的心理咨询）。

当来访者产生对咨询者"支配的依存性"时，咨询者可以有三种应对态度：（1）支持、接纳并时而满足来访者的要求；（2）使来访者的要求明确化，或是帮助其实现这一要求和愿望，或只采取注视的态度；（3）拒绝来访者的要求并采取针锋相对的态度。咨询者应该采取哪种应对态度，需要在综合考虑咨询目标、此时此刻的咨访关系，以及来访者的自我强度、年龄等各方面因素的基础上做出判断。对于青年期的来访者，出于促进其自律性、自发性的考虑，咨询者往往采用第二种应对态度。有时，为了实现来访者年龄或心理水准的退行，咨询者往往采取第一种应对态度。有时为了使来访者确认自我并意识到成为一个成年人的困难，咨询者可以采取第三种应对态度。

表8-6是前田重治（1990）根据临床经验所归纳的青年期心理咨询中容易产生的"行动化"的分类及应对的方法。

对于"行动化"，过去往往只将其理解为来访者在心理咨询过程中所产生的一种阻抗现象，而现在则开始将其考虑为咨询者与来访者的一种交流，或者也可以理解为来访者在心理咨询与治疗过程中走向适应的一种形式。实际上，比较多的情况是，来访者的"行动化"往往反映了来访者本人的性格倾向，或具有验证、考验咨询者的意思。这个时候，作为咨询者，至关重要的是认真倾听来访者的主诉并接纳来访者的"行动化"倾向和表现，特别是要认真分析在来访者"行动化"倾向或表现的背后所隐藏的动机、需要和冲动。

表8-6　来访者在咨询过程中的"行动化"及其应对

"行动化"的种类		应对的方法
性格倾向的表现（一种症状行为）		·耐心确认"行动化"背后所隐藏的悲哀感、抑郁感等，使"行动化"的真实含义能用言语表现出来 ·和来访者就"行动化"给别人增添的困惑进行坦诚的谈话
由咨访关系所产生的问题	（1）从试一试咨询者的角度上的一种演戏	·用态度和语言表示自己是一个好的协助者和理解者 ·就咨询目标进行具体的协商
	（2）因咨询者的解释所造成的伤害而产生的问题	·就自己的解释所引起的来访者的反应与来访者商谈，加深彼此的理解（咨询者应注意不能焦躁）
	（3）从接近咨询者和回避咨询者双重感情出发而产生的问题	·对自我较强的来访者，可以使其双重感情明确化并正视这一感情 ·强调双重感情中对咨询者"好的感情"或"接近的感情"
	（4）意味着对咨询者潜伏性的阴性感情的问题	·"行动化"若出现1~2次，可以不加干预地关注，若持续出现，应使"行动化"的含义"言语化" ·注意移情和反移情，努力促进良好而协调的咨访关系的建立
	（5）作为终结期的变化，或充分表现自我，或出现抵抗	·所表现的内容较多地反映了来访者的心理发展和进步，应在给予支持的基础上，让来访者品味变化的"痛苦"并接纳之

（采自前田重治，1990；张日昇整理，2009）

第三节　青年后期—中年期的心理咨询

青年后期—中年期是个体脱离父母走向独立、自我确立的时期，年龄为20—60岁。一般来说，咨询者与处于这一时期的来访者比较容易建立咨询关系。不过，咨询者在设定心理咨询与治疗目标时，需要充分考虑这一时期的来访者自我的强度及家庭、社会和经济等方面的因素。

一、本阶段心理咨询的特征

（一）重视来访者防御机制的应对

从这一时期的来访者对心理咨询基本原则、规范的反应，可以明确了解他们的自我特征。对于来访者咨询时的迟到、无故不来、沉默等，咨询者应该从来访者的防御机制上寻找原因，并思考应对的方法。

这一时期的来访者一般是主动前来寻求心理咨询的，所以会对心理咨询抱有莫大的希望。但是，他们对仅与咨询者谈话是否真的能解决自己的心理问题抱有疑虑和各种担心，因而不知该从哪里谈起，也不能畅所欲言。在正式进行心理咨询之前，咨询者应向他们耐心介绍心理咨询的基本原理和程序，鼓励他们将咨询室作为表达自我的场所而充分利用，以共感理解、真诚耐心的态度鼓励他们消除顾虑、畅所欲言。

（二）重视心理、社会和文化背景的影响

青年后期面临着人生的两大选择：结婚和就业。伴随着城市化、高等教育的普及以及科学技术的进步，这一时期表现出一种延长和严峻的趋势。伴随着这种延长和严峻的趋势，青年可以一时合法地延缓偿付对社会所应承担的责任和义务。咨询者在为处于心理延缓偿付期的青年做心理咨询时，需要认识到这一心理、社会和文化背景对青年自我成长的影响。

（三）咨询时间的确定

这一时期的来访者，在学校、家庭和社会中都承担着一定的责任。为此，咨询者应注意与其协商，要在充分考虑来访者的学校生活、家庭生活和社会生活的前提下确定咨询时间，开展心理咨询工作。

（四）咨询或治疗目标的现实性考虑

这一时期的来访者有较长的个人生活史，也有较多的生活经验，这也就同时使其在性格、防御机制等方面缺乏甚或失去可塑性和灵活性。同时，成人来访者前来咨询的学校问题、家庭问题和社会的现实生活问题也未必能够

允许其接受长期的心理咨询或治疗。

因此，咨询者在为这一时期的来访者设定心理咨询与治疗的目标时，应充分考虑来访者自我的强度及社会的、经济的各种条件，在此基础上给予较为现实的综合判断。有的时候，即使不能使来访者的性格、自我机能从根本上得到改善，也可以达到减轻症状或即使有某种症状存在也可以适应社会现实生活的目标。

（五）咨询新手的应对

咨询新手要么与这一时期的来访者年纪相当，要么比他们年轻。如果咨询者比来访者年轻，来访者容易对咨询者的权威性产生怀疑，从而产生一种抵触和轻视的情绪。由于在职业上缺乏经验，咨询新手容易产生一种不安心理，从而造成在来访者面前缩手缩脚，或是迎合来访者的口吻，或是采取卑屈低下的态度。作为这种心理的另一面，咨询新手也可能自认为是权威，以高压的态度对待来访者。

作为咨询新手，除接受系统的心理咨询训练之外，能客观地认知自身的咨询或治疗态度，并能够修正所出现的问题是非常有必要的。

二、应注意的事项

（一）精神障碍的识别

神经症、双相情感障碍、精神分裂症是成年人易发的精神障碍。本来应该根据神经症水平、边缘状态水平和精神病水平具体论述设定心理咨询结构时应注意的问题，但这一系列问题超出了本书的范围，所以，在这里只介绍神经症和精神病的区别。

神经症主要是由心理的或社会的原因所产生的精神上的或身体上的机能障碍。神经症的心因与症状的因果关系比较单纯，但其发作往往极为复杂，与当事人的素质、环境因子、生育史上的各种诱发事件等结果因子分不开（如图8-3所示）。

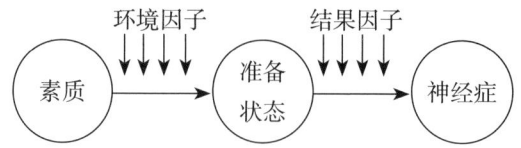

图8-3　神经症成立的模式

青年期个体人格的变化往往具有流动性的特点，因此，即使处于这个时期的来访者表现出相当程度的神经症症状，也不能轻易断定为神经症，而看成神经症反应比较恰当。

另外，无论从临床的角度还是从教育的角度出发，我们都应明确神经症和精神病两者的区别。精神病属于比神经症严重得多的心理与行为障碍。习惯上，我们通常将精神病分为外因性精神病、内因性精神病、心因性精神病三种。但是，严格来讲，精神病是指以精神分裂症、双相情感障碍为代表的内因性精神病。我们往往将神经症理解为自我不成熟、发展上的偏激、人格的部分歪曲等引起的不适应状态，而精神病则是自我本身的分裂、崩溃和无力化状态。

表8-7列举了神经症的分类，表8-8介绍了神经症和精神病的区别。

表8-7　神经症的分类

分类	说明
焦虑症	每日焦躁不安，伴有失眠、食欲不振等身体症状
转换性癔症	不愉快的体验后会发生失声、失步、健忘、痉挛发作等症状
恐怖症	怕见人（社交恐惧）、极端怕脏（不洁恐惧）、高处恐惧等
强迫症	不断重复同一行为而无法停止，某种强迫动作
抑郁症	遇到挫折、失败即忧郁不止，伴随失眠、食欲不振状态
神经衰弱	过虑而导致注意力难以集中，容易疲劳
疑病症	老担心自己是不是身体有病，为此而不安焦虑

注：近些年，行业内对于抑郁症的归属和分类有较多讨论和调整，本书考虑到抑郁症在临床工作中的特点，仍将其纳入表格中呈现。表8-9也是这种情况。

（采自新福尚武，1984；张日昇整理，1999）

表8-8　神经症和精神病的区别

项目	神经症	精神病
障碍的性质	焦虑不安是根本问题	人格的病态
症状表现	主客观统一，容易被人理解	主客观不统一，不容易被人理解
主观痛苦	有主观上的痛苦体验	一般没有主观痛苦体验
自知力	能意识到心理冲突，有解决心理冲突的要求	一般不能意识到心理冲突，没有解决心理冲突的要求
自制力	症状的出现受意识的控制，一般能自我克制	症状的出现不受意识的控制，难以通过转移令其消除
现实检验能力	保持	显著障碍
社会功能	影响当事人的部分或全部心理与社会功能	一般会有不同程度的社会功能的损害或瓦解
人际关系	原本是健全的	原本是封闭的
原因及遗传因素	心理的原因，遗传因素较弱	生物学的原因，遗传因素较强
改变的主观意愿	当事人有改变和求助的动机	当事人缺乏改变和求助的动机

（采自西园昌久，1988；张日昇整理修订，2022）

（二）不同类型来访者在心理咨询中的反应

在心理咨询过程中，如果怀疑是精神病，咨询者应将来访者介绍到精神专科医院或精神科医生处就诊。对各种神经症反应进行心理咨询时，可参照表8-9予以应对。

在成人的神经症中，癔症和强迫症是代表性疾患。在心理咨询与治疗过程中，这两种精神障碍在很多方面形成了鲜明的对照。

患有癔症且具有自恋（自我中心）性格的来访者，无论心理咨询开始与否，往往都会随心所欲地改变心理咨询的约定事项，或要求延长咨询时间、增加咨询次数，甚至要求咨询者给自己写信、打电话、在咨询室外见面等。

表8-9　对各种神经症反应的心理应对

分类	应对
恐怖症	（1）接纳恐惧感 （2）信赖关系的强化 （3）促其洞察潜在的攻击性、性冲动 （4）促其缓和过于严厉的超我 （5）进行习惯恐惧对象的训练
焦虑症	（1）接纳不安和焦虑 （2）对自我采取支持的态度 （3）由洞察或经验帮其获得自信
强迫症	（1）信赖关系的强化 （2）促其表露自己的感情 （3）让其能接纳自己的症状 （4）促其洞察潜在的攻击性 （5）进行分散注意力的训练
抑郁症	（1）接纳抑郁状态 （2）促其静养 （3）满足其一定程度的依存需要 （4）对自我采取支持的态度 （5）由经验帮其获得自信
躯体形式障碍	（1）让其主诉身体存在的问题并接纳之 （2）促其洞察心理的原因 （3）训练其忍耐性 （4）指导其协调性的养成 （5）信赖关系的强化 （6）彻底进行医学上的检查 （7）促其洞察潜在的攻击性、性冲动 （8）让其对外界发生的事、人际关系感兴趣 （9）让其进行体育运动或参加某些活动
神经衰弱	（1）让其主诉身体存在的问题并接纳之 （2）信赖关系的强化 （3）彻底进行医学上的检查 （4）促其洞察潜在的攻击性、性冲动 （5）让其对外界发生的事、人际关系感兴趣 （6）让其进行体育运动或参加某些活动

（张日昇整理，1999）

强迫症来访者往往会按约定的时间准时前来，并在约定的时间里交谈，几乎没有无故不到的情况，言行规规矩矩，很有礼貌。但是，经过多次咨询之后，仍然局限于对自己症状的叙述或报告日常生活中的琐事，而不轻易吐露在这种症状背后所隐藏的强烈的情感。

就是说，癔症的来访者试图将心理咨询的场面设置、咨询者这一现实存在置身于自我陶醉（自恋）的空想世界之中，从而动摇心理咨询的基本原则、规范和要求。而强迫症的来访者则只从表面上或形式上对心理咨询给予一定的配合，巧妙地回避表现自己的感情，致使心理咨询活动毫无成效。

此外，神经症以及癔症、心境障碍的来访者往往都对心理咨询与治疗的基本要求和设置表现出极为独特的反应。因此，心理咨询的基本要求和设置起着一种勾勒出来访者神经症的防御机制及病理性人际关系样式的作用。当然，心理咨询的基本要求和设置也同时起着防止咨询者卷入来访者病理性的人际关系中、防止心理咨询活动流于形式、保护来访者和咨询者的作用。

精神分裂症患者有很多在咨询室内无法解决的、极为困难的课题。与精神分裂症患者一对一的咨询与治疗，需要咨询者付出更长的准备时间。除需要掌握和理解精神分裂症患者的精神病理之外，咨询者还需要把握他们的人际关系、日常的生活态度等，并积累一些咨询与治疗的经验。例如，在精神专科医院工作的心理临床专家和心理医生可以通过心理评估，慢慢地加深对患者的理解。不仅通过与患者的谈话，而且通过患者的表情、态度来了解和把握患者此时此刻的精神状态。没有这样条件的咨询者，可以通过建立与精神专科医院或医院精神科的联系，创造了解并理解精神分裂症患者心理的机会。在此基础上开展对精神分裂症患者的咨询与治疗是比较理想的。

（三）中年危机的处理

人到中年以后，尽管在各方面趋于稳定、成熟，但还是处于心理多变的时期。在这一时期，有一部分成年人因为各种原因不能很好地完成人到中年的各项发展任务，被称为"灰色中年"，也就是"中年危机"。

从人的心理发展角度看，人生没有停滞的时刻，每个时期都会遇到不同的心理问题和困扰。当人步入中年期后，仍有许多危机与挑战必须面对，平静稳定的生活与工作背后常常隐藏着暗流，中年人同样需要社会关注、理解与支持。

"中年危机"一般高发于40—50岁，从狭义上讲，主要是指各种疾病带给当事人的负面情绪反应，从广义上来讲，可以认为是中年人在工作、身体健康、家庭婚姻以及子女教育等方面遇到了各种问题。

进入中年以后，人开始感到体力、能力、地位的变化，并感觉到自身的有限性。但是，步入中年并不等于自我发展的停滞，关键在于怎样面对人生，如何去调适、应对。我们认为，认识到自我的有限性，反思自己走过的人生之路，调整自己的人际关系和人生目标，为人生后半期的顺利度过做好各种准备，是中年期重要的课题。

冈本祐子（1985）认为，对自我的有限性的觉察与接纳是中年期最为重要的发展课题，并描绘了中年期人格再构筑的过程（见表8-10）。

表8-10　中年期人格再构筑的过程

阶段	内容
I	伴随对身体感觉变化的认识而产生危机感时期 ·体力的衰退，身体的变化 ·生命力、活力的衰退
II	对自己的再认识、再调整方向的摸索期 ·对自己半生的反思 ·对将来发展的再尝试
III	人生轨道修正、转换期 ·对未来生活、价值观等的修正 ·自己与其他对象关系的变化
IV	人格的再确定期 ·自我安定感、肯定感的增加

（采自冈本祐子，1985；张日昇整理，1999）

进入中年期的成年人具有自己的生活方式和为人准则。荣格认为：人在中年之前，生活取向为适应和顺应外部世界，为生计而奔波，不知道自己所走的路是否真喜欢；中年之后，人的生活取向为适应和顺从内心世界，人就要寻找真正的自己，将注意力由外部世界转移到内心世界，重新认识自己、肯定自己。为此，要想从根本上改变成年人既已形成的生活方式、人生观和价值观是很困难的。从这一意义上讲，中年期的来访者即使身心各方面出现各种问题，咨询者也不要轻易采取根本否定的态度，而要让来访者在结合现实原则的基础上去看待人生，调整今后的人生之路和生活目标。

第四节　老年期的心理咨询

从 1999 年起，中国进入了老龄社会，是较早进入老龄社会的发展中国家之一。中国也是世界上老年人口最多的国家，占全球老年人口总量的 1/5。截至 2019 年末，我国 65 周岁及以上人口为 17 603 万，占总人口的 12.6%。老龄化问题在我国已成为日益深刻的社会问题。与此同时，在精神专科医院或医院精神科接受长期入院治疗的患者的高龄化问题也日益突出。因此，心理咨询工作该如何面对这样的现状，成为摆在咨询工作者面前的重要课题。

一、本阶段心理咨询的特征

（一）老年心理咨询的困难性

在老龄化问题日益突出的现在，老年人的物质和文化需求尽管得到了明显改善，但是身体健康状况下降是影响老年人生活质量的重要因素之一，与此相关的心理问题需要引起足够的重视，以促进老年人的身心健康。

然而，老年人的心理咨询尚缺乏人们的理解以及足够的社会支持。同时，心理咨询人员不仅欠缺老年心理咨询的经验，也难以像对其他时期的来访者那样设定明确的心理咨询的方向和目标。

（二）心理问题与身体疾病的结合

心理咨询人员往往难以处置老年期问题，因为老年来访者前来咨询的问题较多，并不局限于心理问题，还有诸如一些慢性病、老化现象等身体问题。对死亡的恐惧和不安也容易与身体的衰弱联系在一起。换句话说，为老年人咨询的时候，咨询者需要将老年人身体的问题和心理的问题结合在一起。

为此，心理咨询机构以及心理咨询人员应该注意加强与医疗机构、身体健康管理部门的联系，以随时取得来访者有关身体健康方面的信息，必要时也可以取得医疗机构的协助。

（三）家庭的协助和配合

进入老年期之后，个体无论在经济方面还是在生活方面都需要依赖家庭，特别是当老人得了老年抑郁症、老年性痴呆症等身体和精神的病症以后，更需要获得家庭的关心和帮助。在心理咨询与治疗过程中如何得到家庭的支持和配合，有可能是老年心理咨询顺利开展的关键，应引起心理咨询人员的注意。

（四）重视关心、照顾和体贴

老年心理咨询在目标设定上有其特殊性。为老年人咨询的时候，咨询者不应该把促使其适应现实、改变人格作为咨询目标，而应该把如何帮助老人不后悔地度过人生的最后时期、迎接死亡的挑战作为咨询的重要课题。对老年人的心理咨询重视的不是治疗，而是关心、照顾和体贴。

二、应注意的事项

即使是老年来访者，自我的灵活性也是因人而异的。有的老年人尽管上了年纪，但仍保持着充沛的精力和丰富的感受性。对于这样的老年人，咨询者可以用对待一般成人的咨询结构和咨询设置。对于老化较重、衰退较快的老年人，咨询者除认真听其主诉之外，还应该给其以必需的规劝和建议，并采取灵活的应对和态度。"要像对待孩子那样对待老人"，是我们在心理咨询实践中的感受。

同时，我们要认识到，那种强调老年人口增加给社会、给家庭带来负担的看法，很容易导致老年人在精神上受到打击，不利于老年人身心健康地度过晚年。而从日常生活入手关怀老年人，积极引导老年人注意在心理健康方面适应现实社会的要求，重视并提高老年人心理保健能力非常重要。

埃里克森（Erikson，1972）把人的发展理解为生理、心理和社会因素的统一，把人的一生看作一个统一的发展过程，指出发展的阶段性和连续性以及发展各阶段所面临的任务，认为老年期所面临的危机是自我整合（完善）对绝望。这时，人生进入最后阶段，如果对一生感到满意，就会产生完善感。如果达不到这种感觉，就不免恐惧死亡，对人生感到厌倦和失望。

那么，老年人应如何面对死亡呢？杰弗斯（Jeffers，1974）等在利伯特（R. M. Liebert）等著的《发展心理学》（刘范等译，人民教育出版社1983年版）中详细叙述了以上问题。现摘录如下，以供参考。

老年人如何面对死亡

F.C.杰弗斯　A.弗沃厄德特

和老年人一起工作的专业人员所关心的是：不管这些老年人的前途如何或不管他们能再活多久，都要他们对晚年生活适应，尽可能健康和满意。不管环境怎样，在生命的这一阶段死是不可避免的。对于死的到来，老年人或者必须进行某种适应，或者必须采取一些防护措施使他在一定程度上避免老想着他也会死这一必然性。依据费菲尔（Feifel，1965）的说法就是，"老年人对临终和死亡的适应很可能是年老过程的一个最关键的方面"。只要人们赞成这种说法，那么，老年人对死亡的意识，死对他本人的意义以及对他的行为的影响，就全部成为了解和处理晚年问题的重要因素。

认识到死亡不可避免，因而认识到个人存在的消失，这被许多治疗学家看作是对人的最后的威胁。凯斯滕鲍姆（Koestenbaum，1964）从存在主义的观点立论，把人对死的焦虑解释为害怕看到世界本身的消亡。我们的现代文化试图通过禁谈死亡话题、提高追思礼拜不针对个人的程度，以及将公墓装饰成普通公园等等办法来减轻这种焦虑（Mitford，1963；Riley，1968）。但是在那些生命处于"日薄西山"情况下的人们看来，死亡是掩盖不住的。现实主义地承认死亡是生命的"适宜"结局很可能是情绪成熟的标志（Weisman & Hackett，1961）。如果意识到并且承认死亡是老年人情绪成熟的特征，人们也可以问，这些特征在年轻人身上表现到什么程度，以及像年龄、身体疾病和个性顺应等因素可能产生什么影响。当前，已经开始积累了一些研究证据，但许多工作有待于完成。凯斯滕鲍姆（Koestenbaum，1966）1965年在主持一次老年学会专题讨论会时，概述了关于"死亡研究"的一些困难和要求。

研究的方法论上的几个问题是关于个人对待死亡和临终的态度、对死亡的意识以及对待死亡焦虑等方面。第一，读文献时明显地看到，在关于死亡的构想和提出适合于研究目的的实用定义上还有一些困难。第二，作者们往往利用不同的被试组、不同的方法、不同的问卷和（或）采访程序，以致难以对不同的研究结果进行比较。第三，某些迄今使用的研究方法（直接提问、死亡态度量表、句子填充、投射技术等等）可能不适于精确而完善地测量对死亡意识的程度以及死亡对不同个人所具有的意义。此外，这样的资料通常都是在一定时间取得的。长期系统访问所获得的资料可能进一步阐明死亡对于个性的"更深刻"的意义。至今除了略为触及本题的（如Lindemann，1944）关于悲痛和亲人丧失的效应的报告以外，还没有关于这类资料的报告。

对死亡的意识

对外部事件、内部生理过程或主观体验的意识，不是一种"全或无"的现象，而是在意识上以不同的程度显示出来。所以，对死亡的意识可以通过和死亡有关的观念而间接地揭示出来。因此一个人有可能对自己的死亡的意识发生在前意识水平上。

前意识地感觉到死亡临头的一个特殊例证曾由弗沃厄德特与埃尔默（Elmore）描述过，他们研究的是30名24—74岁患有不治之症的住院病人（Verwoerdt & Elmore，1976）。所得资料表明，死亡的实际时距、绝望和对前景的预期下降，这三者之间存在着关系。没有一个病人能够知道或声称知道自己确实还能活多久。研究者在研究时也不知道病人离死亡还有多长时间，这时间长短的资料是通过跟踪研究在一年之后得来的。病人越是临近死亡，越表现出绝望，越显得对未来的希望大减。利伯曼（Lieberman，1965）在研究22名离死一年或不到一年的老人的报告中也得出了同样的结果。在病中，尤其是在得了不治之症后，病人很可能意识到他身体状况衰退的速度。通过"监控"这些内部生理变化，他也许能"估计"到从现在到终点的衰退的速度（Glaser & Strauss，1965）。有可能由于老化过程而出现更为缓慢的生物学变化，也可以在某种程度上激活类似的机制。

关于一般居民中的青年和老年人对死亡意识的比较研究是极少的。看来，研究者们主要是研究这一个或另一个群体，并分别做描述性研究，而不是比较研究。里利（Riley，1968）报告说，在对1 500名成年人的一个研究中，大多数61岁以上的人说他们至少偶尔想到自己的生命捉摸不定或想到某些亲友的死，而45%的人则说他们经常想到这些。在他的样本中，这样的念头在60岁以上的人们中比在青年人中较为普遍。

杜克大学对140名60—94岁不在养老院的老人关于死的念头的频率进行了研究，发现：这些老人中49%的人说，也许由于读讣告，每天至少有一次想到死；20%的人承认大约每周有一次出现死的念头；25%的人说每周少于一次想到死；5%的人否认他们曾经想到死；1%的人未明确表态（Jeffers & Verwoerdt，1966）。7%的被试说在他们的内心里经常有着关于死的念头。有几个因素可以把这些被试和"否认者"区别开来。后者倾向于相信死的意识会影响生活乐趣；他们较好活动，较少"偷闲"，具有较好的"精神状态"；他们对健康的主观估计较高，但在客观的健康评定方面则没有差异；他们有较高的智商，他们的职业主要属于非体力劳动。最后，这类被试比起那些内心经常有死亡念头的人也较为年轻。

因此，那些排除死的念头的人大概是由于年龄较小，并认为自己健康良好，就觉得离死较远。但有趣的是，当这两组被试都接受同一个填句测验，测验要求他们直接谈及死亡对个人的意义时，他们的情绪反应类型很少有差别：属于积极（没有感到威胁，承认人皆有死）反应的比率两组大约都是50%，其余的50%是中性反应或消极反应。

理查森与弗里曼（Richardson & Freeman，1968）发现，死的念头在那些健康不佳的人们中比在健康良好的人们中较为常见。这同上述的杜克大学关于好的自我健康评价和死亡念头的频率呈相反关系的研究结果一致，也同希鲁特（Shrut，1958）和鲁迪克与迪布纳（Rhudick & Dibner，1961）的研究结果相符合。后两个研究者利用主题统觉测验（TAT）中有关死亡的故事，还发现神经症病人比精神病人表现出更多的对死的担心。这一现象也被梅（May，1950）提到过，他说，一旦发生对死的担心，大概神经症成分就可能存在。

总结这些研究结果，则现有的研究表明，死亡念头的频率在老年组和在身体患病的情况下可能较高。担心死亡往往发生在有神经症冲突的人们中间，而在正常人或精神病人中则不常见。

死亡对个人的含义

和对死的意义密切联系的是死亡对于个人的含义。无疑，关于死亡对个人的含义是决定于许许多多因素的，既有个人的，也有社会文化方面的。"死亡的意义"并不等于对临终这一事件的实际体验，而是指个人对死亡事实的主观预测、解释、推断或个人情感在死亡这一事件上的投射。看来，人对死亡有怎样的反应，死的意义就是怎样。尽管有这些无限多样化的意义——包括其中微妙的、细致的差别，做某种程度的分类看来仍然是需要的，哪怕这种分类的根据是人为的也好。仔细检查上述杜克大学研究中填句测验所获得的数据，我们发现死的意义可能有几类（Jeffers & Verwoerdt, 1966）。研究者要求老年早期被试填充下列短句：

1. 当一个人死去的时候，＿＿＿＿＿＿＿＿＿＿。

2. 死亡是＿＿＿＿＿＿＿＿＿＿。

3. 我觉得当我死时，我＿＿＿＿＿＿＿＿＿＿。

绝大部分的回答看来可以分别列入下述各类之中：

1. 生命的继续或休止。较多的被试表示了坚定的宗教虔诚（必须记住北卡罗来纳州位于"圣经地带"之内），例如，"人死之时，即其复活"，"死是从此生达到彼岸"，"我认为当我死去的时候，我的精神或灵魂将继续存在"。此生的终结被他们看作达到来世的阶梯。另一种想法是，"当一个人死去时，他将继续活在未亡人的心灵中"。另一方面，有些人则认为死主要是人格的消灭和本体的消失。"他不再存在了"，"他完全消失了"，"他立即被遗忘了"，或者说"这是真正的终结"。因此，死被看成是"不可避免的"，或者被比较积极地看成休息或解脱："我将解脱一切烦恼"，"我将抛开生活的烦恼和忧虑"。

2. 死犹如敌人。只有少数人把死看成是破坏生活格局和关系的敌人，例如，"死是一个残酷的主宰"。可是较多的被试表示他们害怕依赖、无能或痛苦——这些状态都是和临终的景况相联系的。

3. 重新团聚或分离。许多人表示重聚的信念，例如，"我将会见业经先走一步的人"。对某些人来说，死不外是悲哀而体面地和熟悉的环境永别，和周围的亲人分离，"死于我无所惧，但我怕离开我的儿女和亲人"。

4. 报偿或惩罚。绝大多数的被试把死看成是过渡到一个更好的存在状态，是对过去善良生活过来的一种报偿，如"我将升天堂，蒙主之福"。总的说来，这是和被试虔诚的宗教信仰相一致的。只有不多的人直接表示死意味着惩罚，如"如果他活得正当，他就能安息；否则他就算消灭了"。

5. 猜想或不知道。有些被试表示捉摸不定或感到好奇，如："我说不上来。""我不知道死是什么，请问，它是什么？""我不知道死来临时会像什么样子，谁知道？也许有点像到埃及去。"猜想死好像是在宗教仪式中已经熟知的事件一样，如回答说："死就是命归九泉。""我的灵魂将回到上帝那里去。"

费菲尔（Feifel，1965）用类似的方式把40名第一次世界大战中残废退伍军人的看法分为两大类：一类设想死是肉体生命的消亡和进入来世的门户；另一类是"达观的顺从"，把死看成"结局"。

意识到死亡时的情绪反应

经杜克大学研究过的老年被试，似乎典型地体验到一些与他们所表示的关于死的独特想法相应的情感。例如，普遍观察到，死后团聚的信念是与幸福期待的情感联系在一起的（Jeffers & Verwoerdt，1966）。少数几个因填充句子测验而感到有危险的被试则倾向于把死看成是残酷的或认为是惩罚。他们说："这些问题是令人不快的，告诉你吧，它们震惊了我。"也有一些矛盾情感的例证。例如，有几个人声称："天堂也许是我的家，但我还没有害思乡病。"

那种对死亡的破坏性一面或残酷的一面表示愤怒反抗或狂怒的情况显然未见。诗人D.托马斯所描写的蔑视死亡的心情（"愤怒，愤怒，面对着光明的消逝"）也许是年轻人态度的特征。

有一些研究者一致认为，只有少数的老年人——在某些研究中仅10%或更少些——表现怕死（Feifel，1955；Jeffers，Nichols，& Eisdofer，1961；Swenson，1961）。在美国国立心理卫生研究所健康老年人的样本中，明显怕死的占被试人数的30%（Birren，Butler，Greenhouse，Sokoloff，& Yarrow，1963）。在科甘与谢尔登（Kogan & Shelton，1962）对200个年龄在49—92岁的人进行的填句测验中，被试认为死对于"一般人"较之对老年人更为可怕。他们还感到，老年人比较地说并不把死当作最恐惧的事，而认为死是一种解脱，是不可避免的。科甘与华莱奇（Kogan & Wallach，1961）把老年人和大学生做比较时发现，运用语义分化技术所得到的对死亡概念的反应，老年被试不像青年被试那样消极。

在杜克大学的另一个研究中，只有10%的老年被试对"你们害怕死吗？"这一问题做肯定回答（Jeffers, Nichols, & Eisdofer, 1961）。35%的被试否认害怕，而55%的回答是犹豫不决或自相矛盾。那些承认怕死的回答往往没有宗教联系；所发现的这些特定被试不那么相信死后生活的情况证实了斯文森（Swenson，1961）的研究结论。此外，在杜克大学进行的研究中还发现，承认怕死的被试对罗夏墨迹测验的反应较少，休闲活动不多，智商也较低。里利（Riley，1968）报告了样本中的1 500名成人中，对死的消极看法和较低的受教育水平二者之间有着类似的关系。最后，在杜克大学的研究中，表现出怕死的被试厌弃和抑郁情感的发生率较高。鲁迪克和迪布纳（Rhudick & Dibner，1961）认为，担心死亡不一定就表现为明显的焦虑，但可能伴随着各种躯体化的和回避性的倾向。

布特勒（Butler，1968）指出，纵然许多老年人并未表现出任何明显的怕死心情，我们不能说他们就不存在死的问题了。反之，我们应该对每个处于特殊适应死亡这一现实的阶段的人进行研究。如同在杜克大学的研究中一个老年的志愿被试所说的："不，我并不怕死——在我看来这是一种完全正常的过程。但你绝不会知道，到了最后摊牌的时候你会有什么感觉。我也许很恐慌。"

总之，从老年人的表现看来，死远不如长期患病、寄人篱下或肉体疼痛可怕，后者是可能带来被厌弃和受隔离的种种威胁，以及失去社会地位、自我决定和个人尊严的。某些由家庭照顾的老年人生活可能还差强人意，但即使这样的人也时常抱憾地说："我对亲人简直是个累赘。"格拉泽与斯特劳斯（Glaser & Strauss，1968）指出，垂死的衰老病人往往决定留在医院，以免成为他们家庭的负担。小型疗养所的经验表明，除了偶尔有衰老病人顽强地坚持生活外，他们中的绝大多数人都把死看作比继续病痛或长期残废更好。按照卡利什（Kalish）的说法，这些病人在自己和别人的心目中，可能已经成为"在社会方面故去的人"，因此他们把死亡的迫近看作及时的、应受欢迎的（Glaser & Strauss，1968；Kalish，1966）。凯斯滕鲍姆（Koestenbaum，1966）曾引用一所老年病院工作人员的报告，大意是，在临终的老年人中，绝大多数人对死亡的态度都得到积极评价，如宁静地等候死亡或期待着结束一切的苦难。

对这个问题的研究结果分歧很大：一方面，有的结果是老年人并不怕死，而另一方面，一些临床医生却认为这种恐惧有普遍性。所以凯斯滕鲍姆注意到见解的不同，根本反对在老年问题的研究中使用"怕死"这个概念（Koestenbaum，1966；Koestenbaum & Aisenberg，1972）。

正确对待死亡前景

老年人比其他年龄的人在适应行为方面可能存在着较大的个别差异，这已经是不言而喻的，因为相对的长寿可以提供较大量而多样的生活经验。因此他们对待死亡的行为自然也有所不同。斯帕克（Spark，1964）曾写出一部引人入胜的小说《临终的警钟》，其中她较详细地谈到几位老年人在接到一个匿名电话"记住，你总是要死的"时，他们所表现的不同的行为。

某些应付技巧或防御机制对某个人可能是适宜的，但对另一个人不适宜。特定的防御究竟有无适应性还取决于许多因素。决定利用什么机制类型的因素可能有：（1）时间的因素，年龄和距离死亡的时距这两者在杜克大学的研究中证明是重要的（Jeffers & Verwoerdt，1966）；（2）身心健康；（3）不同的参照系统，诸如宗教倾向、社会经济和职业地位等方面的影响；（4）社区态度；（5）家庭和个人关于死亡的经验；（6）当时直接环境中的人们的态度；（7）本人心理的完整性和成熟度。适应的一个主要决定因素也许是个人在过去生活中适应各种变化和危机的情况。佩内（Payne，1967）将个人生前对别人、对事业活动的情感倾向的性质作为一个人接受死亡现实的另一个决定因素。瓦尔（Wahl，1958）假设，受爱抚的儿童更有可能对婴儿期的全能保持一种无意识的癖性，他可能像过去充满信心去对付新情境那样来应付死的焦虑。

在大多数成功适应的实例中，所使用的可能是若干并存的适应方法系列。由于同时发挥作用，一种适应技巧可能促进甚至增强另一种技巧。

许多人跨进老年行列，并怀着自觉的、也许不曾说出来的对已有成就和过去生活心满意足的情感去应付死亡。精力衰退可能使他们甘心停止努力并形成了对生命结局的达观态度。瓦尔（Wahl，1958）引用了斯宾诺莎曾说过的话：那些把死看成是完成一种生活常规，并在富裕和有效的生活中无忧无虑地度过一生的成年人，是能够接受他自己总有一天会停止生存这种思想的。

除了占支配地位的综合和整合这种内心过程以外，对死亡前景的控制和适应还可以通过其他途径实现，如通过成熟的宗教信念的寄托，或通过从各种社会关系得来的安全和满足。

费菲尔（Feifel，1965）和另一些人的报告证实，许多老人把对死后生活的信念或宗教信仰的依赖当作对抗死亡威胁的心理支柱。北卡罗来纳州老年病研究组的研究发现，在254人中几乎普遍存在关于来世的信念，只有2%的人直率否认有这种信念（Jeffers，Nichols，& Eisdofer，1961）。21%的人采用了折中的说法，他们表示"不确信"有这种来世，但是有77%的人认为自己是属于确信有来世的人群中，尽管对于来世的想象几乎是一个人一个样子。另一方面，在杜克大学研究中的少量被试以及费菲尔研究中的一些被试认为，如果一个人害怕他的罪孽会在死后遭受报应，那么他对宗教和对来世的强烈信念就可能预示着危险。正如乔朗（Choron，1963）所指出的："永生"的信念可能引起与之类似的对死亡的恐惧。

生命终结之前最令人满意的适应之一是和子孙保持亲密的却并非既爱又恨的关系。这不仅满足了相互情感的需要，而且还提醒老年人生命在继续并具体证明他还在继续为人类做出贡献。祖父母可以轻松地同新一代人共享学习、忧喜和共处的乐趣。

一个人盘算着自己究竟应给家庭和朋友留下什么遗产，这种情况常常是他承认他的生命或早或晚总要终结的一个明显标志。人越老就越用更多时间按适当方式为他的后事进行准备，单纯从可能接近暮年的程度判断，这似乎是合乎逻辑的。可是对某些人来说，一些介入的因素——否认、敌意、恐惧或家庭成员的阻挠——可能对此种准备起抵制作用。有时我们可能观察到迷信的恐惧，即认为准备后事会真正加速死亡的到来。例如，杜克大学关于为长期疾病而忧虑和做打算的程度的一个研究指出，老年被试对于死亡这件事忧虑相当少，也少有实际打算。许多老人给人们这样的印象：他们不愿意考虑这种可能性（Heyman & Jeffers，1965）。

杜克大学新近的一项研究发现，根据罗索死亡意识量表，老年组成员关于财务上的事情表现得比较讲究实际，诸如计算葬礼的开支、继续做人寿保险、写遗嘱，以及签字把住宅转给他们的子女。一个90岁的老妇已经购置了她的公墓场地和墓碑，甚至已经预付了为在石碑上刻上死亡日期的费用。可以预料，那些较多地意识到死亡的人，所做的准备也较多；罗索在他的研究中发现：100个社区被试中存在着这种相关（Rosow & Chellam，1966）。可是，死前拒绝放弃一些最有价值的纪念品却是一个有希望的征兆，表示他有一个要尽可能一直活到尽头的愿望；通常这种珍品是被指定"日后"才交给恰当的承受人的。这类准备意味着一种现实主义的安于个人之死和预告"把事情安排好"的愿望。但是对于离开人世的这种打算经常会使老年人的家庭和朋友烦恼，并被人认为是对死亡的病态偏见。

西方社会避讳公开谈论死亡，这对同老年人一起工作和生活的人以及对老年人本人都造成了特殊的困难（Fulton，1965）。可是，一个受自己的死亡前景威胁的人极需要与某些人谈论这个问题。通常他自己的家庭成员是不可能跟他谈及此事的；由于家人跟他有情感上的联系，所以他的死的前景和他对死的意识会使他们过于烦恼。里利（Riley，1968）的研究结果表明，老年人同教士或医生谈谈与死有关的问题就可以感到比较舒适。但就连一些与医疗工作有关的人员——医生、护士、社会工作者——当他们照管垂死病人时或面对那些想找人谈论他们之死的老年人时，也承认有不安之感。弗沃厄德特（Verwoerdt，1966）曾经指出："医生维护健康，反对疾病，维护生命，反对死亡。"因此他和其他有关人员必须妥善处理他们本人的烦躁不安，以便同那些受死亡前景威胁的老年人进行互有体会的交谈，并提供鼓励性心理治疗（精神病学促进小组，1967；Quint，1967；Saunders，1960）。

一般说来，在老年人不能成功地应付死亡威胁或难以适应的情况下，可以预料：他会主动地重复旧日的防御办法，他只有某些有限的应付手段，一些自卫方法会用得生硬而过分，以及（或者）往往缺乏革新的技巧。行为适应不良的实质是，它使问题恶化，或者节外生枝。记住质和量两方面因素的重要性以及个性特点和个人之间差异的存在，就有可能对本文作者和其他作者所观察的一个人应付死亡前景的种种情况加以评述。

一个人明明意识到死，却为了避免明确意识到痛苦的威胁而予以否认，这已被许多精神病学家认为是缓和死亡恐惧的主要机制。否认的态度可能用不同方式表现出来。譬如一个老年人可能公开承认"死是不可避免的"，可是私下在内心里却加上"然而对于我，那只不过是可能而已"，或"这只是遥远未来的事"，或者甚至认为"这是不可避免的，但我除外"。不过，否认是难以持久的，因为围绕老年人四周的都是死亡的标记：同龄人的疾病和死亡以及自己正在衰退的能量。"视而不见的人"确实需要坚强才能拒绝这些客观存在的和日益增多的刺激。其他旨在从意识中排除死亡恐惧的防御手法包括：抑制、文饰和强调客观。这些机制经常都是在一起而非单独出现的。

在另一些防御中，应付行为的目标主要不在于把威胁排除于自觉的意识之外，而在于躲避焦虑。这些防御包括这样一些机制，诸如倒退、回避、

"解脱"甚至投降，如某些自杀的案例。老年人发生直接寻死的行为，这已是众所周知的事。事实上，实际自杀率在男人中随着年龄的增长而剧增；自杀未遂者，老年人比青年人多。……再者，必须注意到老年人由于抑郁、食欲不振或活力降低而产生的所谓隐蔽的或慢性的自杀。关于这一点，没有统计材料可供引用，但是在医院和家庭中为老年人服务的医护人员的印象是，人在没有活下去的愿望时，死就来得更快。

在回避和解脱的情况中，有一种躲避人的表现。这种防御模式可能是旨在保护个人，以避开由于死而失去重要的亲人的痛苦。由于脱离社会的空虚感，便形成对肉体自我的疑病症性的偏见。同时疑病症可能意味着需要亲近，因为对体质的抱怨是表示希望得到照顾。

有些应付死亡恐惧的机制是不那么为社会所赞许的，其中包括借酒精和药物进行回避和（或）逃避。由于这类行为不见容于社会并需要加以遮掩，就无法查明此种机制被老年人利用到何等程度。但是临床经验和偶尔的新闻报道告诉我们，这种情形并非少见。

第三类应付行为的特征是偏重于尝试去进行控制和做出决断。其中包括这样的防御技巧，诸如理智化、抗恐惧机制、过分活动、升华作用和逆来顺受。

布特勒（Butler，1968）列举了作为防御策略的抗恐惧行为，有这种行为的老年人采用极不合适的衣着和行为，力求显示自己还很年轻，"人们会看到不忍对着镜子看自己而其形象显出死亡征兆的老人，尽管他的认识功能和心理功能依然如故"。

过分活动的情况可能在某些强壮的老年人身上观察到，而且这种活动可能是通过消遣活动、无休止的旅行或投身民办事业的方式发泄出来；它常常是跟饶舌多话相伴随的。这可能是由于对有机会继续发挥作用的生活阶段的近乎狂乱的留恋和对过去业绩的意识，要不然就是对付绝望的一服镇痛剂。另一方面，适应性地在活动中忘却自身的情况可以在美术家、音乐家或专业人员身上看到，他们继续专注于创造活动，从而时常在身心两方面都同死神保持疏远。

老年人濒临生活末期时不管怎么样都会用到的另一个重要机制是对生活的回顾。布特勒（Butler，1964）设想这是"一种普遍的正常的经验，在老年人身上有所增强，不论什么境况都会出现"。他把这种对生活的回顾看作是怀旧的一个基本因素，而且谈到它是某些晚年失调的原因，以及它在形成老年人的积极性格特征，诸如坦率、从容和明智等方面可能起作用。当一个人不能回避在世时间将告结束这个事实时，死亡的接近就几乎不可避免地会使他对过去的生活，至少是对以往生活中一些重大事件和关系进行一些回忆。有一个古老的信念：一个行将灭顶的人，在最后沉没前都会在他眼前闪现他的一生——上述事实也许是和这一信念相联系的。

因此下述情况并不是反常的：对许多人来说晚年就是一个反省和回顾的时期，写作自传（或为可能永未写成的自传收集资料）的时期，无休止地忆述对常常只有作为中心人物的自己感兴趣的往事的时期，或者（更加不幸地）陷入忧郁——起于对损失或虚度岁月的追悔，或对为时已晚无法挽回的过错的懊恼——的时期（McMahon & Rhudick，1967）。例如，忧郁往往容易使老年人对先前不愉快的经验敏感，以至于显露出一幅凄凉的前景。最后，有一些悲惨的例子是，回顾之后发现自己"曾经错过时机"，如今加以纠正又为时太晚。特别痛苦的也许是，意识到广阔的或有意义的人类经验的一些方面对自己竟是个空白，感到自己虚度一生。

对于那些不能对镜自览和承受记忆负担的人们，对生活的回顾即使不是零星不全的，也是困难的。这些人的回忆重复，包含有意或无意的错误，除了填满时间以逃避现实外没有明显的目的，或者它们表现为不过是关于旧日内疚或辛酸的扰乱人心的主题的独白，排除了同别人的交谈，否则，人们是不是应当仔细倾听这些回顾，以便把它们理解为是老年人竭力在自己和别人的心目中建立一个最后的身份呢？

在一个人充分认识到他寿命日益缩短和接近死亡这个关键时刻，自我就寻求更新并在它可能消失以前使之稳固。富尔顿（Fulton，1965）把这一点简要地表述为："死亡要求我们坚持自己的身份。"这仿佛是希腊神话中的船夫凯任（Charon）或者天堂大门口的圣彼得在要求凡人出示他们的护照。

按照存在主义的观点（"生的本质就是死"），凯斯滕鲍姆（Koestenbaum，1964）认为，只有意识到死，一个人才能达到完善。在这样的压力下，一个人就试图寻求生活的意义和度过自己的一生。"死亡的活力就在于它使不愉快的但又是重要的现实几乎不可能受到抑制……一个人能够从他整个存在的观点看待毕生的一切事件。"

按照这种看法，当一个人能从他过去生活事件的总体中概括出一种满意的生活模式和意义时，他的自我回顾——无论是用言语表达或出自无声的追忆——所具有的建设性方面和治疗价值方面就都是显而易见的。在同他自己——他的成败，他的苦乐——妥协时，他寻求把一种新的身份和一种对自身人性的新的承认整合起来，并不因为他的不足而过分苛求自己。自我意识的这种新的具体化可能影响他与别人的关系，而且由于他从不同角度看待别人，就可能出现更多的容忍、温和和情感。有利于通过生活回顾而建设性地改造人格的那些因素可能包括灵活性、精神恢复力和自我意识。对过去的重新评价可能促使个人"从容地、庄严地接受死亡"（Butler，1964）。这又转过来可以有利于个体更好地接受临终以前生活中可能发生的任何事情。

笔者认为，关于生死问题的烦恼，其实从人类诞生之初就存在了。河合隼雄先生说：一些生活上的浅俗烦恼，让我们得以不必去面对那些根源性的深刻命题。这一点，看看成年人的生活状态就明白了。有很多人因为不愿意直面深刻的问题，天天嚷嚷着"太忙了，太忙了"，四处奔波。也就是说在以前，这些深刻的生死问题就存在着，主要由那些哲学家、宗教家、天才们代替我们去思考而已。可到了现代，我们普通大众也不得不面对这些曾经只有天才们才需要面对的问题。实际上，把人生的全部内容，包括自己终将死亡的事实一起接受，这就是荣格所说的"自性实现"。荣格比较具体地指出，人生的前半段的目标是自我实现，而在后半段应致力于自性实现。也就是说，自性实现在年轻的时候不可能做到，而是上了一定年纪之后的课题，包括思考"我为什么活着""我死后会怎么样"这样的问题。

现代文明的发展使人们更为关注身心健康，原本作为社会生活一部分的生死问题离我们日益遥远。丹增在《谈死亡》中对生和死的描述是：死是生的影子，生和死是一对孪生兄弟。对于我们而言，这颇具有启示意义。生死观应该成为衡量个体、人类赖以生存和可持续发展的一项具有普遍性的指标。

我们知道，人的健康问题、生和死的问题不仅是一种生物学现象，而且是一种典型的社会事件、心理学现象，同时也强烈地反映着文化倾向和民族特点。对健康、生和死的古典解释与现代意义上的理解在文化系统这一共同条件下的新的结合点，将为人们更好地说明健康、生和死这一生物学的、心理学的和社会学的现象开辟广阔前景。从这一意义上来讲，无论是个体还是整个人类，皆应正视自身生命的有限性（即死亡）与地球规模环境的有限性（而非物质不灭）这一根本命题的辩证关系，从而关注自身生存价值的实现与地球规模环境的保全。

我们认为，人的身心健康与否是抽象的、相对的，也是多义的。对死的理解与对生的认知是不可分割的、相辅相成的，也是均衡的。作为一名心理咨询工作人员，应该从折中的角度，以全面的观点来看待来访者的身心健康问题，注意把握生与死的哲理，以帮助青少年树立健康的精神支柱，帮助中年人顺利渡过中年危机，帮助老年人圆满完成生命全程。

思考题

1. 幼儿期——儿童期心理咨询的特征有哪些？咨询时应注意哪些问题？

2. 青春期——青年前期心理咨询的特征有哪些？咨询时应注意哪些问题？

3. 青年后期——中年期心理咨询的特征有哪些？咨询时应注意哪些问题？

4. 老年期心理咨询的特征有哪些？咨询时应注意哪些问题？

5. 你如何看待人的生与死的问题？你认为人应该如何面对死亡？

第九章
心理危机与心理援助

每个人一生当中，或多或少都会遇到一些突发性的危机事件。有些危机事件，诸如天灾人祸等，由于其发生完全出乎意料，所以无法控制和难以防范。

危机事件的发生，会给当事人的生活以及心理带来短期或长期的影响，其影响程度视危机事件的严重程度、个人受伤害或损失的程度而定。有的时候，心理学工作者需要进行适时的心理援助，帮助危机当事人渡过难关。

危机的心理援助与心理咨询一样，需要当事人愿意接受心理援助，心理援助的有效性取决于当事人的主观能动性和自我治愈力。这就要求我们从当事人的自我治愈力的发挥、免疫力的提高和自我成长的角度来促进当事人更好地面对所出现的心理危机，用人文关怀的态度理解当事人，在此基础上开展行之有效的心理援助工作。

第一节　心理危机及其援助

危机的心理援助工作，是在紧急情况下所提供的一种相对特殊的心理咨询与辅导，其目的在于解决来访者迫在眉睫的心理危机问题。

一、心理危机的含义

所谓危机，《现代汉语词典》（第七版）上有两种解释：一是潜伏的危险，二是严重困难的关头。现实生活里存在着各种各样的危机，比如信仰危机、金融危机、成长危机、学业危机等，可谓五花八门。危机意味着原有的平衡遭到破坏或者失控，这就必然会导致人们心理的混乱、焦虑和不安。任何危机的出现，都意味着当事人目前可能处于困难的时刻，需要引起人们的关注。

（一）什么是心理危机

心理危机指个体在对遇到的突发事件或面临重大的挫折和困难，既不能回避，又无法用自己的资源和应对方式来解决时所出现的心理反应。

心理危机需符合以下条件：（1）发生具有重大心理影响的事件，如亲人过世、天灾人祸等；（2）危机事件的发生，导致出现不符合任何精神疾病诊断的急性情绪紊乱或认知、身体及行为等方面的负面变化；（3）在危机面前，当事人用平常解决问题的手段无力应付或应付无效。

心理危机通常是消极的、危险的，对个体的心理平衡以及发展可能具有破坏性和毁灭性，也自然会威胁到个体的生活并有导致精神崩溃的可能，甚至威胁生命。但是心理危机的出现并不在于突发事件或面临重大困难本身，而在于个体面对突发事件或重大困难的时候意识到自己的无能为力，或者说远远超出自己的应对能力而出现的无力感等消极反应。

（二）关于危机的心理援助

危机的心理援助，又称危机干预（crisis intervention）或心理干预（mental intervention）。这一概念最初源于林德曼（Lindemann，1944）和卡普兰（Caplan，1961）的工作，他们的理论研究被介绍到中国的时候，"intervention"则译为干预。

"intervention"一词确实有"干预"的意思，但是，这个英文单词也有介入、调解、斡旋的含义。在《现代汉语词典》（第七版）上，干预是指过问别人的事，带有干涉、插手的意思，难免给人一种高高在上、干涉别人的感觉。显而易见，这与拙著中强调的心理咨询最重要的是人文关怀、静默的陪伴等是大相径庭的。

所以，笔者更倾向于将"mental intervention"意译为心理援助，将"crisis intervention"意译为危机援助。

（三）危机发生时可能的心理应对

当危机事件发生的时候，个体可能会以什么样的方式应对呢？

1. 有效应对，获得成长

只要是人，就必须面对生存问题、生活问题和生死问题。人在经历重大危机事件，特别是对人的生活乃至生命带来威胁和毁灭性打击的事件的时候，都会出现心理的紧张和不安，在一定程度上这是正常的现象。但是，个体如果能够迅速做出恰当的反应，能为保障自己的生活甚至保全生命而有效地应对，就可能获得经验，自我得到成长。并且，在危机或灾难事件之后的日子里，个体可以直面所发生的一切，也会变得更加坚强，以豁达的心态迎接更严峻的各种挑战。这应该说是最理想的心理应对。

2. 渡过危机，压抑感受

这是一种可能带来潜在危机发生的应对态度和表现。采用这样的方式，当事人也能渡过危机，但处理的方法是试图通过不提不问的方式掩饰危机事件的存在，把对危机事件及其后果的认识有意或无意地压抑到无意识里。从实质上来说，采取这种方式的当事人并没有真正妥善地处理好危机问题，这一问题虽然暂时被压下去了，但在未来的某些时候，仍然会不断地浮现出来，有可能会干扰当事人的日常生活。

3. 无能为力，被危机击垮

面对危机事件，当事人表现出无能为力的感觉，其结果可能是当事人的心理被危机击垮。此时如果不能得到及时有效的心理援助，当事人将很难走出危机问题的阴影，也很难继续平常的生活。

（四）三点心得

对于心理危机，笔者有三点心得与各位读者分享。

1. 世事无常

我们所生活的世界是无常的，存在着不确定性。也就是说，要清楚地认识到世间的一切就是不完美的，都是无常的。明海（2010）认为，无常实际上是这个世界的生命力之所在：机遇在无常这儿，挑战也在无常这儿；世界的可爱在这儿，世界的缺陷也在这儿。我们要训练自己接受无常，以及无常带给我们正面和负面的影响，这对我们的人生具有积极的激励意义。

每个人一生中都可能遇到如晴天霹雳般的重大事件，这时对当事人的任何规劝、说教，说一些诸如"别哭了，不要难过了""没事儿，一切都会过去"等阻止当事人情感表达的话语，或"大家都会帮你的""还有我呢"这样的话语不仅毫无意义，而且有害。事实上，引导当事人说出自己的痛苦，是帮助他们减轻痛苦的重要途径之一。

特别是对于重大的创伤、丧失的体验，唯一有效的心理援助，就是陪伴、倾听、共感理解。咨询者努力做到"不去说什么"，让当事人不去试图压抑强烈的惊恐和悲伤的情绪，而是试着把这些情绪表达出来。

2. 锻造"结实的心"

从"危机"这个词中我们可以看出，它是一种灾难，也是一种危险，没有亲身经历过灾难和危险事件的人很难想象重大灾难，特别是像地震、火灾、车祸等破坏性强的事件以及身患重症、亲人去世等对当事人或幸存者的心理影响之深之久。

发生心理危机的个体如果能得到及时而有效的心理援助，就可能更加深刻地认识到生命的可贵并提高自身的免疫力，"心"也就可能被锻造得更加"结实"。从这个意义上说，心理危机为当事人提供了再生和自我成长的机会，有可能转化为今后的人生动力。

3. 适时可行的援助

诸多有关危机的心理援助研究以及现实生活中的经验都表明，如果在危机事件发生之后及时给予心理援助，特别是在当事人身边的静默的陪伴，可以帮助当事人及时释放危机事件所带来的巨大精神压力，稳定情绪，尽快获得心理上的平和。如果在危机发生之后不给予心理援助和适当的处理，那么危机很可能在今后以变本加厉的形式浮现出来，给当事人造成更严重的心理伤害，那时将需要几倍的时间来对当事人进行深入的心理咨询或治疗。特别是灾难事件对儿童造成的心理创伤更为严重，必须进行适时可行的心理援助。

什么时候属于"适时可行"？在不幸事件或灾难发生后，当事人最重要的想法是如何活下去，这才是占据当事人心灵深处最重要的问题。因此，心理工作者需要能够灵活地把握好心理援助的最佳时期，这样不仅能够减轻当事人所承受的痛苦，也能够节约更多的心理资源。

二、心理危机的类型

每个人在一生的发展过程中都会遇到心理危机。对于心理危机，心理学家一般分为三大类：成长危机（developmental crisis）、境遇危机（situational crisis）和存在危机（existential crisis）。

（一）成长危机

依据心理学家埃里克森的观点，人生是由一系列连续发展阶段组成的，每个阶段都有其特定的身心发展课题。只有每个阶段都发展顺利，良好地完成该阶段的发展任务，人生才能顺利地度过。

如果一个阶段即将过去或已经过去，但个体在该阶段的发展任务还没有完成，则会出现发展阶段性的心理危机，即成长危机。例如，身心发育急剧变化的青少年在成长的过程中必然会遇到入学、毕业、升学等，成年女性要经历结婚、妊娠、生育、退休等。如果没有及时为承担新角色培养新的能力，每个人都有可能经历成长危机。

（二）境遇危机

境遇危机也就是状况危机，是指由外部事件引起的心理危机，是任何人在任何时候都有可能遭遇到的危机状况。伯吉斯等（Burgess et al., 1976）将境遇危机分为三类：

（1）不可预料的个人生活事件，如生病、事故、亲人突然去世、转学、离异等。

（2）灾难危机。个体突然被卷入不知所措的危险情境，如战争、动乱、自然灾害等，可能会受到身体上或心理上的攻击与伤害。

（3）生命中预期发生的生活事件。在一定程度上，这些事件是可以预期的。例如，弟弟或妹妹即将出生，父母分居或离异，等等。

（三）存在危机

存在危机是指伴随重要的人生问题，如关于人生目的、责任、独立性、自由和承诺等出现的内部冲突和焦虑。存在危机可以是基于现实的，也可以是基于后悔的，还可以是一种压倒性的持续空虚感、生活无意义感。

心理危机在人的一生中或多或少、或轻或重都会发生，由于人们的心理应激与自我调控能力不同，危机带给人们的影响也不同。了解心理危机的分类可以帮助我们理解所经历的危机的性质，从而采取有效的心理援助手段。

三、心理危机反应的表现与阶段

危机事件的发生不仅干扰或破坏人们习以为常的生活模式和社会秩序，而且使人产生对环境的失控感和不确定感，从而破坏个体心理的安宁，引发心理危机，使之出现一系列心理、生理和行为反应。尽管我们都会不同程度地体验到内心的紧张、焦虑和不安，但并非每个人都不能应对。面对生活发生的危机状况，有时个体能主动地做出心态和行为的调整，只有情绪失衡状态达到一定的程度，才需要心理援助。

卡普兰（Caplan，1964）认为，个体陷入危机有一个发展的过程，处于危机中的个体要经历四个阶段。

1. 平衡打破

当一个人经历危机事件，感受到自己的生活突然发生变化时，其内心的基本平衡被打破了，表现为警觉性提高，开始体验到紧张、担忧的情绪。为了重新获得平衡，个体试图用其惯常的策略做出反应。这个阶段的个体一般不会向他人求助。

2. 尝试解决

经过一段时间的努力，个体发现惯常的策略未能解决问题，于是焦虑程度提高，个体开始尝试采用各种办法解决问题。

3. 寻求帮助

如果尝试过各种方法而未能有效地解决问题，那么个体内心的紧张程度会持续增加，并想方设法地寻求和尝试新的解决办法。这一阶段，个体求助的动机最强，常常不顾一切地发出求助信号。

4. 陷入抑郁

如果个体经过前三个阶段仍未能有效地解决问题，就很容易产生无助感、沮丧感。个体会对自己失去信心和希望，甚至对自己生命的意义产生怀疑和动摇。很多人正是在这个阶段企图自杀，希望以死摆脱困境和痛苦。

由于心理危机要经历一定时间的发展和演变，而且当事人在不同的阶段会有不同的心理需求和改变的可能，所以咨询者需要理解心理危机援助工作的挑战性。

四、心理危机援助的主要理论

任何心理咨询都有着理论的支撑，心理危机援助也不例外。在此，我们简要介绍在心理危机援助这一领域中的主要理论。

（一）林德曼的危机理论

林德曼和卡普兰是危机理论的创始人。林德曼于1944年提出危机理论，对失去亲人的当事人的哀伤性危机处理做出了极大的贡献。1943年，波士顿的一场大火使得493人丧生。在对幸存者的心理咨询与治疗中，林德曼和他的同事发现，很多经历了这种突发性哀伤的人都有以下五种反应：躯体痛苦；脑海里充斥着死亡的画面；罪恶感；敌意；固有行为模式的丧失。

林德曼认为，哀伤反应的出现是正常的、短暂的，也是必然的。他强调宣泄，反对压抑，认为要允许经历丧失的人度过一段时间的哀悼期，这样他们才能够接受亲人的死亡，重新面对生活。

（二）卡普兰的危机理论

卡普兰将林德曼的理论进行了扩展，描述了个体危机反应的四个阶段。

第一阶段，危机事件导致个体出现应激反应，负面情绪和焦虑水平急剧上升并影响个体的日常生活。此时个体采取常用的应对机制来减少或消除焦虑所致的应激和不适，以恢复原有的心理平衡。

第二阶段，由于个体不能及时地解决目前所存在的危机，创伤性应激反应导致个体出现生理和心理的不适，并严重影响其日常生活和社会适应。

第三阶段，由于没有及时通过紧急问题解决机制处理危机或者处理失败，个体的应激水平持续升高，以致出现抑郁、焦虑反应加剧的状态。

第四阶段，个体处于危机状态，或者出现心理崩溃或被击垮的感觉，或者出现人格分裂、行为退缩、自杀及其他心理障碍。

卡普兰认为，危机使得个体与环境的动态平衡被打破。当危机事件出现时，个体处于从未有过的负面情境之中，为了适应新的情境、重新获得心理平衡，就必须改变行为方式。正是危机所造成的这种个体与环境的不平衡，使得很多个体在危机发生时，采取逃避的态度，想要逃离危机情境。如果此时有人能及时地提供危机援助，使其积极地正视危机，调整因创伤性事件而引起的暂时的认知、情绪和行为的扭曲，就可以使其心理重新达到平衡。

（三）泰赫斯特的危机三阶段说

泰赫斯特（Tyhurst）针对移民、退休、灾难等突然变化进行研究，认为人格、急性应激和社会环境三者之间是相互作用的，从而构成过渡状态（transition state）。在研究个体对社会灾难的反应模式的基础上，泰赫斯特提出了过渡状态的三个阶段：冲击阶段（impact phase）、退却阶段（recoil phase）和创伤后阶段（post-traumatic phase）。在冲击阶段，个体受应激事件的直接影响，应激表现十分明显；在退却阶段，应激事件已经过去，个体会采用与年龄、文化程度不符的应激反应和心理防御方式来进行处理；在创伤后阶段，个体对自身的反应有了自我觉察，能够有效地依赖社会支持资源。

（四）埃弗利的SAFER-R模型

埃弗利（Everly）是危机干预SAFER-R模型的创始人，该模型于1995年提出，2015年修正，是目前国际上比较前沿的危机干预模型。我国学者方新于2016年将该模型引进到国内。该模型基于科学实证研究，根据临床工作和既往危机干预经验证实能有效地应用于危机干预中。埃弗利用危机干预中的五个关键原则英文名称的首字母来命名他所提出的危机干预模型，并描述了危机干预的五个阶段。

1. 第一阶段：稳定化（stabilize）

（1）建立关系。在心理援助工作中，很重要的是要与来访者建立信任关系。关系的建立需要咨询者运用倾听技术，从来访者的角度出发，共感理解来访者，在与儿童面谈时尤需注意身体语言。咨询者要帮助来访者进行情感宣泄，为其提供心理支持。

（2）满足基本需求。早期的危机干预通常是满足基本需求，让来访者的衣食住行得到保障，让来访者获得安全感。

（3）减少急性压力源。咨询者通过评估心理危机引发的困难以及来访者可以调动的内外资源，增加来访者的心理资源，使其调整应对生活压力事件的方式，从而获得对生活的再控制感。

（4）稳定化技术。常用的技术是安全基地（safe place），此外，还有保险箱技术、催眠技术等。

咨询者通过建立关系、满足基本需求、减少急性压力源，使得处于应激过程中的个体获得心理稳定感，若感到他难以稳定情绪，应提供实用资讯及建议，并做出转介。

2. 第二阶段：认知危机（acknowledge the crisis）

咨询者通过运用恰当的语言形式，邀请来访者叙述整个危机过程，发生了什么，来访者做了什么，等等。叙述事情的经过，也可起到一定的情绪宣泄作用。咨询者要通过对方的叙述了解两方面的内容：一是了解危机事件经过本身；二是了解亲历者的心身反应，即来访者在这个过程当中有什么反应。需要注意的是，咨询者应跟随来访者的思路，不要迫使对方提供反应的细节，以免影响对方创伤后的复原。

3. 第三阶段：增进理解（facilitate understanding）

咨询者利用上一阶段获得的信息，帮助来访者了解自己在认知、情绪、躯体、行为、"三观"（人生观、价值观、世界观）等五个层面的"异常反应"，并让来访者明白，这些"异常反应"都是对"非正常事件"的正常反应。

4. 第四阶段：鼓励有效应对（encourage effective coping）

咨询者利用心理咨询的技术和方法帮助来访者建立安全感，增强自我力量。

咨询者可与来访者讨论解决目前困难的方法，或者帮助来访者从不同的角度认知事件，但在此之前需要评估来访者的情况是否适合从认知层面进行工作。

5. 第五阶段：转诊（recovery of referral）

咨询者对来访者的身心状况进行评估后，要考虑不同的跟进模式。对于情况较为严重的来访者，要进行深入跟进。例如，有的来访者本身就有创伤，经历危机事件后，创伤可能会被唤醒，出现不同的心理和行为反应。对于这样的来访者，要做精神障碍的鉴别。有的来访者出现严重精神障碍或迟发性的心理障碍，比如创伤后应激障碍，则需转介给医疗机构，进行进一步的综合性治疗。

五、心理危机援助者的素质要求

进行心理危机援助对心理咨询人员而言是一项具有重大挑战的工作。与一般意义的心理咨询与治疗相比，心理危机援助对咨询者提出了更高的要求。因此，除了要具备第三章所强调的咨询者的基本条件和素质之外，心理危机援助者应尽可能多地接受心理咨询与治疗技法的系统培训和研修，积累丰富的心理咨询经验，以保证心理危机援助工作的专业性和有效性，防止因为工作失误而给当事人造成"二次伤害"。

此外，笔者认为心理危机援助者应具备以下良好素质。

（一）入静定心

心理危机援助工作的性质决定了咨询者必须常常面对情绪失控的来访者，此时咨询者所能提供的最有意义的帮助就是保持镇定，创造一个稳定的、可控的环境去陪伴和倾听来访者至关重要。这自然要求咨询者能拥有一个镇定自若的心态。

（二）敏捷灵活

面对紧急的危机局面，咨询者需要能够做出迅速反应并恰当地处理危机事件。这就要求咨询者具有创造性和灵活性，不拘泥于条条框框。

（三）精力充沛

咨询者要有充沛的精力，真诚、热情地帮助来访者。很多危机问题往往非常复杂、困难，有时甚至需要咨询者在自己不熟悉的艰苦环境下工作，因此咨询者保持充沛的精力非常重要。

（四）丰富的生活经验

咨询者应有相对丰富的生活经验，且在危机面前保持成熟乐观。具有一定生活经验的人，在经历中学习、成长并能将那些经验应用于实际工作之中。当然，并不是必须有过心理危机体验的人才能理解危机并有效地处理危机事件，但是咨询者如果有成功地解决生活中的各种问题的经验，就会变得更为镇定自若、豁达乐观、坚韧不拔。这些品质有助于咨询者进行危机的心理援助。

（五）调整与观照自我

从事心理危机援助的咨询者应该敢于面对挑战，同时也能及时进行自我调整。危机事件会对任何人产生负面影响，对咨询者也不例外。特别是在诸如灾难这样的危机事件中，各种参与救援的人员，包括心理工作人员在内也会身处危机环境，感受着类似的痛苦，承受着巨大的心理压力。因此，咨询者必须首先做好心理的自我保护，特别是在心理危机援助工作中设置工作的界限并有能力做出自我调整，避免承受次级创伤，必要时寻求专业的帮助，并在心理危机援助工作中寻找并体验人生的意义和价值，最终也让自己成为心理危机援助的获益者。

（六）"热心与冷脑"

"既要有热心，还要有冷脑"，这是笔者在授课和督导的时候常常说的一句话。世界上最难的事情是助人，心理援助工作更是一项极为艰难的助人工作。我们在助人的时候，首先要考虑的是"对方需要吗""我能帮助吗""怎么帮助""帮助到何时为止"等一系列问题。如果没有一个冷静的头脑，只是靠一颗热心，就有可能将自己的价值观、生活方式强加于人，也就有可能剥夺对方自由选择和表达的权利。

总之，心理危机援助无论从内容上还是从工作形式上，都对咨询者提出了很大的挑战，需要咨询者具备更高的专业素质，也需要咨询者在认识到自身及心理援助的有限性基础上开展工作。

第二节　心理危机的援助技术

由于心理危机本身所具有的特殊性，心理危机援助在技术层面上也与一般的心理咨询与治疗有着不同之处。心理危机援助好比医院里的急诊工作，对伤员的伤口进行快速处理，并不做复杂的手术。心理危机援助工作的目的是解决当事人围绕危机事件产生的现实问题，让经历危机事件的当事人尽快地恢复正常的生活，而对当事人过去的经验和人格问题不做过多深究和探索。

我们认为，从事心理危机援助工作，要系统地学习并接受专业培训。在这里，简要地介绍从事心理危机援助所需的一些技法，供学习者参考。

一、贝尔金的危机援助模式

贝尔金（Belkin）等提出了三种基本的危机援助模式：平衡模式（equilibrium

model）、认知模式（cognitive model）和心理社会转变模式（psychosocial transition model）。

（一）平衡模式

平衡模式又称平衡—失衡模式，认为危机状态下的当事人处于一种心理失衡的状态，原有的问题解决方法和应对机制都无法帮助当事人解决危机。因此，平衡模式的工作重点在于稳定来访者的情绪，帮助他们恢复危机前的平衡状态。平衡模式被认为是一种最纯粹的危机援助模式，它最适合应用于危机发生的早期。

（二）认知模式

认知模式认为，危机是源于对事件以及围绕事件的境遇的错误思维，而不在于事件本身或与事件和境遇相关的事实。在现实生活中，人们常常会给自己否定的或扭曲的信息，久而久之，人们对自身境遇的感受就会越来越消极，直到不再相信在自己所处的境遇中还有积极的成分，不再相信自己能够从逆境中走出来。例如，2020年新冠肺炎疫情影响下，一些困于家中、困在异乡的当事人逐渐对生活感到怀疑和无助。

认知模式要求咨询者能够帮助来访者认识其认知中的非理性和自我否定的成分，获得理性的、自我肯定的思维，通过改变思维方式，使来访者能够对自己生活中的危机进行控制。认知模式适合在危机状态基本稳定的情况下使用。

（三）心理社会转变模式

心理社会转变模式认为，人是遗传与社会学习交互作用的产物，危机既与内部（心理）困难有关，也与外部（社会或环境）困难有关。因此，咨询者要从内外两方面入手，既考虑来访者自身的心理资源和应对方式，也考察家庭、同伴、社区等对来访者的影响。危机援助的目的在于帮助来访了解与危机有关的内部和外部困难，将恰当的内部应对方式与外部的社会支持和环境资源结合起来，以帮助来访者获得对生活的自主控制。

与认知模式一样，心理社会转变模式也适合在危机状态基本稳定的情况下使用。

二、危机援助的焦点解决方法

危机援助的焦点解决方法重视正向思考及未来导向，强调个体之所以产生问题，往往是由于其问题解决方式不当，因此它所重视的是问题的解决，而非问题的成因。焦点解决方法是一种非常经济有效的方法，能满足我们目前所处的快速发展的时代所需，因此成为相当盛行的一种方法。焦点解决方法也被广泛应用于危机援助的实践当中。

危机援助的焦点解决方法由以下六个步骤组成。

（一）参与

在参与阶段，咨询者的工作重点在于如何与处于危机状态的来访者建立良好的咨询关系。在这一阶段，咨询者需要使用多种咨询技术，诸如共感、支持、接纳、非言语的交流等。参与贯穿在整个危机援助工作中，但在开始的阶段最为重要。为了促进参与的程度，咨询者此时要注意避免与来访者对质和辩论，否则会导致来访者的自我防御。

此外，在这一阶段，咨询者也要立即开始对来访者是否会伤害自己或他人，以及是否会被其他人所伤害进行评估。需要注意的是，这种评估要贯穿危机援助工作的始终，来访者的安全是危机援助工作的一个持续的主题。

（二）确定问题

在一般的咨询形态中，咨询者常常使用这样的开场白："你怎么想到要来心理咨询的？""是什么让你想到要到这儿来的？"在危机援助中，咨询者不应该这样提问，因为这样的问题将再次强化来访者的外控感，而处于危机状态的来访者已经经历了极强烈的外控感，感到自己无法控制自己的生活。咨询者所应做的是要提高来访者的自我能量，提高其自我控制能力，因此要注意语言的选择。

在初次访谈时，来访者往往会描述自己问题的情况，并且谈及伴随而来的痛苦感受。此时咨询者应该避免使用"问题"一词，而以"情况"之类的字眼代替，这样可以让来访者了解到自己的状况是正常的。通过这种处理方式，咨询者剔除了危机病态的一面，传达了这样一种信息：尽管这种事件的发生、出现是出乎人们预料的，但已经成为生活的一部分，每个人都可能遇到。这种信念对找到问题的解决办法非常有益。

如果来访者说了一连串需要处理的问题，咨询者应该帮助他们给问题分出次序，确定一次可能解决的问题，并且将目标尽量具体化。在明确了问题之后，下一步就要与来访者确定咨询的目标。

（三）制订目标

在焦点解决方法中，制订目标比确定问题更加重要，目标体现了来访者所希望的未来的状况是什么样的。与确定问题一样，目标要由来访者自己来制订，并且越具体越好。

在问及目标时，来访者往往会说"我希望能够不再这么伤心"之类的话。要注意的是，目标应该从积极的方面来陈述，而不是从消极的方面。因此，在这种情形出现时，咨询者可以用"那么你希望用什么样的情绪来代替伤心呢"之类的问题，来帮助来访者积极地制订目标。

有时，处于危机状态的来访者非常混乱，无法整理出自己想要达到的目标，或者他们的目标无法具体化。这时，咨询者可以使用"奇迹询问"（miracle question）或"梦询问"（dream question）的方法来帮助来访者理清思路。咨询者可以请来访者设想一下，自己在睡梦中遇到了一个奇迹，由于奇迹，所有问题都解决了，或者来访者在梦境中自己发现了解决问题的方法和资源。当他醒来时，他不记得自己遇到了奇迹，不记得自己在梦境中解决了问题，但是他的感觉是不一样的，他的生活确实发生了变化。咨询者会问来访者：你是怎么发现奇迹（或变化）发生的呢？什么是发生改变的最初、最小的信号（比如，最亲密的人发现来访者外貌上的变化）？根据来访者的回答，咨询者加以引导，帮助来访者找到目标和问题解决的办法。

（四）确定解决办法

在明确目标之后，咨询者采用例外询问、应对询问，以及询问过去成功经验的方法来帮助来访者寻找解决问题的办法。

例外询问的目的是让来访者看到问题不发生的例外，从而获得问题解决之道。不管是多么复杂的问题，总有问题不发生的时候，或者至少是发生的频率减少。而处于危机中的来访者往往只注意到问题的发生，陷于问题发生时的情绪里，常常会忽略问题何时不会发生。因此，咨询者要引导来访者去寻找、发现甚至制造问题的"例外"，这样可以帮助来访者改变他全然无能为力的挫败感，让来访者发现自己的能力和资源，增强自我控制感。

有时来访者在他目前和最近的生活中找不到例外情况，此时咨询者可以引导来访者寻找过去的成功经验，从而启发来访者找到问题解决的方法。

应对询问是指咨询者询问来访者一些很小的、经常被视为理所当然的行动力是从何而来的。例如，咨询者问："今天是如何起床的？""你是如何走到咨询室来的？""你是如何没有让情况更加恶化的？"咨询者的提问和引导，让来访者看到已经在发挥作用的自我能量。这对那些觉得自己一无是处，生活没有任何意义，甚至现在和过去都找不出例外情况的来访者特别有帮助。

（五）制订行动方案

危机援助的焦点解决方法也会要求来访者完成任务或家庭作业，任务或家庭作业是建立在他们过去和现在的思维、情感以及行为的基础上的。

处于危机状态的来访者往往认为自己身上发生的每件事都是不好的，生活失去了控制。针对这一问题，在第一次咨询结束后，咨询者可以留给来访者一项任务，让他去观察在他出现危机的方面（如家庭、人际关系、婚姻、生活等），有什么是他希望继续发生的。这项任务可以帮助来访者把关注点放在自己做得好的事情上，而不是只聚焦于问题或失败。这种焦点的转变可以让来访者发现自己的生活仍有正常运行的一面，自己能够拥有对生活状态的控制感。

危机状态下的很多来访者经常会感到问题是在自己的控制之外的，因此这些来访者尽管能够发现例外情况，但他们仍然确信自己不能控制这种例外情况的发生。针对这样的情况，咨询者可以请来访者进行预测，要求他们每天预测例外行为在一天内出现的可能性并记录下来，然后把预测和实际发生的情况进行对照。这一任务的目的是帮助来访者发现，例外行为比他们想象的更受自己的控制。持续进行这项任务，会让来访者发现，那些起初偶然发生的例外行为渐渐地会变得固定、可控。

假装奇迹出现的任务，是让来访者选一天来假装奇迹发生了，于是他们的所有问题或危机都解决了。咨询者鼓励来访者真的去做所有在奇迹发生后他们会做的事情，并且记录他们自己有什么变化、其他人的反应有什么变化。这项任务可以让来访者学到，他们自己可以让期望中的幻想变为现实。

当然要注意的是，不管是哪种任务或行动方案，咨询者都要按照来访者所处的环境、来访者自身的能量来进行选择。

（六）结案与追踪

危机状况中的来访者心理上的平衡被破坏，危机援助的目的在于努力使来访者重新建立平衡并提高自己的应对能力。危机援助咨询结案的重要标准是来访者恢复了危机之前的功能水平，甚至比危机前的功能水平更高，而不是解决了他们的所有问题。焦点解决方法认为人生充满了需要解决的问题，在结案前解决来访者的所有问题是不现实的，具体目标的达成才是结案的标准。在危机援助的结束阶段，咨询者要帮助来访者回顾他们的具体目标，评估他们是否已准备好结束，并且对将来可能的复发做出预测。

如果可能，咨询者在结束危机援助之后应该对当事人进行追踪联系。结案和追踪之间的时间间隔可以是多样的，不过一般都是在一个月内进行。在追踪的过程中，如果咨询者觉得有必要，也可以将来访者转介给长程心理咨询与治疗人员继续进行咨询与治疗。

三、一次单元咨询模式

传统的心理咨询与治疗大多是长期持续、固定周期的面谈咨询。如今人们生活节奏加快，对短期心理咨询服务的需求越来越强烈。特别是通过邮件、电话或网络等媒介寻求心理援助的来访者，或正处于心理危机状态而求助的当事人，对短期咨询的期待尤为强烈。

（一）一次单元咨询模式的产生

一次单元咨询模式是指咨询者在咨询服务过程中，致力于以一次咨询单元的成果为专业服务的目标，以良好的咨询关系为基础，以问题解决导向的结构性咨询程序为脉络，以协助来访者发掘出其生命的意义与力量为核心目标（王智弘、杨淳斐，2006）。

一次单元咨询模式属于短期咨询取向的工作模式，受到由史蒂夫·德·沙泽尔和茵素·金·伯格（Steve de Shazer & Insoo Kim Berg）夫妇所发展的短程焦点解决咨询的影响。此外，一次单元咨询模式强调来访者生命意义与力量或优势的发现，这一特征深受由弗兰克尔（V. E. Frankl）所创立的意义治疗法与阿德勒学派治疗法的影响。

（二）一次单元咨询模式的程序

一次单元咨询模式的结构性咨询程序包含以下八个部分：

（1）展现良好的咨询态度以建立咨询关系；

（2）肯定来访者的求助行为与面对问题的勇气；

（3）强调改变的可能性，强化来访者对问题解决的信心；

（4）找出此次咨询的焦点，选择可解决的问题；

（5）找出来访者的优势及可利用的资源；

（6）提出有助于来访者寻求改变的任务，演练可能的解决方案；

（7）在结束前给予来访者最后的总结或反馈；

（8）回访并追踪来访者的后续变化。

在危机事件突发时，咨询者如何在次数相当受限甚至只有一次咨询单元的情况下更为有效地帮助来访者，成为心理援助实际工作开展中面临的重要课题。一次单元咨询模式被广泛应用于心理危机援助的实践当中。

四、以"心"为主题的危机援助模式

我们在接触有危机情感或身处不安境地的人时，容易去鼓励对方，让对方振作起来，重新开始人生，所以会提一些建议，给出一些摆脱困境的办法或点子。这在危机的心理援助工作中是最为忌讳的。

笔者认为，对危机的情感或丧失的体验不是去排除，唯有面对它、处理它、接纳它，才可能超越它并放下它。为此，咨询者在进行危机心理援助的时候，需要共感理解来访者的危机情感或丧失体验，不去过度地规劝与鼓励，而是通过积极的悲伤援助作业，让来访者充分地悲伤并完成哀伤处理，在此基础上陪伴来访者、支持来访者，并与来访者一道去考虑今后的生活方式，从而使来访者获得心理上的安慰和生活下去的力量，达到心理的成长和成熟（如图9-1所示）。

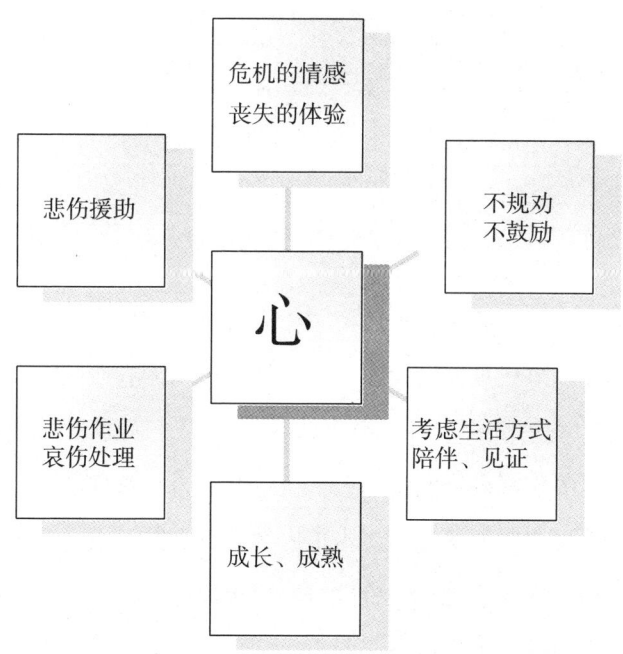

图9-1　以"心"为主题的危机援助模式

（采自张日昇，2005）

五、心理危机援助的流程

心理危机援助可以基本遵循以下的流程图（如图9-2所示）进行。当然，根据危机事件的性质、发生时间、发生地点，流程图的内容应进行相应的变化。这里只是为学习者提供一个比较清晰的基本流程。

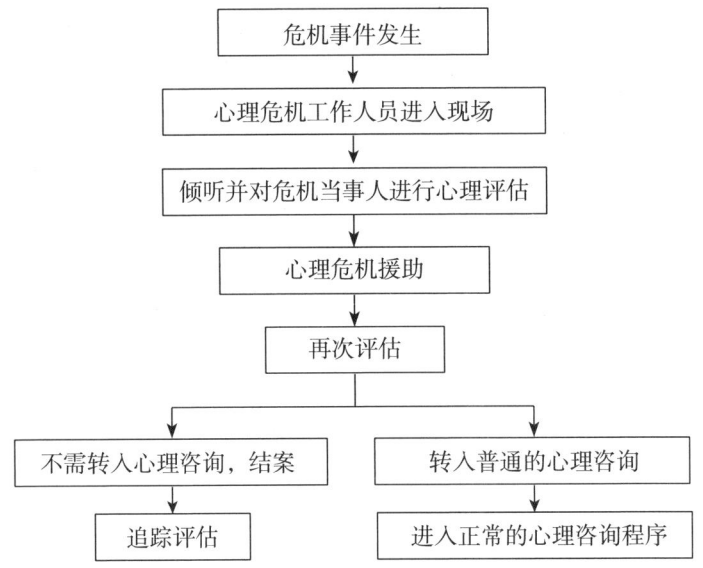

图9-2 心理危机援助的一般流程

在危机事件发生之后，心理危机工作人员应迅速地进入现场。这里所说的现场，因实际的危机事件的性质、发生情况不同而有所改变。比如，如果是地震、火灾一类的危机事件，心理危机工作人员就需要到医院或者避难所，甚至是灾区等实际危机发生的现场去。而像自杀这样的事件，心理危机工作人员可以根据当时的情况，将当事人约到咨询室，或者到当事人所在的地方去进行心理援助。总之，从事危机心理援助的工作人员需要在察觉到危机事件之后，迅速进入工作状态。

进入现场之后，首先要做的，就是面对当事人表示人文关怀并倾听当事人的诉说，此时最主要的是共感理解当事人的处境，在此基础上进行心理评估。心理危机工作人员只有对当事人的情况有了比较全面的了解，才能对症下药地进行心理援助。此外，心理危机工作人员也要评估心理危机的严重程度，以及需要与哪些相关人员配合工作等。

在比较全面地评估之后，心理危机工作人员可以对当事人进行正式的心理援助。根据危机事件的性质、严重程度和当事人的状态等的不同，这一阶段的进行方式和持续时间也有所不同。需要注意的是，仅仅实施危机所带来的心理创伤的评估，有可能会给当事人造成二次心理创伤的危险，一定要在展开适当的心理评估之后保证提供一对一的心理援助。另外，不要轻易规劝当事人不痛苦、不悲伤，说一些让当事人振作起来、面对现实的话，这只能让当事人感觉是在说风凉话，起不到心理援助的效果，反而导致更危机的局面发生。最理想的危机援助，是在能带来安全感的物理与心理空间里陪伴当事人宣泄心中的痛苦和悲伤，在此基础上帮助当事人面对现实，寻求摆脱困境和苦难的可能性。

心理危机工作人员根据对当事人的再次评估，可以决定危机援助阶段是否可以结束。有的时候，经过心理危机援助，当事人的情绪基本趋于稳定，危机事件基本不再影响当事人的心理，那么心理危机工作人员就可以与当事人结案。在结束后的　段时问内，如果可能，再对当事人进行追踪评估。

有的当事人虽然度过了心理危机的阶段，但仍然有这样那样的需要处理的心理问题，或者当事人由于危机事件所引发的心理问题无法通过短期的心理援助得到处理，在当事人的情况比较稳定，已经不再处于紧急的状态时，心理危机工作人员可以考虑将当事人转入普通的心理咨询，进入正常的心理咨询程序。

心理危机援助工作具有特殊性，在整个心理危机援助的过程中，心理危机工作人员需要和各个相关部门、相关人员进行密切配合并获得理解和支持。

第三节 心理危机援助的类型

心理危机援助的主要领域包括自杀、性暴力、家庭暴力、灾难及丧亲等。在心理咨询过程中，来访者也可能会发生紧急情况，遇到突发事件或无法避免的打击。面对所出现的心理危机，咨询者需要了解被援助者经历的是什么样的危机，这是作为咨询者首先需要做出评估的内容。针对不同的危机类型，咨询者需要提供不同的心理援助。

一、关于自杀的心理援助

根据《中国卫生健康统计年鉴（2020）》的数据，2019年中国城市自杀率为4.16/10万，农村自杀率为7.04/10万，虽然相比20年前的数据已有很大程度的下降，但是如同世界卫生组织总干事谭德塞所说："我们不可以，也绝不能忽视自杀。每一例自杀都是一场悲剧。在经历了数月COVID-19（新型冠状病毒肺炎）大流行之后，自杀的许多风险因素，包括失业、经济压力和社会孤立等仍然普遍存在，我们现在更加必须关注预防自杀问题。"

尽管对触目惊心的自杀率及自杀的绝对数字有争议，但是，自杀依然是一个极其重要的世界性的公共卫生问题。其实，自杀的问题不仅仅在危机情景中会出现，在普通的心理咨询过程中，咨询者，特别是咨询新手，经常会受到来访者自杀可能的困扰。

（一）自杀及其原因

自杀，顾名思义，就是杀死自己的行为。但是，像吃错药而死，高处作业不慎坠下而死等，虽然也是杀死自己的行为，却属于"事故死"。也就是说，所谓自杀，除自己杀死自己的行为之外，还必须具备自己想死的意愿。

像慢性酒精中毒者，尽管医生明确告知，"如果继续这样喝下去的话，就会造成肝脏、心脏的恶化，就没有救了"，自己也知道这样的事实，可就是戒不了酒而一如既往，结果自己断送了自己的生命。这样的人和一般自杀者的心理没有什么两样，但应该说属于慢性自杀。

自杀往往有一个公式。首先，心中会形成自杀倾向（自杀的准备状态），然后再加上直接动机，就可能导致自杀（如图9-3所示）。

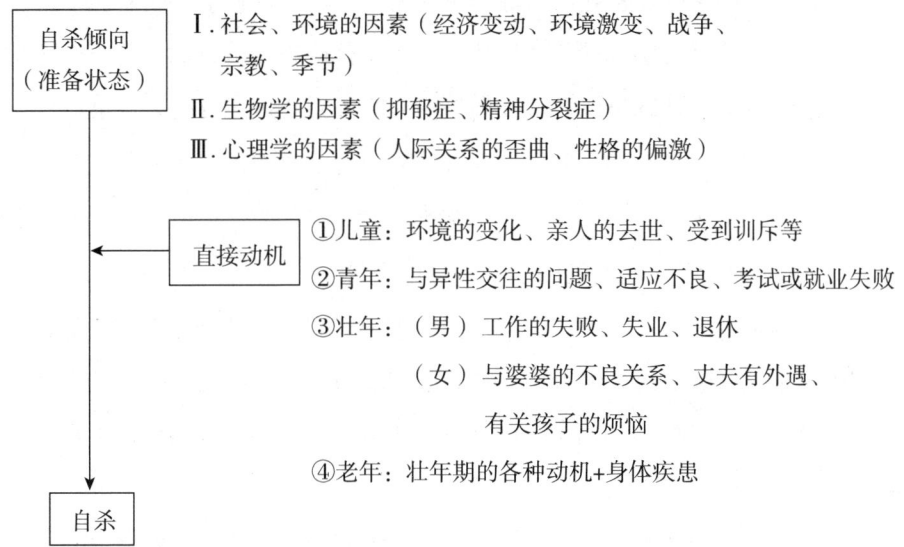

图9-3　自杀的原因

（采自大原健士郎，1996；张日昇整理，1999）

自杀包括自杀意念（自杀愿望、自杀想法）、自杀威胁（以自杀恐吓别人或向他人流露出自杀愿望）和自杀企图（准备采取自杀行动，且有自杀的计划）。自杀的原因也往往多种多样，有社会、环境的原因，也有生物学和心理学的原因。如果有很强的自杀倾向或自杀愿望，在他人看来好像是一点点的小事，但对本人来讲则可能成为自杀的直接动机。

如前所述，自杀已经成为我国一个极其重要的公共卫生问题。有研究认为，有8个具有统计意义的自杀预测变量，按其重要程度排列分别是：抑郁程度重、有自杀未遂史、死亡当时急性应激强度大、生命质量低、慢性心理压力大、死前两天有严重的人际关系冲突、有血缘关系的人有过自杀行为、朋友或熟人有自杀行为。

中国有一句俗语：好死不如赖活着。可以认为，自杀并不是中国传统文化所能认可的事件。自杀是人在走投无路的情况下的可能行为。但是，包容的社会、幸福的家庭、良好的人缘都可能使试图轻生的人放弃自杀念头。另外，自杀是一种社会病理现象的反映，也是一种病原体传染病，并不一定是一种突发性行为。社会环境、家庭内外的人际关系既可以促使自杀准备的形成，也可以防患于未然。一般的心理咨询或心理危机援助也可起很重要的缓解作用。

（二）咨询中可能出现的自杀问题及其应对

在心理咨询过程中，来访者的某些行为会引起咨询者的困惑和不解，给咨询工作带来麻烦。对咨询者构成最大心理压力和威胁的是来访者的自杀问题。因此在这一部分，我们全面地来认识在咨询过程中可能出现的自杀问题。

下面，让我们来考虑一下在心理咨询中不同状态下来访者的情况。

首先，由于抑郁状态大体都伴有自杀的倾向，所以，对处于抑郁状态下的来访者，咨询者都应积极地询问来访者是否有自杀的意念（想法）。如果通过询问，知道来访者确实有自杀意念的话，咨询者应该接着询问来访者打算使用什么方法、选择什么地方自杀等具体的问题。如果处于抑郁状态的来访者已详尽地考虑到具体的自杀方法、场所，这说明问题已相当严重，需要严加防范和严肃对待。这种情况下的当务之急是需要和有关人员联系并采取安全可靠的保护措施。必要时，应规劝并护送来访者到有安全保障的医院接受全面而系统的看护和治疗。

近年来，药物治疗迅速发展，对抑郁症、抑郁状态的患者所实施的药物治疗的效果相当显著。因此，对前来咨询的抑郁状态较重的来访者，有必要劝其去医院接受精神医学的治疗。同时，心理咨询需要等来访者的抑郁状态减轻之后，在精神科医生的配合和协助下进行。需要特别注意的是，抑郁状态的来访者往往在恢复期间发生自杀的现象较多，咨询者和治疗者应细心关注。

其次，有癔症倾向的来访者经常会透露出自杀的愿望或可能性，而实际上也确有尝试者。但是，大多数情况往往以自杀未遂而结束，其自杀的方式具有表演性，有时是为了得到他人的帮助，有时是为了引起家人或咨询者（治疗者）的注意等。例如，有的女性在只吃了一片安眠药，剩下的全部扔到厕所之后，将空瓶拿到家人面前并大声告诉家人："我，我去死！我已经吃安眠药了！"

但是，当有癔症倾向的来访者透露出要自杀或声称要自杀的时候，咨询者（治疗者）要尽可能详细地了解来访者的有关信息和各种情况，不能简单或轻易地认为"这不过是一种自杀意念或演戏、恐吓罢了"而置之不理。对过去多次企图自杀但都以失败而告终的人，家人往往表现出无动于衷的态度，"反正也死不了"，"不是真的想死"，甚至有时会不耐烦地说出"真的想死的话，就死死看嘛！"这样的话。咨询者应该从来访者家人那里了解详细的情况，若来访者自杀手段的致死度愈来愈高的话，如从割腕、吃安眠药发展到上吊、跳楼，咨询者需要与来访者的家人协调好防范措施，以免发生意外。因为虽然有的时候来访者是出于吓唬的意图，但实际上自杀成功的情况也并不少见。

不管是什么情况，如果来访者在咨询时透露出或表现出自杀的意念和企图的时候，咨询者不能回避来访者想自杀这一事实，应该面对这一事实并与来访者展开讨论。必要时寻求有经验的咨询者，以及来访者家人的协助和配合。也可以告诉来访者，紧急的时候或感到有必要的时候，可以打电话来。

但是，不能因为担心来访者自杀，就随意地在咨询室外约见来访者或去来访者的家访问，从而放弃咨询的基本原则。对于那种试图以自杀来达到控制他人（包括咨询者）目的的来访者，咨询者严格地遵守咨询的基本规范和原则就显得更加重要。

来访者表现出有自杀倾向或自杀企图会给咨询者带来极大的不安，从而影响心理咨询的顺利进行。这就向咨询者提出了一种高标准的要求，就是说对于自杀这一来访者所表现出来的事实，既不能无视、否认，也不能极端地恐惧害怕，而应该努力了解来访者自杀意念的真实含义和程度，并在有经验的心理临床专家或来访者家人的配合下积极做好预防工作。

当然，有必要时，咨询者可以在初次咨询时让来访者签署知情同意书，做出在咨询过程（治疗期间）中不采取包括自杀在内的极端行为的承诺。笔者一般这样说："你要先保证在咨询过程中不去采取包括自杀在内的极端行动，然后我才能答应为你进行心理咨询（治疗）。"因为咨询本身是一种契约，只有双方都能遵守契约条款，咨访关系的成立和维系才有意义。咨询者可以根据咨询的规范和理念，向来访者明确这一要求。

当然，自杀的危机援助对象不仅包括有自杀意念的来访者，还包括自杀未遂者、自杀者的亲人及相关人。特别是，自杀给自杀者的亲人除了带来无可挽回的恶性刺激和情感上的损失外，还带来了一些特殊的心理负担和精神压力，如社会的歧视，由于亲友自杀所带来的羞耻感、自责，对死者的责备与愤怒，所感受到的被死去的亲人的拒绝等。

二、死亡与失去亲人的危机援助

既然我们拥有生命，就不可避免地要面临死亡与丧失，面对自己或他人生命的消逝。对于一个即将迎来生命终点的人来说，如果无法正确、合理地面对死亡，就会使得其难得的有生之年过得十分艰辛与痛苦，也会给家人带来无限的痛苦和自责。对于经历了重大丧失的人而言，从这种创伤性事件中恢复平静可能需要相当长的时间，其影响持续而深刻。因此，咨询者能否帮助来访者重构生活的意义、正视死亡与丧失，就显得非常重要。

（一）面临死亡

美国学者库布勒-罗斯（E. Kübler-Ross）所总结的死亡的五个阶段，是迄今为止最广为接受的对面临死亡这一特殊人生历程的描述。这给为临终者服务的工作人员，包括医生、护士、社工、心理咨询人员等以及临终者的家人提供了理解临终者的感受、理解临终者真实所需的心理学依据。

第一阶段，否认。在刚刚得知自己的生命面临终结时，人的典型反应是否认这一事实："不，这不可能是真的，肯定弄错了。"库布勒-罗斯认为，否认对这一阶段的个体来说是有利的，是他对痛苦不安消息的一种应对方式。否认，像一个缓冲器一样，暂时起到了保护性作用。

第二阶段，愤怒。经过了否认期，接下来个体开始产生愤怒、敌意、嫉妒、怨恨等情绪。这一时期的典型思维是："为什么偏偏是我？为什么是现在？"对于工作人员和家属来说，处于愤怒阶段的个体会让他们感觉非常难以处理。对此，咨询者应该明确，愤怒是死亡经历中一种正常的适应过程，临终者的愤怒与敌意并不是真正针对家属或工作人员的，而是他试图获得爱、尊重、关注与理解，获得自我控制感的一种典型方式。

第三阶段，期待。到了这个阶段，个体基本上接受了自己必然死亡的事实，但是仍然怀着侥幸心理，希望能够把死亡的时间尽量拖后。个体在这一阶段往往会表现得十分顺从，他会乞求神明或命运的宽恕，希望通过自己"良好的行为"推迟死亡的时间。在这一时期，咨询者要注意倾听并关注临终者，此时可能需要处理个体的内疚感或其他隐藏的情感。

第四阶段，沮丧。随着死亡的临近，医疗检查、躯体症状等各个方面都迫使个体承认自己的疾病已经进入晚期，此时，强烈的沮丧感就出现了。这一时期也是在为最后的接受死亡做准备。对于这一时期的个体，照顾者应给予足够的关怀和爱，较少或不使用言语。

第五阶段，接受。经历了上述四个阶段后，个体觉得疲惫、虚弱，可以说，他已经度过了哀伤期，接受了现实。安静、平和是这一阶段的主要特征，个体已经结束了面对死亡的挣扎。此时，个体并不希望与人谈话或者有太多的人围在自己身边，家属和照顾者只需静静地坐在一边陪伴他，握住他的手，以此来表达对临终者的爱与支持。

总而言之，对临终者进行危机援助的咨询者应该认识到，临终者的生活仍然是有活力的，他们也同样有未满足而渴望满足的需求。对于临终者，咨询者应给予积极的倾听和关注，并能从临终者那里获得许多有益的经验。

（二）失去亲人

当亲人离世后，人们自然而然会产生哀伤的情绪，往往需要一段时间才能从这种哀伤状态中解脱出来。哀伤过程一般包括以下四个阶段。

第一，难以接受。在初期，人们无法相信亲人死亡的事实，有不真实的感觉，甚至麻木，影响正常的生活。

第二，回顾追溯。丧亲者经常回忆死者，常常回到以前常和死者一起去的地方，依恋死者的遗物，甚至会把陌生人错认为死者。这一时期的丧亲者往往是和其他社会关系脱离的，沉浸在与死者之间的情感回顾上。

第三，负性情绪。失去亲人的人很容易流泪、悲哀，食欲不振，难以入眠，对工作、生活失去兴趣。还会感觉内疚，责怪自己在死者生前忽视了他、没有照顾好他，甚至想到与死者一起一死了之等。

第四，逐渐平静。经过大约六个月的时间，大多数人都能接受亲人去世的事实，生活逐渐复归平静，但是悲伤的情绪偶尔会产生，特别是在死者的忌日。

哀伤是面对丧亲的必然反应，混杂着情绪、认知与生理的反应，影响着个体的心理与行为。然而，每个人面对生命有着不同的态度，面对哀伤也是一样，与个体的个性特点、成长经历、价值观等密切相关。

（三）哀伤的处理与援助

对死者的哀伤情绪表达是正当的，也是哀伤咨询与辅导需要充分鼓励的。但并非所有的失去亲人的人都能顺利地处理丧亲所带来的哀伤，有的人经历了反常、复杂的哀伤过程，如果不予以有效的心理援助，很可能会对他们产生消极影响。一种反常的表现是有些失去亲人的人不愿意接受丧失亲人的事实，在很长一段时间内表现冷漠与麻木，专注于工作或其他各种活动，让自己不去想念死者。因此有时在外人看来，这些人仿佛对亲人的离世无动于衷，甚至误解他们是麻木不仁的人。另一种反常的表现是，由于难以接受事实，一直希望死者还活着，因此那些失去亲人的人无法摆脱哀伤的情绪，这种情绪会持续超过六个月，亦即在哀伤的时间长度上发生变化。还有一种反常的表现是哀伤的程度发生变化，失去亲人的人感觉非常抑郁，非常容易流泪，有强烈的自责和内疚感，感到没有死者的人生没有意义，或是想要自杀从而与死者团聚等。对于家人和朋友，他们是疏离的，并可能不友善。这种人还可能会经历和死者相似的症状，例如死者是死于心脏病的，他们也可能常常会说自己胸口痛等。

对丧亲者进行危机援助，首先应帮助他们积极地寻找社会支持。亲人去世的善后处理非常重要，如遗体的安置、安排葬礼、通知亲属等，有一系列的具体事情需要处理。所有这些工作，都会使丧亲者更加烦恼无助，因此积极地去寻求亲友的支持可以帮助他们专心地面对与死者的告别。此外，丧亲后的孤独感也可以由于亲友的支持而得到适当缓解。

对于丧亲者的危机援助，最为重要的是一定要帮助他们对死者进行充分的哀悼，鼓励丧亲者表达自己内心的感受以及对死者的回忆。如果丧亲者对死者有一些没说的话、没做完的事，可以鼓励丧亲者在咨询期间，用角色扮演、箱庭制作以及绘画等技法充分地表达，为这些事画上心理的句号。咨询者可以安排一个与死者告别的仪式，这种仪式对于那些没能参加葬礼或者在葬礼上没有与死者充分告别的丧亲者来说非常重要。

当学校中发生了自杀、杀人事件后，学校心理咨询人员应该把相关人员（死者的同学、舍友和死亡事件的目击者等）召集起来进行紧急心理援助，也可以举行一个告别仪式。这样，一方面通过仪式为事件画上一个句号，另一方面也让大家发现，自己所经历的悲伤或恐惧并不是特殊的，其他人也在经历这样的情绪。

通过对青少年的哀伤研究，我们非常真实地体验到他们曾经有过的强烈哀伤情绪反应，这些强烈的反应是他们能够真实面对丧亲之痛的开始。我们认为，明确强烈的哀伤反应的正常性，为哀伤心理咨询提供了一个方向。咨询者只需要充分地倾听和陪伴丧亲者，无须提出任何建议。咨询者只需要为丧亲者提供一个安全的空间，促使其进行哀伤的表达，而哀伤表达本身就是最好的危机援助。

三、灾难的危机援助

所谓灾难，也就是天灾人祸，是整个社会生活中难以避免的突发事件，冲击性大、受害者多、随时都可能发生是灾难的重要特点。

（一）灾难心理援助系统的地位

灾难可能是自然发生的，如大地震、海啸等，也可能是人为造成的，如绑架、凶杀、矿难等。在经济发达国家，已经有了相应的应激网络对灾难进行心理危机援助，例如美国已建立了相对完善、完整的重大灾难心理危机援助系统。美国国家灾难医疗系统（NDMS）的主要功能包括紧急医疗服务、伤病员分类以及收容治疗，在每次灾后的每一环节中均有心理援助人员参与。

1995年1月17日，日本发生了现代史上第一次七级以上的地震（阪神大地震），是日本继第二次世界大战之后经历的最大的城市灾难。在所有的受灾人群中，未成年人这个特殊的人群受到了日本各界的特殊关注。据统计，在阪神大地震中，大约300名未成年人丧生，900多名未成年人失去了亲人。未成年人是一个较为弱小的社会群体，同时也是一个国家和社会的未来，灾难发生时对这个群体的保护与援助非常重要，为此，阪神大地震之后日本迅速启动了针对青少年的十年心理援助计划。2011年3月11日，日本又发生了有史以来最强烈的九级地震并伴随着海啸和核辐射。由于有阪神大地震心理援助的经验和教训，日本及时开展了相应的心理危机援助工作。

对于心理危机援助工作，人们基本达成的共识是，首先要确保给受援者提供一个安全、卫生和安心的环境，在此基础之上进行的心理援助才可能是有效的。对于未成年人的创伤体验和丧失体验，援助者应该抱着一种关注与理解的态度，强调陪伴与倾听，不轻易鼓励，也不催促，尽力给他们提供一个可以安心表达自己内心世界的环境，让他们自然表现内心的各种体验。在考虑对未成年人的心理援助的同时，还应考虑对未成年人进行心理援助的人的心理健康，如他们的父母或者监护人、学校的教职员工、直接进行心理援助的专业人员，从各个角度确保心理援助工作顺利进行。

我国是从2008年"5·12"汶川大地震之后开始逐渐建立起专门的灾难心理援助系统，但是在以前的一些灾难性事件中，如大连"5·7"空难、南京汤山投毒事件、"非典"等，我们也看到了心理学家以及咨询工作者努力进行心理援助的身影。正是有了上述经验的积累，我国才得以在2020年初突然暴发的新冠肺炎疫情面前，迅速地建立起灾难心理援助系统，心理援助工作人员也能及时并有序地开展紧急的心理援助工作。

（二）灾难发生后心理援助的特殊性

对灾难的心理援助工作有着一些特殊要求。

1. 工作场所比较特殊

对灾难的紧急心理援助是在避难所、医疗机构，甚至是灾难现场进行的，这就要求咨询者能够在混乱、无结构的非临床环境中，创造出适合危机援助的工作情境。

2. 合作支持

在紧急系统中，咨询者必须与其他专业人员，如消防队员、军人、警察、医生、民政工作人员等相互合作。既要配合其他专业人员的工作，也必须让他们对心理援助工作有所了解，能够支持所开展的心理援助工作。

3. 对象众多

面临大量的受灾人群，咨询者应该能够迅速地适应工作环境，较快速而正确地理解不同受灾者的不同反应并采取恰当的对策。在进行灾难后的危机援助时，咨询者要注意在一开始先要分辨众多受灾者心理危机的轻重缓急，优先满足急性的心理援助需求。

4. 提供信息和实际的帮助

如果受灾者的心理问题伴随着健康、教育、经济等方面的问题，咨询者不应一口拒绝，或要求受灾者去寻求其他专业人员的援助。因为在灾难发生后，整个环境可能相当混乱，受灾者可能一时无法找到与自己问题对口的工作人员，或者他们可能并不清楚自己的问题应该找哪些专业人员才能得到解决。在受灾后，任何人都会产生无助感，如果此时再遭到咨询者的拒绝，心理上会有极大的负面影响。因此，咨询者应协助受灾者一同寻找合适的解决办法，帮助受灾者联系其他专业人员，从而促成问题的解决。

5. 注意介入的方法

咨询者应该做好心理准备，受灾者可能会拒绝咨询者的接触。在实施心理援助前，必须尊重每名受灾者的意愿，不能贸然介入，更不能强迫。在实际接触时，可以借助一些实际的帮助以获得受灾者的信任，如带给他所需要的食物及提供他所需要的帮助等。

6. 针对受灾者最迫切的需求

咨询者的工作要对受灾者有"即时"价值，满足受灾者"即时"的具体要求。尤其是在受灾后的几个小时或几天内，传统的心理咨询程序必须重新配置，将其简化为急救、紧急援助的程序。

7. 促进受灾者的适应行为

在紧急情况下，心理援助的目标是减轻情绪反应，促进受灾者的适应行为。在灾难心理援助的最初阶段，咨询者不应着力于深究灾难经历的细节和深度的情感反应，更不能促进恐怖情绪的表现，以免造成受灾者再次的心理创伤。

总而言之，在时间紧迫、受灾者众多、情况复杂的情况下，有志于投身这项工作的咨询者必须做好足够的心理准备。

四、心理热线咨询在危机援助中的应用

由于心理危机出现的场所、时间等因素的不确切性，求助者往往要求有人能够在第一时间里迅速地做出反应。我们认为，心理热线咨询在一定情况下可以满足这一需求。

针对"非典"和汶川大地震等灾难中人们心理健康状况的研究表明，受到灾难影响的人更多表现出焦虑、烦躁等情绪，处于心理应激状态。在这样一种应激状态下，人们内在的身心平衡状态被打破，容易出现各种各样的身心反应。在类似的突发公共卫生事件或灾难的紧急应对中，心理援助热线是公众寻求心理支持的有效途径。

2020年初，新冠肺炎疫情暴发，心理援助热线在一定程度上满足了社会大众的心理需求。心理热线咨询是此次防疫工作的一个重要环节。

2020年1月26日，《新型冠状病毒感染的肺炎疫情紧急心理危机干预指导原则》发布，公众心理危机干预被提到前所未有的高度。北京师范大学心理学部联合北京师范大学党委学生工作部学生心理咨询与服务中心紧急筹备开通了心理支持热线和网络辅导服务，在疫情期间为全国民众提供专业的热线心理支持服务。心理热线咨询具有自主安全、方便快捷的特点，在一定程度上可以为受影响人群提供心理健康服务，为有需要的人群提供心理危机援助。

五、箱庭疗法在危机援助中的应用

分析心理学派创始人荣格认为，每个人都有自我治愈的能力以及自我整合的趋向。也就是说，我们每个人有自我治愈身体创伤的力量，也具有自我治愈心理创伤的力量。属于分析心理学派的箱庭疗法最重要的治疗理念就是相信每个人的内心深处都有着自我治愈力，无论来访者受到怎样的创伤，治疗者只要提供一个自由与受保护的空间，来访者的自我力量就会展现，治愈就会成为可能。

箱庭疗法是在以"心"为主题的心理援助模式的指导下，使用特制的箱子、沙、玩具模型等象征性器具对危机事件的当事人或来访者进行可能的心理援助。箱庭疗法应用于危机援助的可行性，笔者认为主要有以下几点：

第一，由沙、箱子、玩具模型构成的场景能够投射并激发当事人或来访者的哀伤反应和创伤体验，箱子、沙、玩具、治疗者可以成为当事人或来访者自我重建的过渡性客体，为危机援助提供了一个良好平台。

第二，箱庭的非言语特性和游戏的特点以及治疗者创设的自由与受保护的空间，提供了让当事人或来访者安全表达哀伤和探索内在自我治愈的空间，通过象征性的箱庭游戏使无意识内容意识化，实现了深层次的心理治愈，激发了当事人或来访者的自我治愈力。

第三，制作箱庭作品，能够帮助来访者实现对未完成事件的处理，而箱庭作品能够呈现来访者内在的心理状态，帮助治疗者更好地理解其无法用语言表达的内容。

第四，箱庭制作以及箱庭作品可以呈现、处理哀伤和心理创伤。箱庭作为一种仪式化的方式可以帮助来访者与重要他人建立情感联结，通过箱庭作品联结来访者的过去（如亲人在世）、现在和未来，实现自我的整合。

第五，通过制作箱庭作品，来访者可以思考生命和死亡等重大课题，构建对人生价值、死亡意义的深层理解，获得个人心理的成长。

总之，与其他心理咨询或治疗方法相比，箱庭疗法给予来访者更多非言语性的、象征层面的支持，更易深入来访者的无意识层面，更能够洞察其心理轨迹，释放和表现其内在情绪，使来访者的深层心理得以表达，促使其心理问题得以解决，心理创伤得以愈合。因此，箱庭疗法可以作为危机心理援助、哀伤咨询和创伤治疗的方法，帮助来访者完成哀伤任务，促进心理重建。

箱庭疗法的实施形式从个体箱庭扩展到团体箱庭、家庭箱庭等多种形式，能满足不同来访者的治疗需要。在心理援助中，咨询者可以根据来访者的不同心理需要，综合使用箱庭疗法的各种形式开展心理援助工作。有志于从事这项工作的人员，可参阅拙著《箱庭疗法》《箱庭疗法的心理临床》的相关章节，并接受箱庭疗法的制作体验和专业训练。

当然，没有包治百病的心理援助方法。笔者认为，无论是危机的心理援助还是一般意义的心理咨询，最重要的不是技术或方法，而是对生命、对人性的大爱，也就是人文关怀，用爱来抚慰一颗创伤的心。

思考题

1. 心理危机和心理援助的含义各是什么？

2. 你如何看待自杀？对自杀的危机援助有什么样的策略？

3. 如何对丧亲者进行危机援助？

4. 在面临重大灾害时，心理学工作者能做什么？

第十章
心理热线咨询的应用及方法

心理热线是咨询工作的一个重要组成部分，随着时代的发展，心理热线发展出了许多不同的媒介，如固定电话、移动电话、网络电话、视频电话等。技术手段的完善，使得心理热线具备了易得、便捷且覆盖面广等优势，特别适用于帮助正在面对突发性危机状况的个人和群体。心理热线成为心理学服务社会的一种新的途径。

自1960年洛杉矶自杀防治中心开设"生命热线"以来，心理热线咨询在西方国家已经通行多年，这对于防止由于极度痛苦和心理危机而酿成的自杀与行为不良起到了很好的作用。随着2020年新冠肺炎疫情暴发，心理援助热线在处理心理应激和预防心理与行为问题上发挥了重要作用。国家卫健委为此制定了《心理援助热线技术指南（试行）》，这标志着我国首次将心理热线咨询放到了社会治理的层面上。

第一节　心理热线咨询的性质

心理热线咨询不同于传统的心理咨询，咨询者在咨询的过程中不能简单地按照面对面心理咨询的设置进行，例如不会提前得知来询者的信息，无法获得表情、姿态等非语言的信号，不能与来询者签订知情同意书，等等。心理热线咨询具有特殊性，对咨询者的专业水平、应对能力、倾听技术等都有更高的要求。

一、心理热线咨询的功能

心理热线咨询指的是由受过专门训练的心理咨询人员提供的热线咨询服

务。其服务对象是有心理方面的问题和困惑但又不能面对面接受心理咨询的来询者，他们通过心理热线寻求帮助。

心理热线咨询的功能大体可以归纳为以下几点。

（一）紧急援助

心理热线咨询具有紧急援助的功能。无论何时、何地，处于苦恼或痛不欲生状态的人只要拨通心理热线，就能得到心理上的开导和安慰，获得一定程度的关怀和温暖。

（二）好的听众——倾听、共感理解

心理热线的咨询者可以成为来询者倾吐烦恼、痛苦、悲伤的好听众，像一个知心朋友那样帮助来询者。心理热线的咨询者和面谈的咨询者一样，具有倾听、共感理解的特征，可以帮助来询者解黏去缚，释放压力。

（三）提供信息服务

有些来询者所提出的问题可能无法通过心理热线咨询得到充分的解决，这时，心理热线咨询的另一重要功能就是向来询者提供问题解决的信息和情报，例如劝来询者去某个可以提供帮助的咨询机构、医院等。

二、心理热线咨询的特点

（一）即时性、随时性和便利性

心理热线咨询具有即时性、随时性和便利性的特点。任何人，无论在哪里，都可以拨通心理热线。大部分心理热线全天24小时开通。

对于去咨询机构的面谈咨询，来访者在去之前，可能经历了很长时间的矛盾、斗争，消耗了许多物质上和精神上的能量。而心理热线咨询可能不存在这个问题，来询者容易在早期阶段寻求心理援助。特别对于因客观环境原因而很难到咨询机构去咨询的人，或心理抵抗、焦虑较强和羞耻心较重的人，以及患有重度神经症、抑郁症的人，心理热线提供了很方便的咨询机会。

（二）匿名性

心理热线咨询具有匿名性的特点，咨询者和来询者双方互不见面。匿名性在心理热线咨询过程中具有很重要的意义。一般意义上的心理咨询是从来访者承担自己应负的责任开始的，因此，来访者在一般意义上的心理咨询中是不能匿名的。而在心理热线咨询中，来询者因为以下的原因，匿名则显得很自然。

（1）中止咨询关系的自由保证。在面谈形式的咨询过程中，一般来说，来访者很难自由地选择咨询者。和咨询者谈了一会儿话后，来访者可能会感到咨询者不一定能理解自己，或者会有和咨询者合不来的想法，但也不会站起来就走。即使咨询一次后就不来了，来访者也可能因为将自己的事情说了出去而会后悔莫及。心理热线咨询则避免了这些问题。例如，感到心理热线另一端的咨询者不合自己的"口味"，可以马上结束连线。心理热线咨询可以保证来询者在感到不合适、后悔和罪恶感的时候随时打破或中止咨询关系。

（2）匿名可以促使表露真实的自我。由于匿名，所以来询者可以将真实的自己毫无防御、抵抗地表现出来。在心理热线咨询的初期，来询者往往会将自己的真实情况说出来，看看咨询者能够给予多大程度的理解。一旦自己被理解、获得了安慰，来询者可能会说出自己的真实姓名。

（三）一次性

一般的面谈性质的咨询，原则上需要经过受理面谈之后正式开始。而心理热线咨询则可能就那么一次。特别是"生命热线"，原则上咨询者不固定，即使经常来寻求心理热线咨询的来询者也很难甚或不可能和同一咨询者碰在一起。心理热线的咨询者必须在那一时刻就做那一次的咨询应对，这样，咨询者就可能全神贯注地倾听来询者的诉说，其结果是只一次就可能使来询者能够控制自己的情绪。

（四）幻想增幅效果

心理热线不仅消除了与对方在空间上的距离，也缩小了与对方心理上的距离。这是因为，通过心理热线的谈话是从口直接进入耳朵，而且双方的关系是排他的。这样，和一般的面谈咨询（需要两人保持一定的空间距离）相比，来询者容易很快地产生对咨询者的亲密感。再加上没有视觉加入而产生的幻想增幅效果，来询者容易产生正向移情。对于症状较严重的、孤独的来询者来讲，心理热线咨询容易触发其产生人生早期的母子一体感或融合感。

（五）不稳定性

相对于面对面咨询稳定的咨询设置和环境，心理热线咨询有着更多不可控因素（见表10-1）。从设置上来说，心理热线咨询会受到网络信号、通信传输等多种因素影响，一旦信号出现波动，就会出现卡顿、中断等情况，影响沟通的效果，特别是当来询者说到情绪激动时，忽然因为信号问题中断，就会使得原本酝酿好的感情一扫而光。除去技术方面的影响，咨访双方也可能受到环境的影响，甚至可能被突发情况影响或者打断，比如家里人多比较嘈杂，忽然有人按门铃，等等。

心理热线咨询会考验咨询者和来询者双方对于不确定性的容忍程度。在咨询开始的时候，咨询者应适当提醒来询者可能会遇到的不稳定情况，这样可以让来询者对于意外情况做好心理准备。

表10-1　面对面咨询和心理热线咨询的对比

项目	面对面咨询	心理热线咨询
对设置的要求	稳定的场地	通信设备
对时间、区域的要求	固定时间，固定地点，无法提供远程服务	无固定时间、地点要求，可提供远程服务
匿名性	实名登记	匿名
咨访关系	较为稳定、长期	较不稳定、短期
频次	通常一周一次	不固定
咨询中可以获得的信息	语言、面部表情、身体姿势	语言

第二节　心理热线咨询的方法

心理热线咨询在很大程度上破坏了寻常咨询中限定时间、限定空间的设置，给咨询者带来了极大的挑战。在这样不确定的情况下，咨询者应该如何处理呢？

一、心理热线咨询的设置

在心理热线咨询中，咨询者应对来询者的方法基本上是和面谈咨询相同的。不过，从通过心理热线而形成的特殊关系来考虑，咨询者应该注意以下几点。

（一）设置上的准备

1. 语言的重视

心理热线咨询缺乏视觉的影响力，这就要求咨询者将接纳的、共感的、理解的姿态通过语言表现得有声有色。

2. 咨询者的作用、界限设定的明确化

仅依靠心理热线，是不可能什么都解决的。这就要求确认咨询者和来询者通过心理热线能做到什么和不能做什么。应该明确，心理热线咨询不可能达到治疗的目的，但可以达到一时的预防、教育的目的。而且，对某些问题，咨询者可以提供适当的信息或介绍某些知识，必要时可以推荐来询者去咨询机构接受心理咨询。

3. 时间的掌握

心理热线咨询有时可能只是一次性的，咨询者可能不容易说出像面谈咨询时说的"到时间了，今天就到这里吧"。但是，根据经验，通过心理热线集中对话并整理谈话内容，大约要用30分钟的时间。如果超过30分钟还不能结束谈话，可以认为是咨询者在应对上存在问题（救急除外）。例如，咨询者在不能充分接纳、共感理解来询者的感情的情况下为找不到解决问题的方法而焦躁，咨询者自身卷入来询者的感情旋涡不能自拔而把握不了问题的本质，还有就是双方都处于一种极度混乱的状况之下。

对于经常拨打心理热线的来询者，咨询者可以在谈话开始阶段说"今天听你谈上20分钟，怎么样"，以设定时间的限制。

心理热线咨询通常只是一次性的，这就需要咨询者迅速地判断来询者的心理状态，包括是否有心理危机、心理危机风险性如何，并且快速做出相应的干预。若咨询者无法有效缓解来询者的心理问题或混乱状态，则必须及时接受督导或转介。

（二）心理热线咨询的过程

1. 对话初期

（1）接心理热线的技巧。一般是在听到3~4声铃响后再拿起话筒。来询者的确有咨询动机才打心理热线，但实际上对对话与否，可能还处于一种犹豫不决的状态。这时，如果马上听到话筒里传来"喂，这里是……"的话，反而会感到过分"接近"而不知所措，结果，可能会什么也不说而挂断心理热线。为了让来询者充分做好准备，咨询者在听到3~4声铃响之后再拿起话筒是比较理想的。

有的时候，咨询者一拿起话筒，对方会说"啊，打错电话了"。一般来说，打错电话的情况是极少的，这个时候可以理解为对方正处于一种模棱两可的状态。此时，咨询者可以用"你打的电话号码是多少"，或者"不过，你这个电话倒是打到一个很有意思的地方，说不定我还真能帮您一点儿什么"等应对话语，有很多反而以此为契机建立了咨询关系的情况。

（2）注意操作方式。心理热线接通以后，比较多的情况是，来询者开门见山地说"就××问题想咨询一下"。咨询者首先要认真倾听来询者的诉说，并在头脑中形成关于来询者咨询的问题及其背景等。这一过程近似于一般心理咨询的预备面谈。对来询者所说的话若有不明白的地方，咨询者有必要询问并予以确认。但在确认时一定要注意操作方式，不可妨碍来询者谈话的进程和感情的流露。

同时，咨询者要重视非言语信息的传递。咨询者要将接纳的、共感理解的姿态通过语音、语调、语速、语气等非言语信息传递出来，用以缓和来询者可能体验到的距离感和不信任感，促进咨询关系的迅速建立。

2. 对话中期

在这一阶段，咨访双方需要对"问题"有一个共同的认识。并不是说由咨询者教给来询者解决问题的方法，而只是与来询者一起考虑这一问题，或者说咨询者给予其一定的支持，让来询者依靠自身的力量去觉悟并鼓足勇气去寻求问题解决的方法。

当然，对于有些问题，来询者并不能马上找到解决方法。有的时候，咨询者可能需要让来询者正视这些问题的存在，而且学会接受这些问题，与苦恼或痛苦共生共存，学会带着这些问题和症状去生活。如果提出一些诸如早睡早起、锻炼身体、多喝热水等解决方法，或者强调一句"得打起精神来啊"，反而会弄巧成拙。这个时候，来询者会觉得自己真是失败，除了"是，是的"说不出别的。河合隼雄认为，真正的专家与冒牌专家的不同之处在于，真正的专家会非常认真地倾听来访者，会保持一种"我们一起来思考怎么解决这个问题"的态度。

3. 对话终期

通过对话，来询者能够将自己的问题整理出来，知道自己该怎么办，这时可以说咨询接近尾声。一次性的心理热线咨询，原则上，以来询者自身有"该结束"的感触为根据，不要求也没有必要非得下什么样的结论。

需要强调的是，一旦来询者做出什么结论，而这一结论与咨询者的想法、理念不合，就会造成咨询者旧话重提的危险。通过心理热线咨询，特别是一次性的心理热线咨询，来询者并不需要有什么样的结论。

二、心理热线咨询应注意的问题

尽管心理热线咨询与一般的面谈咨询相比有一定的长处，但在实际开展时仍有许多值得注意的问题。

（一）设置上的问题

由来询者掌握主导权的心理热线咨询，在构造上有很多模糊不清的地方。在比较面谈咨询和心理热线咨询谈话构造的基础上，我们不难发现心理热线的咨询者在工作中面临如下的困难：

（1）无法预期，无法准备；

（2）难以向来询者传递自己的想法和表达共感理解的态度；

（3）难以保持一贯的、稳定的咨询态度；

（4）几乎处于一种被来询者的困惑、情绪所支配的状况之下，容易过度卷入其中。

（二）长期来询者的应对问题

一些有比较严重的病理性问题的人会常常通过心理热线来求助。无论什么时候，无论在哪里，只要按几下就可以接通心理热线，这对于那种因对象恒常性获得失败的人来讲是具有魔术般魅力的，他可以从中获得安慰和温暖。同时，心理热线的媒介又是虚拟的、机械化的，这对于不希望与他人发生接触的人来说是再好不过的。但是，毋庸置疑，只依靠心理热线咨询很难消除他们的病理性问题。心理热线咨询确实可以一时消除他们的孤独感，在一定程度上保证了他们一时的对象恒常性，但他们依存性的增强会使病情加重。如果对来询者的问题不能在心理热线咨询中帮助解决的话，咨询者应该为他们介绍比较合适的咨询与治疗机构。

（三）匿名的滥用和恶用问题

让心理热线的咨询者（特别是女性咨询者）最伤脑筋的问题之一是骚扰（包括性骚扰）问题。有的时候，来询者似乎在咨询心理问题，实际上却隐藏着一种病理性的性幻想。面对这样的来询者，咨询者既要有正确的判断力，又要有拒绝的勇气。

三、对有自杀风险者的心理热线咨询

对有自杀风险者的危机干预是心理热线咨询中的一种紧急情况，它需要咨询者在有限的时间内，帮助来询者将自杀的可能性降低到最低程度，然后根据需要将其转介到更加安全和系统的咨询或治疗环境里。

以下整理了张继明、梁红（2020）在北京师范大学防疫热线接线员培训中讲述的关于心理热线中的危机干预策略，以用于应对可能出现的心理危机状况。基于此，咨询者可以有效地开展工作。

（一）准备阶段

如何在很短的时间内帮助来询者摆脱困境，这对咨询者的素质和应对技巧提出了很高的要求。因此，提前做好心理准备显得尤为重要。

首先，咨询者要明确心理热线咨询的工作方式，明确自己的角色和界限。心理热线好比是医院的急诊室，处理的是紧急事务，这个比喻有助于我们对心理热线危机干预的理解。

其次，咨询者需要自我评估是否做好准备与来询者坦然、稳定地讨论自杀或自伤等话题。即使咨询者暂时没有做好准备，也必须具备危机干预意识，做到及时转介。

最后，咨询者要提前做好心理预设，明确只能在自己能力范围、职责范围之内工作，并接受自己不是无所不能，对自己保持觉察，及时调整自己。

（二）关系建立阶段

咨询者需要无条件地积极关注来询者，倾听来询者的诉说，对来询者的情绪、思维、行为和身体感受等相关信息进行收集，并对来询者讲述内容背后的情绪和感受进行核对、总结和反馈。

咨询者需要共感理解来询者的处境，给来询者安全和受保护的空间，尽快取得来询者的信任。来询者一旦感受到被理解、被支持，就会开始信任咨询者。这种建立在信任基础上的咨访联盟为后续的工作奠定了坚实的基础。

（三）评估阶段

准确的自杀评估是进行有效的心理热线危机干预的前提。如果来询者已经有了自杀的倾向，而咨询者没能及早发现、及早干预，则会导致不可挽回的后果。

1. 评估自杀危险程度

当咨询者倾听来询者讲述关于情绪、行为、环境等方面的感觉时，咨询者要有意识进行拓展，进行系统评估，需要注意来询者的生理、认知、情绪、行为方面的问题。

咨询者要确定来询者是否存在比较高的心理危机风险，如自杀、自伤、伤害他人或者破坏环境等。当确认来询者有自杀风险时，咨询者需要进一步评估风险的水平以及风险的程度。接下来可以询问来询者关于自杀的计划（时间、地点、方式，方式的致死性和可得性，想达到的目的，是否有知情者，等等）、自杀行为的既往史以及在来询者认识的人中是否有因自杀而死亡的人等。若咨询者暂时没有做好应对来询者自杀风险的准备，请务必做好转介工作。

2. 评估诱发因素

有时候跟来询者讨论"要不要自杀"是没有答案的，我们更需要关注的是导致自杀想法的问题是什么，这个问题是不是真的无法解决，是否像来询者所说的只能靠自杀来解决。

3. 评估生理、心理状态和行为表现

即使受时间局限，无法了解来询者的个性特征等背景信息，咨询者仍然需要对其身心状况做一个比较全面和准确的评估。通过来询者对自己身体状态和感觉的描述，来评估来询者的情绪状态、核心情绪以及情绪上的核心痛苦是可能的。同时，咨询者要系统评估与情绪相伴随的思维状态，看看有没有特殊情况。咨询者还要了解来询者的人际关系和日常行为受到什么影响，来询者采取的应对策略是什么。

4. 评估痛苦程度

咨询者可以邀请来询者对自己的痛苦程度进行评估。例如，"痛苦大到无法承受"为10分，"没有什么痛苦"为1分，请来询者给自己的痛苦打分。咨询者还需要了解来询者的绝望程度，即来询者对于痛苦改变的希望有多大。例如，"毫无希望，肯定不会发生改变"为10分，"有很大的希望发生改变"为1分，请来询者给自己的绝望程度评分。

如果来询者的痛苦程度和绝望程度都非常高，咨询者就要敏感地意识到来询者出现自杀或者其他风险性行为的可能性很大。

咨询者需要了解来询者至今为止面临这些痛苦时，都采取了哪些办法来帮助自己，哪些是有效的，哪些是无效的。咨询者要有积极意识和资源意识，要敏感地把握可能帮助来询者的策略和方法，为下一步提供替代性缓解措施做好铺垫。

5. 评估支持系统

除了评估来询者本人，咨询者还要有目的、系统地了解来询者的支持系统。了解来询者的家庭、伙伴，来询者所在组织和部门、所处环境是如何影响来询者的，来询者对于这些影响的态度和反应是什么。这些信息是支撑来询者康复、摆脱危机最有力的资源。

（四）实施阶段

1. 提供情感上的支持

很多人在一生中的某个时间，尤其遇到特别大的压力事件的时候，都可能会出现自杀的想法。但想法不等同于行为，两者是有距离的。咨询者要理解来询者的想法，感受到自杀的想法背后是难以忍受的痛苦和绝望。

2. 为自杀或自伤行为寻找替代方案

对来询者而言，自杀或许是解决问题的方法之一，但绝对不是解决问题的建设性方法。咨询者可以与来询者一起探索是否有其他可能的解决方法，帮助来询者找到既简单易行又能够暂时缓解痛苦的方法，为后续系统深入的心理咨询与治疗提供机会。

作为陪伴者和倾听者，咨询者切忌越俎代庖，要激发来询者的内在资源，与来询者一起想办法形成替代方案。如果来询者表示"没用的，我爸妈都不会在意我的感受""给他们打电话了，他们都不理我"，咨询者可以具体化这些内容：之前是怎么跟爸妈说的？是如何打电话的？通过这种对场景的具体化，来询者往往能更清楚地找到表达自己需要和感受的方法。

另外，在心理热线咨询过程中，咨询者不要过度去探寻来询者的深层心理部分，以免触及痛处，引发不可挽回的后果。

3. 制订安全计划

对于自杀风险较高的来询者，确保来询者的生命安全是第一要务。咨询者跟来询者一起制订安全计划（见表10-2），为来询者的安全提供保障。

表10-2　来询者安全计划模板

步骤1：可能会出现危机的预警信号（如想法、画面、处境、行为等）

1. _____

2. _____

3. _____

步骤2：内在应对策略——我在无须联系他人的情况下可以尝试的自我调节方法（如放松练习、体育锻炼等）

　　1. _____

　　2. _____

　　3. _____

步骤3：可以让我转移注意力的人或者环境

1. 姓名_____　　联系方式_____

2. 姓名_____　　联系方式_____

3. 地点_____　　4. 地点_____

步骤4：我可以寻求帮助的人

1. 姓名_____　　联系方式_____

2. 姓名_____　　联系方式_____

3. 姓名_____　　联系方式_____

步骤5：我可以在心理危机出现时联系的专业人员或专业机构

1. 咨询师／治疗师姓名_____　　紧急联系电话_____

2. 临床医师姓名_____　　紧急联系电话_____

3. 所在地心理危机干预热线_____

全国心理危机干预热线_____

所在地可寻求帮助的医院地址_____

步骤6：我可以做这些让我的环境变得安全

1. _____

2. _____

对我来说最重要，值得为之活着的事情是：

_____

4. 获得承诺

咨询者鼓励来询者把替代方案落实到行动中。咨询者跟来询者做一个行为层面上的核对和商定，让计划变得清晰、具体、可行，并获得来询者的口头承诺。

5. 做好转介准备

咨询者要时刻做好转介的准备，寻找适合来询者的心理咨询与治疗机构。在心理热线咨询后，咨询者要及时将来询者转介给可以提供后续支持的心理服务部门，通常为当地的医院、心理咨询机构等。

第三节　心理热线咨询在实际中的运用

心理热线咨询有多种应用场景，其中，用于帮助人们应对灾难发生后心理失衡状态的心理危机援助是一个重要的方面。

2020年初暴发的新冠肺炎疫情使得身处疫区的民众、一线医护人员、患者及其家属承受着巨大的压力，其后的持续疫情，给人民生命安全和身体健康带来严重威胁，也造成心理上的严重冲击。学生也因必须在家隔离或者不能开学而出现混乱、焦虑和不安等负面情绪。做好疫情期间的心理应对及心理援助工作，是当务之急。

本节主要介绍抗击新冠肺炎疫情心理支持热线的设立与实施，为今后遇到类似紧急状态而建立心理支持热线提供参考和帮助。

一、抗击新冠肺炎疫情心理支持热线的设立

我们认为心理支持热线的设立，首先需要了解新冠肺炎疫情背景下个体的心理反应以及可能的影响。同时，在全国乃至更大范围内开展心理支持热线工作离不开相关政策的支持，而组建素质与技术过硬的专业团队，建立完善的工作体系，是心理支持热线设立的重要工作。

（一）新冠肺炎疫情下的个体心理

新冠肺炎疫情作为会引发人们恐惧心理的应激源，与一般的应激源相比，有着更为突出的不确定性和威胁性。新冠肺炎疫情发生后，个体的生命健康遭到威胁，一些随之产生的心理与行为问题也值得关注。例如，发热门诊患者和住院隔离患者感到焦虑、恐惧、孤独，一线医务工作者压力过大、疲劳紧张甚至耗竭崩溃，也有人过度关注疫情的负面信息而导致替代性创伤。

同时，由于疫情影响范围广，个体的情绪问题逐渐成为社会公众的普遍问题，产生了社会心理学中所说的"社会焦虑"。"社会焦虑"若积累到一定程度，就会形成紧张对峙的社会张力，引发不同程度的社会问题。对于在疫情影响下个体的心理应对，可以参照本书第九章第一节中"危机发生时可能的心理应对"这一部分的论述。

由此可见，应对疫情，除了要在医疗和物质上保证基本需求之外，还需要观察群众的心理表现，把握心理状态和规律，进行心理调适，降低不适应的心理状态导致的负面影响，这是心理支持热线设立的出发点。

（二）政策引领与效果保证

在全国上下共同抗击新冠肺炎疫情之际，相关部门印发《新型冠状病毒感染的肺炎疫情紧急心理危机干预指导原则》，明确心理危机干预工作的指导原则是：将心理危机干预纳入疫情防控整体部署，以减轻疫情所致的心理伤害、促进社会稳定为前提，根据疫情防控工作的推进情况，及时调整心理危机干预工作重点；针对不同人群实施分类干预，严格保护受助者的个人隐私，实施帮助者和受助者均应当注意避免再次创伤。文件针对确诊患者、疑似患者、医护及相关人员、与患者密切接触者（家属、同事、朋友等）、不愿公开就医的人群、易感人群及大众等不同群体制定了心理干预措施，明确了具体指导原则。

2020年1月28日，教育部发出通知，要求进一步发挥教育系统学科和人才优势，面向广大高校师生和人民群众开展疫情相关心理危机干预工作。通知强调：把为人民群众提供心理危机的干预与服务，作为教育系统开展和促进疫情联防联控工作的一个重要方面，给予高度重视，迅速安排部署。

各高校积极响应，纷纷设立新冠肺炎疫情心理援助热线，开展相关心理援助服务，对社会开展心理援助服务起到了引领和示范作用，在稳定社会心态方面发挥了积极效果。专业的心理学专家团队成为心理援助工作强有力的支撑。教育部普通高等学校学生心理健康教育专家指导委员会组织全国知名专家，开展高校疫情心理援助热线相关工作的系列培训和大学生心理应激系列讲座，为战胜疫情保驾护航。专家团队为提升高校心理援助热线的服务质量和水平、保证心理援助热线服务效果做了很多工作。

（三）心理援助体系的建立

心理支持热线工作的开展需要组建素质与技术过硬的专业团队，以及建立完善的工作体系。其中关于心理援助者素质要求及专业技术部分，在本书第九章第一节已有详细论述，此处主要介绍新冠肺炎疫情期间心理支持热线的工作体系，以供参考。

大型的危机干预活动都要有相应的心理援助体系，在此基础上，心理支持热线工作可以更加系统而完善地开展。2020年1月25日，北京师范大学心理学部、学生心理咨询与服务中心共同启动了北京师范大学防疫心理援助工作。1月27日，学校开通了心理支持热线和网络辅导服务，在疫情期间为全国民众提供专业的心理支持服务，北京师范大学新型冠状病毒肺炎疫情防控心理援助工作体系确立。

团队主要由四个核心组构成，包括心理支持热线组、网络心理辅导组、科普宣传组和专业督导组。专业督导组每天给接线咨询者提供工作指导，解决接线和辅导过程中遇到的难题。科普宣传组以文章、音频等形式，让更多的人学到自助方法，引导公众保持良好乐观的心理状态。团队成员近300人，均具有心理学、医学等相关专业硕士以上学历。咨询者都经过北京师范大学心理学部心理咨询专职教师的严格筛选，有专业的助人经验。其中热线方面，截至2020年5月28日，移动热线接线6 534次，142 891分钟，联通热线接线700次，8 683分钟。

心理援助体系的建立确保了在具体工作过程中可以针对不同人群的心理健康状况提供不同的服务，提高了心理支持热线的工作效率与服务的准确性和可持续性。

二、抗击新冠肺炎疫情心理支持热线的实施

下面部分内容引自北京师范大学面向社会公开的抗击新冠肺炎疫情心理援助工作实施方案。

面对抗击新冠肺炎疫情的需要，北京师范大学心理学部、学生心理咨询与服务中心紧急筹备开通了心理支持热线，并对热线服务的具体实施细则做了明确的说明和规定。

（一）心理支持热线服务对象与内容

心理支持热线为全国受到疫情影响的人员，包括一线医护人员及其亲友、已出现症状但尚未得到治疗的人员及其亲友、被隔离人员及其亲友、受感染人群及其亲友、受影响的普通民众和康复患者，提供情绪疏导与心理支持，提供必要的危机干预及其他社会心理健康服务资源转介。

（二）心理支持热线接线员资质

（1）具有临床/咨询心理学或精神医学硕士研究生及以上学历，面对面咨询的时间至少300小时。

（2）有危机干预实战经验。

（3）接受个体和团体督导的时间至少50小时。

由北京师范大学心理学部心理咨询与临床方向两位专职教师审核把关。

（三）心理支持热线工作原则及流程

原则：为急需心理支持的来询者提供即时帮助，帮助来询者调节情绪，为其提供相关资源。非常规心理咨询，也非危机干预热线。

所有工作人员必须参加十个主题的岗前培训，包括：危机干预中的伦理问题，热线中的心理危机干预六步法，危机管理中的SAFER-R模型，心理危机干预要点及新冠肺炎干预案例解析，急性应激反应的CBT（认知行为疗法）干预框架与技术，心理危机常见反应及应对——心理援助者的准备，《新型冠状病毒感染的肺炎疫情紧急心理危机干预指导原则》解读，自杀评估、干预和后期安全网及随访，焦点解决核心技术在热线干预中的应用，常见来话问题类型与有效应对。还要了解必要的伦理知识和热线沟通的基本特点和技巧。

热线接听流程：

（1）来询者致电，咨询者接听，进行30分钟的热线咨询。

（2）热线咨询结束后，如来询者需要更多转介资源，咨询者为来询者提供相应信息。如咨询者需要督导师支持，可联系督导组值班督导师。

（3）咨询者填写热线咨询记录表（Word文档），记录每一个来电概况，文档使用统一命名格式和密码。一个班次结束后，咨询者填写当日个人接线情况汇总表，包括咨询者姓名、日期、今日工作时长、今日接待来询者总人数、来询者谈论的主要议题、是否遇到危机案例及危机案例详细情况等内容。

（4）每日热线结束后，由热线咨询组工作人员汇总当日接线情况，填写汇总表。

（四）心理支持热线的伦理原则

本心理支持热线是紧急状态下的服务热线，不是心理咨询热线，不会长期存在，只解决现阶段的问题。《中国心理学会临床与咨询心理学工作伦理守则》（第二版）在心理支持热线这种服务形式中大部分适合。具体要点包括以下内容。

1. 专业关系

（1）不能提供与服务目的无关的个人信息（电话、邮箱、微信等），不能进行自我宣传。

（2）特殊情况特殊处理，除本次心理援助外，不要进行个人通话联系或者社交媒体上的个人联系。

（3）要说清热线性质和时间（一般为30分钟）。

（4）遇到来询者的各种不满，做倾听和情绪回应，不做价值判断，只进行心理工作。在遵守国家法律法规的前提下，保持价值中立。

（5）交代热线服务是短期的，一次通话后即结束；如果来询者觉得问题没有解决，可以提供转介资源，如推荐到公共咨询平台、各地区精神科等，也可以请来询者在其他时间再来电话。

（6）不需要让来询者过度暴露与创伤相关的资料、信息，遵守无伤害原则，进行情绪稳定化工作。

2. 知情同意

（1）口头知情同意即可。

（2）需要说明保密及保密例外的情况，说明短期服务的局限性。

（3）说明有督导师，只记录简单的内容与督导师讨论，不会公开来询者的信息，可能会把共同的问题写进公众号文章。

（4）说明通话内容保密，不会录音，只做简单的工作记录。

（5）对于危机个案，按照平时危机干预处理方式进行评估，说明保密例外的情况，尽量与在线督导师沟通；如果确有需要，安排随访。

3. 专业能力

（1）心理支持热线工作难度大，要有所准备。

（2）提供心理支持，而不是心理咨询，需要基本的助人技能，特别是倾听陪伴技能，适当提供资讯及简易、可行的问题解决方法等。

（3）要经过危机干预训练，要有识别、调整情绪的方法。

（4）要有良好心态。来询者可能期待很高，但是心理支持热线只能陪伴他们很短的时间，目标是不要制造更多的问题。

（5）量力而行，不要有内疚感；自我关怀，及时休整，不要过度劳累，保持健康的生活方式，争取足够的社会支持，尤其是家人的支持。

（6）如果有以下情况请暂停工作：认识的人近期去世（特别是因为新冠肺炎去世）；有较大情绪反应，不能纾解。

（7）工作中如有意外状况，可以与督导师讨论。每个小组在结束工作后进行总结讨论。

在心理热线咨询中，很多时候咨询者会遇到复杂的来询者，会产生不适的感受，甚至是未完成的感受，这些都是非常正常的情况。在某种程度上，来询者就是在通过这样的方式同人建立联系。如果咨询者没有任何感受，其中的原因可能是咨询者没有成功地同来询者建立关系。咨询中所强调的"一只脚在水里，一只脚在岸上"，是指咨询者通过"在水里"，去感受来询者的痛苦，和来询者建立联系，通过"在岸上"，不让自己过度卷入其中，维持父性的设置。在咨询的过程中，咨询者既要有"热心"，也要有"冷脑"。

同时，咨询者要清晰地意识到自己的局限性，不能因为来询者太可怜了，就不忍心拒绝。如果无法处理来询者的问题，咨询者需要将其进行转介。

思考题

1. 心理热线咨询具有哪些功能？

2. 心理热线咨询的特点是什么？

3. 在心理热线咨询过程中应注意哪些问题？

第十一章
心理咨询的技法学习与训练

心理咨询的技法，是指咨询者在为来访者做心理咨询时应掌握的技术和方法。前来寻求心理援助的来访者是带着各种心理问题而来的人。为了更好地理解来访者所存在的心理问题及其形成的原因，帮助来访者解决这些问题，接受咨询心理学的理论学习和技法训练，掌握心理咨询的技法精髓，是非常重要的。

第一节　心理咨询技法的整合

心理咨询与治疗有多种多样的技法，各种技法也都有其各自的理论依据，但大体可以归纳为精神动力学的立场观点、人本主义的立场观点、认知行为疗法的立场观点。随着社会的发展，原来各流派的理论与技法会继续发展，也会出现新的流派和技法，这是心理咨询与治疗领域发展的必然趋势。

一、精神动力学的立场观点

精神动力学的立场观点的中心是弗洛伊德的精神分析。由弗洛伊德始创的精神分析是第一个真正意义上的心理咨询与治疗的理论流派，强调无意识的力量，形成了独特的人格与治疗理论，确立了科学的心理咨询与治疗技法，成为现代心理咨询与治疗的源流。读者可参阅第二章第一节相关内容。

精神分析的诸多治疗模式在心理临床实践中得到了广泛的应用，特别是阿德勒心理治疗在团体咨询与治疗中的应用，荣格的分析心理学与其他心理咨询与治疗方法相结合，如游戏疗法、箱庭疗法等，取得了良好的治疗效果和令人瞩目的成果。

二、人本主义的立场观点

人本主义的立场观点以罗杰斯的来访者中心为主。来访者中心强调咨询者对来访者的共感理解、无条件的肯定和积极的关注，认为建立信任的咨询关系对于心理咨询至关重要。读者可参阅第二章第二节相关内容。

在心理咨询过程中，咨询者的任务是帮助来访者将与生俱来的自我整合的潜在能力解放或挖掘出来。罗杰斯认为，人类同其他生命有机体一样，都具有生存、成长和促进自身发展的需要或内驱力。这样，心理咨询与治疗的重点便开始由过去强调咨询者的咨询技术（technique）转变为强调咨询者的咨询态度（attitude）。

三、认知行为疗法的立场观点

20世纪70年代，传统的行为疗法被认知行为疗法所取代而成为当代心理治疗的主流之一。认知行为疗法是以认知疗法和理性情绪行为疗法为基础，由认知理论和行为理论相互吸纳、相互补充形成的心理咨询与治疗方法。读者可参阅第二章第三节相关内容。

认知理论认为，每个人都有自己独特的信念模式、预期和假设，认知过程是情绪和行为的决定因素，情绪和行为的产生依赖于个体对事件的评价。行为理论认为，人的不适应行为或问题行为既然是通过学习、强化而获得的，同样也可以通过学习、强化予以改变或消除。因此，认知行为疗法可对不适应行为或问题行为进行适当的矫正。近年来，基于认知行为疗法的核心认知模式发展出了其他疗法，如正念认知疗法、接纳承诺疗法等。

四、确立整合的心理咨询技法

以上三种立场观点对问题行为的发生、原因等存在着不同的解释。精神动力学强调无意识，人本主义强调自我与经验的不一致，认知主义和行为主义逐渐整合，强调认知—行为—情绪。因此，心理咨询与治疗的技法存在着很大的不同。

有关这三种立场观点以及由此派生出的心理咨询与治疗的内容，在第二章有较详细的介绍，在其他有关章节也有所反映，此处不再赘述。

日本咨询心理学家前田重治（1992）提出了精神动力学、人本主义、行为主义三大理论领域的构成因素（笔者进行整理时将"行为主义"修正为"认知行为主义"，如图11-1所示），认为以咨询者与来访者之间的信赖关系为轴所构成的支持、共感、明确化三大因素，应该成为心理临床三大理论支柱的中心。

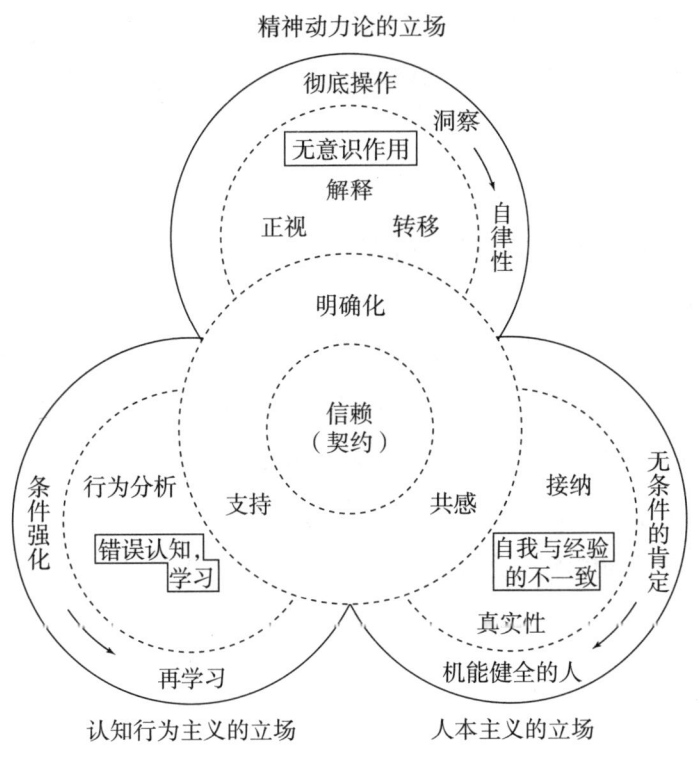

图 11-1　心理临床的三大支柱

（采自前田重治，1992；张日昇整理，1999）

有关心理咨询与治疗的每种理论都相应地建构了各自独特的咨询与治疗技法，这就使得咨询者在实际的临床工作时所使用的技法、设定的咨询与治疗目标和时间期限等也会有所不同。自然，心理咨询与治疗的效果也会有差异。

在心理咨询与治疗中，无论是咨询者还是来访者都是一个特定的个体。咨询者需要深刻领会心理咨询与治疗的特定性。这一特定性是指在咨询室这一特定的场面下，对一位特定的来访者进行的咨询与治疗工作。因此，笔者认为，咨询者需要考虑所进行的心理咨询是否适合自己的咨询风格，是否适合面前的来访者个体。

如同第二章中指出的那样，整合心理咨询与治疗模式并不是指无原则地合并某些治疗技法。理想的心理咨询与治疗应该在整合各流派立场观点的前提下超越一派理论或技法的局限，咨询者通过不断学习、钻研和临床实践，确立适合自己以及来访者的心理咨询与治疗的技法，在此基础上去开展心理咨询与治疗工作。

第二节　心理咨询的谈话功能及技术操作

心理咨询是从来访者谈自己的问题开始的，换句话说，是从咨询者倾听来访者说话开始的。谈话是一门艺术，是有一定技巧的。所谓谈话技术，是指在与人交谈时所应具备的能力和技巧。具体来说，谈话技术包括接受、理解来访者的言语和非言语信息，并发出言语和非言语信息反馈给来访者等方面的技能。

一、谈话的功能及要素

（一）谈话的功能

谈话的功能概括起来主要有以下四种。

1. 宣泄、净化

日常生活中，我们在郁闷无助的时候，找一个知心朋友说说话，这本身就是一种很好的宣泄、释放或净化的方式。心理咨询过程中，来访者将淤积已久的烦恼、困惑和痛苦表达出来，使得被压抑的情感在咨询者接纳和共感理解的情形下得到宣泄、排解和释放，这样，来访者可以从强大的精神压力中解脱出来，心理负担也随之减轻。可以认为，宣泄、净化是促进来访者自我理解、自我认识和自我成长的催化剂。

2. 希望别人理解自己

我们在与人谈话的时候，最希望的是对方能够理解自己。在心理咨询中，来访者只有将自己心中的苦闷和困惑表达出来，才有可能让咨询者了解自己，明白自己的处境，进而从咨询者那里获得心理上的支持与帮助。很多时候，能够被人理解，这本身就是获得心理放松和心理宽慰的重要途径。

3. 让自己了解自己

很多时候，我们对于自己的理解处于一种混沌和懵懂的状态，仿佛是在隔着一层面纱看自己。若是将这种模糊的信息传达给另一方的话，为了让对方能够听清楚、听明白，我们就会去尝试将这些处于模糊状态的信息整合起来。我们在让对方了解我们的时候，也让自己更加了解自己。

4. 感情的再体验

我们在感到痛苦时，总是在有意无意地逃避着这种痛苦，内心的防御机制让我们不愿意去想它，因而将它强行压抑下去。我们在逃避这种痛苦的同时，也在逃避现实。我们将痛苦向别人倾诉时，也在经历着一种感情的再体验过程，从而不再去逃避自己内心的那份真实，而是去勇敢面对。

（二）谈话中包含的要素

般来说，谈话中包含着三个要素，即事实（表现为：发生了……事，那时的状态是……）、感情（表现为：发生了……事，我感到……）和计划（表现为：发生了……事，我打算……）。

作为心理咨询工作者，我们要能够明了来访者的谈话中哪些是事实，哪些是感情，哪些是计划。下面我们就以几段来访者的谈话为例，分析谈话中的这三个要素。

个案1：女性，21岁

昨天星期天，因为好久没去逛商场了，我就去逛了，结果拥挤得不得了。回来以后呢，就觉得疲惫得不行（喘粗气）。我发誓，以后再也不在星期天去逛商场了，简直是……

事实：好久没去逛商场了，昨天去了，拥挤得不得了。

感情：疲惫得不行；简直是……

计划：以后再也不在星期天去逛商场了。

个案2：男性，40岁

这样说给您听也不知道您能不能理解。我在家看到我儿子的样子就恼火得不得了。我说什么他也不听，老是给我惹祸。以前，在他小的时候逗他玩，他很听话，很可爱。想想他小时候那可爱的样子，而现在呢？……我觉得他就是不可救药了，我真是拿我的儿子一点儿办法都没有了。要是我能够狠狠心跟他断绝父子关系的话，就太好了。

事实：以前，在他小的时候逗他玩。

感情：看到我儿子的样子就恼火得不得了；儿子小的时候很听话，很可爱；想想他小时候那可爱的样子，而现在呢？……我觉得他就是不可救药了。

计划：要是我能够狠狠心跟他断绝父子关系的话，就太好了。

个案3：女性，20岁

我的面前好像有一个不可逾越的屏障。在这个屏障面前，我无能为力，只能呆呆地站在那里。因为凭我的力量是不可能逾越它的，也不可能推倒它。这个屏障对我来讲就像是我的命运一样。我的母亲生下了我，但我没有觉得我的母亲给过我什么。当然这并不意味着我不爱我的母亲，但是我觉得母亲根本就不管我，不过也并不是说我恨我的母亲……

个案4：男性，32岁

在我上小学五年级的时候，我的父亲有病突然去世了。我的母亲把我们兄弟姐妹四个人养大成人。兄弟姐妹里最大的是我姐姐。她从小就帮我母亲料理家务。我高中毕业以后考上了大学来到北京，有了现在这个工作。可是我姐姐呢？连初中都没有上完，早早地就嫁人了，现在的家境也不是特别好。现在需要我和另外的弟弟妹妹挣钱养活我的母亲。有的时候，也帮助一下我姐姐，这已经持续了将近十年。

相比于个案1、2，个案3在事实、感情上已经难以区别。而个案4全都是事实，好像没有感情和计划。但当我们认真倾听来访者谈话时，就会发现，事实的背后并非没有感情的参与。我们只有将三个要素整合在一起，才可以发现来访者整体的心理状态，这可以为理解来访者的内心世界提供帮助，也为帮助来访者解决问题提供可能性。

一般的谈话注重通过对所发生事件的分析，提出一些改变的方向、计划。而心理咨询主要关注来访者的感受，处理来访者的感情问题。

正是因为关注点的不同，心理咨询和一般谈话对于对方所诉内容的应对方式也会有所不同。就拿个案1来说，为了更加明确事实要素，咨询者需要询问：（1）逛的是什么商场？（2）逛的是大商场还是小商场？（3）是不是在周围很受欢迎的商场？（4）是星期天的什么时间去的？（5）买什么东西没有？为了更加明确感情要素，咨询者需要询问：（1）好久没有逛商场了，想去逛商场的欲望有多大？（2）为什么想到要去逛商场？（3）为什么不谈去了之后的具体内容，而谈疲惫得不行？为了更加明确计划要素，咨询者需要询问：（1）什么时候去商场合适？（2）会选择去哪个商场？

作为咨询者，我们应该将询问的重点放在哪个要素上呢？当然，应该将询问的重点放在感情上。个案1的来访者是希望咨询者听一下自己"疲惫得不行"的心情。

在心理咨询中，来访者主诉的是感情方面的内容，往往是针对感情及其背后的动机或理由进行说明。咨询者针对来访者的感情及其动机和理由给予反馈，使来访者体验到来自咨询者的倾听和理解，这样就会使来访者更加积极地倾诉自己的感情，令不良情绪得以释放。就心理咨询的观点而言，来访者如果经由感情的混乱状态的消除，能学会处理自己感情方面的障碍，就可以依靠自己的力量去解决问题。

二、促进关系建立的技术

（一）倾听技术

倾听是一种很重要的谈话技术，是心理咨询的基本技术。

1. "听"是心理咨询的基本

1998年10月8日，笔者第一次拜访时任国际日本文化研究中心所长河合隼雄先生。在一个小时的谈话中，河合先生特别强调在心理咨询与治疗中倾听的重要性。在赠送给笔者的《河合隼雄著作集》（14卷，岩波书店出版）第三卷《心理疗法》上，河合先生特意为笔者留言：心理療法の基本は「聴く」ことである。直译成中文为：心理疗法的基本是"听"。

这里所讲的"听"不是一般的听，而是以共感理解为基础的倾听。

（1）心理咨询不同于会话术。心理咨询不同于会话术，也不仅仅是咨询技法的问题，咨询者对来访者持有怎样的态度去倾听这一点尤为重要。以共感理解为基础的倾听，是一种非常关注的听、发自内心的听、仔细的听、认真的听、一心一意的听，要听得明白、听得透彻，还要记在心里。这样的倾听，有助于建立良好的咨询关系，有助于鼓励来访者开放自我、坦诚表白，也有助于咨询者深入理解来访者的内心世界。

咨询者能否做到倾听，来访者最能感觉得到。认真的倾听往往伴随着以下方面的表现：身体前倾，正视来访者的眼睛，充分的眼神交流，跟随来访者的主诉而点头、微笑或轻声叹息，对于来访者的言语及时地做出恰当的回应。重要的是，咨询者能够把自己的这种认真和关心通过恰当的方式表现出来，让来访者清楚地感觉到，进而进一步增进与来访者之间的信赖关系，激发来访者更多的、更为深入的袒露和倾诉。

（2）注重非言语信息的传递。在心理咨询过程中，除了言语信息之外，非言语信息也起着至关重要的作用。咨询者既要关注来访者的言语信息，也要关注来访者的非言语信息，以达到与来访者心与心的交流。而且，相比于言语信息，非言语信息更不容易被掩饰，因而相对来说更为真实，更能反映来访者的无意识。

俗话说：外行看热闹，内行看门道。由于非言语信息的表露较言语信息更为隐蔽和细微，稍不留意或是缺乏观察的敏锐性，就很容易被忽视，进而丧失许多获得来访者信息的机会，所以，咨询者不仅要观察来访者外显的言谈举止，还要洞察来访者内隐的动机，深入理解来访者的内心想法和无意识表现。做到了这一点，才能够及时、准确地针对来访者的表现做出适当的、有助益的回应。

咨询者应从来访者在心理咨询场面中的非言语信号，譬如来访者的坐姿、视线、服装，来访者随身携带的东西，以及来访者在咨询中的守时问题等，去推测来访者的心理，及时调整谈话内容和应对策略，以更好地开展心理咨询工作。

2. 共感理解

对于共感理解，罗杰斯的来访者中心的观点和弗洛伊德的精神分析的观点有所不同。按照罗杰斯的观点，共感理解是指"现在，在这里，来访者感觉到了什么，想说什么，作为咨询者应该觉察到"。精神分析的观点则是"为什么来访者会有这种表现？去发现之所以如此的无意识动机"。概括来说，来访者中心的观点将共感理解的焦点放在"内容"上，而精神分析则将其焦点放在"原因"上。

我们对于共感理解的解释采取一种折中和整合的态度，将以上两种理论流派的观点合而为一，即一边倾听来访者的诉说，体验来访者的感受，在共感理解的基础上洞察来访者的内心世界，一边又脱离来访者并审视其出现这些问题的原因和内在动机。也就是说，咨询者需要同时进行两种相反的作业，既能共感理解来访者的感情，又能清楚地判断来访者问题行为的内在动机和原因。这也就是笔者所强调的"一只脚在水里，一只脚在岸上"的原则，既要有一颗"热心"（温暖），又要有一个"冷脑"（冷静）。因此，咨询者需要具备丰富的感受性及敏锐的思考能力和观察能力。具体如下。

（1）放下自己的参照标准，设身处地地从来访者的角度去共感理解来访者的内心感受。

（2）运用咨询技巧，通过言语和非言语的途径，把自己对于来访者内心体验的理解和感受以一种恰当和真诚的方式直接或间接地传达给对方。

（3）在对来访者的感受和主诉感同身受的基础上，通过明示或暗示的方式，引导来访者对自己的感受做进一步的思考，从而促进其内在心理机制的恢复和正常运作。

咨询者做到对来访者的共感理解，有助于建立良好的咨访关系，有助于咨询者对来访者的了解，也有助于咨询者协助来访者了解其内心深层的想法与感受，陪伴来访者走过其自我治愈和心灵成长的历程。

（二）针对内容的回应技术

针对内容的回应技术，是指咨询者用自己的话，或选择来访者谈话中某些重要的语句，简明扼要地将来访者所表达的内容反馈给他本人，以确定自己对来访者的了解是否就是其想要表达的内容。它有助于咨询者检查自己是否准确理解了来访者所表达的内容，有助于来访者了解自己，也有助于将谈话转移到重要的方面。

个案5：女性，36岁

今天，班主任打电话说，我的孩子有四天没去学校了。都过去四天了才打电话来说，这太让人恼火了！班主任也太不像话了吧！要知道我也有工作，孩子四天不去学校，我也不可能知道呀！我想去校长那儿告班主任，您觉得怎么样？

咨询者的回应：哦，都过去四天了，觉得班主任有点儿不像话，是吗？

（三）针对情感的回应技术

针对情感的回应技术，是指咨询者用言语来表达来访者的言语和非言语行为中所透露出来的或明显或隐含的感受，目的是引导来访者注意和探索自己的感受和情绪情感体验，或把这些感受与相应的情景、事实联系起来，协助来访者觉察并接纳自己的感受，达到对自己整体性的认识和理解。准确的情感反应有助于加强咨访关系，也有助于来访者客观地认识自己。

个案6：女性，39岁

在上初中一年级的儿子最近不上学了，弄得我和他爸爸每天困惑极了。也并不是儿子身体有病，每天早上叫他起床，可他就是不起，几乎每天都过着昼夜颠倒的生活。这是所谓的神经性辍学吗？怎么会成这个样子呢？是我们没有好好管教的原因吗？到现在，我好担心呀！该怎么办呢？

咨询者的回应：孩子不去上学，好担心，是吗？

个案5和个案6是两个因为孩子不去上学，母亲前来心理咨询的案例。孩子的父母最恼火的是孩子为什么不去学校上学，也最想知道怎么样才能使孩子去学校上学。但是，心理咨询的谈话主要处理来访者情感方面的问题。来访者如果能够很好地学会处理自己的情感问题，就可以依靠自己的力量去解决所遇到的困难或问题。因此，咨询者倾听孩子父母谈话背后存在的困惑、焦躁、不安等情感，将其作为心理咨询的焦点，帮助孩子父母恢复心理的安定，客观看待自己及所发生的事实。这样，孩子的父母就可以使用自己的力量，和孩子一起考虑具体的计划，问题的解决才成为可能。

三、促进探索想法和领悟的技术

（一）提问技术

提问技术，是指咨询者为了鼓励来访者进一步的表露，使得咨询过程进一步深入下去，在必要的情况下，配合来访者的问题与咨询的目标，向来访者提出相关问题的技术。

1. 提问的必要性

在心理咨询过程中，咨询者有时会向来访者提问，而提问的内容和方式会对整个咨询产生非常大的作用和影响。恰当的、及时的提问有助于咨询者将谈话的内容进一步引向较深的层面，以了解更多的信息，同时也可以促进来访者对自己的深入反思和觉察，去面对而不是逃避自己的问题和感受，进而促进咨询的顺利开展和来访者心理问题的解决。

2. 提问的注意事项

咨询者一定要注意自己提问的方式和目的。何时提问，如何提问，为什么提问，来访者对于提问会产生什么样的反应，如何应对来访者的反应，这些都是咨询者在提问之前要考虑和思索的问题。

不恰当的提问可能会阻碍咨询的顺利进行，破坏咨询者与来访者之间的信赖关系，甚至导致整个咨询的中断或结束。下面列举的是心理咨询中几种不适当的提问：

（1）容易增强来访者对咨询者依赖感的提问；

（2）容易导致因来访者急于追求问题解决而让咨询者承担过重责任的提问；

（3）容易降低来访者对问题解决的积极性的提问；

（4）容易降低来访者对问题解决的责任感的提问；

（5）容易降低来访者自我探索的愿望的提问；

（6）容易引起来访者盲目追求与咨询者的一致性的提问。

咨询者在提问时一定要慎重，特别是针对一些容易激发来访者强烈情绪反应的敏感话题的提问，更要慎之又慎。

3. 提问技术举例

我们以同一个案的两次不同咨询为例，来对两种不同的咨询技术的不同效果进行比较。

一个23岁的男性（个案7），刚刚工作一年，因为对工作感到困惑而前来接受心理咨询。咨询过程中提问技术的不同致使出现不同的咨询结果。第一个是失败的提问，第二个是成功的提问。左侧为来访者（简称"来"）与咨询者（简称"咨"）的对话，右侧为笔者的点评。

（1）失败的提问与咨询。

来： 这个工作我实在是干不下去了，是辞

职不干回老家呢，还是……我实在不

知道该怎么办，现在感到很困惑。

咨：是吗？回家当然可以。可是回去以后 （过早给予判断，性急，
有合适的工作吗？ 会加重来访者的混乱
情绪）

来：没有，我觉得不会有合适的工作。

咨：是吧。那样的话，有个工作干着不是 （对来访者的困惑做出
挺好的吗？ 过于轻率的反应）

来：您是说我现在还是忍耐为好，是吗？

咨：不是，我是说人为了填饱肚子，必要 （与来访者的迷茫、困
的时候，该忍耐还是应该忍耐些。 惑不合拍，消极逃避的
反应和处世态度）

来：我觉得还是考虑换个公司会好一些，
我想比现在这个地方要好一点儿的地
方还是会有的。

咨：是啊，是啊。工作还是很多的嘛。你 （性急，表面的信息提
可以上上网，或者是查查招聘启事， 供，来访者不是要换工
有时还有人才交流会什么的。 作，而是要讲述现在的
不满）

来：有的时候我也看，也查过，但是好像
越查越不清楚，觉得哪儿都一样似的。

咨：是啊，是啊。工作嘛，本来就有相似 （表面的反应，咨询者将
的地方。不过，你现在做什么工作？ 自己知道的强加于人，
"不过……"应提前）

来：我在一家小的国有企业工作。我们的
经理根本就没有改革的念头。因此，

一直在一个非常不好的环境里面，收入也不高，这样下去的话怎么行？

咨：是啊。现在的国有企业都在改革，是吧？不改革就不能生存，这样的企业将面临倒闭。 （给来访者施加心理压力，容易给来访者造成心理上的恐惧感）

来：所以说我已经完全想通了，管它什么工作，还是换一下为好。

咨：你是大学毕业，又不是没有技术，一定会找到比较好的工作的。 （轻率的鼓励）

来：如果有适合我的专业的工作的话，那就太好了，也可以更好地发挥我的特长。能在外企就更好了。

咨：外企可不容易了，并不像你想象的那么简单。我认识的朋友说可劳心了。你有什么门子吗？ （泼冷水，高高在上的感觉；"门子"观念违背社会规范）

来：没有。外企很不容易吗？

咨：不是，不是这个意思。也没有什么不容易的吧？ （轻率的鼓励）

来：您是说，我能干得了？

咨：这个，怎么说呢？我对你也不是太了解，这个很难说。 （无所谓的态度和反应，来访者也就很难敞开心扉）

来：倒也是。谢谢您。那我再查一查，找
　　找吧。

咨：这样很好。着急是不好的，如果再失
　　败的话，怎么办呢？

（来访者想说的话也不
能说了；咨询者高高在
上，想结束谈话）

来：我知道了。谢谢您。

咨：没事，没事。不要客气，有什么事的
　　话，尽管来。

（来访者表达的感谢让
咨询者误以为咨询真的
对来访者有帮助）

（2）成功的提问与咨询。

来：这个工作我实在是干不下去了，是辞
　　职不干了回老家呢，还是……我实在
　　不知道该怎么办，现在感到很困惑。

咨：是吗？你能具体地谈一下吗？

（促使来访者谈自己的困
惑，表达自己的情感）

来：我在一家小的国有企业工作。我们的
　　经理根本就没有改革的念头。因此，
　　一直在一个非常不好的环境里面，收
　　入也不高。我说什么也不管用。

咨：你是对公司经理的一些做法不满吗？
　　他对你的意见也听不进去。

（将对来访者所表达的主
要内容的理解以简明扼
要的语言传达给对方）

来：现在正是关键的时候，是技术革新的
　　时候。要么引进新的技术，要么就被
　　淘汰。

咨：您说的是自己的事呢，还是公司的事呢？　　（对来访者谈话中不明确的信息给予明确的提问）

来：唉，是啊。说的是公司的事。现在的科学技术日新月异，老是那么点儿破机器、破玩意儿，怎么能行呢？

咨：你是觉得公司不应该是现在这个样子，应该面对挑战。而且你也期待着公司能够这样，是吧？　　（将来访者所传达的感情予以明确化，引导来访者积极表达）

来：唉，但这是不可能的，这个我清楚。而且我也不可能真正地辞掉工作回老家呀。

咨：是吗？两种选择都不行吗？　　（理解来访者所表达的情感）

来：这是我大学的老师推荐我进的公司。我老师说，至少应该忍耐三年。

咨：是吗？那么也就是说你想听老师的话，是吗？　　（理解来访者摇摆不定的心态）

来：可是现在这个样子，在公司每天干无聊的工作，还有什么意思？我老师跟我讲："你工作一段时间，会习惯的。"是这样吗？

咨：你是习惯了这份工作呢，还是对这份工作有热情呢？　　（对来访者谈话的反问式应答，促进来访者的

来：可能两方面都有吧。我也希望公司能   自我反思）
　　够发展得更好一些。

咨：我现在很清楚你的这种心情。那么你怎   （针对来访者的谈话进
　　么去做，才能够有一个更好的发展呢？   行进一步的提问，深化
　　 谈话的主题）

来：如果能和公司的人开诚布公地交流的话，
　　就好了。可是看公司那些人的德行，我
　　觉得大家都是那种难以交流的人。

咨：你觉得你公司的人都难以交流，你就   （明确来访者的新情况）
　　失去了和大家交流的想法，是吗？

来：前一段时间，稍微地将自己刚才说的
　　意见跟大家谈出来的时候，大家就说：
　　"你还年轻嘛，再去哪里学习学习，我
　　们都支持你。"大家似乎在鼓动我。

咨：你是觉得他们没有将你作为他们圈子   （对于来访者情感的理
　　里的人接纳你吧？   解）

来：是，有一种被排斥在外的感觉，而且
　　自己不知道该怎么办，就到这里来了。

咨：我很理解你的这种感受。可是你真的   （对来访者情感的理解和
　　有想去哪里学习的想法吗？   支持，提问有助于使来
　　 访者的谈话进一步深入）

来：有是有。不过有的时候，我想我也是
　　在说大话。其实说实在的，自己也没
　　有什么自信。

咨： 自己想做的和自己能做的好像总是有　　（谈话进一步深入）
一定距离，是吧?

来： 是啊。所以在公司里总是有一种被大
家排斥在外的感觉。

咨： 我想，你是一个很坦率的人，也是一　　（谈话进一步深入，更
个很能洞察自己心态的人。你这些想　　为明确化的提议体现了
法，今天所谈的事情，让我们再认真　　"重大决定延期"的咨
地、好好地考虑吧。　　询原则）

来： 是啊，我想再来几次，这样可以整理
一下自己的想法和心情。

咨： 能这样的话，那就太好了。　　（明确的鼓励）

来： 太谢谢您了。

咨： 不要客气。那么，今天时间已经到了。　　（继续咨询的约定）
我们约下一次的时间……那我等你的
到来。

阅读了以上两种不同咨询应对及由此带给来访者的不同反应，结合笔者
的点评，相信你能认识到提问技术有多么重要。

如第一章所述，在为来访者进行心理援助的时候，不可忘记的是，我们
是在以来访者的主观体验为基础，依据咨询心理学的知识去进行可能的心理
援助，不是将咨询心理学的知识应用于我们的援助对象。所以，我们需要学
会和熟练掌握灵活的应对策略，用心去沟通和交流。而咨询技法的掌握和熟
练应用，则是一个用心去学习、去体悟的过程。

（二）情感表露技术

情感表露技术是指咨询者呈现他们在与来访者相似的情境下的感受或情感。情感表露能激发来访者认识并表达自己的感受，对于那些害怕体验情感的来访者来说是有帮助的，特别是那些羞愧和尴尬的情感。

个案8：女性，高中生，18岁

目前因为马上要上台演讲，很紧张。觉得自己做不好，担心自己说话僵硬，表情不自然。感觉其他人能很轻松地上台演讲，只有自己做不到。

咨询者的回应：第一次上台的话，是我也会很紧张的。

当然，咨询者的情感表露只是为了让来访者觉得自己会有这样的想法、感受以及体验是正常的，从而接纳自己。咨询者在使用这项技术时，需要注意的是不要把谈话的重心从来访者身上转移到自己身上。

（三）诠释技术

诠释技术是指超出来访者表面的陈述或认识，为来访者的行为、想法或感受赋予一种新的意义，使得来访者从一种新的角度来看待自己的问题。

个案9：女性，22岁

我邀请一个朋友出去玩，她不分青红皂白地拒绝了我，她就是不想和我交朋友，所以我主动拉黑了她。

咨询者的回应：哦，当被人拒绝的时候，你会主动切断联系，是因为担心什么吗？

诠释技术确实会给人一种直截了当的分析感，应该谨慎使用。这种技术之所以有时候能帮助来访者减轻痛苦、接纳问题，是因为它能重新定性来访者的情感体验，让来访者以全新的视角来认识自己的情感。

从精神动力学的角度来讲，诠释本身就是分析，想要的结果就是将无意识的内容意识化，从而让来访者在意识层面更好地自我接纳或自我控制。

（四）即时化技术

即时化技术是指咨询者表达对自己、对来访者及对咨询关系的即时感受。

这有助于咨询者对来访者的评估、理解以及对咨询方向的把握。在即时化技术的运用过程中，咨询者没有忽视来访者不恰当和令人不快的行为，而是正视这个问题。描述来访者的行为对咨询者的影响，可以修正来访者的部分情感体验。

个案10：男性，35岁

35岁还没有想要结婚的意思，母亲一直在催我，但是我一点儿都没有想要谈恋爱的想法，觉得没有人可以理解我。

咨询者的回应：你说没人能理解你，你是不是觉得我也不能理解你？

面对与处理来访者与咨询者关系的问题不仅能够修复咨访关系，建立咨询同盟，也能够给来访者提供一个示范，让他们知道如何解决人际交往中的问题。考虑到文化因素的影响，咨询者在使用这项技术的时候需要小心，要注意观察来访者的反应。

（五）面质技术

面质，也就是当面质疑。面质技术是指指出来访者适应不良的信念和想法及其不一致之处，或者是来访者并没有意识到或不愿意改变的矛盾之处。通过咨询者的面质，来访者可以清楚地意识到自己所存在的不一致之处，进而去发现不一致的原因。来访者如果能够意识到他们适应不良的信念和想法，就会考虑去改变它们。

个案11：女性，28岁

自己小的时候一旦没考好，就会被父母打骂，导致自己现在在工作和生活中对批评十分敏感，经常会担心自己做得不好，完成的工作报告都要检查很多遍才敢交给领导。

咨询者的回应：我发现你在描述小时候被亲人打骂时，一直在笑，我不知道发生了什么。

需要注意的是，咨询者在使用面质技术时，需要用一种合适的表达方式，一种帮助来访者指出迷惑、理解矛盾之处的态度，要使得来访者感觉被支持，而不是被攻击。在面质之后，咨询者可以运用针对情感的回应技术，并对来访者的感受提一些开放式的问题。考虑到来访者的文化程度、身份、年龄等背景信息，咨询者需要思考对特定的来访者运用面质技术是否合适。

（六）带有领悟性的自我暴露技术

自我暴露技术分两种，一种是带有领悟性的，另一种是带有策略性的。带有领悟性的自我暴露技术是指咨询者说出自己获得领悟的个人经验，以促进来访者的领悟。例如，咨询者说："以前我认为对方拒绝我就是抛弃我。当我意识到自己曾经被寄养的经历让我对分离格外敏感时，我才明白被他人拒绝的我是那么焦虑，就如同被抛弃一样，而被拒绝不意味着被抛弃。"

带有领悟性的自我暴露技术可以体现咨询者对来访者想法、感受、行为和问题的理解。相较于诠释技术和面质技术而言，带有领悟性的自我暴露技术对来访者的冲击性较小，可以为来访者提供一个机会，让他们去思考自己的行为是否有与咨询者相似的原因。

另外，带有领悟性的自我暴露技术可以提高来访者的自主性，让来访者意识到咨询者也是普通人，也有自己的困扰。需要注意的是，咨询者要以来访者为中心，此技术的目的是促进来访者对自己更深层次的理解，而不是促进咨询者对自己的领悟。

四、促进行动的技术

来访者是自己行动的主体，大部分来访者寻求帮助的目的是调整情绪或者是改变具体的思维、行为。来访者可以在行动的过程中加深对新的思维模式的理解，进而巩固咨询效果。咨询者在使用促进行动的技术时需要把握好时机。一般来说，在以下情况下，可以使用促进行动的技术：来访者已经获得领悟，并开始谈论行动；来访者讲述一个具体的问题，并且只想解决这个问题；来访者困在领悟阶段，没有做出改变；来访者处于危机干预中。下面介绍四种常用的促进行动的技术。

（一）反馈技术

反馈技术是指咨询者向来访者提供有关他的行为或是他对别人影响的信

息。例如，咨询者说："我注意到你在谈论与你父亲的关系时，声音更流畅了。"反馈能够提供有关来访者的特定信息，促进来访者对自身的认知与改变。

为了让来访者接受反馈信息，咨询者要以描述性的语气而非评价性的语气进行陈述，并且在反馈缺点之前要先强调优点。需要注意的是，要针对来访者可以改变的事而不是不能改变的事进行反馈。另外，尽量选择新近的行为。例如，"在我们上个月的第二周咨询结束前，我看到你低着头一句话也不说"，这是未选择新近行为的反馈。

（二）指导技术

指导技术是指咨询者对来访者应该做些什么提供建议，或是劝告。

咨询过程中布置的家庭作业也是指导的形式之一。家庭作业能够让来访者有机会练习在咨询中学到的技术。某些机构（如学校心理咨询中心）的咨询者会给出更多的指导。需要注意的是，来访者即使在很困难的情况下，也有权决定自己要做什么，所以咨询者在指导之前尽量让来访者进行深入、广泛的探索，确保照顾来访者的需求，不干扰来访者的决定。在指导的过程中，咨询者的态度是合作性的，切勿越俎代庖（危机干预除外）。

（三）带有策略性的自我暴露技术

带有策略性的自我暴露技术是指咨询者向来访者呈现自己过去处理问题的方法。例如，咨询者说："当我和男朋友吵架后，我会先冷静几个小时，然后给他打电话，不加评判地描述我当时以及现在的感受。"咨询者呈现自己遇到问题的处理方法并不是为了炫耀自己的方法多么有效，而是以此提高来访者采取行为的可能性。

有时，咨询者表露自己的经验会降低来访者的自我防御，让来访者感受到咨询者并不是一个权威的角色，而是实实在在能够陪伴他渡过难关的一个人。

需要注意的是，咨询者要以讨论的姿态运用带有策略性的自我暴露技术，表述要简洁，过程中要敏锐地感知来访者的反应，然后要把焦点转回到来访者的问题上。

（四）正念技术

正念技术是指个体有意识地把注意维持在当前内在或外部体验之上并对其不做任何判断的一种自我调节方法。正念有助于治疗慢性疼痛、焦虑、失眠症、物质滥用、酒精依赖、进食障碍等心身疾病，也可以帮助人们缓解情绪，与当下的自我和谐相处，达到真正的自我接纳。

在本书第二章中，有对正念的说明。咨询者可以在正念指导师的引导下进行练习，然后将这项技术教授给来访者。

第三节　心理咨询的技法学习

对心理咨询技法学习的理解，往往因人而异。有人重视对理论概念的掌握，有人更偏重于心理咨询的体验。我们主张两者不可偏废，需要将理论学习和体验结合在一起。只有这样，才能系统地掌握心理咨询的技法，也才能成为一名优秀的心理咨询工作者。

一、关于情感和行为的理解

带着各种心理问题，怀着忐忑不安的心情走进咨询室的来访者，他们期望的，莫过于来自咨询者的关怀和理解。在理解来访者的基础上给予他们心理上的援助，帮助他们摆脱困扰、渡过心理危机、恢复心理平衡，这就是心理咨询的作用。因此，咨询者对来访者理解的态度非常重要，这本身也是建立信赖协调的咨询关系的基础。

为了达到对人的行为的理解，我们需要认真分析这些行为背后所隐藏的各种情感、冲动和欲求等。而某种情感的产生，又可能直接表现在行为上，并引起行为的变化。

那么，情感和行为之间有什么样的关系呢？

首先，让我们先考虑一下说谎这一行为的背景，即其背后隐藏着什么样的情感、欲求、需要、期待和意图等。我们使用多维分析的方法，自由地、开放地、不加任何拘束和限制地去想，尽可能地多想，把想到的统统填到图11-2的括号里。图中只举了三个例子，请你将剩下的括号填满。如果括号不够的话，可以罗列在下方。

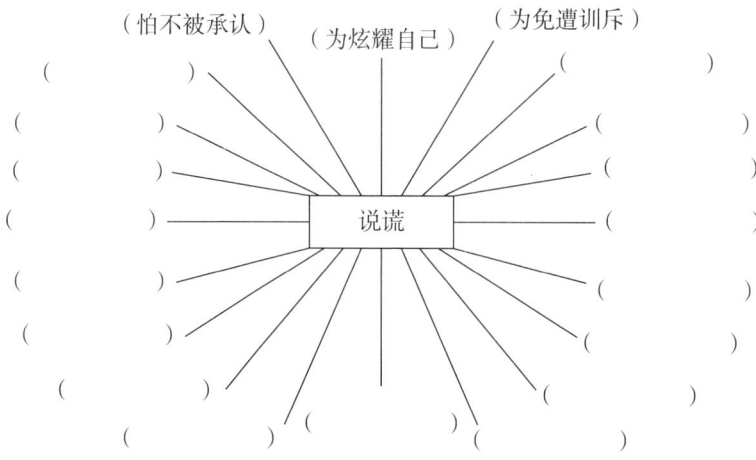

图 11-2　对说谎的多维分析

对于说谎这一行为，我们应该在充分考虑说谎的场合等背景的基础上做出一定的评估。如果一开始就认定说谎是不应该的、不好的，这种否定的态度会使得思考问题的视野变窄。

我们知道，说谎有时是由某种现实与理想之间的距离造成的。如果是为了缩小现实与理想之间的距离而选择说谎作为一种策略或方法的话，就未必是不可以或不能谅解的行为。我们也会注意到，有的时候，说谎本身的意图就是为对方考虑，为了对方好。当然，也不能排斥任何人在必要的时候使用说谎作为一种自我保护的手段。

可见，同样是说谎，背后的原因却各不相同。我们在心理咨询的时候，如果遇到这类问题，首先应该想到"他这样做可能有这样做的道理"，并给予一定的理解。

对于图11-2，如果你能在很短的时间内填满20个以上答案的话，说明你有相当灵活的头脑。

图11-3列举了参考答案，请你对照自己的看一看。

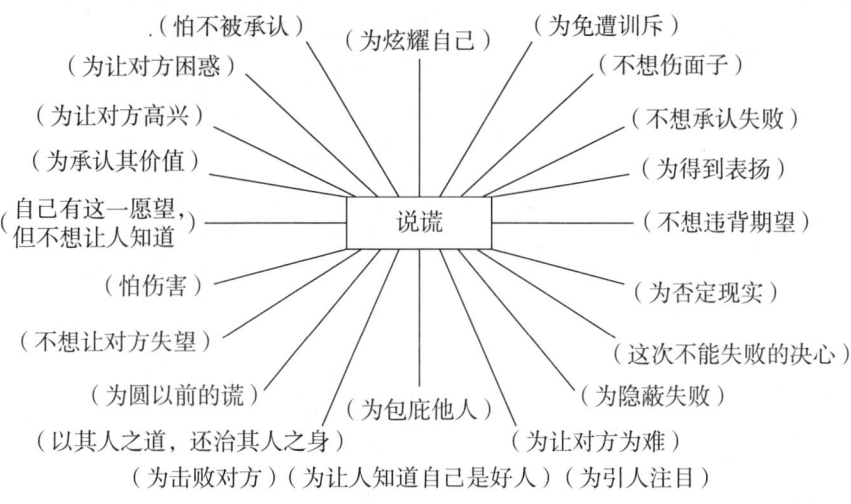

图11-3　对说谎的多维分析（参考答案）

其次，让我们再考虑一下情感的问题。例如，如果喜欢上一个人的话，你会采取什么样的行为呢？如果感到寂寞的话，你会怎样呢？和上述做法一样，以20个答案为目标，尽可能列举各种行为，分别填入图11-4、图11-5中。

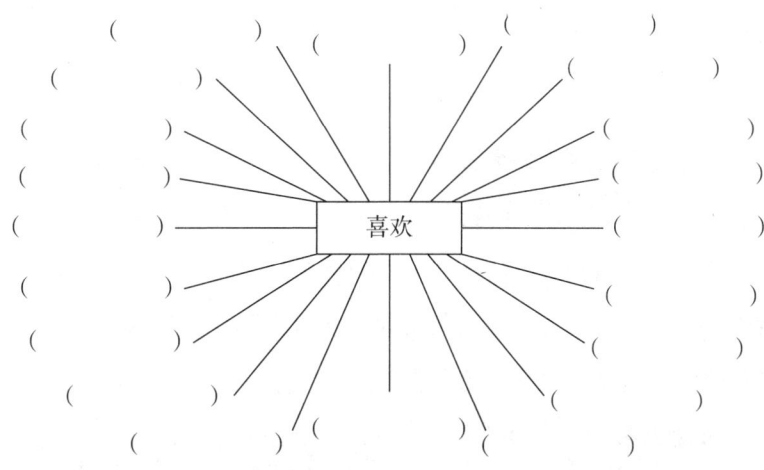

图11-4　对喜欢的多维分析

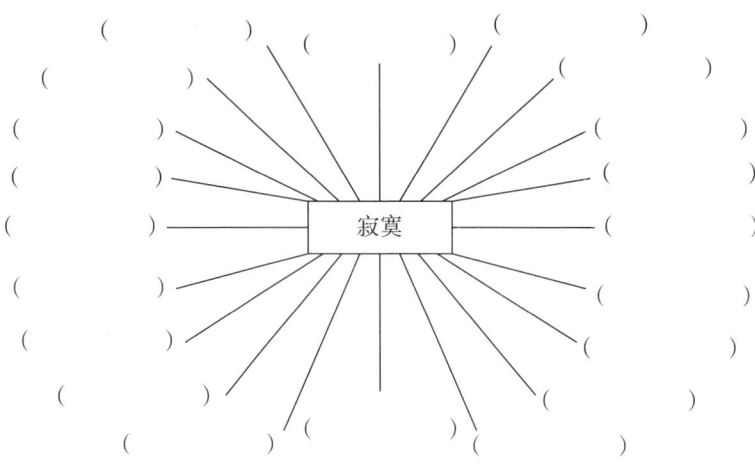

图 11-5　对寂寞的多维分析

通过以上的作业，你有什么样的感想呢？

有一个学员有如下感受：

（1）发现了只会单方面考虑问题的自己；

（2）有一种想法的话，就难有其他的想法；

（3）容易只根据自己的情感和行为来写；

（4）情感和行为不能单纯地连在一起（例如："失恋" ≠ "寂寞" ≠ "哭泣"）；

（5）应努力去理解情感和行为所表现出来的人格倾向；

（6）不能过于偏向于某个方面。

这样，我们通过观察人的行为就可以判断这个人的情感。相反，当知道一个人的情感时，也就可以估计这个人会采取什么样的行为。因此，尽管是一句话或一件事情，其背后往往存在着复杂的关系，能否厘清这种关系并捕捉到有关信息，这是心理咨询的重要课题。

二、对话关系的自我检查

由心理咨询所建立的咨询关系是一种独特的人际关系，而维系这一人际关系的重要因素之一，是在心理咨询过程中咨询者与来访者之间构成所期待的对话关系。

（一）对话关系的构成要素

笔者认为，对咨询者以下六个方面的要求，对构成咨询者与来访者之间的对话关系非常重要。

（1）持有牢固的自我概念，能正视自己。

（2）能作为一个好的听众向来访者提供心理援助。

（3）能明确自己的想法、体验，而且能明确地将自己的想法、感受传递给对方。

（4）能适当地把握、有效地处理自己的感情。

（5）能向对方坦率地展示自己，并能无防御地和人相处。

（6）能够以诚实、正直的态度对待人际关系，也能负起一定的责任。

下面，让我们从以上六个方面来检查对自己的态度或对他人的态度，由此来了解人与人之间的对话关系。

（二）对话关系的自我检查项目

对话关系的自我检查项目有48个（见表11-1）。请依照下述的标准做出判断，并在各项右边（是、不是、有时）画圈。因为是由自己来检查，为了获得正确的自我理解，请根据你的真实情况和真实想法回答。另外，没有必要过于顾忌项目的含义，按自己的想法回答即可。

完全是这样、大体是这样：是

不是这样、大体不是这样：不是

有时因人或因状况会这样：有时

表11-1　对话关系的自我检查项目

项目	选项			得分	尺度
1. 你认为别人很喜欢听你谈话吗？	是	不是	有时		
2. 别人说话，你能不感到无聊地听下去吗？	是	不是	有时		
3. 你属于那种一说话就这个那个说个没完，把话说长的人吗？	是	不是	有时		
4. 你说话的语言、语句容易被人听明白吗？	是	不是	有时		
5. 你相信人有成长和变化的可能性吗？	是	不是	有时		
6. "如果是另外一个自己的话"，你这样想吗？	是	不是	有时		
7. 你感到他人对你的评价正确吗？	是	不是	有时		
8. 你属于那种隐藏自己的失败、缺点来谈话的人吗？	是	不是	有时		
9. 你有比对方还能说的倾向吗？	是	不是	有时		
10. 别人说难过的话时，你容易被对方的情绪所感染吗？	是	不是	有时		
11. 你说话的时候能确认对方的反应吗？	是	不是	有时		
12. 你和不认识的人也能轻松自如地交谈吗？	是	不是	有时		
13. 你属于经常记挂着过去的失败的人吗？	是	不是	有时		
14. 受到批评或责难时，你容易在很长时间里不高兴或情绪低落吗？	是	不是	有时		
15. 即使高兴，你也很难将其坦率地表现出来吗？	是	不是	有时		

项目	选项			得分	尺度
16. 为对方感到愤慨的时候，你能冷静地考虑其理由吗？	是	不是	有时		
17. 你能使对方心情平和地交谈吗？	是	不是	有时		
18. 你有特别感到操心的人吗？	是	不是	有时		
19. 你和他人有过那种感人肺腑的谈话吗？	是	不是	有时		
20. 你认为他人理解你的心情、状况吗？	是	不是	有时		
21. 你有可以敞开心扉说话的人吗？	是	不是	有时		
22. 你认为他人不可能接受你所表现出来的自然的自己吗？	是	不是	有时		
23. 干不了大事，自己为此而悲观吗？	是	不是	有时		
24. 一遭到反对，你就感到自己的想法有问题而改变主意吗？	是	不是	有时		
25. 在困难的处境里，你想说的话不说而就此了结吗？	是	不是	有时		
26. 即使被伤害，你也很少生气吗？	是	不是	有时		
27. 你在人前容易紧张、发慌吗？	是	不是	有时		
28. 当别人干得好或自己干不了而别人成功时，你会想挑毛病吗？	是	不是	有时		
29. 即使没在听，你也能装出听的样子来吗？	是	不是	有时		
30. 对方的话有暧昧之处或有不明白的地方，你能边确认边听吗？	是	不是	有时		
31. 到了结束的时间，但你感到停下不好，你能一直听下去吗？	是	不是	有时		
32. 当自己的话伤了对方时，你能就此和对方谈话吗？	是	不是	有时		

项目	选项			得分	尺度
33. 你能掌握要领说明自己的想法吗？	是	不是	有时		
34. 你能对商谈后决定的事情或自己说的话负责任吗？	是	不是	有时		
35. 和他人商量事时，你有得到理解或改变想法的体验吗？	是	不是	有时		
36. 即使你事先准备的回答用不上，对话仍能进行下去吗？	是	不是	有时		
37. 当得不到别人理解时，你怨恨不已吗？	是	不是	有时		
38. 你的意见、回答暧昧的地方多吗？	是	不是	有时		
39. 你因为一点儿小事就容易发怒或不高兴吗？	是	不是	有时		
40. 在传达自己的想法时，你感到会经常遇到难堪吗？	是	不是	有时		
41. 你会高明地说"不"并拒绝对方吗？	是	不是	有时		
42. 为了让对方满意，你能压抑而不表现自己的情绪吗？	是	不是	有时		
43. 遇到麻烦时，你能心平气和地谈话吗？	是	不是	有时		
44. 听着对方谈话，你能时而谈感想、意见，时而批评对方吗？	是	不是	有时		
45. 在谈论自己的体验时，你是改变角色来说吗？	是	不是	有时		
46. 即使怒火冲天的人或看不上眼的人在说话，你也能耐心听吗？	是	不是	有时		
47. 和你谈话之后，对方大体能满意吗？	是	不是	有时		
48. 你对自己做的事，会有很多辩解的理由吗？	是	不是	有时		

（三）对话关系的自我检查得分换算

对照得分换算表（见表11-2），将各项目的得分和尺度分别填入表11-1。

表11-2　得分换算表

项目	"是"的得分	"不是"的得分	"有时"的得分	尺度	项目	"是"的得分	"不是"的得分	"有时"的得分	尺度
1	3分	0分	2分	C	25	0分	3分	2分	C
2	3分	0分	1分	B	26	0分	3分	2分	D
3	0分	3分	1分	C	27	0分	3分	2分	D
4	3分	0分	1分	C	28	0分	3分	1分	A
5	3分	0分	1分	F	29	0分	3分	1分	B
6	0分	3分	1分	A	30	3分	0分	2分	B
7	3分	0分	2分	A	31	0分	3分	1分	B
8	0分	3分	1分	E	32	3分	0分	2分	F
9	0分	3分	1分	B	33	3分	0分	2分	C
10	0分	3分	2分	B	34	3分	0分	1分	F
11	3分	0分	2分	C	35	3分	0分	2分	F
12	3分	0分	1分	E	36	3分	0分	2分	F
13	0分	3分	2分	A	37	0分	3分	1分	C
14	0分	3分	1分	D	38	0分	3分	1分	C
15	0分	3分	1分	D	39	0分	3分	2分	D
16	3分	0分	2分	D	40	0分	3分	1分	E
17	3分	0分	1分	F	41	3分	0分	2分	A
18	3分	0分	1分	F	42	0分	3分	1分	D
19	3分	0分	2分	F	43	3分	0分	2分	D
20	3分	0分	2分	E	44	3分	0分	2分	E
21	3分	0分	1分	E	45	0分	3分	1分	E
22	0分	3分	1分	E	46	3分	0分	2分	B
23	0分	3分	2分	A	47	3分	0分	2分	B
24	0分	3分	1分	A	48	0分	3分	1分	A

（四）各尺度总分的计算

将各尺度的得分填入表11-3中，并求出合计的总分。

表11-3　各尺度的得分表

A. 自我概念	
项目	得分
6	
7	
13	
23	
24	
28	
41	
48	
合计	

B. 倾听	
项目	得分
2	
9	
10	
29	
30	
31	
46	
47	
合计	

C. 明确的表现	
项目	得分
1	
3	
4	
11	
25	
33	
37	
38	
合计	

D. 感情的处理	
项目	得分
14	
15	
16	
26	
27	
39	
42	
43	
合计	

E. 自我展示	
项目	得分
8	
12	
20	
21	
22	
40	
44	
45	
合计	

F. 责任感	
项目	得分
5	
17	
18	
19	
32	
34	
35	
36	
合计	

（五）对话关系的模式图

请将各尺度的合计得分以点的方式在各尺度的轴线上表示出来，然后连接各点，形成对话关系的模式图（如图11-6所示）。

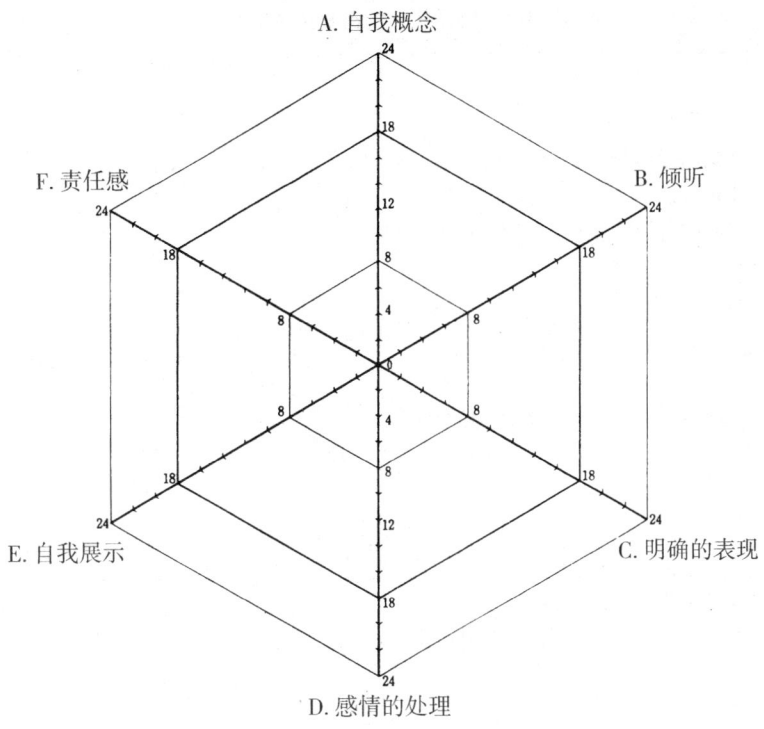

图 11-6　对话关系的模式图

（六）对话关系的自我检查结果

1. 对各尺度得分高低的自我检查

对话关系的自我检查项目未经过严格的标准化，是根据临床经验编制的，因此得分的高低也只能作为一种参照。

各尺度的合计总分如果在 8 分以下，说明这一尺度需引起特别注意。如果得分在 18 分以上，说明这一尺度做得相当不错，不过，也要分析其过高的倾向。

那么，尺度的得分过高或过低表明一种什么样的倾向呢？请对照表 11-4 检查自己的结果，表中左侧一列对应得分过低的情况，右侧一列对应得分过高的情况。

表11-4 对话关系的自我检查对照表

自我概念	·否定自我的倾向。 ·易受周围影响，自己不知该怎么办的混乱倾向。 ·不能客观地、正确地对待自己的倾向（歪曲看人的倾向）。 ·对自己的期待、理想过高的倾向。 ·过严的自我评价，容易担心自己会失败的倾向。 ·特别注意他人对自己的评价的倾向。	·肯定自我的倾向。 ·不失去自我、保持自我的倾向。 ·能客观地、正确地对待自我的倾向。 ·宽容对待自己、灵活地控制自己的倾向。 ·即使失败了，也能高明地调整自己心情的倾向。 ·能理解自己，不被他人的评价所影响的倾向。 ·有时自以为是的倾向。
倾听	·对他人漠不关心的倾向。 ·对他人的心情难以感觉到的倾向。 ·难以感到应尊重他人、应有良好的人际关系的倾向。 ·易受他人操纵而失去自我的倾向。 ·老担心会伤害对方的倾向。 ·面对他人容易紧张并否定自己的倾向。	·对人容易产生好感、关心的倾向。 ·对他人的心情较敏感的倾向。 ·有尊重他人并建立良好的人际关系的愿望的倾向。 ·能适当地保持与他人的距离的倾向。 ·能使自己或他人轻松、不拘谨的倾向。 ·有时会有过于压抑自己，让别人难以理解的倾向。
明确的表现	·难以把握自己，容易产生混乱的倾向。 ·否定自己、对人胆怯的倾向。 ·容易随便地解释对方的心情、想法的倾向。 ·难以把握自己的想法、感情的倾向。 ·过于注意来自他人的评价的倾向。 ·对人过分地关心和照料的倾向。	·能正确地把握自己的倾向。 ·对自己肯定、对他人开放的倾向。 ·对他人的想法、心情能冷静对待的倾向。 ·不在乎别人评价的倾向。 ·能保持与他人适当的距离感的倾向。 ·有时过于自信的倾向。

感情的处理	·感情起伏激烈的倾向。 ·难以控制自己的愤怒情绪的倾向。 ·说不清或隐藏自己感情的倾向。 ·容易否定自己的倾向。 ·过于注意别人的想法的倾向。 ·不太会表现自己的感情的倾向。	·稳妥、公正的倾向。 ·会控制自己发怒的情绪的倾向。 ·能明确把握并处理好自己的感情的倾向。 ·肯定自己的倾向。 ·能保持自己不被卷入他人感情旋涡的倾向。 ·会表现自己的感情的倾向。 ·时而表现出稍稍冷漠的倾向。
自我展示	·对人不能开诚布公、易拘谨的倾向。 ·易担心自己失败的倾向。 ·在人际关系上易出现消极的、防卫的倾向。 ·隐藏自己的失败、担心别人的评价的倾向。 ·否定自己、遇事忐忑不安的倾向。 ·对自己、对他人容易感到不满的倾向。	·对人开诚布公、轻松随意的倾向。 ·对自己的失败宽大相待，时而姑息自己的倾向。 ·在人际关系上有积极的、开放的倾向。 ·不太关心别人的评价，直截了当的倾向。 ·肯定自我、痛快利落的倾向。 ·对自己、对他人感到满意的倾向。 ·有时自以为是、随便的倾向。
责任感	·与人保持距离、孤单的倾向。 ·和他人不深交，局限于表面的倾向。 ·易失去自我、暧昧的倾向。 ·容易对他人产生不信任感的倾向。 ·容易小看人、轻视人的倾向。 ·不相信人或自己是变化的这一事实的倾向。	·和人能保持适当的距离感的倾向。 ·和人能深交、保持协调关系的倾向。 ·明确地把握自己的倾向。 ·能肯定、承认他人的倾向。 ·正直地、诚实地与他人交往的倾向。 ·有时过于卖力，使人感到受拘束的倾向。

2. 对各尺度关系的自我检查

请注意自己的对话关系模式图的均衡性，是否有偏向一方的情况？经常会有人问："是不是越圆越好呢？"请注意，对话关系的自我检查的意义在于发现自己为什么会这样，因此，无论自己的模式图圆与否，都应将自己考虑的重点放在为什么会这样、应该怎样上，以更好地改善自己与他人的对话关系。

那么，通过对话关系的自我检查，你认为作为一个咨询人员应该持有怎样的自我概念并适当地把握和有效地处理自己、他人的感情呢？

三、心理咨询的态度学习

咨询者的态度是形成良好的咨询关系，并在此基础上顺利进行心理咨询的重要条件。根据罗杰斯的解释，构成心理咨询的态度的必要因素包括：共感理解；无条件的积极关注与尊重；真诚、一致性或真实性。

一般人认为自己最清楚自己的态度，其实不然。我们对自己态度的意识经常是模糊的。笔者认为，明确地意识到对自己、对他人的态度是非常有必要的。以下分几个方面进行态度的学习。

（一）自我理解的促进——文章完成法（STC）

笔者认为，写文章这一行为本身，对于整理和理解潜伏在自己内心世界的心情、情绪是很有帮助的。以下通过文章完成法从负面和正面两个方面对自我进行认识和理解。

1. 负面自我的理解

（1）我现在担心的事情是：

（2）将来我最担心的一件事情是：

（3）我最不愿意做的一件事情是：

（4）当前我不可回避的一件事情是：

（5）对我来说因担心失败而困惑的事情是：

（6）在人际关系方面，我对自己最困惑的问题是：

（7）令我最棘手的人是：

（8）令我最恐怖的事情是：

（9）对我来讲，最不愿意想起的一件过去发生的事情是：

（10）"我如果不做就好了"，这样让自己后悔的事情是：

（11）他人所看到的我的缺点可能是：

（12）难以称心如意的一件事情是：

（13）可能的话，我想改掉的缺点是：

（14）想一想，我现在最困惑的问题是：

（15）我最感到自我嫌弃的是：

平时，我们对自己的问题、缺点、烦恼的了解往往比较含糊。通过以上的文章完成法，从各角度对自己的问题、缺点、烦恼进行记述，不仅可以有助于我们理解自身存在的问题、缺点、烦恼，而且可以促进自己接纳这些问题、缺点、烦恼，从而促进自我理解和对他人的理解。

2. 正面自我的理解

（1）如果说有值得自豪的东西的话，那就是：

（2）在他人看来，我的优点可能是：

（3）最近连自己都感到做得比较得心应手的事情是：

（4）我竭尽全力做的事情是：

（5）对我来说，最高兴的事情是：

（6）朋友称赞我的一件事情是：

（7）我自己实际做过的并且感到好极了的一件大事是：

（8）我被他人所羡慕的事情是：

（9）我感到值得自己引以为荣的是：

（10）与去年相比，今年感到自己有所进步的是：

（11）至今为止，我克服的困难之一是：

（12）在现在的生活中，我的目标是：

（13）至今为止，我想克服的困难之一是：

（14）我感到自己对他人的作用表现在：

（15）为了保持自己的平心静气而努力的事情是：

能正视并接纳自己的问题、缺点和烦恼，在此基础上，全面分析自己，对于提高自己的积极性、自尊感是非常重要的。

在实际的心理咨询场面中，咨询者需要关注来访者所存在的问题或烦恼，这样可以加深对来访者问题的理解，同时又必须积极去发现来访者的长处和优点，需要始终以尊重的态度对待来访者。

咨询者应该正确地认识并理解自己的长处和优点，相信人具有发展和成长的可能性，以形成对人的一种基本理解的态度，促进对自我和他人的理解。在心理咨询中，不是单纯去发现问题，而是要努力发现长处。咨询者连自己的长处都看不到或发现不了的话，又如何能看到或发现来访者的长处？

（二）共感理解的纸上训练

每个人由于受教育程度、生活环境、经历等方面的不同，往往形成自己特有的认识事物的思维方式和参照标准，并且形成一种依据个人的思维方式和参照标准去感受和判断事物的倾向。这种先入为主的情况，使咨询者往往不容易站在来访者的立场，以来访者的眼光看他们的内心世界。因此，要关怀、理解来访者，咨询者必须对来访者拥有共感理解的态度。

从咨询者的角度讲，具有良好的共感能力，便可以设身处地理解来访者，准确地把握来访者的问题，从而更好地协助来访者考虑自己的问题并寻求解决问题的办法。

从来访者的角度来讲，来自咨询者的共感理解，给来访者提供了自由表现自己的态度、感情的空间和氛围。这样不仅可以帮助来访者进行自我表达、自我探索，而且使来访者有一种被接纳、被理解的满足感。这种感受又会促进来访者继续表达和解析自我，使心理咨询顺利开展，咨访双方更深入地沟通，最终促进来访者自我实现并成为机能健全的人。

请认真阅读共感理解的评定尺度，根据自己的理解在题号之前的横线上给出相应水平的得分，然后参照解说中的正解算出绝对值。

1. 共感理解的评定尺度

1.0水平：非援助的提问（有害的）。

　　A. 无视来访者的谈话的提问。

　　B. 嘲笑来访者的感情的提问。

　　C. 将自己的信念、价值观强加于来访者的提问。

D. 只有咨询者一个人说话（独占心理咨询谈话）。

E. 追根究底的提问。

2.0水平：非援助的提问（无效果的）。

A. 局限于对来访者表面感情的、局部理解的提问。

B. 局限于探明原因的、机械的提问。

C. 无视来访者感情的提问。

D. 急于诊断来访者或急于解决问题的提问。

3.0水平：援助的、促进的提问。

A. 正确并完全反映来访者表面感情的提问。

B. 承认来访者是一个有价值的人，并在此基础上接纳来访者的提问。

C. 能接近共感及对来访者的基本理解的提问。

4.0水平：援助的、促进的、开放的提问。

A. 表明愿意帮助来访者，在此基础上正确并完全接纳来访者内在情感的提问。

B. 帮助来访者明确自己复杂的、含糊不清的问题的提问。（具体化）

C. 对自己作为一个咨询者的自觉性认识的提问。（真实性）

D. 用确切的语言帮助来访者整理内部情感的提问。

2. 评定式应答训练

根据共感理解的尺度（1.0，2.0，3.0，4.0），评定以下咨询者应答的水平。

个案12 学生（男生）对咨询者说："最近我的父母老是训斥我说：'不好好用功读书，考不上重点高中怎么办？'我也想用功，可不知该怎么办，真是困惑极了……"

咨询者的应答：（请在横线上给出你认为咨询者应答水平的得分）

____1. 老师在中学的时候，父母也是经常在耳朵边叫："好好读书，用功点儿！"

_____2. 你学习其实已经很努力了，是吧？不过，你老是担心，万一考不上父母希望的重点高中怎么办，因此才这样烦恼的吧？

_____3. 父母都是一样的。唉，没有必要太在意什么！

_____4. 你父母这样担心也可能是有道理的。那你就加把劲好好学，怎么样？

_____5. 怎么原来是这样？父母是父母，孩子是孩子，自己怎么想就怎么做好了。

_____6. 是这样？你也是希望能努力学习，可你的父母要求你更拼命地学，考上理想的重点高中，所以你就为学习发愁，感到不知该怎么办，因此烦恼了，是吗？

_____7. 这有什么可烦恼的呢？只要你努力学习，不就行了吗？

_____8. 是啊！你觉得自己已经这样努力学习了，父母就没有必要操什么心了，要是能理解自己就好啦！

解答：

正解	自我评定	差（绝对值）
1. 2.0	_____	_____
2. 3.0	_____	_____
3. 2.0	_____	_____
4. 2.0	_____	_____
5. 1.0	_____	_____
6. 4.0	_____	_____
7. 1.0	_____	_____
8. 2.0	_____	_____
合计		_____
平均值		_____

注：正解与自我评定的差（绝对值）为0.5，可判定为共感的应答水平较好；0.375以下，差（绝对值）越小，共感的应答水平越高。下同。

个案13 高中生（女生）对咨询者说："以前，我和几个好朋友关系非常好，无论干什么都在一起。可最近我感到不知为什么，大家好像都在故意回避我。本来我的性格就比较内向，一直担心大家会嫌弃我，现在越想越觉得自己真没出息……"

咨询者的应答：（要求同上）

_____1. 真是可怜啊！这的确让人感到难过，不过也只好忍耐了。

_____2. 你这种寂寞的心情我完全能理解。是啊，和自己交往这么久的好友离开自己，你觉得是自己的性格导致的，因此才感到难受，是吧？

_____3. 被自己交往那么久的好友疏远，是很痛苦的。

_____4. 看来是你自己的性格问题。那么，该怎么办呢？

_____5. 女孩子之间的友情本来就是很难把握、很不稳定的。那样薄情的朋友还是快点儿忘掉为好！

_____6. 被自己的好友疏远的确让人感到寂寞。何况原因又在自己身上，感到伤心是自然的事。问题是不知道今后该如何和朋友相处，好像失去了自信一样。

_____7. 你的这种伤感的心情我能理解。不过，我想，过一段时间以后，合你性格的朋友一定会出现的，在此之前，也只好忍耐了。

_____8. 被好朋友疏远必然是很痛苦的。可话又说回来，你能让好朋友不要疏远你吗？如果那样，那又算怎么一回事呢？是让人困惑啊！

解答：

正解	自我评定	差（绝对值）
1. 2.0	_____	_____
2. 3.0	_____	_____
3. 2.0	_____	_____
4. 2.0	_____	_____
5. 1.0	_____	_____

6. 4.0　　　＿＿＿＿＿＿＿　　　　　＿＿＿＿＿＿＿

7. 1.0　　　＿＿＿＿＿＿＿　　　　　＿＿＿＿＿＿＿

8. 2.0　　　＿＿＿＿＿＿＿　　　　　＿＿＿＿＿＿＿

合计　　　　　　　　　　　　　　　＿＿＿＿＿＿＿

平均值　　　　　　　　　　　　　　＿＿＿＿＿＿＿

3. 记述式应答训练

对下面来访者的谈话，将共感应答的4.0水平作为目标，记述咨询者的应答。

（1）初中生（男生）对咨询者说："我一边扫地，一边和我的好友说了几句话，A老师就训斥我。这能不让人上火吗？绝对不希望老师有这种差别。"

咨询者的应答：

（2）小学生（女生）对咨询者说："老师，快点儿分班！我讨厌和××在一个班，他老欺负我。"

咨询者的应答：

（3）初中生（男生）对咨询者说："我很想继续参加课外活动，可一回到家，我父母就一个劲儿地絮絮叨叨地说：'不好好学习，考不上大学怎么办？'最近和我父母连话也很少说了。"

咨询者的应答：

（4）一名初中生的母亲对咨询者说："我孩子上小学的时候是一个很听父母话的好孩子，最近却特别反叛。这样下去的话，很可能变成不良少年。我真担心死了！"

咨询者的应答：

（5）一名高中生的母亲对咨询者说："我孩子最近不知为什么老是无精打采的，不学习。眼看着马上就要参加高考了，该怎么办？"

咨询者的应答：

这一训练本身没有标准答案，下面仅举一个例子帮助大家理解共感的评定尺度。

初次来访的高中生（男生）对咨询者说："最近，我没办法思考，头脑发木。我不知道该从哪儿说起，说什么好。"

以下是处于不同共感水平的回答：

1.0水平：这怎么行，那么就由我来问好了。

2.0水平：没有必要把问题想得那么复杂，想说什么就说什么。

3.0水平：哦，不必在意什么，说什么都可以的。

4.0水平：是吗？从哪里说起都行。如果现在有感到困惑的事情的话，就从那里说起，怎么样？

可以说，态度的学习应从日常生活中的训练开始。心理咨询必须向来访者提供一种接纳的氛围，使来访者能自由地表现自己，以发展并确立咨询者与来访者之间成熟的、信赖的和有责任感的心理援助关系，让来访者感受到自己被咨询者尊重、接纳和理解。所以，在心理咨询过程中，咨询者应尽量避免对来访者随意的表扬、评价等，不可对来访者冷嘲热讽。共感理解的态度是为了表明咨询者对来访者的最大的尊重、关心和信任，从而促使来访者能正确地、完全地达到自我理解。

四、作为第三者的观察学习

心理咨询的学习，归根结底取决于有志于心理咨询工作的学习者的努力和热情，以及认真的态度和自我训练的精神。但是，仅有这些是不够的，还需要去亲自体验心理咨询。

观察学习是体验心理咨询的一项重要活动。不论是谁，仅靠书本上的知识是不够的，心理咨询的实践也不能仅凭感觉去进行，对心理咨询的一些实际体验，作为第三者的观察学习非常重要。可以通过看一些有经验的咨询者的咨询录像，了解咨询者在咨询过程中的谈话、语气、肢体语言和对于来访者的应对态度，以领会和掌握作为一名合格的咨询者所应具备的知识和技能。通过看录像，还可以培养自己对于来访者的观察力和共感理解的态度。

除了看咨询录像以外，也可以找一些详细的案例分析资料，逐句分析咨询者与来访者之间的对话、咨询过程各阶段来访者的反应及咨询者的应对等。

有条件的，可以作为咨询者的实习助手，坐在咨询者的旁边观摩学习。但笔者认为，观摩学习应只限于初次受理咨询。当然，这不仅需要得到咨询者的同意，更需要得到来访者的同意。必要时可以在咨询室注明"为咨询和教学需要，只限于初次咨询，会有学生同席，敬请谅解"等字样，获得来访者的事先谅解。咨询者可以将来访者迎进咨询室之后，将观摩学习者介绍给来访者，向来访者说明观摩学习的目的，以获得来访者的理解。如果来访者不能接受，或因为第三者在场而产生戒备心理或阻抗，应该即刻停止观摩学习。

需要注意的是，无论是录像学习、案例分析、个案研究还是观摩学习，都应特别注意保密原则。咨询场面的录像、对话的录音事先需要得到来访者的同意，将录像、录音作为学习材料公开时（即使限定于某一场合），也同样必须获得来访者的同意。

观察学习的另一个重要方法是自己亲自去接受心理咨询。为了体验来访者的心态，从而在心理咨询过程中更充分地理解来访者，自己可以亲自去咨询室接受专家的心理咨询。在很多情况下，只有自己体验过作为来访者的感受，才能够更好地从来访者的观点和视角看问题。有的人认为，咨询者必须接受多次的心理咨询，这是一种义务。例如，精神分析的学习者要经历教育分析（training analysis）的过程，即在一定的时限（一般为200~300小时）内让学习者对自我进行分析。

当然，如果可能的话，最好能找到一位心理咨询专家作为进行心理咨询实习和训练的督导师。在咨询实践过程中，如果出现什么问题，也可以从督导师那儿随时获得一定的指导。接受督导应该支付一定的费用。在我国，这种督导制度刚刚开始建立，尚待逐步完善。

总之，在任何场合下的观察学习都是体验心理咨询过程的一项重要的、不可缺少的训练，也是作为咨询者走进咨询室为来访者提供心理援助前很重要的一步。

第四节　心理咨询的技法训练

前面已经提到，要想成为一名优秀的心理咨询工作者，仅仅局限于对书本知识的掌握是不够的，对心理咨询的体验、实践和感受是非常重要的。我们一直强调心理咨询要做到"三分理论，七分实践"，只有亲自参与心理咨询实践，才能对心理咨询理论有更为深入、透彻的理解，才能不断提高心理咨询技能水平。

学习和体验心理咨询的有效方法包括会心团体训练、角色扮演（role-playing）训练、共感游戏训练等。这些训练，可以使学习者掌握咨询技能，加深对心理咨询活动的全面理解。

一、学习和体验的态度

通过一段时间对心理咨询理论和技法的学习以后，教师可以考虑实施心理咨询的训练。但在实施之前，需要就训练的态度问题向学员进行说明。

（一）有时间观念

参加学习和训练者需要考虑的是时间观念。心理咨询有严格的时间限定，必须养成遵守时间的习惯，并将这一习惯落实到日常生活中去。在训练前，教师需要向学员强调时间观念，也可在训练中举例说明。时间观念差的人的表现有：迟到或早退，刚上课或训练刚开始就去卫生间，限定的时间已过却仍不能停止谈话，等等。

（二）拒绝自我中心

心理咨询是帮助人的职业，不能以自我为中心，咨询者需要站在来访者的立场上为来访者考虑，也要在课堂上贯彻"己所不欲，勿施于人"的处世哲学。

另外，教师在上课或训练时若看到以下情况，可以直接指出并加以说明：学员看到别人在找座位而不愿将放有书包的空座位让出；在小组讨论时，学员只顾自己说而不愿给他人说话的机会；休息的时候，学员提一大堆问题，不给教师喘息的时间；教师还没说下课，学员就开始收拾东西准备离席；等等。

（三）提高感受性

感受性是一种心理反应能力。教师在发放讲义时，有的人会以点头示意的形式表示感谢，有的人会说"谢谢"，有的人却毫无表情地接过去。对于最后一种情况，笔者会直接点明："你那样毫无表情地接过去是否合适？"然后让大家在传讲义时，都要看对方的眼睛并向对方表示谢意。

当然，态度问题的关键是作为教师应做出榜样并成为学员的模仿对象。例如，教师要遵守上课时间，学员给教师倒水时，教师要致谢，教师应注意衣着整洁及自身的态度等。教师的言谈举止都可能对学员态度的养成产生影响。

二、会心团体训练

下面介绍在心理咨询研修时经常进行的一种训练——会心团体训练，时间可掌握在两小时以内。教师特别需要注意学员的各种表现，及时予以点评和说明。

演习1：将桌椅摆放在教室四周，教室中间留出空间，全体学员在这一空间里自由走动，不许说话。

（1）有不是自由走动，而是跟在他人身后走动的人。这种人往往是追求安定性或安全感的人，因为跟在他人身后走比较放心或轻松。但是，心理咨询不是依赖他人而是被他人依赖的工作，需要忍受若干的不安和孤独，要学会独立、自由地走动。

（2）感到莫名其妙、不知所以然的学员会小声说话，被人踩了脚而发出"痛死了"的声音说明什么呢？这是一种说出来就轻松的心理。心理咨询正是这个道理。来访者来到咨询室，诉说自己的痛苦和烦恼，只要有人能听一听就会感到轻松。若被人踩了脚且很痛，但不许出声的话，会是一种什么样的感受呢？

演习2：继续刚才的走动。停下并和周围的人握手。教师也参与其中。

（1）握手的时候一定要看对方的眼睛。眼睛是心灵的窗户。看对方眼睛时不能逼视，而应该是接纳对方的眼神。可以再来一次，强调握手时看对方的眼睛："好，看对方的眼睛。"

（2）有等别人来握手的人。这种被动的做法需要改变，要主动去找别人握手。

（3）有用右手握手，将左手放在腰部或插在口袋里的人。这种人往往不够放松，处于一种防御状态。这需要再进行一次握手的训练。

（4）有因为对方是异性而拒绝握手的人，或者故意回避和异性握手。来咨询的来访者有可能是异性，咨询者要克服与异性接触的障碍。如何克服呢？自然地去和异性握手。

演习3：结束走动。看自己的周围有谁，找一人，最好是不熟悉的人，两人一组。两人结成伙伴之后开始猜拳，胜者可以向对方提任何问题（3分钟）。不愿回答时不许说谎，但可以说"现在不想回答"。3分钟后，教师宣布双方互换角色。

（1）问对方的问题往往正是自己所关心的问题。心理咨询工作者需要喜欢与人打交道，也需要关心人。对提问毫无兴趣的人，说明他对人也毫不关心；不愿意被提问的人，说明他不愿被人关心。

（2）由于人多，教师可能很难听清各组的提问和回答，但可以从两人之间的距离判断他们的关系。有靠得很近的，也有相距一米多远的，还有侧面说话的。总而言之，人与人的交流，有一半以上是非语言的交流，通过谈话的姿态就可以了解谈话进展到什么程度。

（3）有的人不会提问，或不知该问些什么，担心问了以后会引起对方不高兴。有的问题局限于住处、学校等表面的东西，缺乏深层的内容。对这样的提问，教师要做出说明，心理咨询要求咨询者与来访者进行心理上的接触，关心的问题要深入到对方心理问题的本质，以洞察来访者内心的需要、愿望和要求。

"老师，您结婚了吗？""老师，您有小孩吗？"这样一些来自来访者的问题，往往反映了来访者此时此刻的所思所想。

演习4：两人一组按摩。教师观察后做出说明。

（1）身体接触是人际关系的原始形态。被母亲抱着吃奶，这是最初的身体接触。不愿意被人接触或不愿意接触他人，就意味着不愿意和他人进行交流，不愿意和他人保持人际关系。当然，在心理咨询时，这种按摩行为是极其少见的。这里只是强调一种感觉或者说是一种心境。

（2）按摩时需要有按摩者和被按摩者。按摩时要求双方认真对待，不能嬉皮笑脸。按摩者要温柔，不能用力过猛。被按摩者要高兴地接受按摩，并体会由按摩所带来的舒服感。

（3）有的按摩者毫无表情地按摩，而被按摩者即使痛得不得了，也忍着不说，或皱着眉头、紧闭双眼。这时，教师应该告诉被按摩者："痛的话就要说出来，说出来的话才能让对方知道，心情也就会轻松一些。"要告诉按摩者，需要学会观察，应该学会确认自己的行为给予对方的影响，并能及时地调整自己的行为。

演习5：两人一组相互谈论"今后的人生，自己想做的事情"（每人1分钟）。

（1）心理咨询需要来访者敞开心扉，也要求咨询者能敞开心扉。通过对今后人生的交谈，学员可以加深相互之间的沟通和理解。

（2）在这里需要强调的是，教师自身需要在心理咨询的讲授和训练中敞开心扉，坦率地谈自己的人生。

演习6：两个两人一组合并为四人一组，分别向新成员介绍自己的伙伴。

（1）通过以上的交流和谈话，学员应该清楚自己伙伴的情况。有的人在将自己的伙伴介绍给他人的时候，反而不知该说些什么。这并不是脑子不好的问题，而是有没有诚意的问题，刚才在听别人谈话时是否用心。心理咨询不是社交术或会话术，但心理咨询需要咨询者具有敏锐的思维能力，能够将来访者的谈话要点、表情及背后的动机等迅速地归纳出来。

（2）学员在介绍伙伴时容易将视线固定在一个新成员身上，这是不妥的。因为有两个新成员在听，所以要注意将视线均衡分配在两人身上。

演习7：两个四人一组合并为八人一组。时间限定为15分钟，让大家自由交谈，主题为"在人际关系方面的失败体验"。

（1）这是自我开放性或展示性的训练。心理咨询需要来访者能自我开放、敞开心扉，也要求咨询者如此。如果只要求来访者敞开心扉，而咨询者却不能做到开诚布公，这样的心理咨询就很难有说服力。

（2）通过谈论各自的失败体验，学员一起讨论如果这样或那样会出现什么样的结果，或者提出一些合理化建议等。这样可以增加共感理解的程度，提高心理咨询学习的积极性。

（3）在这里之所以谈论失败的体验而不是成功的体验，是因为谈论失败的体验容易使人减少彼此的心理防御机制，而对于缺少成功体验的人来讲，也不至于产生自卑感。

通过以上近两个小时的训练，学员之间会很快熟悉起来。之后，可以进行自由讨论，再反思对心理咨询的学习。

为了调节气氛，消除近两个小时训练的疲劳，教师可以安排别开生面的茶会、午餐会或晚餐会，但最好不要离开教室。可以安排成员自带饮食。笔者曾经在多次研修学习前让每个学员自带饮食来，随后宣布将饮食放在一起分享。这样做既让学员有一种集体感，又可以借机观察学员的行为。笔者不会和学员挤在一起去取食物。笔者会等待学员给拿来吃的和喝的。如果没有人这样做，笔者会"借题发挥"，让学员注意到。让学员体验为别人服务的感受本身就是心理咨询培训的一项重要内容。

在整个训练过程中，笔者既会贯彻父性原理，表现出超我的威严，也会向学员展现母性原理，譬如分给学员巧克力、其他小礼物或者给那些积极为他人服务的学员以特殊的奖励等。

三、角色扮演训练

通过扮演咨询者或来访者的角色，学员可以直接体验自己所扮演角色的实际感受，从而获得咨询经验，加深对来访者的理解。

角色扮演训练的参加者由教师和学员组成。有时如果教师不在场，学员也可以照样进行。人数可以从两人到数十人不等。角色基本上由咨询者、来访者和观察者（观众）构成。参加者多的时候，可以由咨询者和来访者进行咨询，其他人都作为观察者。三个人进行角色扮演训练的时候，需要相互轮换角色。教师既可以扮演咨询者，又可以扮演来访者，必要时可以作为观察者进行具体的指导。

采用什么样的形式来进行角色扮演训练，往往因学员学习的程度、阶段的不同做出不同的选择。咨询新手可以先扮演观察者的角色，这样可以尽量避免或减少阻抗心理。来访者这一角色最难扮演，可以先由教师来扮演。

根据参加角色扮演训练的人数多少，教师选定适合的教室或会场，准备好椅子。是否准备桌子，可根据情况而定。有的时候没有桌子更好，排除了咨询者和来访者之间的障碍。

　　角色扮演训练中观察者的分布可参照图11-7。需要注意的是，如果观察者人数较多的话，观察者中肯定会有人到咨询者或来访者的身后去坐。这个时候，教师应提醒大家："坐在咨询者或来访者后面的话，肯定看不到咨询者或来访者的脸。心理咨询中，很多信息是通过非言语的形式来表现的，因此必须在能看到观察对象全身的地方就座。心理咨询光靠听是不够的，还需要交流，大家注意眼睛的、表情的及全身动作的非言语的交流。"

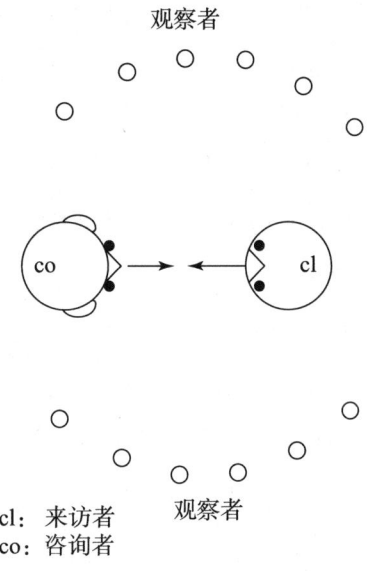

cl：来访者
co：咨询者

图11-7　角色扮演训练中的观察者的分布

　　如前所述，由心理咨询所形成的人际关系有其独特性。这一独特的人际关系是由来访者和咨询者构成的。由以下二人一组的角色扮演训练可以更加明确来访者和咨询者之间所构成的人际关系的特殊性，并为理解心理咨询中的人际关系提供帮助（如图11-8所示）。

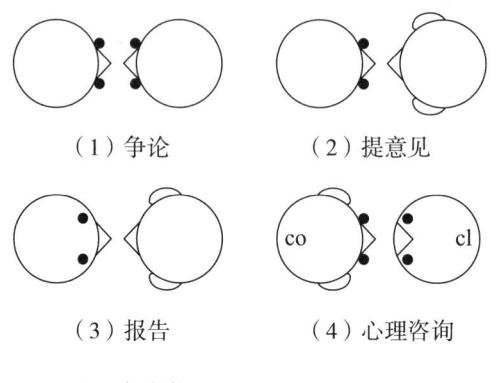

（1）争论　　　（2）提意见

（3）报告　　　（4）心理咨询

cl：来访者
co：咨询者

：关注的方向　　　：对自身的关注

：对他人的关注　　　：倾听

图11-8　心理咨询的关系构成训练

（采自福岛修美，1997；张日昇整理）

（1）争论。二人相对站立并逼近对方，很快就会争论起来。

（2）提意见。二人相对而坐，一方谈对另一方的意见，另一方只是听着。仔细观察会发现，一方边谈边盯着对方时，另一方往往会避开其目光。

（3）报告。二人相对而坐，一方谈自己的心情、想法，另一方只是听着。这时，视线会是怎样的一种情况呢？

（4）心理咨询。二人相对而坐，一方在接纳对方的基础上注视对方并认真倾听，另一方则敞开心扉、畅所欲言。这样会形成一种什么关系呢？心理咨询需要建立这样的人际关系，这是心理咨询的基点。

为了加深对心理咨询训练的认识，对整个角色扮演过程进行记录及必要的评定是非常重要的。为此，教师可以使用录音机或摄像机记录整个场面，以供在结束后的讨论及评价中使用。角色扮演中，咨询者的表现到底怎样，需要自己去感受，当然也需要对方——来访者去评定。观察者不是局外人，也应该参与角色扮演训练，包括评定活动在内。

评定可以是书面的，也可以是口头的，最好是两者相结合。国分康孝（1983；张日昇整理，1999）提出从咨询者的防御态度、共感性、接纳性、应答间隔、理解力、热心程度六个方面，由咨询者的扮演者、来访者的扮演者和观察者的扮演者分别给予评定。评定的顺序是，先由观察者对咨询者进行评定，后由来访者对咨询者进行评定，最后由咨询者对自己进行评定。评定的内容、标准相同（如图11-9所示），重点放在信赖关系是否形成、咨询者是否把握了问题的核心等方面。

角色扮演训练所需时间的多少，往往因训练目的的不同而有所不同。笔者认为，可以和一次心理咨询的时间一样，用50分钟来进行。

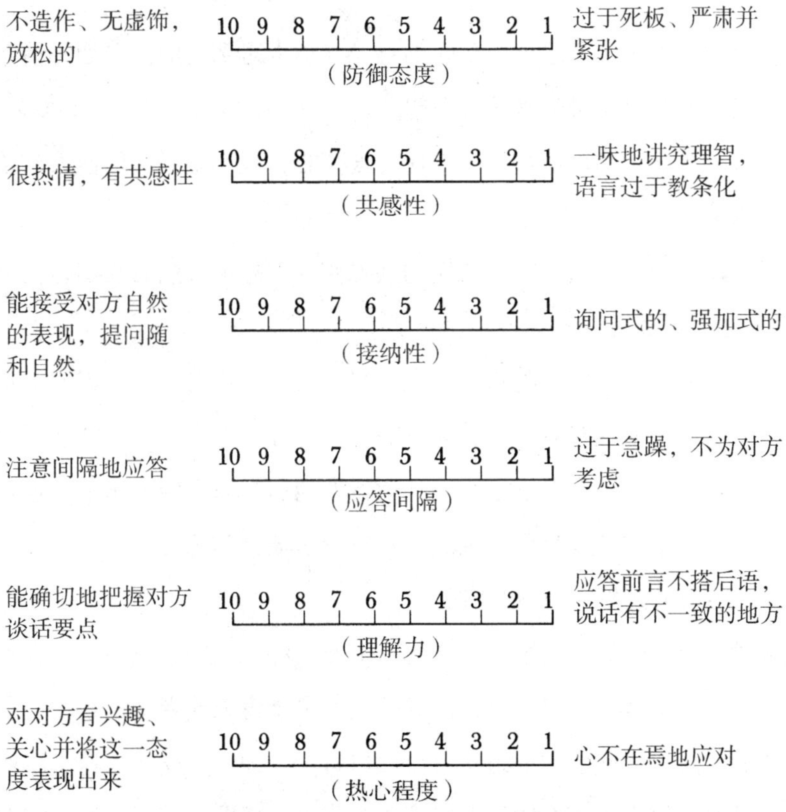

不造作、无虚饰、 10 9 8 7 6 5 4 3 2 1 过于死板、严肃并
放松的   紧张
                （防御态度）

很热情，有共感性 10 9 8 7 6 5 4 3 2 1 一味地讲究理智，
                                    语言过于教条化
                 （共感性）

能接受对方自然   10 9 8 7 6 5 4 3 2 1 询问式的、强加式的
的表现，提问随
和自然   （接纳性）

注意间隔地应答   10 9 8 7 6 5 4 3 2 1 过于急躁，不为对方
                                    考虑
                 （应答间隔）

能确切地把握对方 10 9 8 7 6 5 4 3 2 1 应答前言不搭后语，
谈话要点   说话有不一致的地方
                 （理解力）

对对方有兴趣、   10 9 8 7 6 5 4 3 2 1 心不在焉地应对
关心并将这一态
度表现出来   （热心程度）

图 11-9　对咨询者的评定

四、共感游戏训练

共感游戏训练是指通过特定的游戏来让参与游戏的双方体验到对对方的信赖感，相信对方能够将自己安全送达目的地，同时也体验到自己在艰难的摸索中前进时的艰辛和不确定感，进而由己及人，更好地理解他人在遇到困难时的感受和心情。

作为用来培训心理咨询工作者的共感游戏训练，目的就是通过游戏的方式，让学员在以下几方面获得成长：

（1）形成对于别人的信任感和安全感。如果学员不能信任他人，对他人没有充分的安全感，将来就很难让来访者信任自己，并对自己产生充分的安全感。

（2）亲身体验来访者遇到困难时的感受和渴求得到帮助的迫切心情，更好地站在来访者的角度去为来访者着想。

（3）知道自己能够被理解、被信任、被关心，进而做到信任他人，尽快建立彼此信赖的关系。

下面，让我们一起通过两个具体的共感游戏来理解共感游戏训练。

（一）上下楼梯游戏

通过猜拳或抽签的方式配对，两人一组，最好是跟自己不认识或不熟悉的人搭配。一人扮演领路人，牵着对方的手；另外一人则闭着眼睛或戴上眼罩，完全由领路人带领着上下楼梯。到达目的地后，双方转换角色，重复一次刚才的游戏。整个游戏过程结束后，双方分享彼此的感受。

（二）走盲道或穿越崎岖小路游戏

走盲道或穿越崎岖小路游戏大体与上下楼梯游戏相同，只是把上下楼梯换成走盲道或穿越崎岖小路。值得注意的是，由于盲道或者崎岖小路上会有一些潜在的危险，因此活动的组织者要确保每个人的人身安全。这个游戏对于领路人的要求很高，不但要注意脚下，还要随时环顾盲道或者崎岖小路四周，确保对方和自己的人身安全。

以上两个游戏的性质和希望达到的目标都是一样的。整个游戏对于游戏双方的要求都很高。作为领路人，一定要谨慎，避免可能存在的危险，全身心地帮助和陪伴对方安全到达目的地。这里体现着一个"责任"的问题，领路人必须承担自己的责任。这就好比是心理咨询，来访者是在有困难、苦恼时才来寻求帮助的，咨询者有责任帮助来访者逐步从困难和苦恼中摆脱出来。在帮助的同时，更多的是一种陪伴，陪伴来访者经历整个过程，同时又分享来访者克服困难后的喜悦。

作为在他人的陪伴下摸索着前进的人，首先对领路人要有一种信赖感，相信对方能够将自己顺利送至目的地，同时也充分体验着整个过程的艰辛，学会在黑暗和不确定中摸索着前进。如果不信赖对方，在游戏的过程中就会遇到更大的困难。在心理咨询过程中，如果来访者对咨询者没有或不能产生充分的信赖感的话，心理咨询就不可能顺利进行。同时，自己通过摸索着前进，才会深刻地领会来访者所遇到的苦恼和渴望解决问题的迫切心情，从而及时、准确地针对来访者的处境采取有效的应对。选择不认识的人作为自己的搭档，更能够培养自己的信任感和责任感。

五、危机和烦恼生活史训练

每个人在成长的过程中，总会遇到各种各样的困境和障碍，也就必然会体验到危机感，产生烦恼、焦虑和不安。从这一意义上来讲，危机和烦恼与我们为邻，既是不可避免的，也是人生不可或缺的宝贵经验或财富。

作为咨询者，需要加深自我理解，通过思考自己至今为止的人生遇到过什么样的危机和烦恼，去整理自己的成长经验，也为在咨询中更好地理解来访者打下基础。

以下让我们从危机和烦恼的视角出发，进行危机和烦恼生活史训练。

首先回顾自己至今所经历的危机和烦恼事件，一一填写在相应的表格中，然后将事件所属范畴进行归类，并思考各个事件对自己的心理意义，最后在同伴或团体成员面前进行适当的表达和分享。

指导语如下：

（1）请你回顾至今自己在各阶段遇到的危机和烦恼事件，填入表11-5中。

（2）根据事件范畴的划分（见表11-6），标注对应的数字。

（3）考虑一下各个时期所发生的事件对自己的心理意义（见表11-6），标注对应的数字。

表11-7是一个示例，可供参考。

表11-5　个人危机和烦恼生活史训练记录

时期	危机和烦恼事件	范畴	心理意义
诞生			
现在			

表11-6 危机和烦恼事件的范畴和心理意义

范畴	心理意义
1. 将来的不安	1. 支配、服从
2. 成绩	2. 独立（一个人）
3. 人际关系	3. 安全、安定
4. 恋爱关系	4. 地位、角色
5. 与师长、上级的关系	5. 尊敬、评价
6. 与父母的关系	6. 自由
7. 夫妻关系	7. 冒险
8. 与子女的关系	8. 实现感
9. 生计、经济	9. 依附、依赖
10. 身体/健康	10. 爱情
11. 职业	11. 意义
12. 法律	12. 性
13. 伦理规范	13. 承认、支持
14. 与兄弟姐妹的关系	14. 健康
15. 性格	15. 事业
16. 其他	16. 其他

（采自日精研，1992）

表11-7 R的危机和烦恼生活史

时期	危机和烦恼事件	范畴	心理意义
诞生	作为长子出生	6, 14	4, 9
4岁	父亲被批斗、被贴大字报	6, 1	3, 5, 1
初一	单相思，初恋	3, 4, 1	12, 10
初二	父亲出事故	10, 6, 1, 9	14, 9, 3
高一	食物中毒住院	……	……
高二	数学成绩不好		
高三	失学，与生产队长吵架		
高三	高考的压力和不安		
大一	宿舍失窃，有自杀意念		
大二	失恋		
大三	就业的压力和不安		
……	……		

很多学习者在梳理危机和烦恼事件的过程中，也同时回顾了自己对这些事件所采取的应对方式和改变策略。从中可以发现，只有直面危机和烦恼，人们就一定会发现机遇和出路，所谓"天无绝人之路"，而且人也有无限的可能性和自我治愈力。

以下整理了有关危机和烦恼事件的应对方式和改变策略（见表11-8），供学习者参考。

表11-8　应对方式和改变策略的说明

1. 解放	2. 明确化
①从固定观念中解放 ②从过去事情的束缚中解放 ③从过分注意周围人的评价中解放	①目标的明确化 ②问题、障碍的明确化 ③思维方式、心情的明确化
3. 目标	4. 积极化
①确定新的目标 ②修正错误的目标 ③设定现实可行的目标	①自己主动地（不是被动地） ②有积极性 ③自我表现（主张的促进） ④拥有自信
5. 再认识	6. 切换
①歪曲认识的修正（正确信息） ②客观认识的必要性 ③从他人的角度和观点去认识	①不去想（转移注意力） ②不悲观地考虑 ③果断的必要性 ④想开（接受，放下）的必要性

总之，心理咨询是过程论不是结果论，强调要结合来访者的步调去进行。这是因为，人的心情、观念、思维模式以及人的行为很多时候不是马上就可能改变的。在心理咨询技法的学习、体验和训练的过程中，学习者如果觉察到以上的理念，将来作为咨询者在心理咨询的过程中，就会把建立信任关系和真诚、共感理解作为首要任务，而不是性急地要求来访者去改变。也

就是说，只有当事人或者来访者本人自己觉得需要改变，改变才成为可能，否则改变是很困难的。如果本人不能接纳、不去行动，任何外在的努力都没有意义。

笔者认为：

第一，理性的澄清不能解决情绪问题。来访者需要的是被理解、被支持，而非被分析、被解释。也就是说，来访者的问题不是通过咨询者的分析和澄清就可以解决的。

第二，心理咨询可以给来访者一个应对问题的新的视角和思路，使其发现"哦，原来还有这样的生活方式""哦，还可以这样去想"，从而确立适合自己的人生目标或方向。

第三，心理咨询如同给人一根拐杖。在需要的时候，来访者可以通过心理咨询获得一定的支持，以帮助其继续向前走过一段艰难的路程。在不需要的时候，这根拐杖自然就可以不用而抛在一边。

第四，咨询者应该成为来访者的超我。为此，咨询者应做到言所行，行所言，言行一致。咨询者的一致性或者说真实性，是与来访者建立关系的基础，也保护着来访者并给来访者一种人生榜样的力量。

思考题

1. 心理咨询的谈话技术强调的是哪两方面？如何理解、掌握并运用谈话技术？

2. 认真阅读第二节提问技术中以23岁男性来访者为例的两次不同咨询，对两种不同的咨询技术进行比较，参考笔者的点评谈学习的感受。

3. 通过对话关系的自我检查，你认为作为咨询者应如何适当地把握、有效地处理自己的感情，以达到理解来访者？

4. 通过咨询技法的学习与训练，你从中感受到了什么？

第十二章

《心理咨询的实际——铃木的烦恼》剧画与解说

为了生动地表现心理咨询的实际，也为了给心理咨询的学习者提供形象的心理咨询学习素材，特将"铃木的烦恼"心理咨询的个案以剧画的形式介绍给广大读者，供心理咨询训练时使用。

剧画由日本精神技术研究所（内田纯平会长）提供。

第一节　《心理咨询的实际——铃木的烦恼》剧画

下面的剧画形象地描绘了心理咨询的过程，是进行心理咨询学习与训练、形成心理咨询印象难得的好材料。来访者带着什么问题，怎样来到咨询室求助，咨询者如何迎接来访者，如何展开咨询谈话，咨访之间形成了什么样的关系，来访者发生怎样的变化等，以剧画的形式生动而形象地展现在读者面前。

心理咨询的实际
——铃木的烦恼

铃木春男：31岁，电脑公司职员

妻子：好子，29岁，中学教师

女儿：阿香，4岁

（复印得到日本精神技术研究所授权）

（来询原委）引子

是这样的，我家代代都是医生……

噢……对，是这样的。

コトン

コトン

．．．．．．

课长您对我怎么看？怎么评价的呢？

我想听一下您坦率的看法。

怎么了……想说什么呢？

如果我说你没什么前途的话，你还想回老家当医生什么的吗？

唉……是啊。

跟我干七年了，就是不要我来评价你，你自己还不清楚吗？

……到了人生转折的时候了……

．．．．．．．．．．．

还是自己好好考虑一下吧……然后我再谈我的看法吧。

必要时去职工咨询室咨询一下，怎么样？

在这里的谈话都是保密的……请你先说一下因为什么到咨询室来的……然后我们一起来考虑吧。

请你放松一些……我们可以谈一个小时，不管从什么谈起都可以，只要是铃木先生您想说的……

唉……

是这样的……因为工作调动……

并不是我讨厌现在这个公司……不过……

不是我讨厌现在这个公司，真的不是呀。……

我家在长野县，代代都是
医生。我哥哥医学部毕业
后，就直接留在大学的附
属医院工作，所以，我哥
哥就没回长野老家。

这样，家里就开
始着急起来了。

父亲去世后，姐夫继承
了医院的工作。可是，
最近，我母亲一见到我
就要我回老家当医生。

因此，你就想答
应你母亲的要求，
是吗？

唉……
不过，不仅
仅是因为这个。

……嗯？
还因为什么呢？

四年前……
电脑的软件部门独
立以后，我一直……

从事着软件开发
的工作。

你父亲在黄泉之下一定也希望你能继承家业的。

你如果真的能听话去争取当医生的话，我会在经济上给你援助的。

是这样……
当你开始对自己的自信心产生怀疑的时候，你母亲这么一说，你就不知如何是好，为此而烦恼了……

我是继续现在的工作呢，还是当医生继承家业呢？……

唉……

可是，我已经31岁了……

....

很想继续听你说下去，可时间已经到了。

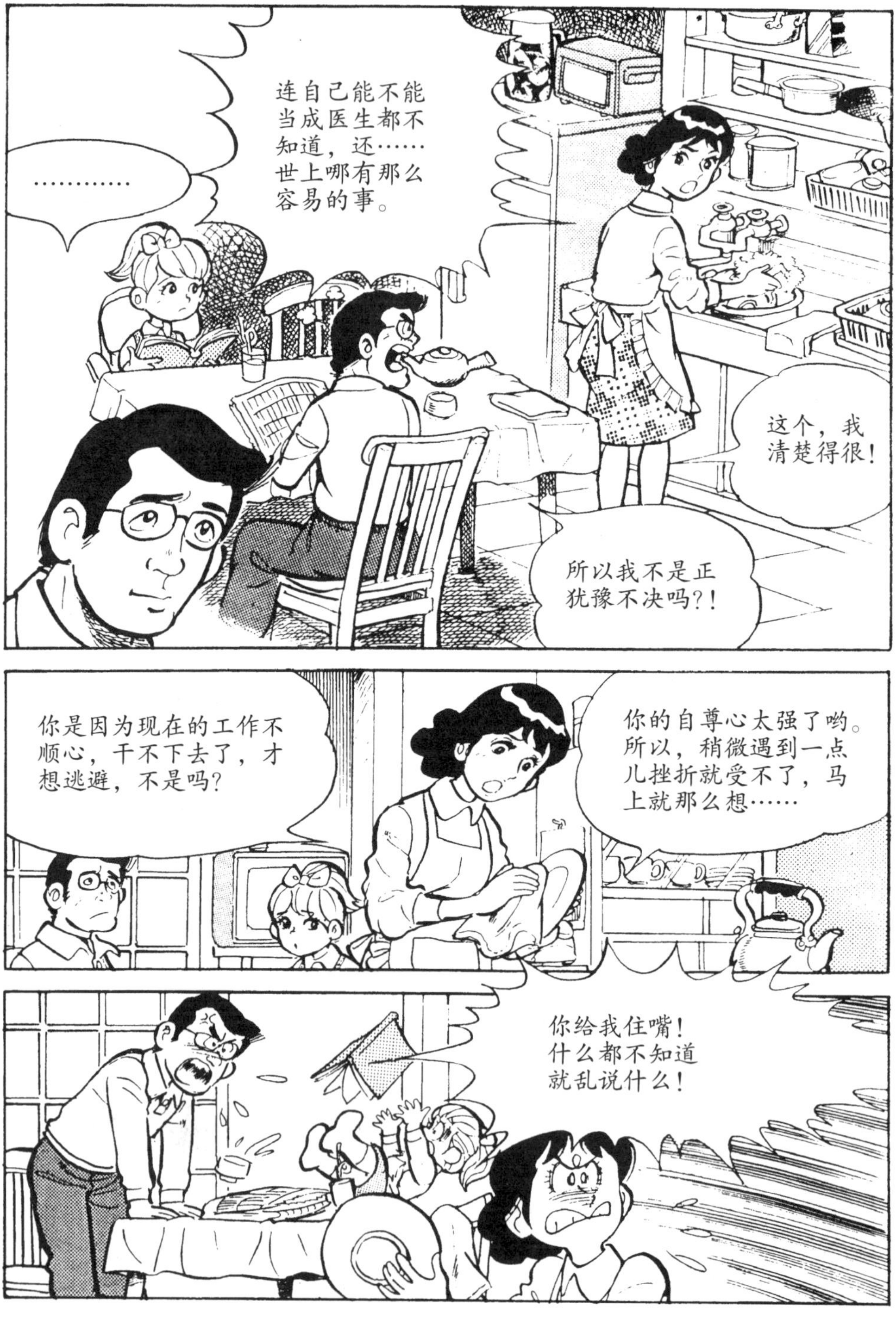

因为工作不顺心，想溜走，才考虑当医生换工作的。

你妻子这样想，因为不能理解你的烦恼和苦衷……

唉，是这样。

我妻子也有自己的工作，她也不可能扔下工作跟我一起回老家。这些，我知道，可是……

不管哪一个软件公司都是年轻人，比我年长的人很少。

干这种工作的确需要那些年轻且头脑灵活的人才能顶得住……

一想到等40岁以后，自己会被当成垃圾扔掉的时候，心里就……

像现在这样下去的话，就不会有什么前途，因此非常担心，是吗？

唉，是的。

所以说，现在的工作不是一生的工作。

老是这么想……

现在是硬件和软件互相追逐的时代。

一旦新系统出台的话，能跟上潮流的，就只有那些年轻人了。

才不过31岁，就已经完全感到自己老了，是吗？

实际也是这样。一想到以后被年轻人使唤，心里就不是个滋味……

听起来让人感到有些凄凉啊……

让人感到伤心凄凉的还不光这些。

自己很自信的工作被人抢走，母亲又劝我辞职换工作，我该怎么办？

从现在开始做新的工作是非常不容易的，这些我都清楚……

感到往左往右都走不通，是吗？

是啊……

（第三次咨询）迷离愈深

你是这样决定了吗？

不过，你另外的一个表情好像并没有畅快轻松一点儿呀。

要参加大学考试，我想至少需要五年的时间，否则的话，我可能没有自信……

…………

最近几乎每天和我妻子吵架。

女人本来考虑问题就很现实，是吗？

和自己一起工作了七年的同事你能简单地说"再见"就走吗？

自尊心那么强的你，在经济上依赖妻子、老家，你能不在乎吗？

你想干的事有太多矛盾。你以为自己想怎么样就能怎么样吗？！

住嘴！

她不能理解铃木先生你想做的事，是吗……

唉……我想做什么的时候就来干扰我似的。

听着我妻子说的话，好像我在做什么荒唐无稽的计划似的。我就老这样想……

从你妻子的那方面可能就是这样吧……

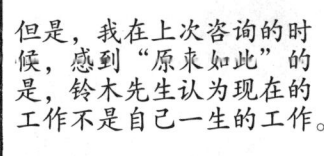

但是，我在上次咨询的时候，感到"原来如此"的是，铃木先生认为现在的工作不是自己一生的工作。

而要开创新的事业，干新的工作又非常不容易，并且自己也充分地认识到了这一点，是吗？

唉，这是我真心的想法。

这样说来，我妻子所说的也有她的道理……

（第五次咨询）现实性的思考

"怎么突然开始问起我的事来了？"我妻子这么说。

虽然也时有争执，不过……

而且，女儿好像和以前也不一样了，我感到轻松了许多。

你是开始注意到了你妻子、女儿之后，才有了这样的感受，是吧。

看到铃木先生今天的表情，感到好像的确轻松多了一样。

仔细想想，我妻子的想法的确很有道理呀。

还有这期间的学费、生活费等经济方面必须依赖妻子或母亲的问题……

自己真的适合当医生吗？

去当什么科的医生呢？

仔细想来想去……

换工作的想法未免有些过于天真。

考虑现实问题，觉得行不通，问题具体化之后也行不通。

就这样去想的，是吧。

像我这种人自尊心太强，只注意眼前的胜负，而实际上自己看不到的地方太多了。

不仅仅是这次被排除于开发小组之外的事情，平时自己都持续着紧张的状态。

年轻人他们都掌握着难能可贵的知识，可总是……有问题也不想请教，也不想承认他们，就这样跟自己较着劲……

我的竞争意识总是先行一步，可能太强了吧。

谁都会有这种竞争意识的，是吧？

唉……

不愿意被安置在他人下面，是吗？

我总是喜欢命令别人。被别人命令的话，我绝对受不了。

（第六次咨询）**自我总结**

上次以后，我考虑了自己的许多事情……怎么说呢？以前的自己，好像如果自己不满意的话就无法接受似的……

至今为止，铃木先生的谈话……

让我感到，好像是要求别人能够好好来评价你的能力……

为什么自己会是这个样子呢？

自己又有那么强的自尊心和对抗意识……

可能是要求他人正当地评价自己造成的吧？

和父亲之间也是这样。父亲很慈祥，但一不表扬我的话，我就会产生不满。

和优秀的哥哥不一样，我从上中学开始就感到数理科很棘手……

因此……就是没好好学。

因此就感到自己当不了医生。

是松了一口气呢，还是悲伤呢？反正……

（第七次咨询）一周后

我是太任性了。

心情不好的时候想听表扬的话，心情好了之后……

就想，听一下批评也没关系吧，简直是……

原来如此。

铃木先生至今已经看到各个方面的自己了，而这不过才用了六次的时间吧……

托您的福，去掉了一件心事似的。

这样的话，就很怀念现在的工作和伙伴们……

至于工作嘛……

当然，从安定性来考虑的话，医生的工作条件是好，我这样想。

不过，从喜欢不喜欢的角度来看的话，我还是选择现在的工作。

我往往固执己见，又容易以竞争的眼光来看人……担心被他人赶上，就不能以坦然的心情来对待自己的工作或同事。

…………

我呢……从各种意义来讲，我认为竞争意识是很有必要的。

希望受到表扬、获得好的评价呀，想做得心应手的工作等的想法本身，是因为存在着竞争意识，你说是吗？

我也这样考虑。

不过，发挥自己和抹杀自己，就那么一步之差，像隔着一层纸一样啊。

铃木先生已经掌握自己心里的一些想法了……

不做极其勉强的事情，适当的勉强是有必要的吧。

我想，这样下去的话一定能行！

能这样干下去的话，那就太好了。

我深深体会到，大家都在支持我、帮助我。

课长！

哎？！

噢，是吗……

今后我还要在课长的指导下努力工作。请您多多指导，拜托您了。

……不过，就说了这么一句。

我觉得就这么一句就足够了。

那么，请你多多努力吧。

谢谢……

（庄司画，张日昇翻译整理）

第二节　《心理咨询的实际——铃木的烦恼》解说

看完上面的剧画之后，和自己以前持有的对心理咨询的印象对照一下，你一定会有各种各样的感想。请一边对照自己的感想，整理一下你至今所进行的咨询心理学的学习，一边阅读以下的解说。

一、对心理咨询的再思考

一提起心理咨询，人们就会想到一定是由咨询者滔滔不绝地谈自己的意见、看法并提出一些建议来。例如，对铃木幼稚和单纯的想法、铃木家庭内部的冲突、铃木与母亲的关系等提出一些意见和看法。

可是，这位咨询者几乎没提什么意见和看法。尽管如此，经过几次咨询之后，铃木就能依靠自己的力量去纠正自己的计划，重新认识他人对自己的评价及自己对他人的态度，并对将来做出自己的选择和决断。

让我们一起来考虑一下这两种情况的不同吧。

第一，人要让自己正视自己，并选择自己能够接受的看法、观点或决断，多少需要一定的时间。帮来访者想出一个解决问题的方法固然可以，但未必能够真正解决问题。或者一时看上去好像已经解决问题了，但实际上只是表现出一种假象。来访者或许会按咨询者的意见先试试看，下这样的决心容易，但往往会因为现实与想法的矛盾而产生各种不安，说不定会因此而后悔。在心理咨询过程中，咨询者对于来访者心理过程的整体状态应给予全面的掌握。"该对对方说的都说了，所以剩下的就看他本人有没有决心、努不努力了"的想法和淡漠的态度，在心理咨询中是不能接受和通用的。

第二，在心理咨询过程中，要树立来访者才是主人公的观念。也就是说，在咨询过程中，让前来咨询的来访者按照自己的想法去处理、解决自己的问题，自己去选择或做出决断，咨询者只是从侧面提供必要的援助。

在关于人生和生活的对话中，回答者往往用一些名言，从单一的观点出发提供一些指示、方针等供提问者参考。心理咨询不采取这种方式。因为这种做法从某种程度上来说，无视来访者的主体性和自主性。因此，从以上画面找不到咨询者这样的或类似的指导性话语，咨询主要还是通过倾听和对话的方式去进行的。这样，你就可以形成有关心理咨询的独特印象。

看完剧画的时候，有的读者认为咨询者什么也没说，什么也没做。你能从以上的观点出发再去看一遍剧画吗？说不定，你会有新的发现。

在看剧画的时候，请读者将画面与语句对应起来，并领会其中的含义。这一组剧画也是进行角色扮演训练的好资料，教师在授课的时候不妨一试。

二、心理咨询过程的解说

下面，让我们看一下整个心理咨询过程中所发生的事情、变化及铃木的表现、咨询者的应对等。

（一）引子

铃木询问课长对他是怎么评价的，此时反映出他复杂而动摇的心态。

通过铃木的诉说，我们知道铃木被排斥于"开发小组"之外，为此非常懊丧而失去自信。如果这个时候，课长说上一句"你太不行了"的话，可能会使铃木更坚定辞职的念头，也许会彻底放弃自己至今所做的一切。这样，铃木说不定真的会实施幼稚而且实现的可能性极小的大学考试，抱着被人贬低为"太不行"的念头，以逞强来取代受到伤害的心情。相反，如果课长说上一句"你干得不错嘛"，又会是怎样呢？铃木能恢复已失去的自信吗？自己感到被排斥于"开发小组"之外就是被打上了"不行了"的烙印，这和课长所说的话不是自相矛盾吗？"干得不错"为什么会将自己排斥于"开发小组"之外呢？这就很可能更加造成铃木心理的混乱。因此，课长这时说"还是自己好好考虑一下吧"之后，再谈自己的看法，是非常明智的。

（二）初次咨询

初次咨询时的主要课题是咨询设置、问题状况的整理和对来访者混乱的心理状态的接纳。这部分剧画开始为我们展示心理咨询的具体内容。

请注意咨询者所说的话："在这里的谈话都是保密的"，"我们可以谈一个小时"，"请你放松一些"，"这是一件应该慎重对待的事"，"下周同样的时间我等你"。咨询者的这些话就称为咨询设置。所谓咨询设置的问题已在前面做了较为详细的叙述，主要是指在咨询过程中应该遵守的事项、规范，咨询场所的确保，咨询时间的限定，咨询内容的保密等内容。特别是咨询者所说的："铃木先生您正要下一个很大的决心。我想，这是一件应该慎重对待的事，你说呢？请再来谈，好吗？"这体现了心理咨询重大决定延期的原则和再来咨询的促进。

"请你先说一下因为什么到咨询室来的……然后我们一起来考虑吧。"这种开放式问题容易引出话题，使来访者能较自然地讲出有关情况、想法并表达自己的情绪。

"因此，你就想答应你母亲的要求，是吗？"这一封闭式提问在咨询时具有收集信息、澄清事实、缩小讨论范围的作用，使咨询谈话能集中于探讨特定问题。

"嗯？还因为什么呢？"这种鼓励来访者谈话的方式能使来访者了解到咨询者在认真倾听并希望他继续讲下去，从而促使来访者的讲述向纵深方面推进。比如，"是这样……当你开始对自己的自信心产生怀疑的时候，你母亲这么一说，你就不知如何是好，为此而烦恼了……"这种复述式的语句就是一种很有效的反应方式，既表明咨询者在认真倾听，以确认自己的理解是否正确，也是在帮助来访者整理思绪。

来访者在心绪不定或精神上感到痛苦、心理上处于极度混乱的时候，其谈话内容往往是支离破碎、东一句西一句、毫无主题并且极不明确的。这个时候，咨询者要明确地把握来访者存在的问题，在此基础上接纳处于心理混乱状态下的来访者。铃木在公司被排除于"开发小组"之外，母亲期待他能当医生来继承家业。"我是继续现在的工作呢，还是当医生继承家业呢？"铃木处于人生十字路口的状态，加上自负心理，可以说情绪处于一种极度的不安和动摇之中。对此，咨询者要在把握主要问题本质的前提下，充分接纳来访者这一混乱的心理状态。

（三）第二次咨询

第二次咨询的主要课题来自来访者的提问和悲伤的作业。

在心理咨询过程中，来访者往往会提出各种各样的问题。对于来访者的各种提问，咨询者应该如何回答呢？"先生，您结婚了吗？""您也有小孩吧？"等提问看起来非常单纯，而实际上，在提问的背后往往存在着其他的含义，也可能是自己想说的话的引子或开场白。铃木之所以问"先生，您结婚了吗？"，其心里想的是"结过婚的人就不会想换工作"，因为有妻子的"阻力"。咨询者很敏锐地捕捉到了这一信号。咨询者如果有这样换工作的经验的话，说出来也是可以的。如果没有换工作的经验的话，那么，就应该回避或不说"没有换过工作"这句话。因为如果咨询者说自己没有换工作的体验的话，来访者就容易产生"看来自己是有问题""自己不应该有换工作的念头"的想法，这就会影响到来访者今后的咨询谈话。也就是说，来访者的提问多种多样，对此，咨询者不能怎么想就怎么说，也不能因为自己有这样的经验、体验，就认为说出来也无妨。作为一名优秀的咨询者，应善于理解在来访者提问的背后所隐藏的真正含义，从而敏锐地捕捉到这一信号。

来访者在第一次咨询时看起来已经将自己的问题都说了出来，但这并不意味着说出来之后，心情就能完全平静下来，也并不是一次或两次心理咨询就可以使情绪快要崩溃的来访者马上重新振作起来。从某种意义上来讲，来访者还需要经受一段痛苦的、悲伤的时期，这称为悲伤的作业。有的需要十几次的咨询时间，也有的只要几次的咨询时间。

在日常生活中，对处于痛苦或悲伤的人，我们往往会劝慰几句，如"不要太悲伤了""不要发牢骚了""哭又能管什么用呢""要像个男子汉的样子"等。心理咨询则不能如此，心理咨询是陪伴来访者，让来访者在充分地去悲伤、痛苦并在自身感受到这一悲伤、痛苦的基础上去思考、去解决问题。

画面描绘了铃木因没有得到妻子的理解而不快，又担心会不会像垃圾一样被人丢弃而焦躁不安，觉得自己怎么能成为这样的人并想以换工作来摆脱现在的困境，但又遭到反对和责难，而处于左右为难的状况。整个这一心理的作业在心理咨询过程中是极为重要的部分。在这一过程中，来访者在踌躇中探索下一步该如何走并做好心理的准备。

在第二次咨询的时候，咨询者的某些话语，如"像现在这样下去的话，就不会有什么前途，因此非常担心，是吗？"和"听起来让人感到有些凄凉啊……"，是咨询者所做出的准确且及时的情感反应，对来访者影响很大，使其成为理解来访者的重要媒介。在这次咨询的最后有较长时间的沉默。对于铃木这一长时间的沉默，咨询者山下先生采取的是宽容和接纳的态度，只是以温和关切的眼光注视着铃木，而没有轻易打破这一沉默局面。咨询者要善于判断、把握沉默背后的原因。在这里，铃木的沉默正意味着处于悲伤的作业之中。

（四）第三次咨询

在这次咨询中主要对待的问题是铃木下的一个决心。一开始，铃木就表明一个决心，"还是提交辞职报告……"。但是，显而易见，对此来访者铃木本人也是没有自信的，自然也就表现出心神不定的样子，而且到了第四次咨询的时候出现更大的动摇。铃木正是在这种徘徊不定中难以承受心理的压力，所以想提出辞职。

对于铃木的这一决定，首先提出异议的是铃木的妻子。虽然铃木感到自己想做什么事时，妻子"就来干扰我似的"，但毕竟从另一方面说明了铃木缺乏自信，铃木也由此开始注意自己妻子的意见。

在这次咨询中，咨询者积极地提出自己的看法："我在上次咨询的时候，感到'原来如此'的是，铃木先生认为现在的工作不是自己一生的工作。而要开创新的事业，干新的工作又非常不容易，并且自己也充分地认识到了这一点，是吗？"这是一种积极表明咨询者自己态度的发言。咨询者对来访者表示支持、提出疑问、谈自己的意见，可以促使来访者更加深刻地意识到自我的作用。

（五）第四次咨询

第四次咨询更表现出铃木的动摇、不安和孤独的心情。同时，铃木也开始从另外的角度来审视自己，开始注意到至今自己还没有注意到的问题。

这次咨询对铃木来讲可能是最痛苦的一次咨询吧。因为铃木无论是在公司，还是回到家，或者即使考上医学部，都已经深深感到了"孤独"，为此而极度痛苦。这样，铃木就开始一点一点地注意自己以前在人际关系的处理上所存在的问题。

（六）第五次咨询

这次咨询与前四次咨询相比，铃木稍微摆脱了一点儿痛苦的状态。如果说在前四次咨询中，铃木主要是围绕自己的生活方式而不安焦虑的话，那么在第五次咨询中，铃木是站在极为现实的立场上来思考自己的人生。在人际关系方面，主要考虑的中心问题是竞争意识。换工作已不再是重点话题。

（七）第六次咨询

铃木开始认真地就自己的想法、自己的生活方式等问题进行总结。自己意识到了产生竞争意识的来龙去脉，由竞争意识造成始终处于一种紧张的状态。在充分注意到自我的时候，铃木开始认识到自己需要一个能安慰自我、放松自我、支撑自我的另一个"我"。而这自然就需要正视自己的优点和缺点，认真对待来自他人的评价和期待。

人是社会性的存在，不可能生活在真空之中。"走自己的路，让别人说去吧"固然重要，但是，人只要生活在人类社会，那么在人际关系中排除别人的期待和评价而生活的"我"是不可能存在的。同时，人又不能被别人所操纵而失去自我。如何处理好这样的矛盾关系，是摆在每个社会人面前的重要课题。

铃木得出了"自己是怎样的人，需要什么，应该怎样下去"的答案，即

"还是不要勉强自己去当医生为好"。这一答案因为有悖自己母亲的意愿，所以是很难做出的选择，不过，因为是自己下的决心，所以应该承担责任的念头在铃木的头脑中开始出现。

（八）第七次咨询

这是最后一次咨询，而且是一周后。铃木说"工作来得太急""又开始忙起来了"，说明对工作表现出积极的态度后所出现的效果。

这次是从见到课长时的谈话开始，给人一种大家都在支持铃木的感觉。对于竞争意识，咨询者给予了正面的评价，也就是说人需要一定程度的竞争意识，铃木也意识到"适当的勉强是有必要的"。对于铃木的变化，课长只说了"噢，是吗……"，而对铃木来说"足够了"，说明铃木已经变得相当豁达并恢复自信了。请思考一下，心理咨询是通过什么样的心理援助促使铃木发生这样的变化的。

最后，稍微谈一下心理咨询的终结问题。这一问题已在前面有详细的阐述，请参照。

心理咨询的终结不能过于突然和随意，必须依据一定的程序，也应由咨询者和来访者双方协商决定。一般来说，初期咨询时所设定的咨询目标如已达成的话，在咨访双方都能接受的时候就可以终结咨询。不能让来访者产生对咨询者的依赖，而应该让来访者养成自主解决问题的能力。一般情况下，只要咨询者不强留的话，来访者会自发地提出"以后，自己一个人去试试"或"我去做做看吧"。对此，咨询者应给予一定的鼓励，咨询就可以终结了。

铃木的问题既已解决，咨询者的一句"请你多多努力吧"和铃木的一句"谢谢"就构成了良好的咨询终结场面。

看完剧画并阅读了以上的解说，你有什么感想呢？有一位学员谈了自己以下的感想。

茫茫人海，芸芸众生。在复杂多变的人生道路上，怎样把握人生真谛，使人的一生过得更充实、更完美，是千百年来众多志士仁人苦苦思索的问题。

在现代社会，工业化程度高度发达，高科技产业竞相涌现，生活、生产节奏不断加快，社会化问题日趋复杂。人们在相互审视，人们在努力竞争，人们在自我激励，人们在奋力拼搏。有人在竞争中取胜，有人在拼搏中跌倒，有人在得志后踌躇满志，有人在失意后追悔。考场中的挫折，交往中的冲突，婚恋中的纷扰，教学中的困惑……所有的这一切都使现代人承受着越来越多的来自内部和外部的压力，使现代人那原本不甚牢固的心理防线变得越来越脆弱，暴露出各种各样的心理问题和不良倾向。心理咨询、心理援助工作在现实生活中的重要性也越来越突出。各种各样的心理咨询、心理治疗、心理援助机构也如雨后春笋般出现在大江南北。在弗洛伊德、罗杰斯等人的名字和他们的理论越来越为人们熟悉的同时，心理咨询工作却没能在中国大地上大步前进，这主要表现在：大众对心理健康、心理保健的认识和重视程度不够；咨询机构的设置不科学；咨询人员自身的知识水平和操作技能尚处于较低的层次；咨询活动多为短期行为；等等。这些问题都成为困扰心理咨询活动开展的因素，而其中咨询人员自身知识水平和能力有限则是主要的制约因素，也是扭转目前局面所要做的各项工作的重中之重。

寒假期间，接受了心理健康和心理咨询方面的指导，感到受益匪浅，对心理咨询工作有了更为深刻的认识和理解，在可操作性上也有了很大的提高。通过学习《心理咨询的实际——铃木的烦恼》这一剧画，感到收获很大，主要表现在以下几方面。

1. 有关观念的转变

（1）心理咨询与心理治疗有区别。由于心理咨询与心理治疗在理论方法、工作对象、强调帮助来访者成长和改变等方面相似，因而在以往的工作中没有加以区分，认识上处于混沌状态。参加学习后，我认识到这是两个不同的概念，二者在处理问题的着重点、时间、次数、意识层次、专业训练等方面是有差别的，所以应该在理论上给予区分并在工作中注重把握好各自的侧重点。

（2）心理咨询效能的有限性。以往有种误解，认为心理咨询可以帮助来访者解决任何问题，可以根除所有的心理障碍和不良倾向，但在现实中总达不到这种效果，也让我倍感苦恼。这次学习之后，我通过理论上的提高，认识到心理咨询的作用是有限而不是万能的，使我得以走出咨询工作的误区。

（3）全民心理保健意识的增强意义重大。心理保健的知识和技能不应仅仅掌握在心理学研究人员和心理咨询工作人员的手中。必须提高全民的心理保健意识，心理咨询工作才能顺利有序地发展。

在剧画中，当铃木因工作上的失意而找课长谈话并征求意见时，课长没有满足铃木的请求，对铃木未做出任何评价，而是适时地引导他去职工咨询室进行咨询，表现了课长本人有较强的心理保健意识，指导方法也很得当，为铃木通过咨询解除烦恼指明了道路。如果课长对铃木进行一通褒贬兼容的评论和不切实际的指导，铃木的烦恼恐怕只能长时间地困扰着他。由此不难看出，只有大众的心理保健意识提高，才能保证心理咨询活动的顺利开展。

2. 有关咨询原则的把握

心理咨询工作是有原则的，按原则进行咨询才能有效发挥咨询活动的作用，无原则地滥加咨询是咨询工作的大敌。通过学习，我在以下原则上收获很大。

（1）"来者不拒，去者不追"的原则。心理咨询工作的特殊性之一就在于对来访者的接纳包容。接受咨询与不接受咨询的主动权掌握在来访者手中，这一点是我在以往咨询工作中所不了解的，过去总是强调咨询人员的主动与积极性，这样做现在看来是不恰当的。

（2）保密的原则。咨询者必须为来访者保密，否则便是失职。只有确保来访者的个人隐私不被泄露，才能保证来访者以平静、真实的心态接受咨询。这对在咨询前建立良好的咨访关系尤为重要。

在剧画中，当铃木第一次去职工咨询室时，山下咨询员在与铃木认识后首先向铃木明确的事情就是"在这里的谈话都是保密的……"，及时排除了铃木疑惧心理给咨询工作带来的障碍，消除了铃木的紧张感。保密的原则不仅能保证咨询工作的有效性，同时也是衡量咨询者自身素质的重要指标，这一点在现实的工作中意义很大，在今后的工作中应受到更高度的重视。

（3）守时的原则。由于心理咨询工作是咨访双方商定的具有契约性质的双边活动，守时对于咨询者来讲是必须遵守的原则，咨询工作一定要按计划进行，而不能随意更改，该开始就开始，当结束就结束。在剧画中，初次咨询是由山下咨询员提出结束的，"很想继续听你说下去，可时间已经到了"，体现了山下咨询员严格遵守时间的原则性。

（4）感情限定的原则。咨询者应该在咨询活动中始终保持中立者身份，既不应受来访者喜怒哀乐的影响，也不应以个人的好恶去影响来访者。

山下咨询员在对铃木的七次咨询中都坚持了这一原则，自始至终都为铃木创造了一个宽松、自由的环境。在现实生活中，中立对于咨询者来讲应得到加强，这也是咨询活动区别于其他说教行为的一个重要标志。

此外，还有收费的原则、尊重来访者的原则、不收礼物的原则、避免强制的原则等，对于咨询工作都具有重要意义，这里就不一一详述。

3. 有关咨询技能的提高

心理咨询活动是一项操作性很强的活动，过去在工作中最头疼的就是不知如何去操作、在操作中注意些什么。通过学习和老师的指导，我在这方面很受益。对于心理咨询的准备与场面设定、心理咨询前的心理诊断、心理咨询过程中易出现的问题及其对策等都有了更多的了解，剧画中山下咨询员的活动也向我展示了如下技能。

（1）注重确立咨访关系。第一次咨询开始时山下咨询员所做的保密的承诺，结束时告诉铃木"请再来谈，好吗？""下周同样时间我等你"等，都显示出了山下咨询员对于确立咨访关系的重视。在这一关系建立的基础上，铃木才有了第二、第三、第四……第七次咨询。

（2）观察敏锐。第三次咨询时，当铃木提出准备辞职后考大学的想法时，山下咨询员问："你是这样决定了吗？不过，你另外的一个表情好像并没有畅快轻松一点儿呀。"这种敏锐的观察帮助铃木及时走出自欺的心理困境，使铃木更认真地去面对现实。

（3）适时沉默。在咨询工作中，适时地保持沉默，给来访者以时间去正视自己是很重要又很难把握的技巧。山下咨询员在第二次咨询结束时、第三次和第四次咨询中间能够以沉默处理，尤其是第二次咨询结束时双方长时间保持沉默，无疑为铃木创造了一个绝好的思索与反省的机会。

（4）结束时不可太突然。经过七次咨询，铃木终于摆脱了烦恼。在最后一次咨询时，山下咨询员说："铃木先生至今已经看到各个方面的自己了，而这不过才用了六次的时间吧……"这说明山下咨询员有耐心以更多次的咨询活动来帮助铃木走出烦恼，使咨询工作在缓慢的节奏中走向结束。

此外，我在对来访者适时引导、对咨询场面的设定和掌握回避一些问题的技巧等方面也有不少收获，这里就不一一列举。通过老师的指导和帮助，我对心理咨询有了更深的理解和认识，我相信心理咨询在今后会有更大的发展，也相信自己会在实际工作中有更大的提高。

（全文引用得到了学员的同意，文字稍有修饰。——笔者注）

思考题

1. 看完剧画《心理咨询的实际——铃木的烦恼》之后，你有什么感想？

2. 整理总结至今所进行的咨询心理学的学习、体验、训练，谈谈今后如何将咨询心理学的理念应用于心理咨询实践和日常生活中。

附　录

一、美国咨询与发展协会会员伦理守则

（美国咨询与发展协会，1981年）

（一）总则

1. 本会会员应不断努力于专业实务、教学、服务与研究，以期促进专业的发展；并须有效收集资料，作为咨询工作的依据。

2. 本会会员必须对其所服务之机构负责，除对所属机构提供最高水准之专业服务外，其他有关活动也须与该机构的目标一致。

3. 本会会员均须遵守本会制定的专业伦理守则，如发现会员有违规行为，应通知本协会或有关分支机构予以处理。

4. 本会会员在说明自己的专业资格时，务必确实，不得声称自己拥有超过其实质专业资格的能力，并有责任改正别人对其专业资格的错误认识。

5. 本会会员应遵守专业咨询服务的收费标准，并应个别考虑来访者的经济状况；必要时可以调整其标准。

6. 本会会员对外界（如新闻界）提供来访者的信息时，有责任对来访者的姓名予以保密，并确定信息的内容客观正确。

7. 本会会员只能接受其专业能力范围内的个案，并在咨询时严守自己资格的限制。

8. 咨询者应与来访者建立良好的关系，并尊重来访者的意见；不得为满足个人之需求而牺牲来访者的利益。同时，应特别注意种族歧视及性别刻板印象对咨询的负面影响。

（二）咨询关系

1. 无论采用何种咨询方式（个体咨询或团体咨询），本会会员之首要任务是尊重来访者的尊严并增进其权益。在团体咨询过程中，本会会员有责任采取合理的预防措施，以避免个人在团体互动中受到伤害。

2. 本会会员对咨询时所获得的任何信息，必须加以保密。在团体咨询中，关于团体成员的自我暴露，咨询员必须事先设定保密标准。

3. 如果来访者曾事先与某咨询员有过咨询关系，本会会员须先征得该咨询员的同意，始能与来访者建立咨询关系。如发现来访者在咨询关系开始后又与其他咨询员建立关系，则除非来访者自愿选择终止此另一咨询关系，否则本会会员应主动终止其咨询关系。

4. 如果来访者的行为可能对自己或他人造成伤害，本会会员必须采取行动或告知有关机构，并尽可能与其他专业人员磋商。紧急情况处理过后，应设法尽快让来访者对自己的行为负起责任。

5. 咨询时的记录，包括笔录、测验资料、信函、录音带及其他文件等均属咨询的专业资料。除非法令条例有所规定，不得视为来访者服务机构的资料之一。只有在来访者同意之后，才能把资料提供给他人使用。

6. 咨询记录用于咨询人员训练或学术研究之同时，记录内容必须加以改写，以保证来访者不被辨认出来。

7. 在进入咨询关系之前或同时，本会会员必须告知来访者咨询的目的、技法、程序上的规则及可能影响咨询关系的限制。

8. 在进行团体咨询之前必须先筛选团体成员，尤其是团体的重点在通过自我暴露以促进个人的自我了解和自我成长时，本会会员必须有能力觉察团体成员相互的适应状况。

9. 本会会员可以选择和其他专业人员参与个案讨论。在选择人选时，避免选择与个案有利害关系的人，以免妨碍来访者的利益，而不能得到充分的帮助。

10. 如本会会员自认无法帮助来访者，则不能开始咨询关系，已开始者应立即终止咨询关系。在此情况下本会会员应推荐适当的转介机构或人员，以供来访者选择。

11. 如本会会员与来访者之间有其他执行、督导与评估等关系存在，则不可作为来访者的咨询员。只有在无从转介或来访者有理由请求其咨询协助时，本会会员才能与之建立咨询关系。

12. 本会会员在进行治疗时，如使用任何实验性的方法，必须告知来访者，并应事先采取适当的安全预防措施。

13. 本会会员参与短期的团体治疗或训练方案时，必须确定在团体存在时或结束后均能提供专业性的帮助。

14. 当本会会员的工作情境与上列规定有所差异时，会员有义务与其他专业人员商议，考虑可行的变通办法。

15. 本会会员的实际工作环境如对上列规定之遵守有无法克服的困难，可提出申请，有关专业机构可视其需要做适度变更。

（三）测验与评估

1. 本会会员必须在实施测验前向受试者说明测验的日期、内容及目的，在测验后向受试者解释测验的结果；测验结果应用时应与其他的相关资料合并考虑。

2. 为某特定状况或来访者选择测验时，本会会员必须仔细考虑测验的信度、效度及适用性。

3. 对社会大众陈述各种测验或测验结果时，本会会员必须给予正确的信息，避免因不当说明引起误解。

4. 不同的测验需要不同的实施程序、记分与解释。本会会员必须了解自己能力的限制。只有在具备测验的实施、记分和解释能力时，才宜于实施测验。

5. 标准化的测验必须在标准化的情境下施行始能奏效。如果测验不是在标准化的情境下实施，或测验时受试者有违规行为发生，则应予以注意，而且其测验结果应视为无效或存疑。没有监督或在不当的监督下实施标准化测验（如经由邮寄方式施测）是违反测验伦理的行为。唯性质上属于自行施测或自陈性的测验，如兴趣量表等，则可在没人监督的情况下进行。

6. 测验结果只有在受试者事先未曾做过该测验的条件下才能在人事、辅导和咨询的应用上发挥作用。若测验材料事前曾经泄露，或受试者接受过训练，测验结果将失去其效用。因此，测验结果的保密是会员的专业义务之一。会员必须告诉受试者何种情况能够产生最佳的测验结果。

7. 本会会员于施测前须先告知受试者测验的目的及结果的应用。咨询员要严守测验的限制，并不得过分夸张测验工具的效用。

8. 受试者的权益及受试者事前对该测验有清楚的了解，是决定测验结果是否被受试者接受的标准。本会会员必须了解，测验结果的解释需要配合个人或团体的其他资料，才足够详细。测验资料的解释也需与受试者所关心的事有关。

9. 本会会员对于含有无效资料的测验，在解释时务求慎重，必须清楚地向受试者说明使用该种测验工具的目的。

10. 评估和解释少数民族及测验标准化常模总体以外的受试者时，更需加倍小心，以免造成错误。

11. 本会会员必须留心已出版测验的适用性、再版与修订情形。

12. 关于测验的编制、修订、出版和发行事宜，本会会员应参考新近出版之有关资料。

（四）研究与出版

1. 以人为被试从事研究时，本会会员应严格遵守专业人员的伦理准则，以免被试受到任何伤害。

2. 订立有关人类行为的研究计划时，本会会员应了解并遵守研究之伦理准则，并依研究伦理准则来设计及执行研究计划。

3. 研究计划之主持人，必须对执行研究时的伦理负完全责任，其他参与执行研究者，亦有义务遵守研究之伦理准则。

4. 以人为实验对象时，研究者在实验过程中应确保被试的权益，在事前应提醒被试有心理准备，以免因实验引起心理上或生理上任何的不良后果。

5. 除非保留信息或提供错误信息是调查研究所必需，否则研究者应告知被试研究的目的。如果确实需要在研究之前保密，研究者仍有责任在完成研究后，向被试做正确的说明。

6. 参与研究者必须是自愿的，只有在对被试无伤害或基于调查研究之所需时，才能采用非自愿参与的被试。

7. 发表研究结果时，研究者必须详细说明可能影响调查结果或资料解释的变项和情况。

8. 本会会员在引用及报告研究结果时，应尽量避免用语言文字去误导结果。

9. 本会会员有义务为具备研究资格者提供有效的原始研究资料，以供其重复研究之用。

10. 提供资料、协助他人研究、报告研究结果或引用原始资料时，研究者必须对被试的身份保密，以免对其造成不良影响。

11. 处理或报告研究结果时，本会会员必须熟悉与了解该项研究主题，说明该主题以前曾有过的研究，并注意前人研究的版权及对本研究结果有贡献者表示谢意。

12. 研究报告中引用前人研究资料时，必须注明出处。对本研究或出版物曾有过贡献者，应表示谢意。

13. 本会会员必须与其他会员沟通具有专业或科学价值的研究结果，只要具有专业的或科学的价值，不应因抵触既得利益之团体影响而有所保留。

14. 如果本会会员同意与他人合作研究或出版，应确实遵守研究或出版的时间、规定，并确保既得资料的完整性与准确性。

15. 研究报告出版时，作者应遵守的伦理守则为：绝不一稿两投。此外，有必要在其他期刊发表已经发表过的手稿时，必须事先征得原出版者本人的同意。

（五）咨询

1. 身为咨询员的本会会员，在咨询时必须持有高度的警觉心，了解自己的价值观、知识、技法、需求与限制。咨询关系包含了个人和组织的改变，并着重于来访者所带来的有待解决的问题，而不冀求纠正来访者本人。

2. 对问题的界定、预期目标、采取策略以及可能结果等，咨询员与来访者双方都必须了解，并达成一致的协议。

3. 咨询员必须确认，自己或所代表的机构是否有足够的资源和能力提供现在所需及未来可能发展的帮助，而且也必须了解对咨询有用的适当的转介资源。

4. 在咨询关系中的一切活动，必须有助于来访者自我实现的适应力与心理成长。咨询员必须保持角色的一致性，但不为来访者做决定，不使来访者过于依赖咨询员。

5. 身为本会会员的咨询员，必须忠实信奉本会所订的伦理守则。

6. 咨询员不得接受来访者私人的金钱报酬。咨询员如系私人执业，可明订详细收费标准，让来访者自行决定是否接受咨询。

（六）私人执业

1. 本会会员之从事私人执业者，必须以促进私人或公众福祉为目的。

2. 私人执业时，本会会员必须以专业方式正确地向大众公告其服务项目、专长及咨询的技术。

3. 本会会员可与其他会员或其他专业人员合作执业，合作者必须清楚划分各自的专业特色。

4. 本会会员如发现可能违反专业伦理守则的事情，则应终止与来访者的咨询关系。如本会会员自己身心状况难以胜任有效的专业工作，或发现已建立的咨询关系对来访者无所助益，亦应终止咨询关系。

5. 本会会员必须遵守政府所规定的私人执业守则。

6. 本会会员必须确认，利用在专业机构中工作的便利，要求来访者到其私人诊所晤谈是不道德的行为。

（引自张春兴编著：《张氏心理学》，上海辞书出版社1992年版，第728—732页。王淑敏摘译，张日昇部分校正。）

二、日本临床心理士伦理纲领

（2013 年 4 月 1 日第二次修订）

本伦理纲领是根据临床心理士伦理规定第 2 条，作为临床心理士伦理规定的另项而制定的。

前言

临床心理士应尊重基本人权，使用作为专业人员所掌握的知识和技能为增进人们的福祉而努力。为此，临床心理士必须时刻认识到这一高度的社会责任，时刻认识到自己从事专业的临床工作会对人们的生活产生重大影响。因此，临床心理士需努力保持自身身心健康，遵守以下纲领。

〔责任〕

第 1 条：临床心理士应该对自己的专业业务所产生的结果负有责任。在从事这一专业工作时，把尊重来访者的人权放在第一位，同时承担临床心理士资格所伴随的社会、道义上的责任。

〔技能〕

第 2 条：临床心理士根据由训练和经验所确实被承认的技能对来访者进行援助、介入。为此必须不断地、努力地钻研咨询知识和技术，保持高度的技术水平。同时，必须充分认清自己能力和技术的有限性。

〔保守秘密〕

第 3 条：在临床业务工作中所得到的有关情况，除作为专家判断时所需的内容外，不得泄露给他人。此外，在公开案例研究时需要使用特定个人的有关资料时，必须承担保守来访者的秘密的责任。

〔鉴定技术〕

第4条：临床心理士应注意尊重来访者的人权，不得强制进行评估鉴定。不能随便使用评估鉴定技术。此外，注意评估鉴定结果不得误用、滥用。

临床心理士在评估技术开发、出版、利用时，必须慎重颁发鉴定评估用具和说明书。

〔援助、介入技法〕

第5条：临床心理士应该在自己的专业能力范围内从事临床业务，必须使来访者得到最佳的专业性的援助。

临床心理士应不断地了解自己的影响力和自己的需求，注意不得随便利用来访者的信赖感和依存心。临床业务只能在职业范围内进行，和来访者及有关人员之间不得有个人关系。

〔与同行的关系〕

第6条：临床心理士应尊重其他的临床心理士以及有关同行的权利和技术，在注意相互配合的同时，不得妨碍他人的业务工作。

〔研究〕

第7条：在进行临床心理学研究时，不得给来访者或有关人员的身心带来不必要的负担和痛苦，不得有损来访者利益。

研究也要注意在不影响临床业务工作的范围内进行，尽可能地将研究目的告知来访者和有关人员，在得到同意后进行。

〔公开〕

第8条：对公众公开说明心理学的知识和专业性意见时，不得过于夸张公开者的权威和公开的内容，以期公正。特别是在商业性宣传和做广告的时候，对产生的社会影响负有责任。

〔伦理的遵守〕

第9条：临床心理士须充分理解本伦理纲领，并时刻互相注意不得违反。同时，临床心理士须配合伦理委员会的业务。

1990年8月1日制定

2009年3月21日第一次修订

2013年4月1日第二次修订

（张日昇译）

三、网络心理咨询伦理规范实施细则

（2020年2月）

本网络心理咨询伦理规范是在《中国心理学会临床与咨询心理学工作伦理守则》（第二版）基础上制定，专门对相关内容进行细化和补充，旨在为以互联网为媒介的临床与咨询心理学专业工作提供最基本的实践伦理标准。

网络心理咨询是以网络为媒介开展的心理咨询专业工作，包括网络个别心理咨询、网络团体咨询等。心理师应以增进寻求专业服务者的利益和福祉为目的，充分考虑互联网的媒介属性及其对临床与咨询心理学专业工作可能产生的影响，保持足够的伦理敏感性，遵守相应的伦理规范。

1 专业关系

1.1 心理师应了解网络心理咨询的适用情形，评估寻求专业服务者利用互联网接受服务的适宜性，对于不适宜进行网络咨询的寻求专业服务者做好解释说明，必要时协助转介。

1.2 心理师以互联网为媒介提供正式的专业服务时，应与寻求专业服务者签署知情同意书，建立正式的专业关系以明确双方的权利和义务，同时应全程确认身份确保对方是与自己达成服务协议的对象。

1.3 心理师以互联网为媒介提供专业服务时，应向寻求专业服务者介绍和解释专业设置，要求双方均在独立、无干扰且网络畅通的环境进行，明确联络方式、收费设置等。

1.4 心理师要清楚了解与寻求专业服务者在线上或线下发展社交、经济等多重关系对专业判断可能造成的不利影响，应尽可能避免建立专业服务以外的多重关系，明确专业界限。

1.5 心理师不得与当前寻求专业服务者或其家庭成员发生任何形式的性或亲密关系，包括以互联网为媒介进行的亲密沟通与互动。

1.6 通过网络提供专业服务具有跨地域性特点，心理师应对文化多元性更加敏感，尊重寻求专业服务者的价值观，避免将自己的价值观强加给对方或替其做重要决定。

1.7 心理师应认识到网络咨询工作的局限性，若网络心理咨询难以使寻求专业服务者获益，根据所处实际情况谨慎考虑结束网络咨询关系。如果心理师无法提供面对面服务，应给予建议或转介。

2 知情同意

2.1 心理师有责任告知寻求专业服务者通过网络开展专业工作的局限性，使其了解网络心理咨询与面对面心理咨询的差异，应充分尊重寻求专业服务者是否选择接受网络服务的权利，以促进其福祉为首要考虑因素。

2.2 心理师有责任帮助寻求专业服务者了解心理师的从业资格，必要时提供专业资质和专业认证机构的有效电子链接，以保障寻求专业服务者的权利。

2.3 心理师以互联网为媒介提供专业服务时，除了常规知情同意外，还需要帮助寻求专业服务者了解并同意下列信息：（1）网络咨询服务所在的地理位置、时差和联系信息；（2）网络咨询工作的益处、局限和潜在风险；（3）发生技术故障的可能性及处理方案；（4）无法联系到心理师时的应急程序。

2.4 当寻求专业服务者考虑接受以互联网为媒介的专业服务时，心理师应提供知情同意书，确保寻求专业服务者认真阅读，在正式开始服务前讨论并确认对方真实身份、地理位置、联系信息和紧急联系人的信息，同时确定双方签字及文件存档方式。

2.5 心理师应充分告知寻求专业服务者以互联网为媒介提供

咨询过程中，网络传输和电子记录保密的局限性，以及同事、督导、个案管理者、信息技术员等相关人员有无权限接触这些记录和咨询过程。

3　隐私权和保密

3.1　心理师应注意使用网络的安全性，为保证信息传递和保存过程中的安全应采取合理预防措施，包括设置用户开机密码、网站密码、咨询记录文档密码等。

3.2　心理师应与寻求专业服务者讨论有关的隐私保护政策，告知对方咨询记录的存储方式和时间期限。

3.3　心理师以互联网为媒介进行专业工作时，要对所获得的咨询记录文本、电子邮件、音频、视频等资料保密，寻求专业服务者同样应承诺对专业服务内容保密。心理师为避免潜在的泄密风险应与寻求专业服务者讨论记录如何使用、储存以及注意事项。寻求专业服务者同样需要签署有关保密的条款。

3.4　心理师以互联网为媒介提供专业工作时，应了解保密原则的应用有其限度。保密原则例外情形包括：（1）发现寻求专业服务者有伤害自身或他人的严重危险；（2）不具备完全民事作为能力的未成年人等受到性侵犯或虐待；（3）法律规定需要披露的其他情况等。

4　专业胜任力和专业责任

4.1　心理师应在专业胜任力范围内提供专业服务，除具备基本专业能力胜任面对面咨询以外，还应具有以互联网为媒介提供专业工作的能力，应不断更新相关专业知识，提升专业胜任力，促进个人身心健康水平，以更好地满足网络咨询的需要。

4.2　心理师以互联网为媒介提供咨询工作需要具备相关的基础技术知识：（1）应保护工作使用的计算机免受病毒侵害，有条件者采用加密网络，并对进行网络咨询的计算机加设防火墙，定期检测病毒；（2）应采取措施确保咨询记录和其他材料的保密性，可通过密码保护计算机、硬盘、存储的文件及通信网站；（3）熟悉工作使用的计算机的基本运行，并了解寻求专业服务者的硬件/平台是否与心理师使用的通信程序兼容，下载与网络咨询相关的软件，并在必要时协助寻求专业服务者下载相关软件。

4.3　心理师应熟悉以互联网提供专业服务的适用性以及禁忌，对于不适合网络咨询的寻求专业服务者做好解释，必要时转介。禁忌情形一般包括：有自杀和伤害他人倾向的求助者；身陷暴力或虐待性的关系的求助者；有严重精神障碍的求助者，如偏执型精神分裂症、边缘型人格障碍者等；具有较少的计算机经验及知识的求助者等。

4.4　心理师在以互联网为媒介（包括微信、QQ、微博、博客、论坛及其他社交平台）发布状态、公开交流以及广告宣传时，要考虑到个人的专业身份及其可能构成的影响。

5　心理测量与评估

5.1　心理师应充分认识到以互联网为媒介提供专业工作过程中因缺少社会临场感所造成的评估困难，要采取必要的预防和补救措施。

5.2　心理师对于以互联网为媒介为寻求专业服务者提供自助式评估测量方案时要谨慎，除了提供科学评估工具以外，要考虑寻求专业服务者是否会因为操作误差或因其对结果的误解而导致不良后果。

6　教学、培训和督导

6.1　心理师以互联网为媒介从事教学、培训和督导工作时，应基于其教育训练、专业认证、被督导经验及专业经验在胜任力范围内开展相关工作，且有义务不断加强自己的专业能力，同时还要根据媒介性做出相应调整。

6.2　心理师以互联网为媒介从事教学、培训和督导工作时，应遵守《中国心理学会临床与咨询心理学工作伦理守则》（第二版）及其规范，承担相关的专业伦理责任，并提醒学生、被培训者或被督导者加强伦理意识。

中国心理学会临床心理学注册工作委员会

主要参考文献

一、图书

中文部分:

1. 陈顺森著:《箱庭疗法:摆出心世界》,河北大学出版社2013年版。

2. 陈仲庚著:《实验临床心理学》,北京大学出版社1992年版。

3. 丹增著:《雪域心灯》,作家出版社2018年版。

4. 杜振吉著:《伦理的智慧》,齐鲁书社2002年版。

5. 樊富珉著:《团体心理咨询》,高等教育出版社2005年版。

6. 贾晓明等著:《网络心理咨询理论与实务》,北京理工大学出版社2013年版。

7. 林崇德主编:《咨询心理学》,高等教育出版社2002年版。

8. 林崇德著:《中学生心理学》,中国轻工业出版社2013年版。

9. 林崇德主编:《发展心理学》,人民教育出版社2018年版。

10. 钱铭怡编著:《心理咨询与心理疗法》,北京大学山版社1994年版。

11. 邱德才著:《TA的咨商历程与技术》,张老师文化事业股份有限公司2014年版。

12. 宋维真、张瑶主编:《心理测验》,科学出版社1988年版。

13. 徐洁著:《丧亲青少年的哀伤与箱庭治疗》,社会科学文献出版社2011年版。

14. 张日昇著:《青年心理学——中日青年心理的比较研究》,北京师范大学出版社1993年版。

15. 张日昇著:《箱庭疗法》,人民教育出版社2006年版。

16. 张日昇著:《箱庭疗法的心理临床》,北京师范大学出版社2016年版。

17. 张雯著:《强迫症与箱庭治疗》,中国社会科学出版社2014年版。

18. 张小乔主编:《心理咨询治疗与测验》,中国人民大学出版社1993年版。

19. 郑日昌、陈永胜著:《学校心理咨询》,人民教育出版社1997年版。

20. 钟友彬著:《现代心理咨询》,科学出版社1992年版。

21. 朱智贤、林崇德著:《儿童心理学史》,北京师范大学出版社1988年版。

22. 〔日〕河合隼雄著,张日昇译:《什么是最好的父母》,北京联合出版公司2020年版。

23. 〔美〕B. E. 吉利兰、R. K. 詹姆斯等著,肖水源等译:《危机干预策略》,中国轻工业出版社2000年版。

24. 〔美〕C. E. 希尔著,胡博等译:《助人技术:探索、领悟、行动三阶段模式(第三版)》,中国人民大学出版社2013年版。

25. 〔英〕D. 韦斯特布鲁克等著,方双虎等译:《认知行为疗法:技术与应用》,中国人民大学出版社2014年版。

26. 〔美〕D. L. 卡巴尼斯等著,孙铃等译:《心理动力学个案概念化》,中国轻工业出版社2015年版。

27. 〔美〕D. R. 莱德利、B. P. 马克斯等著,李毅飞等译:《认知行为疗法》,中国轻工业出版社2012年版。

28. 〔美〕E.伯恩著,刘玎译:《人间游戏——人际关系心理学》,中国轻工业出版社2014年版。

29. 〔美〕E.伯恩著,周司丽译:《人生脚本——说完"你好",说什么?》,中国轻工业出版社2016年版。

30. 〔美〕G. 科里著,石林等译:《心理咨询与治疗的理论及实践》,中国轻工业出版社2004年版。

31. 〔美〕G. L. 兰德雷斯著,雷秀雅、葛高飞译:《游戏治疗》,重庆大学出版社2011年版。

32. ［美］I. 斯图尔特、V. 琼斯著，田宝等译：《今日TA：人际沟通分析新论》，世界图书出版社2017年版。

33. ［美］I. 亚隆、［加］M. 莱兹克兹著，李敏、李鸣译：《团体心理治疗——理论与实践（第五版）》，中国轻工业出版社2010年版。

34. ［英］J. 麦克里奥德著，潘洁译：《心理咨询导论（第三版）》，上海社会科学院出版社2006年版。

35. ［美］J. S. 贝克著，张怡等译：《认知疗法基础与应用（第二版）》，中国轻工业出版社2013年版。

36. ［美］K. R. 墨菲、C. O. 大卫夏弗著，张娜等译：《心理测验原理和应用（第六版）》，上海社会科学院出版社2006年版。

37. ［美］L. 凯里著，徐洁译：《给儿童和家庭的箱庭疗法》，中国轻工业出版社2020年版。

38. ［美］L. R. 艾肯著，张厚粲、黎坚译：《心理测量与评估》，北京师范大学出版社2006年版。

39. ［美］N. 麦克威廉斯著，鲁小华等译：《精神分析诊断：理解人格结构》，中国轻工业出版社2015年版。

40. ［美］R. M. 卡普兰等著，赵国祥等译：《心理测验（第五版）》，陕西师范大学出版社2005年版。

41. ［美］R. M. 利伯特等著，刘范等译：《发展心理学》，人民教育出版社1986年版。

42. ［美］S. 卡普曼著，田宝等译：《人间无游戏》，世界图书出版公司2017年版。

43. ［美］S. C. 海斯等编，叶红萍等译：《正念与接受：认知行为疗法第三浪潮》，东方出版中心2010年版。

44. ［美］S. T. 格莱丁著，方双虎等译：《心理咨询导论（第六版）》，中国人民大学出版社2014年版。

45. ［瑞典］T. 欧嘉瑞等著，黄珮瑛译：《人际沟通分析——TA治疗的理论与实务》，四川大学出版社2006年版。

46. ［美］T. A. 哈里斯著，林丹华、周司丽译：《沟通分析的理论与实务——改善我们的人际关系》，中国轻工业出版社2013年版。

日文部分：

1. 一丸藤太郎等：精神分析的心理療法の手引き，誠信書房，1998。

2. 伊東博：相談心理とは何か，相談心理，朝倉書房，1957。

3. 内山喜久雄等：カウンセリング，講座サイコラビ1，日本文化科学社，1998。

4. 内山喜久雄：末松弘行等監修，精神療法を学ぶ，ナカニシヤ出版，1996。

5. 大原健士郎：家族愛、その病理，講談社，1996。

6. 岡田康伸：箱庭療法の基礎，誠信書房，1994。

7. 河合隼雄：カウンセリングの実際問題，誠信書房，1994。

8. 河合隼雄：箱庭療法入門，誠信書房，2006。

9. 河合隼雄：心理療法，河合隼雄著作集3，岩波書店，1998。

10. 国分康孝：カウンセリングの理論，誠信書房，2006。

11. 国分康孝：カウンセリングの技法，誠信書房，2006。

12. 国分康孝等：学校カウンセリング，誠信書房，1994。

13. 鑪幹八郎等：心理臨床家の手引，誠信書房，1994。

14. 長尾博：学校カウンセリング，ナカニシヤ出版，1994。

15. 日精研：入門カウンセリング・ワークブツク，日本・精神技術研究所，1986。

16. 日精研：実践カウンセリング・ワークブツク，日本・精神技術研究所，1992。

17. 福島修美：カウンセリング演習，金子書房，1997。

18. 前田重治：カウンセリング入門，有斐閣，1990。

19. 水島惠一等：カウンセリングを学ぶ，有斐閣，1992。

20. 上地安昭：学校教師のカウンセリング基本訓練，北大路書房，1998。

英文部分：

1. Caplan，G.（1964）. *Principles of preventive psychiatry*. New York: Basic Books.

2. Corey，G.（2001）. *Theory and practice of counseling and psychotherapy*. Belmont，CA: Brooks/Cole.

3. Raimy，V. C.（Ed.）.（1950）. *Training in clinical psychotherapy*. New York: Prentice-Hall.

4. Roberts，A. R.（2000）. *Crisis intervention handbook: Assessment，treatment，and research*. New York: Oxford University Press.

5. Rogers，C. R.（1942）. *Counseling and psychotherapy: Newer concepts in practice*. Boston: Houghton Mifflin.

6. Rogers，C. R.（1951）. *Client-centered therapy*. Boston: Houghton Mifflin.

7. Strang，R.（1949）. *Counseling technics in college and secondary school*. New York: Harper & Brothers.

8. Williamson，E. G.（1939）. *How to counsel students*. New York: McGraw-Hill.

9. Willamson，E. G.（1949）. *Counseling and discipline*. New York: McGraw-Hill.

二、论文

中文部分：

1. 陈萍.（2005）.浅析突发公共卫生事件中的社会焦虑心理——以SARS为例.*医学与社会, 18*（11），39-41.

2. 陈顺森，白学军，张日昇.（2011）.自闭症谱系障碍的症状、诊断与干预.*心理科学进展, 19*（1），60-72.

3. 陈顺森，张日昇，陈静.（2012）.团体箱庭干预大学生学习倦怠的效果.*心理与行为研究, 10*（2），138-142.

4. 陈顺森，张日昇，徐洁.（2006）.团体箱庭疗法干预初中生考试焦虑的效果.*心理与行为研究, 4*（4），290-296.

5. 崔丽霞，郑日昌，滕秀杰，谭晟.（2007）.网络心理咨询职业伦理研究概况及展望.*中国心理卫生杂志, 21*（7），510-512.

6. 崔新佳，张明岛.（1991）.热线电话心理咨询.*上海精神医学, 3*（1），44-45.

7. 樊富珉.（2005）.我国团体心理咨询的发展：回顾与展望.*清华大学学报（哲学社会科学版）, 20*（6），62-69.

8. 黄希庭，郑涌，毕重增，陈幼贞.（2007）.关于中国心理健康服务体系建设的若干问题.*心理科学, 30*（1），2-5.

9. 季建林，张明岛，储展明，严和.（1994）.热线电话咨询对自杀企图者的危机干预.*中国临床心理学杂志, 2*（3），178-180.

10. 江光荣，夏勉.（2005）.美国心理咨询的资格认证制度.*中国临床心理学杂志, 13*（1），114-121.

11. 久留一郎，罗丹.（2000）.灾难受害者的心理与社会支持.*湖南医科大学学报（社会科学版）, 2*（4），79-82.

12. 林崇德 .（2003）. 积极而科学地开展心理健康教育 . *北京师范大学学报（社会科学版）*，（1），31-37.

13. 林洁瀛，钱铭怡 .（2012）. 与未成年人相关的心理咨询与治疗的保密原则 . *中国临床心理学杂志，20*（3），409-412.

14. 林雅芳，张日昇，王雪婷，金文亨 .（2011）. 箱庭疗法治疗中度抑郁大学生的过程和效果 . *中国临床心理学杂志，19*（3），404-406.

15. 刘勇 .（2004）. 团体游戏治疗：借鉴与应用 . *华南师范大学学报（社会科学版）*，（2），109-113.

16. 吕仁慧，张日昇，吴林桦，马西娟 .（2015）. 箱庭疗法的评估进展及其发展趋势 . *中国临床心理学杂志，23*（6），1137-1140.

17. 孟宪鹏，严俊，孙学礼，黄颐，黄宣银，黄国平，等 .（2013）. 我国卫生系统汶川地震灾后心理援助工作研究 . *中国医刊，48*（3），99-101.

18. 钱铭怡 .（2011）. 心理咨询和心理治疗研究：国外发展及国内研究现状 . *中国心理卫生杂志，25*（12），881-883.

19. 邱旭萍，李光耀，管晓红 .（2018）. 网络心理咨询的实践及其存在的问题 . *现代医学与健康研究电子杂志，2*（17），169-170.

20. 王一牛，高文斌，杨小冬，史占彪，张建新 .（2003）. SARS流行期间热线电话心理咨询应用评估 . *中国行为医学科学，12*（5），551-553.

21. 熊敏秀，黄渊基 .（2014）. 网络心理咨询：含义、类型及其发展 . *邵阳学院学报（社会科学版），13*（6），115-120.

22. 徐洁，张日昇 .（2008）. 11岁选择性缄默症女孩的箱庭治疗个案研究 . *心理科学，31*（1），126-132.

23. 徐洁，张日昇，张雯 .（2008）. ADHD儿童的箱庭治疗过程及效果 . *中国临床心理学杂志，16*（4），440-445.

24. 杨邓红 .（2010）. 高校热线心理咨询的现状及对策研究 . *湖北师范学院学报（哲学社会科学版），30*（1），127-129.

25. 曾祥龙，刘翔平，于是.（2011）.接纳与承诺疗法的理论背景、实证研究与未来发展.*心理科学进展，19*（7），1020-1026.

26. 张日昇.（2020）.疫情期间的心理应对及心理援助工作.*中国高等教育*，（6），28-30.

27. 张日昇，寇延.（2005）.幼儿箱庭基本特征的初步研究.*心理科学，28*（4），788-791.

28. 张日昇，刘蒙，林雅芳.（2009）.箱庭疗法在灾后心理援助与辅导中的应用.*心理科学，32*（4），881-885.

29. 张雯，张日昇.（2016）.父母婚姻问题对子女心理成长的影响及表现——基于箱庭作品特征的视角.*心理与行为研究，14*（5），668-673.

30. 张雯，张日昇，孙凌.（2010）.近十年来箱庭疗法在中国的研究新进展.*心理科学，33*（2），390-392.

31. 张又文，周莉，谢悦，路智鹏，郭潇萌，林孟晖，等.（2019）.心理咨询师网络咨询保密伦理相关意识与行为.*中国心理卫生杂志，33*（9），647-652.

32. 朱晓彤，陈华，季建林.（2005）.电话心理咨询中精神疾患相关问题的资料分析.*中国临床医学，12*（2），332-334.

33. 朱旭，胡岳，江光荣.（2015）.心理咨询中工作同盟的发展模式与咨询效果.*心理学报，47*（10），1279-1287.

英文部分：

1. Biglan, A., & Hayes, S.C.（1996）. Should the behavioral sciences become more pragmatic? The case for functional contextualism in research on human behavior. *Applied and Preventive Psychology: Current Scientific Perspectives，5*，47-57.

2. Dobson，K.S.，& Khatri，N.（2000）. Cognitive therapy: Looking

backward, looking forward. *Journal of Clinical Psychology, 56,* 907-923.

3. Everly, G. S., Flannery, R. B., & Eyler, V. A. (2002). Critical incident stress management (CISM): A statistical review of the literature. *Psychiatric Quarterly, 73* (3), 171-182.

4. Jacobson, N. S. (1997). Can contextualism help? *Behavior Therapy, 28,* 435-443.

5. Lindemann, E. (1944). Symptomatology and management of acute grief. *American Journal of Psychiatry, 101,* 141-148.

6. Nichols, R. S., & Beck, K.W. (1960).Factors in psychotherapy change. *Journal of Consulting Psychology, 24,* 388-399.

7. Seeley, M. F. (1998). Hotlines and mental health services. *Crisis, 19* (1), 4-5.

8. Throne, F. C. (1944).A critique of nondirective methods of psychotherapy. *Journal of Abnormal and Social Psychology, 39,* 459-470.

后记："信、敬、静、和"

　　《咨询心理学》是林崇德教授主编的"应用心理学书系"中的一册，第一版于1999年出版。咨询心理学的理论与技术在不断演变和发展，作为专业教材有必要随之进行完善和更新。于是十年后，《咨询心理学》（第二版）出版，自2009年应用至今，得到了心理学专业师生和心理咨询学习者、爱好者的广泛使用，作为著者的我满怀感激！

　　按照计划本应间隔十年再修订一版，然而2019年事务繁多，修订工作进展缓慢。历时近两年，终于在2021年底将《咨询心理学》（第三版）书稿交付出版社。

　　《咨询心理学》（第三版）根据咨询心理学的理论与实践发展进行了内容的增添、删减和订正，如：第一章新增"心理咨询的类型"一节，总结了心理咨询工作的开展方式，介绍了网络心理咨询的发展；第九章"心理危机与心理援助"的有关理论和技术均有所补充；增加第十章"心理热线咨询的应用及方法"，结合疫情期间所开展的心理热线支持工作，介绍心理热线在咨询实际中的运用；等等。

　　心理咨询的理论与技法十分丰富。近些年来，我继续致力于箱庭疗法在心理咨询与治疗中的推广和应用。自拙著《箱庭疗法》于2006年在人民教育出版社出版以来，箱庭疗法的理论和方法在心理咨询与治疗领域得到了广泛认可，在大学、中学、小学心理咨询与辅导以及心理咨询师的培养、督导与个人成长中也得到很好的应用。在此基础上，《箱庭疗法的心理临床》（北京师范大学出版社）一书作为箱庭疗法临床应用案例集在2016年出版。

　　"信、敬、静、和"这四个字作为我所倡导的心理咨询与治疗的座右铭，始终贯穿于我的心理咨询与箱庭疗法的教学研究和临床实践当中。

"信"，强调的是信任关系。所谓"信则灵"，心理咨询的效果取决于来访者是否相信心理咨询对自己有帮助、是否相信咨询者可以帮助自己，因此建立信赖的咨询关系至关重要，而信赖的咨询关系本身就具有治疗的功能。这就要求咨询者把心理咨询的重点首先放在对来访者的人文关怀以及与来访者建立关系上，并相信来访者才是心理咨询的"主人公"，其次才是心理咨询技术和方法的运用。

"敬"，是情感投入，更是一种处世之道和处理人际关系的哲学。在与来访者互动过程中需要做到对来访者最大程度的真诚、无条件积极关注与尊重和共感理解，不对来访者的问题、症状和行为进行好坏、是非、善恶的价值判断，而是努力去理解、接纳其背后的动机、理由和原因。让来访者感受到在"相敬如宾"这一"自由与受保护"的物理场和心理场中被尊敬、被保护、被理解、被包容，其主观能动性和自我治愈力就会得到激发。

"静"，是"入静定心"的心态。解决心理的问题，消除人生的困惑和烦恼，一定要从入静定心、安住当下着手。所谓"静能生定，定能生慧"，来访者能够平静下来，心才能安定下来，有了相应的定力，才可能集中精神力于当下，问题的解决以及症状的消除才成为可能。如果问题难以解决，症状不能消除，来访者也能在"静"中学会带着问题、带着症状去生活。

"和"，强调的就是"和为贵"的境界。一个人要去理解这个世界上有自己"无法左右的存在"，接纳自己不可能改变的一切，以一种平和的心态去处理生活中的烦恼、忧伤以及各种关系，拥有"知其不可奈何而安之若命"的处世哲学，最终达到内心的和谐。而内心的和谐能够使人拥有面对和接纳生活中各种困难和问题的智慧与勇气，在绝境中学会超越并获得自我成长，自性实现也就成为可能。

我正是以上述的"信、敬、静、和"为座右铭，以"人文关怀，明心见性；以心传心，无为而化"为精髓，以陪伴、见证、欣赏、倾听为四部曲，在此基础上完成每次的心理咨询。

心理咨询并不是为来访者分析现状、究明原因、拿出对策，因为理性的澄清不能解决情绪问题。心理咨询经验告诉我们，人的心理问题没有那么简单，很多时候来访者的心理状态往往处于变化之中。所以，我认为应该将关注点聚焦到与来访者建立关系上，注意尊重、理解和倾听，在"信、敬、静、和"的基础上形成对未来可能性的观照。特鲁多（E. L. Trudeau）有句名言：有时去治愈，常常去帮助，总是去安慰。河合隼雄先生说过：不妄下判断，一边期待一边观察，人性这座隐藏在深海里的冰山就会显露出来，人也会因此而发生一些微妙的变化，这简直是再美妙不过的事了！

时空变迁、因缘际会让我们拥有了许多记忆，也失去了许多记忆。我们每个人带着自己的生命，依据于自己的躯体、个性与际遇，开始了我们每个人漫长而短暂的人生旅程。而我们的生命必有归结，躯体也将化为乌有，唯有可能的是去赋予人生以意义，用一生的过程去雕琢自己的灵魂，以追求自性实现。而咨询者与来访者的"一期一会"的关系，本质上亦复如是。

感谢恩师林崇德教授对本书修订工作的支持和鼓励。1983年我申请援藏并被分配在西藏师范学院教心理学的时候开始与林老师书信联系，1984年在西安第一次见到林老师并梦想成为林老师的学生，1991年正式成为林老师的学生，至今已三十余年。回想自己求学和拜师的经历，无限感慨，想在此表达的一句话是：把梦想变成目标的瞬间，就接近理想的状态！

恩师在"第三版序"中所言"日昇多年深耕于自己所热爱之专业领域"，正好符合我常常分享的一句话"只管耕耘，不问收获"，强调的是"耕云种月"不问结果的过程论。修订工作亦然，似乎也没有什么终点，只要书稿还在手中，就总是希望能够再完善一些。然而也应该接纳自身和时空的有限性，而且不完美是一定的，期待能够得到各位老师、同学以及广大读者的指正！

爱弟子徐洁、张雯、杜玉春、林雅芳参与了修订大纲的梳理与确定，吴林桦、刘丽、王祎、何莎、刘宇晨、孙杨柳、晏成信、张雪茹、毕晗和郑兆奇参与了部分书稿的资料整理，支路佳、郑晴参与了修订的全程工作。

本书的撰写参阅了大量国内外的有关文献资料。人民教育出版社原副总编辑魏运华一直对本书给予厚爱和支持，人民教育出版社教育理论编辑室曾红梅、陆洋、任长松对书稿提出了具体而实际的建议。

谨在此一并致以最诚挚的谢意！

张晔

2022年2月定稿于北京师范大学
发展心理研究院